国際労働問題叢書 3

# 社会運動ユニオニズム
## アメリカの新しい労働運動

国際労働研究センター 編著

緑風出版

# 凡例

1. 労働組合などの組織名称は初出個所で日本語名とアルファベット略称を示し、それ以降はアルファベット略称のみとした。正式名称は「組織略称一覧」を参照されたい。(カーペンターズ、チームスターズ、レイバラーズの三労組は略称を使用しなかった。)
2. 注は各論文の末尾に入れた。英語文献の出典を示しているだけの注は原則として省略した。
3. [2]、[9]、[11]、[12] には質疑応答の記録が含まれていたが、スペースの関係で[9]以外は省略した。
4. 各論文の初出は付録2の「初出一覧」に記載されている。省略された注、質疑応答を見たい方はこの「初出一覧」から原典に当たられたい。

# 目次 社会運動ユニオニズム
## ──アメリカの新しい労働運動

## 序　　　　　　　　　　　　　　　　　　　　　　　　　　11

### ［1］国際労働研究センター10年：一つの軌跡
　　　―新しい運動潮流にひきつけられて―
戸塚　秀夫
**13**

はじめに・13／1　なぜ、アメリカにひきつけられたか？・15／2　どのように接近しようとしたか・17／おわりに・23

## 第1部　ニューボイスの歴史的位置　　　　　　　　　　　　27

### ［2］アメリカ労働運動の展望
ネルソン・リヒテンシュタイン、山崎　精一・荒谷　幸江／編
**29**

1　AFL-CIO の最高指導部は今や左翼に位置している・29／2　この2世代で初めて労働運動に傾斜する左翼知識人たち・31／3　歴史的教訓・32／4　労働組合と「権利の革命」・35／5　三つの戦略的提案・38／補足的コメント・41

### ［3］米国における労働運動の危機と
### 　　　新しい国内・外交政策の模索
マーチン・ハルペルン、戸塚　秀夫／訳
**44**

はじめに・44／米国における労働組合の相対的な減退・44／組合はいかに成長したか――転換点としてのニューディール・45／タフト・ハートレー法が労働組合の前進を阻む・46／1960年代のいくつかの前向きの歩み・47／経済的、政治的危機と労働組合の新しいジレンマ――

労働法改革の失敗・47／共和党大統領への対応、職場の公正を求めるキャンペーン・48／クリントン政権と共和党議会の出現・49／AFL-CIOの新しい指導部・50／未組織の組織化・51／政治的行動・54／連合政治・55／多様化と民主化・56／外交政策と労働者の国際的連帯・57／団体交渉・60／ホッファの勝利と保守派の力・61／労働運動における左翼の役割と左翼・中道連合の見通し・62

# 第2部 グローバル化の下での労働運動の戦略 69

## ［4］グローバリゼーションと国際連帯
ジェレミー・ブレッカー、荒谷　幸江／訳
**71**

1　過去における労働国際主義・71／2　グローバリゼーションと資本の流動化・73／3　NAFTA（北米自由貿易協定）に対するたたかい・75／4　下からのグローバリゼーション・77／5　国際的な市民社会における労働のイニシアティブ・78／6　グローバルな大衆ストライキ・81／7　新しいグローバルなルール・82／8　富める国と貧しい国・83／結論・84

## ［5］国際連帯の展開
— NAFTAとその後 —
ロビン・アレクサンダー、戸塚　秀夫／編
**86**

はじめに・86／1　UEについて・86／2　メキシコの政党、労働運動・87／3　NAFTAと国際連帯・88／4　UEの国際連帯活動・89／5　討論での補足・90

## ［6］経済のグローバル化に対する民衆側の運動戦略論
―北米からの示唆―

戸塚　秀夫

**92**

はじめに・92／1　このテーマへの関心のひろがり・92／2　アメリカの民衆の危惧・93／3　社会条項戦略をめぐって・95／4　「行動規範」戦略の「先進事例」・96／5　「行動規範」戦略をめぐって・98／おわりに・101

# 第3部 改革派の運動　　　　　103

## ［7］UPS争議と国際戦略
―非正規雇用労働者の組織化を巡って―

アンディ・バンクス、山崎　精一／訳編

**105**

勝利の三つの鍵・105／組合への不満・106／組合員とのコミュニケーション・108／アンケート調査・108／強みと弱みの分析・109／目標を定める・110／闘いのスローガン・110／闘いの対象と同盟者・111／戦略を立てる・111／戦術を立てる・112／活動計画・114／戦略再評価・114／勝利の成果・115

## ［8］アメリカにおける生活賃金運動

ステファニー・ルース、荒谷　幸江／訳編

**116**

はじめに・116／1　生活賃金運動のはじまり・116／2　生活賃金条例の細目・118／3　生活賃金条例の影響・122／4　生活賃金運動はなぜ成功したのか・125／5　生活賃金運動の強み・127／6　立ち向かうべき課題・131／おわりに・133／［補足］・134

## ［9］アメリカの移民労働者の組織化の現状と問題点
ケント・ウォン、荒谷　幸江／編
**137**

はじめに・137／1　アメリカ労働運動と移民労働者・137／2　「ジャニターに正義を！」の運動・140／3　在宅介護労働者の闘い・143／4　労働者の国際連帯のために・145／質疑・145

## ［10］ビジネス・ユニオニズムとその危機
——米国の社会運動ユニオニズムと労働運動指導部の考察——
マット・ノイズ、山崎　精一／訳
**167**

Ⅰ　序・167／Ⅱ　スウィニーとニューボイス・170／Ⅲ　労働組合の辿りうる道・171／　Ⅳ　現状はどうか？・173／Ⅴ　組合民主主義と大きな分岐点・184／Ⅵ　結論・188

# 第4部　労働者教育の広がり　　195

## ［11］アメリカにおける労働者教育の歴史と現状
アンディ・バンクス、渡辺　勉／編
**197**

はじめに・197／アメリカにおける労働者教育の歴史と現状・197

## ［12］大学と労働組合、NPOとのコラボレーションはどのように可能か
——アメリカにおける現状と課題から探る——
ケント・ウォン、鈴木　玲／訳編
**207**

1　これまでの労働運動とのかかわり・207／2　労働研究教育センターについて・208／3　アメリカ労働運動の現状と問題点・209／4

労働運動変革推進で労働研究教育センターが果たす役割・211

## 第5部 日米のつながり　　　　　　　　　　217

### ［13］「日本的経営」とアメリカの労働運動
マイク・パーカー、荒谷　幸江／訳編
**219**

Ⅰ「日本的経営」はアメリカにうまく導入されたか・220／Ⅱ「日本的経営」は労使対立を解消したか・224／Ⅲ　組合は「日本的経営」をどのように変化させてきたか・227

### ［14］ロサンゼルス・日系ホテルの労働争議
—現地調査をふまえて—
荒谷　幸江
**232**

はじめに・232／一　労働争議の概観・233／二　組合の組織化戦略と社会背景・239／三　今回の争議から見えてきたこと・248／おわりに・249

### ［15］国際連帯から労働運動の変革を考察する
—来日したBSFとHEREのケーススタディからその可能性を探る—
渡辺　勉・山崎精一
**254**

一　はじめに・254／二　二つの争議が日本の労働運動に提起した三つの問題・255／三　来日に至る前史・256／四　日本側の労組・諸団体の対応とその問題点・260／五　二つの争議への連帯活動から労働運動の変革の可能性を探る・274

## [16] 深まる国際争議支援の経験
―二つの食品関連労組の来日から―
山崎　精一・飯田　勝泰
**280**

オイスターバー争議報告・280／応援する会の結成と3月3日の宣伝行動・281／タイソン・フーズの食肉労働者の来日・283／成果の多かった来日行動・284／　帰国後・286／組合承認取消し・287／二つの争議支援経験の比較・288

# 第6部 アメリカ労働運動から学ぶ　　291

## [17] 生活賃金運動と日本の課題について考える
小畑　精武
**293**

1　アメリカの生活賃金運動・293／2　日本での生活賃金運動の検討・296

## [18] アメリカ労働運動の活性化
―社会運動ユニオニズムの模索―
戸塚秀夫
**301**

はじめに・301／1　運動の後退原因の捉え方・302／2　新しい労働思想が目指しているもの・303／3　新しい運動思想を生み出しているもの・306／おわりに・308

## [19] 労働組合・労働運動における平等／均等待遇
―アメリカ合衆国のペイ・エクィティ運動の事例から―
居城　舜子
**310**

はじめに・310／1　伝統的な労働組合・労働運動における女性労働者と平等／均等待遇・311／2　女性労働者とフェミニストとの連合、平等／均等待遇の社会的受容・312／3　公共部門のPE運動──労働組合・労働運動における平等／均等待遇の受容・314／4　PE運動とアメリカ労働運動の「再生」・316

## [20] アメリカ労働運動をどうとらえるか

田端　博邦

**319**

1　はじめに・319／2　新しい労働運動の意味・319／3　「ビジネス・ユニオニズム」とその退潮・320／4　「新しいユニオニズム」・322／5　労働運動とジェンダー・325

## [21] ロサンゼルスの新しい労働運動とその社会的基盤

高須　裕彦・青野　恵美子

**328**

はじめに・328／1　新しい労働運動とは何か・329／2　新しい労働運動の社会的基盤は何か・330／3　私たちが学ぶもの・351

あとがき　山崎　精一・358
国際労働研究センター研究会一覧・360
初出一覧・368
組織略称一覧・371
人名索引・373
事項索引・375

# 序

## [1] 国際労働研究センター 10 年：一つの軌跡
―新しい運動潮流にひきつけられて―

戸塚　秀夫

### はじめに

　私が大学教員の職を退き、国際労働研究センターと称する小さな学習の場を設けたのは 1995 年のことである[1]。アメリカの労働調査・教育センター「レイバー・ノーツ」の代表的論客、マイク・パーカー氏を招いて創立記念研究会を開催したのは、同年 6 月のこと。記録によれば、労働運動の現役活動家や OB、大学関係の研究者たち、約 50 名の方々が参集した。

　その時のパーカーの講演は本書の[13]に収められている。ご覧になればおわかりのように、それは、アメリカの自動車工場に導入された「日本的経営」に対して、労働運動の活動家たちが現場でいかに格闘しているか、という実態を考察したものであり、「日本的経営」の普及によって労働運動が終末を迎える、というようなイメージを正面から批判するものであった。苦境にある日本の労働運動活動家への熱い連帯の気持ちが込められた講演であった。ちょうど、パーカーとジェイン・スローターが編集した『立場を選ぶ―組合とチーム方式』（Choosing Sides: Unions and the Team Concept, A Labor Notes Book, 1988）の日本版が刊行され

創立記念研究会の後で、マイク・パーカー夫妻を中心に　　　　　提供：荒谷幸江

た直後のことである[2]。

　あれから10年。そのあいだに開催された定例研究会は80回、臨時研究会は7回である（テーマ、報告者などについては付録1「国際労働研究センター研究会一覧」を参照されたい）。

　本書は、その研究会で取り上げられたアメリカ労働運動に関する報告・討論の中から、これからの議論にとっても有益と思われるものを拾い上げ、テーマ別に編集したものである。この序では、①なぜアメリカにひきつけられることになったのか、②いかにアメリカに接近していったか、という点について、いわば舞台裏のいきさつを率直に述べておきたい。その結果見えてきた「新しい運動潮流」の特徴は何か、といった点については、私はすでにいくつかの論文で述べてきた[3]。この書物に収められた諸論文でもそれはふれられているが、これまで語ってこなかったのは、このような認識の展開を可能にした人々との出会い、交流の貴重さについてである。カネもなく、権力もない私たちがここまで進んでこられたのは、何よりも同じ希望を持つ人と人との出会い、そこで交わされ

た会話や書誌情報などに恵まれたからである。国際労働研究センター10年の歴史に刻みこまれたこの軌跡は、それなくしてありえなかった。

## 1 なぜ、アメリカにひきつけられたか？

さきにふれたように、国際労働研究センターの創立記念研究会には、マイク・パーカーを招いた。だが、それはアメリカ労働運動の現状をテーマとして意識したからではなかった。もちろん、「日本的経営」の導入に歯止めをかけ、さらにはその導入時のイデオロギー的シンボルをいわば逆手にとって、反攻の陣形を固めようとしていたアメリカ自動車工場の労働者たちの闘いをうらやましく思っていたことは事実である。だが、そこからただちに、私たちのアメリカへの関心が高まったとふり返るのは短絡的にすぎる。

実際、「国際労働研究センター研究会一覧」に明らかなように、発足後しばらくの間の研究会はアジア各国の労働事情に関するものであり、それを当時の国際労働組織における社会条項や社会憲章の戦略論と絡めて議論する、というのが一つの流れであった。事実、当時お元気であった当センター顧問の渡辺勉氏に案内されて、私はタイ（バンコク）、ネパール（カトマンズ）、マレーシア（クアラルンプール、ペナン）、香港にまで足を運び、現地の組合やNPOの方々を訪ねたこともある。1996年には、アジアで動いているNPOからの要請にこたえて、タイ・スズキの労働争議調査に出かけたこともある[4]。さらに2001年には、広木道子、荒谷幸江両氏とともに、児童労働問題の実態に迫るためにネパールを再度訪問し現地の組合、NPO、カーペット工場を訪ねたこともある[5]。このほかにも、イギリスのリバプール争議調査、ヨーロッパ労連訪問などがあった。

他方、日本では外国人労働者の組織化調査が当センターの研究プロジェクトとして進められた。外国人労働者の組織化に相当のエネルギーをさいていた全国一般労働組合東京南部の当時書記長であった高須裕彦氏、やがて同組合の執行委員にもなったジョン・マクラフリン氏、東京都の労政事務所で労働相談を担当しながら日本における外国人労働者問題を研究しておられた小川浩一氏などを含んで構成されたこのチームの調査は、調査対象の一つが長期の争議に入ったこともあって、私にとっては新しい知的刺激に富む異色の労働調査となった[6]。

以上、簡単にふり返ってみただけでも明らかなように、私たちはアメリカ労

働運動の調査だけに突き進んでいったわけではない。このエッセーの表題に「一つの軌跡」と記したのはそのためである。

　私たちがアメリカ労働運動の現状にひきつけられたのは、端的に言えば、1995年10月のアメリカ労働総同盟・産業別労働組合会議（AFL-CIO）の大会における選挙による首脳部の交代劇とジョン・スウィニー会長の登場に触発され、その底に流れる新しい運動潮流に魅力を感じたからである。日本の労働運動の混迷からぬけ出すための一つの手がかりを、そこに感じとったからである。ここに記しておきたいのは、アメリカ労働運動についての専門的な研究者でなかった私たちが、いわば手探りでこの道に進んできたいきさつについてである。

　率直に言って、あの首脳部交代劇のニュースに接したとき、私たちもその事件の意味をただちに理解できたわけではない。真相の見えにくい労働界の首脳部人事にありがちな、「権力闘争」の一つかもしれない、という受け止め方もなかったわけではない。「宮廷内」のハプニングにすぎない、という情報もあった。こうした見方からぬけ出すうえで大いに役立ったのは、私が長い間交信してきたジェレミー・ブレッカー氏から届けられた一つの論文、「旧い殻の中の『新しい労働運動』か？」である。

　この論文は、「アメリカの労働者のためのニューボイス」と自称したスウィニー派の主張を紹介、考察し、それが過去20年ほどの運動後退期のなかから現われた改革志向の活動家やリーダーたちの声を集約していること、これまでのAFL-CIOに支配的であった言語表現をビジネス・ユニオニズムのそれから社会運動的な表現に転換しようとしていることを指摘していた。と同時に、その斬新な主張を実現していくためには、「旧い殻」の外で生まれてきた活動家たちのイニシアティブを内部に取り込むという発想だけではなく、AFL-CIOの新しいリーダーと地域の活動家の双方が、AFL-CIOの殻と連携しながらその殻の外に存在する諸グループを助長していくような新しい労働運動、「社会運動ユニオニズム」を目指すべきではないか、と提唱するものであった[7]。

　ブレッカーは1960年代の革新的な学生運動のリーダーとして頭角をあらわし、その後も実践的運動にかかわりながら、若くして労働史研究に衝撃的な一石を投じた在野の研究者である[8]。1990年代の初めに彼から送られてきた『橋を架ける』という書物は、1980年代の新自由主義の嵐に立ち向かった労働現場や地域社会での抵抗運動の事例を取りまとめ、その運動のなかで生まれている民衆の連帯の意識と行動に光をあてていた。「レイバーとコミュニティの草の根での連

携の出現」という副題は、この書物の基本的な性格を表現していた[9]。さきほどのブレッカーの論文は、そうした動きがアメリカではようやく労働界全体を動かすまでの力になり始めたのではないか、という仮説へと導いてくれたのである。

　AFL-CIO の選挙による首脳部交代を実現したあの画期的な大会の直前に開かれた討論集会、「21世紀に向けた労働運動」に提出されたペーパーを中心に編集されたグレゴリー・マンツィオス編『新世紀の労働運動――アメリカの実験』(緑風出版、2001年) は、そのような仮説を裏づけているように思われた。この本で取り上げられている個別課題は多岐にわたっている。組合民主主義、女性やマイノリティー、移民労働者など多様な労働者の組織化、それらの労働者が積極的に参加できるような組合運営への改革、コミュニティの形成・発展に努めている諸組織との連携、グローバルな資本の活動をチェックできるような国際連帯活動の強化など。それらは、日本の労働運動が直面している課題と重なっており、これに取り組んでいるアメリカの労働運動から私たちが学べるところは大きいに違いない。私たちはそう考えたのである。

　国際労働研究センターがアメリカから招いて研究会で報告していただいた方々は、そうした新しい運動潮流を担う重要な論客たちであった。登場した報告者のなかには、別の用件での訪日の機会にこのセンターで報告することを快諾してくださった方々もいた。現にいまアメリカで進展している事態を日本の人々に伝えたい、そういう意欲を感じる交流であった。この本は、そうした「草の根」の国際交流の産物なのである。

## 2　どのように接近しようとしたか

　そもそも、「ニューボイス」と称される新しい運動潮流の実態は何か。さきにふれたブレッカーの論文はその主張の概略を伝えてくれたが、その具体的な姿をイメージするまでには、なおかなりの作業が必要であった。とりわけ、実際にどんな運動が展開しているのか、それはいかにして可能になっているのか。そこに立ち入っていくための勉強が必要であった。結局、私たちは新しい運動潮流を担っていると思われる方々から直接話をきく、といういくつかの招待プログラムを具体化することになったのであるが、そこに至る前に、新しい運動潮流に期待を寄せながらも運動への積極的なコメントや注文をかくさない、実

践的な労働運動史家たちの報告をきくことができたのは大変幸せであった。

　まず、1998年10月に登場したネルソン・リヒテンシュタイン教授は、AFL-CIO が誕生して以来はじめて、アメリカ政治の「左翼」に位置するようになったのはなぜかと設問し、それを AFL-CIO 指導部の交代だけでなく、アメリカ政治全体の「右傾化」「保守化」の動向、ソ連圏崩壊の余波というような歴史的な文脈でとらえてみてはどうか、という観点を提示した。そのうえで、1997年夏のユナイテッド・パーセル・サービス社 (UPS) ストライキ、GM のストライキなどにふれながら、アメリカ労働運動はいま過去四半世紀のなかで最も有利な状況にあるように思う、と述べた。だが、この状況を労働運動の再生に結びつけていくためには、戦闘的な争議への支援、組合内民主主義の徹底、労働者の草の根からの政治動員が不可欠であり、そのために進歩的な知識人が果たすべき役割は大きい、と指摘した。自らコロンビア大学での「労働ティーチ・イン」を組織したリヒテンシュタインの報告（本書 [2] に収録）は、新しい運動潮流が大学の研究者たちをもどのように巻きこんでいるかを明示するものであった[10]。

　ついで1999年5月に登場したマーチン・ハルペルン教授は、まず、アメリカの労働運動が劇的な変化の時代に入ったという観点を提示した[11]。そのうえで、AFL-CIO の首脳部スウィニー派が未組織労働者の組織化を最優先課題としていることを評価しながらも、就任以来すでに3年間を経たスウィニー派執行部が達成したものを吟味して、新しい運動潮流にもつきまとっている限界を明らかにしようとするものであった。たとえば、新しい組織化のキャンペーンによってマイノリティーや女性の組合運動への参加が進んだことは高く評価できるが、必ずしも組合員に依拠する組織化が進展しているとはいえない面、つまり、専従的な組合のオルグやスタッフに依存している面があること、また、スウィニー派のビジョンでは、二大政党制の壁を突破する労働者の独自の政治行動の提起という点でも、経済のグローバル化に対抗する戦略の提起という点でも、なお従来の弱点からの決別が中途半端にとどまってはいないか、というのであった。ハルペルンは組合運動の活性化に決定的に重要なのは組合の民主化であり、一般組合員の意識の「左翼」化である、ととらえているように思われた（この報告は本書 [3] に収録）。

　本書では、この二つの報告を「ニューボイスの歴史的位置」と題する第1部に収めた。私たちはこの2人の歴史家の報告に接することによって、新しい運動潮流を広い歴史的な視野で、いわば過渡期の運動としてとらえる必要を自覚した

のである。

　それと同時に、私たちは、進展する経済のグローバル化に対する労働運動側の新しい戦略はいかにあるべきか、という問題に強い関心を抱いた。1997年5月の研究会では、ジェレミー・ブレッカーから、北米自由貿易協定（NAFTA）反対のキャンペーンを経て、アメリカの労働運動内部でどのような戦略的論議と実践が進んでいるかを学ぼうとした。その報告は、本書[4]に収められているが、そこでブレッカーが強調したのは、今日の経済のグローバリゼーションに対抗するには新しい種類の労働国際主義が求められており、それはNAFTA反対の折に根強かった保護主義的なアプローチではなく、「下向きの競争」を阻止するための国際的なネットワークを形成し、労働、環境、人権、民主主義を守るための最低基準の実現を志向するものだ、ということであった[12]。彼はそれを「下からのグローバリゼーション」の戦略と表現し、それが端緒的には、メキシコの労働運動との間での「戦略的提携」を追求している全米電機ラジオ機械工労組（UE）の実践、グローバル企業に対する「行動規範」（Code of Conduct）キャンペーンなどで模索されている、と説明した。

　この直後、私たちはUEの国際部長ロビン・アレクサンダー氏を囲む臨時研究会をもつことができた。組合の国際活動のために日本を訪れた彼女は、ブレッカーがふれていた「戦略的提携」の概略について報告した（本書[5]に収録）。私たちは、NAFTA反対のキャンペーンの中で出会った真正労働者戦線（FAT）とUEとの間で、メキシコ労働者の組織化をめぐる提携がどのように具体化されているかを学んだのである。

　私たちはまた、1997年11月にアメリカおよびカナダを訪問し、経済のグローバル化に対する組合やNPOの取り組みについての知見を広げた。ニューヨークでは、ブレッカーの案内で「ノー・スウェットショップ」キャンペーンを推進しているNPOおよび組合を訪ねて、有意味な情報を入手した[13]。さらにこのキャンペーンの評価をめぐって、その限界を指摘する重要なコメントにも接することができた。さらに、バンクーバーでのAPEC（アジア太平洋経済協力会議）首脳会議に対抗する形で開催された「民衆のサミット」に参加し、社会条項戦略をめぐる北米での議論を確かめることができた。本書[6]にはその帰朝報告が収録されている。

　以上の三つの報告が第2部「グローバル化の下での労働運動の戦略」としてまとめられている。私たちは発足後数年足らずの間に、いま求められる新しい運

2003年第2回レイバーフェスタで講演するケント・ウォン　　　提供：今井明

動戦略の方向について一応のイメージを持つことができたが、それらはすべて、この分野で先進的な活動をしている方々から得た情報と刺激によるものであった。

　だが、当然のことながら、私たちは、こうした新しい戦略的論議だけでは満足できなかった。実際にどんな労働運動が組織されているのか。その実態を理解したいと考え、注目すべき運動の組織者・知的リーダーたちを招いて、その運動の実態をできるだけ深く理解するための招待プログラムを行なった。その成果が本書［7］［8］［9］に収められている。

　本書の［7］は、かの画期的なUPS争議をチームスターズ労組本部にあって指導したアンディ・バンクス氏の報告である[14]。それは、組合への不信感の強かったパートタイマーたちの不満を、労働協約改訂闘争の主要な要求に取りまとめていくまでの民主的運営の工夫という点でも、効果的な闘争態勢を固めるための地域住民＝利用者への働きかけという点でも、また、世界企業UPSを労働者の国際的ネットワークで包囲していくという点でも、周到な準備のもとに進め

られた運動であったことを明らかにするものであった。私たちは、全国組合の本部が改革派の影響下におかれた場合に、どのような新しい運動が組織されたかを具体的に知ることができたのである。

さらに私たちは、2001年に、地域社会での新しい運動を深く理解するために、生活賃金キャンペーンについての調査研究で注目されるステファニー・ルース助教授を招いた。私は彼女の主著を読んでその実践的かつ実証的な学風に感銘を受けていたが[15]、招待プログラムにこたえて送られてきたペーパーは、私たちの期待にたがわず、生活賃金キャンペーンにコミットしながら、地域での労働運動の再構築の道を探った刺激的な調査レポートであった。私たちは彼女の来日に間に合わせるようにそれを急遽翻訳し、パンフレットとして出版した[16]。本書の[8]は、彼女の2回の定例研究会での報告を合成したものである。

2003年11月には、カルフォルニア大学ロサンゼルス校の労働調査教育センターのケント・ウォン所長を招いた。正直に告白すると、国際労働研究センターの外国人アドバイザーのひとり、ジョン・プライス博士の強い推薦を受けるまで、私自身は、ケント・ウォンの存在を知らなかった。運動家たちとの深い信頼関係を確立しているユニークな研究者であることを知ったのは、照会にこたえて送られてきた彼の編集した2冊の本によってである。私たちは2002年の夏に東京に立ち寄ってくれたケント・ウォンと相談の上、翻訳プロジェクトをスタートさせた[17]。招待プログラムによる講演は大阪でも行なわれたが、本書の[9]は午前・午後を通して行なわれた東京での主要報告・討論集会の記録である。これは、「草の根」の国際交流がどこまで進んできたかを示すドキュメントとしても有意味であろう。

なお、この集会には約90名が集まったが、そのなかのひとりのアメリカ人が当時伝えられたスウィニー派批判の動きにふれて、AFL-CIOや全米サービス従業員労働組合（SEIU）内部の組合民主主義についてのケント・ウォンの評価を尋ねた。その人物が、やがて国際労働研究センターの会員となり、様々なアドバイスをくれることになったマット・ノイズ氏である。私はノイズとの度々の対話を通して、アメリカ労働運動の指導部についての率直なコメントを展開するように彼に求めた。本書の[10]がその結果である。現在ではまだ分裂含みのAFL-CIO大会の帰趨を確言できないが、今後の運動の展開を考えるうえで示唆するところが多いと考えて、さきの諸論文と一緒に本書の第3部「改革派の運動」に収めることにした。

私たちはまた、学習が進むにつれて、新しい運動潮流を生み出し支えているものは何か、という問題を意識するようになった。その一つに労働者教育の普及があるのではないか。そのような関心にこたえてくれたアンディ・バンクスとケント・ウォンの報告の記録が［11］［12］である。それらが本書の第 4 部「労働者教育のひろがり」として収められている。これらの研究会は、私たちに、日本における労働者教育の発展を重要な課題として意識させる一つの契機となった。

　以上は、国際労働研究センターの研究会に登場してくださったアメリカの研究者や運動家の報告を中心にして編集されているが、私たちは、この学習のプロセスが同時に日米の労働運動の交流が深まるプロセスであったことを記録にとどめたい、と考えた。はじめに記したように、もともと国際労働研究センターは、「国際労働研究（Transnational Labor Studies）の領域を開拓することによって日本の労働・社会運動の再興にささやかな貢献をすること」を目的として掲げていたが、本書の第 5 部「日米のつながり」に収められた［14］［15］［16］は、その抱負に沿った調査、運動の記録である。このセンターが、事実上、国際連帯を求める運動体の連携をたすける役割を果たし始めていることが読み取れるであろう。私見では、「国際連帯の構造」が発展していくなかで日本の労働運動も変わっていく、そういう観点が求められているように思う。

　最後に、本書の第 6 部「アメリカ労働運動から学ぶ」には、アメリカの新しい運動潮流を私たちがいかに解釈したか、それを通して私たちの課題をどのように意識したかという観点での諸論文が収められている。さらに［21］は、アメリカ労働運動の活性化の一つの震源地とも見えるロサンゼルスに留学した青野恵美子・高須裕彦氏の実態調査レポートである。私たちのセンターの活動がこのような海外での調査活動を生んだことは特筆すべきであろう。なお、それを一読すれば明らかなように、この調査を可能にしてくれたのは現地の運動家たち、とりわけケント・ウォンの暖かい協力であったことも忘れてはなるまい。再言することになるが、私たちの認識の発展はこのような志を同じくする方々との出合いなしには不可能だったのである。

　以上、この書物の構成にふれながら、私たちのアメリカとの交流の軌跡をふり返ってみた。謝礼などを度外視して私たちの研究会に協力してくださった報告者の方々、面倒な通訳を引き受けてくださった方々、煩瑣（はんさ）な招待プログラムの裏方を務めてくださった方々に、改めて厚く御礼申し上げたい。

## おわりに

　私が10年前にこのセンターを立ち上げたときに、このような展開を予想できていたわけではない。もちろん、多くの友人たちに恵まれたということもあるが、この時代がこのようなセンターの存在を必要としていた、という面も強かったように思う。はじめは私の独断で設計された研究会が多かったが、数年のうちにセンターは運営委員の協議によって行なわれる体制に移行し、共同代表が調整にあたるという慣行が定着してきた。当初は少なかった運動家の方々の参加が目立ってきたことも、また、若い研究者の顔が増えてきたことも、嬉しいことである。この書物の刊行によってさらに多くの方々との交流が広がることを願っている。

### ❖注

1　国際労働研究センターの「設立趣意書」には、「経済の世界大化（globalization）、地域大化（regionalization）が進展するに伴って、労働者が国境を越えて連帯活動を強める必要はますます強まっており、日本でも既存の労働組合だけでなく、『草の根』の任意組織の国際活動が広がっている。このセンターはそれらの組織と連携しながら、労働者間、研究者間の国際的コミュニケーションを深め、一国の枠を超えた国際労働研究（Transnational Labor Studies）の領域を開拓することによって、日本の労働・社会運動の再興にささやかな貢献をすることを目的としている。」と記されている。
2　マイク・パーカー、ジェイン・スローター編著、戸塚監訳『米国自動車工場の変貌――「ストレスによる管理」と労働者』（緑風出版、1995年）。
3　拙稿「米国労働運動の新しい波」グレゴリー・マンツィオス編、戸塚監訳『新世紀の労働運動――アメリカの実験』（緑風出版、2001年）、拙稿「アメリカの新しい労働運動について」ケント・ウォン編、戸塚・山崎精一監訳『アメリカ労働運動のニューボイス――立ち上がるマイノリティー、女性たち』（彩流社、2003年）、拙稿「アメリカ労働運動のニューボイスについて」『つぶて』（44号、2004年秋）、拙稿「アメリカ労働運動の特徴と日本への示唆」『女性労働研究』（48号、2005年7月）など。
4　渡辺勉「タイ・スズキ争議に関する現地調査報告並びに国際連帯に関する若干の提案」CTLS　Bulletin（日本語版）、No.2　Nov. 1996。

5 荒谷幸江「ネパールのカーペット産業における児童労働問題への取り組みと実態――ネパール調査報告」(上、下)『労働法律旬報』2002年10月下、11月下旬号、広木道子「国際社会は児童労働問題にどう取り組んでいるか――私たちはどう向き合ったらよいのか」(上、下)『労働法律旬報』12月下旬号、2003年1月下旬号、戸塚秀夫「児童労働問題を考える――ネパールを訪ねて」CTLS『会報』No.4、2001年9月。

6 小川浩一「日本における外国人労働者の組織化――神奈川シティーユニオンのケーススタディーを通して」『労働法律旬報』2000年6月上旬号、7月上旬号、小川浩一「外国人労働組合の可能性」 駒井洋編著『移民をめぐる自治体の政策と社会運動』所収、明石書店、2004年、Hirohiko Takasu, Labor Disputes and Organizing Among Foreign Workers in NUGW Tokyo South, CTLS Bulletin, No.8 Nov. 2003。

7 ブレッカーのこの論文は、戸塚・荒谷訳として『労働法律旬報』1997年6月上・下旬号、7月上旬号に連載された。のちに前掲『新世紀の労働運動――アメリカの実験』に若干の手直しのうえ収録されている。

8 ブレッカーの処女作は、ジェレミー・ブレッヒャー、戸塚・桜井訳『ストライキ――アメリカの大衆ラディカリズム』(晶文社、1980年)として日本でも公刊された。その初版本は、Strike! Strait Arrow Books, 1972で、そこには「1877年から現在までのアメリカにおける大衆反乱の真実の歴史――国家、資本、労働組合主義の体制に対する真正の革命的運動」という長い副題が付いていた。

9 Jeremy Brecher &Tim Costello(ed.), Building Bridges: The Emerging Grassroots Coalitions of Labor and Community, Monthly Review Press, 1990

10 リヒテンシュタインの訪日は、全米自動車労組(UAW)の著名な指導者ウォルター・ルーサーについての彼の伝記的な歴史研究が大著として公刊された直後のことであった(Nelson Lichtenstein, The Most Dangerous Man in Detroit : Walter Reuther and the Fate of American Labor , Basicbooks,1995 )。その後出版された彼の通史的著作は、狭い労使関係史の枠に閉じ込められない運動史家の魅力にあふれ、同時代人への強いメッセージがこめられた作品であった(Nelson Lichtenstein, State of the Union: A Century of American Labor, Princeton University Press,2002)。

11 ハルペルンは、第二次世界大戦後のUAW内部のコーカス間の争いの意義を冷戦の展開と関連させて論じた実証的な仕事で注目された歴史家である(Martin Halpern, UAW Politics in the Cold War Era, State University of New York Press,1988)。当時、日米研究者交流のプログラムで仙台に滞在しておられたが、私たちとの交流のために二度にわたって上京してくださった。この論文の英語文

原注は私たちの質問、関心に答えるように丁寧に作成されているが、本書では割愛した。

12 ブレッカーは来日の数年まえに、この戦略構想を啓蒙的な著作のなかで展開していた（Jeremy Brecher & Tim Costello, Global Village or Global Pillage;Ecomomic Reconstruction from Bottom Up, South End Press, 1994）。

13 当時入手した資料「服飾産業協力事業の大統領および国民への報告」は全国労働組合総連合『国際労働情報』第6号、1999.11に掲載されている。

14 アンディ・バンクスは、UPS争議当時はチームスターズ労組の本部で対企業キャンペーンを担当していたが、私たちが招待した時点ではジョージ・ミーニー・センターの主任研究員の職にあった。

15 ルースは連邦労働省研究員からウィスコンシン大学大学院にすすんだ人で、博士候補時代にロバート・ポリン教授との共著で生活賃金キャンペーンを擁護する注目すべき仕事を公刊していた（Robert Pollin & Stephanie Luce, The Living Wage: Building a Fair Economy, The New Press, 1998）。なお、最近は生活賃金キャンペーンの意義と限界についての著作を公刊している（Fighting for a Living Wage, Cornell University Press,2004）。

16 国際労働研究センター責任編集『労働運動の再構築は可能か：米国における生活賃金キャンペーンと労働組合・コミュニティ』国際労働研究センター発行、2001。

17 その結果が次の本である。ケント・ウォン編、戸塚秀夫・山崎精一監訳『アメリカ労働運動のニューボイス：立ち上がるマイノリティー、女性たち』彩流社、2003。

# 第1部 ニューボイスの歴史的位置

# [2] アメリカ労働運動の展望

ネルソン・リヒテンシュタイン
山崎　精一・荒谷　幸江／編

## 1　AFL-CIO の最高指導部は今や左翼に位置している

　この研究会にお招きいただきありがとうございます。アメリカの労働組合運動には大変興味深い出来事が起こっていることをお話したいと思います。今日ここでお話しようと思うのは、この労働組合の変革で何が一番興味深いか、なぜ変革が起こったのか、そして AFL-CIO 最高指導部のこの政治的変動がどんな影響を及ぼしうるか、という点です。

　1930 年代、40 年代から数えて 2 世代ぶりにして初めて、アメリカ労働組合運動は米国政治の左翼に位置しようとしており、また現に位置しています。これには三つの理由があります。

　第一に、米国の政治は右に移動しました。政治総体が保守的な方向に動きました。したがって、労働組合は変わっていないにもかかわらず、以前よりもずっと左に位置しております。社会保障・公教育・集団的交渉の防衛といった政治的主張は、かつては目立たない中道主義のものでしたが、いまやリベラル派あるいは革新派のものとなっています。

第二に、冷戦の終結により労働組合はそれまで閉じ込められていた伝統的な政治構造から解放されました。かつて労働組合と左翼の間に存在した「ベルリンの壁」が崩壊しました。同時にかつて労働組合が右翼から受けていた支持も、それがいかに小さいものであったにせよ、失うこととなりました。共産主義との世界規模の闘いが終了した以上、アメリカの支配階層は保守的で協調的な労働組合運動の存在さえも必要としなくなりました。

　そして最後の理由ですが、1995年にジョン・スウィニーがAFL-CIOの会長になったことです。70年目にして初めて行なわれたこの会長選挙で、スウィニーは保守派のジョージ・ミーニーやレーン・カークランドの後継者であるトム・ドナヒューを破ったのでした。スウィニーは組合員を急速に増やしている全米サービス従業員労働組合（SEIU）の委員長であり、その対立候補者より活動的・リベラル的で、より産業別労組の流れのなかから出てきた人です。

　スウィニーと「ニューボイス」のグループの登場により、AFL-CIOと労働運動総体はこれまでより鮮明な形を取るようになってきました。さらにアメリカの政治にある程度の影響を与えるようになってきています。これまでの20年間にわたる敗北と失意を考えると、これはわくわくするような変化です。労働組合は最低賃金の引き上げを勝ち取り、労働と環境に害のある通商協定を議会で通しやすくする権限を大統領に与える「迅速手続き」での立法化を阻止し、1998年の下院議員選挙で民主党が勢力維持するのを手助けすることに成功しました。国際政策の面でも、AFL-CIOは制度的にもはっきりと左に傾きました。それは名称の変更だけからでも伺うことができます。AFL-CIOの国際局は、いまや国際労働連帯センターと呼ばれています。10年前にはこのような名称は反米的であると見なされたでしょう。この新しい組織の責任者はバーバラ・シェイラーであり、以前、AFL-CIOが中央アメリカで米国国務省と協力していた頃、それを強く批判していた人です。

　労使交渉とストライキについて見ると、アメリカ労働運動は現在、この四半世紀で一番有利な状況にあります。低い失業率、低いインフレ率、労働者への国民的支持の増大などがその要件です。この新しい有利な条件を指し示すようなストライキが、最近二つ起きています。1997年8月にチームスターズ労組がUPS社でストライキを敢行し、大きな勝利を収めました。このストライキには、三つの歴史的な意義がありました。第一に、大企業に対する全国的なストライキとしては20年ぶりのものだったこと、第二に、国民の間に広い支持を受けたこ

とです。それは、フルタイムで賃金が高く、その他の待遇も良い仕事が欲しいというホワイト・カラー労働者の切実な要求に応えるストライキだったからです。経営側がスト破りを雇うことで有名な産業でしたが、今回のストでは、スト破りはほとんどありませんでした。そして最後に、このストライキはチームスターズ労組内の草の根の労働者の改革運動の結果であったという点です。このようなストライキへの支持を取りつけるための宣伝と組織活動を2年間にもわたって続けてきたのです。

　第二のストライキは1998年7月から8月にかけて行なわれ、世界最大の製造会社を工場閉鎖に追い込みました。しかし、このゼネラル・モーターズ（GM）に対する全米自動車労組（UAW）のストライキは労働運動にとって絶好の機会であったにもかかわらず、これを逃してしまいました。先のUPSストと同様に、このGMのストはアメリカの労働組合が多国籍大企業を工場閉鎖に追い込む力をまだ持っており、さらに広い支持を受けていることをも指し示していました。しかし、UAWの指導部はこのストライキを政治焦点化することに失敗しました。つまり、低賃金で組合のない工場への下請け化に反対するというストライキの要求は、労働運動全体、そして組合に入っていない労働者も全員が支持しできるものであることを主張することをしなかったわけです。残念なことに、UAWはGMとの協約違反にならないようにと積極的にストライキを「非政治化」しました。

## 2　この2世代で初めて労働運動に傾斜する左翼知識人たち

　1940年代後半以来初めて、アメリカのリベラル・左翼的知識人は「現に存在する労働組合」に対して、全体として肯定的な評価をするようになっています。その理由の一半は、ジョン・スウィニーとその仲間たちが労働運動の直面している課題を正当にも根源的に受け止めて提起しているからです。それは労働陣営が直面している問題の大きさを正しく理解しているからです。現状では、アメリカ労働運動は静かな死に向かって歩んでいます。毎年30万人の新組合員を獲得しない限り、組織率は低下し続け、死を迎えることになります。1970年代の労働組合の力はそれほどでもありませんでしたが、その水準に回復するのさえ社会革命が必要となります。アメリカの政治と文化の全面的な変革が必要となります。根源的な社会変革が問われているのであり、何千万人という労働者、

何千人もの経営者、何百人もの国会議員の夢や期待を作り替える文化革命が問われているのです。

労働運動の課題がこのようなものであるのなら、労働側の政策を国民全体の必要としているものに語りかけるようなイデオロギーに翻訳することのできる人たち、知識人が必要となるわけです。この考えにもとづいて、2年ほど前に、私は学者仲間とともにコロンビア大学で労働ティーチ・インを組織し、見事な成功を収めました。AFL-CIO 会長のジョン・スウィニーを招待し、アメリカで一番有名なフェミニストのベッティー・フリーダン、アフリカ系アメリカ人の著名な神学者でハーバード大学のコーネル・ウェスト、最高の哲学者リチャード・ローティーなどの指導的な知識人と同じ演壇に並ばせたのです。このような集まりが何回も開催され、何人もの組合指導者が様々な学問分野や政治的潮流の学者や知識人と同じ演壇に並びました。コロンビア大学の後に続いて、全国で40以上もの労働ティーチ・インが行なわれました。

このような労働ティーチ・インを契機にして、労働側と知識人との間で新たに健全な対話が始まっています。UAW が間接的に援助している「Working USA」（労働するアメリカ）と、ニューヨーク市立大学の一組織が発行している「New Labor Forum」（新労働フォーラム）という二つの新しい雑誌も発行されるようになりました。私たちも「社会正義を目指す学者・芸術家・著作家たち」(SAWSJ) という組織を作りました。特に強い組織ではありませんが、労働運動と職業上のつながりがない知識人や左翼が組織的に労働組合を支持したのは1940年代以来これが初めてです。もちろん、SAWSJ は組合を批判する権利を保留していますが、できれば建設的で同志的なものにしたいと思っています。

## 3　歴史的教訓

20世紀のアメリカ労働運動の歴史をふり返ることで、ジョン・スウィニーの登場と知識人たちの労働の大義への再結集について、より深く理解することができます。アメリカ労働運動の最大の高揚は、ジョン・ルイスが産業別組合会議 (CIO) を設立した1930年代でした。CIO は鉄鋼、自動車、ゴム、電気製品、農機具産業に大きな中心的労組を打ち立てました。当時のルイスも今日のスウィニーも、ともに民主党の大統領に裏切られたことが契機となって、労働陣営の中心を担うことになりました。今日では1935年のワグナー法[1]はニューディ

ール労働政策の中核と考えられていますが、フランクリン・ルーズベルト大統領が全国復興局により資本主義を再編しようとしたニューディール政策の一角に、当初労働組合を組み込もうとしたことに、ルイスやシドニー・ヒルマンなどの組合指導部は大きな期待をかけていました。1930年代初めのニューディール政策は、産業管理の新しい制度を作るのが目的でした。大企業にはカルテル形成と価格設定の自由を与え、労働者には組合選択の権利を保障したのでした。これが有名な全国産業復興法第7条a項であり、ルイスの下のオルグたちはこれを「大統領は諸君に組合に加入してほしいと言っているのだ」と解釈していました。炭坑や被服工場では、労働組合はすぐに再建されました。しかし当時の産業の中心を組織しようとすると、大企業はこの条項について違った解釈の仕方をしており、御用組合を推奨していると考えていることが明らかとなり、しかも連邦政府はこの解釈の違いを放置していました。

クリントン大統領も、その任期の最初の2年間、1993年から94年にかけて似たような社会契約を結ぼうとしました。国民皆保険の見返りに、一部の大生命保険会社が医療サービスに参入するのを認めようとしました。また元労働長官ジョン・ダンロップを長とする委員会が、組合の組織化を容易にすることを可能にする見返りとして、生産性と競争力を高めるための従業員参加委員会を作ることを経営側に認めようとしました。この二つの試みは、クリントン行政の最初の2年間のうちにもし通ったとしても失敗に終わるような、取るに足らない取引に過ぎませんでした。

ルーズベルトとクリントンの改革がつまずくと、労働運動の古い指導部は立ちすくんでしまいました。労働組合は30年代半ばと90年代半ばに政治的敗北を味わいました。1935年に最高裁判所は、全国復興局を違憲と判断しました。60年後にクリントンはニューディール政策を少しだけ再建をしようとしますが、下院議長の保守派ニュート・ギングリッチに潰されてしまいます。1930年代を通じてアメリカ労働総同盟（AFL）は、全国復興局の崩壊になんら対策を講じることなく、またワグナー法が提供した新しい機会を利用しようともしませんでした。排他的な縄張りを守ることにこだわるAFLの指導部は、財政力もなく自己中心的な職能別組合の戦略にしがみついていました。

炭坑夫労組の指導者のジョン・ルイスと被服労組の指導者のシドニー・ヒルマンは1935年にCIOを結成しましたが、それはAFLの戦略の欠如が衰退と災難しかもたらさないと考えたからでした。同じようにスウィニーとその仲間た

ちが AFL-CIO 会長のレーン・カークランドを見限ったのは、クリントンの社会政策が失敗したことに対して、会長が何の対抗策も持てないからでした。新しい労働法ができるまでは組織化運動に金を注ぎ込むのはムダだと、カークランドはずっと主張してきました。しかし、スウィニーの立場は「新しい法律がなくてもまず組織化し、その後法律ができてからさらに組織化する」というものであり、過去の経験に裏づけられたものでした。新しく結成された当時の CIO の戦略はこれとまったく同じで、1937 年 4 月に最高裁がワグナー法を合憲と認める前に、鉄鋼、自動車、ゴム、港湾などでの大勝利を収めたのでした。

しかし、戦闘性とお金については多すぎて困るということはありません。1930 年代に労働組合運動が政治の中央に位置するようになったのは、組合の成長が 20 世紀初めの政治・経済が直面する中心的課題に回答を与えているように見えたからでした。その第一の課題とは「過少消費」の問題でした。1920 年代の激しい価格競争と賃金停滞によりアメリカ資本主義が不安定化し、ウォールストリートのパニックが世界恐慌に結びつきました。個々の雇用主も価格の安定と賃金の上昇を望んでいましたが、自分のところではなく競争相手にだけしか望んでいなかったわけです。そこで解決策は労働者階級の消費力を全体として引き上げるというものでした。産業規模での賃金水準を引き上げさせる力を持ち得る組織が組合以外にない状況の中で、このケインズ主義的処方箋により新しい労組の利益は、国家の利益とほぼ同一視されることになったのでした。

しかし、もし労働組合が賃金を決定する機関としてしか成功しなかったとしたらその影響力は限られたものとなっていたでしょう。ニューディール政策と新しい労働組合運動により、アメリカでの民主的な暮らしを夢みていた移民やアフリカ系の労働者にとっては、とりわけそうでした。ワグナー法が革新的な法律であったのは、それが職場の民主化をめざしたからでした。その目的は 1880 年代以来、進歩的改革主義者と反乱する左翼にとっての関心事であった、職場での専制支配に対抗することでした。「工場に組合ができるまでは、職長がその部署の大将だった」と、1941 年の UAW の職場委員の手引きは断定しています。「組合ができたことにより、職長にとって世界が逆転してしまう。ちっぽけな独裁体制は転覆し、職場運営の民主的な制度に適応せざるをえなくなった」。

30 年代と 40 年代に新しく登場した労働組合は、移民出身の下層労働者を組織された市民に作り変えていくという決定的な役割を果たし、その組織体の政治的な力がその後の 2 世代にわたってアメリカの政治を変革することとなったので

す。その意味で、20年後の公民権運動にもある程度当てはまるのですが、30年代の産業別労働組合運動は20世紀初頭のヨーロッパの社会民主主義政党の興隆と同じ役割をアメリカで果たしたのでした。労働組合運動とニューディール政策こそが「市民」意識を大きく前進させたのでした。CIO流の産業別労働組合は移民労働者の一世と二世を集団として政治に代弁し、職場での力関係を変え、不公平な人種的民族的上下関係を反映していた賃金格差を縮小したのでした。そのことによりニューディールに強固な物質的な基盤を与え、その上に世紀半ばにおける社会的市民権の総括的な再定義を進めることを可能にしたのです。

　新しい労働組合運動と新しい市民権はほとんど同一のものであり、組合組織率と投票率、政治的な力と賃金安定を一つの輪に結びつけました。ルーズベルトの30年代の地すべり的な勝利は、共和党支持層からの鞍替え投票によるものではありませんでした（アフリカ系アメリカ人はその例外です）。民主党がそれまで疎外されていた移民の「非アメリカ人」総体を動員して、その後30年間政治を支配することになった選挙連合を作ったからでした。

## 4　労働組合と「権利の革命」

　このような歴史は、現在参考になります。というのは、現代の労働運動が直面する課題や可能性を明らかにしてくれるかもしれないからです。今日では「産業民主主義」という言葉は、アメリカではあまり意味を持っていません。歴史家として、組合支持者として、私はこの理念が好きですが、普通の人々からは受けがよくありません。

　しかし、組合運動を再建するうえで、それに替わりうる力強い理念が存在しています。今日の労働組合運動が使うことができるもので、歴史的に基礎がある社会思想は60年代、70年代に生まれた「権利意識」の思想です。保守派から繰り返し攻撃されてきたにもかかわらず、この権利思想が正当性を持っていることは、あるゆる政治的社会的領域で依然として認められています。アメリカの進歩派が直面する一番大きな矛盾は、労働者の市民的権利と、同じ労働者の職場での集団的な権利をはっきり対立的に捉える二分法です。

　この前、地元のハンバーガーのチェーン店バーガー・キングでこの同じ二分法に出会い驚きました。16歳の息子のアルバイトの申込書を手に取りました。「雇用機会均等を守る雇用主」という見出しのすぐ後に、太い字ではっきりと書

かれていました。「人種、肌の色、性、宗教、出身国、年齢、障害、婚姻歴、合衆国軍隊への兵役義務により雇用差別することはない」。

　これがバーガー・キングの雇用申込書に書かれているのには、二つの理由があります。第一に、国の法律があるからです。1964年にデモ行進、座り込み、選挙やロビーイングの結果、議会は公民権法を成立させ、人種、信条、宗教、性により雇用差別することを禁止しました。1967年には、雇用における年齢差別禁止法が成立しました。1990年には「障害のあるアメリカ人」法が成立し、身体的ハンディキャップによる雇用差別が禁止されました。1993年にはクリントン大統領が家族・医療休暇法に署名し、妊娠した場合休業して職場復帰できるようになりました。これらは皆規制の強い労働法ですが、普通は公民権やジェンダー平等の概念で考えられています。

　しかし、このような雇用機会均等の宣言が申込書の冒頭に掲げられているのには、もう一つ理由があります。アメリカでは人種、宗教や信条による差別は反アメリカ的と見なされます。もちろん、差別がない状態というのがどういうものであり、過去の差別の穴埋めをどのようにするのかについては議論が分かれています。しかし、労働者、経営者、政治家の圧倒的な多数は、人種的・性的差別が誰に対してであれあってはならないということを政府が主張する権利があることを承認しています。これはあまりにも一般的に受け入れられているため、この法の持つ革新的な性格が忘れられがちです。レストラン、工場、モーテル、大学を所有し経営しているとしても、自己の財産を好き勝手に使えないということです。労働者を雇用し、解雇し、昇進させ、また顧客を取り扱う場合にも、ワシントンで決められ、雇用機会均等委員会や裁判所によりさらに細かく決められる規則に従うよう、政府に「求められる」のです。この法とその執行が強い正当性を持っていることは、雇用機会均等委員会に年間で10万件もの救済申立てがあることが証明しています。このような差別を行なったという汚点を雪ぐために、ショーニー、テキサコ、三菱自動車などの企業は何百万ドルもの金をしぶしぶ使っています。

　ところが、従業員としての労働者の権利になると、バーガー・キングの申込書の精神はまったく異なります。アルバイト申込書の裏には、企業の権利が次のように明記されています。「いかなる時でも、いかなる理由により、あるいは理由がなくても解雇することができる。雇用の手引き、マニュアル、人事政策や手続きは雇用契約ではなく、随意に解雇できる従業員としての身分を変える

ものではない」。

　この契約書の条文は、大きな企業と個々の労働者との交渉力の不平等なことを認めたワグナー法の精神に反しています。ワグナー法は雇用主の反組合的姿勢を制限し、団体交渉を促進することにより、その不平等を改めようとしたのです。しかしファースト・フード産業では、そのような団体交渉協約に進んでサインするような企業はありません。組合を認めない姿勢を変えるぐらいなら、その店を閉鎖するというのがその姿勢であり、そのことにより社会的非難を受けることはほとんどありません。現に理論上も実際にも、バーガー・キングなどの企業は人種、性、宗教、年齢の問題では考えられないような攻撃的な態度で従業員を雇用し解雇しているのです。

　しかし、この思想的な二分法は労働運動にまたとない機会を提供しています。CIO がかつて「産業民主主義」を何世代にもわたって追求することにより、そのストライキや組織化運動を正当化する力強い武器としたように、現代の労働運動もこの 40 年の間にアメリカに定着した「権利」文化を利用することができます。現に AFL-CIO はいま、「団結権」を広い意味での公民権の一つに含めるよう共同した取り組みを行なっています。これはまったく新しい考えではありませんが、もっと力強く、英知と信念を集めて押し進める必要があります。

　労働ティーチ・インのなかから生まれてきた「社会正義を目指す学者・芸術家・著作家たち」は、この課題で効果的な役割を果たしています。1997 年初頭にバージニア大学で「労働権は公民権である」と題したティーチ・インを組織し、大きな成功を収めました。1998 年 4 月、ジョージ・ワシントン大学で「民主主義と団結権」というスローガンでティーチ・インが行なわれ、ジュリアン・ボンドとジョン・スウィニーがともに演壇に立つことにより、組合組織化運動が成功するためにはどのようなイデオロギー的な交流が必要なのかを象徴的に示していました。

　しかし、この戦略は左翼の間ではよく議論の的となっています。というのは、アメリカでは人種的あるいは性的差別にもとづく苦情申立てと、純粋に階級的な内容の苦情申立てを区別するのが難しいことがよくあるからです。ティーチ・イン運動もまた、まさにこの問題をめぐって意見が分かれています。一方の「階級的」立場とでも呼べる人たちは、性や人種で自分のアイデンティティーを規定しようする人たちの苦情申立てや個別性重視の運動を、分裂的・自己満足的だと見なしています。その人々によると、このようなアイデンティティー重視の

政治的志向は、過去には正当性があったが今では行き詰まってしまっているし、労働運動全体に与える影響についても、国の政治に実際に与える影響のうえでも行き詰まっていると言います。

　一方、アイデンティティー重視の政治的志向を擁護する人たちは、階級性を再評価しようとする試みは公民権の課題の価値と正当性を低めようとする試みであると主張しています。その主張によれば、労働運動が常に民族的・人種的に多元的であったと認めることは分裂主義的なことではありません。さらに言えば、階級自体が性的・人種的な構成体であると言えます。このような異質性を否定した時に労働運動が高揚したのではなく、革新的な活動家たちがこの個別的な多様性を利用して多様なアイデンティティーを結びつけた時に高揚してきたのです。

　このアイデンティティー重視の政治的志向の主張の方が正しいように見えます。というのは、そのようなアイデンティティーの現われが労働運動に影響を与え、またそこから生まれてきていることをふまえているからです。アメリカの労働者が、自分たちを階級的に表現すれば素晴らしいことでしょう。しかし、革新的な信念を持っている労働者を含めても、このように労働者としての自己規定を第一にする人は少ないでしょう。労働運動とその支持者はこの悲しい事態を嘆くのではなく、個々の主体の抱える問題が実は階級問題でもあることをよく説明する方法を考えることが大切です。バージニア大学のような所でこの方法が有効だったのは、人種的な上下関係が鮮明で対立的であり、一方で組合の問題は言うに及ばず、階級の問題は抽象的で、見えにくい場だったからです。AFL-CIO も、この点には気を使っています。ジョン・スウィニーの「ニューボイス」グループは、AFL-CIO の執行委員会にこれまでにないほど多くの女性、アフリカ系・ラテン系アメリカ人を送り込みました。そして今日、アメリカ労働組合運動の発展を見るのに一番刺激的なのはロサンゼルスです。というのは、そこでは大多数がメキシコ系、フィリピン、アフリカ系、中国、日本や中央アメリカからの労働者の地域集団のなかから多人種的な労働運動が芽生えてきているからです。

## 5　三つの戦略的提案

この講演の最後に、労働組合を発展させ、政治的にも経済的にも戦闘化する

ための三つの提案を行ないたいと思います。

　その第一は戦闘性です。労働組合はもっと戦闘的になる必要があります。さらに大切なことは、典型的な階級闘争が起こった時にはアメリカの労働組合全体がそれを支えることです。1980年代はアメリカ労働組合にとって悲劇的な10年でしたが、それは労働者が闘わなかったからではありません。メイン州ジェイのインターナショナル・ペーパーで、アリゾナのフェルプス・ドッジで、ミネソタ州オースティンのホーメルで、そしてコンティネンタルとグレイハウンドで、労働組合は立ち上がりましたが、その闘いは物理的に孤立化し、思想的にも評価されませんでした。1894年のプルマン、1912年のローレンス、1929年のガストニア、1968年のメンフィスのストライキが有名なのは、1980年代のストライキより戦闘的で大きな勝利を収めたからではありません。それは労働運動全体が、そしてとりわけリベラル・左翼的知識人が争議を支援し、その意義を広めたからでした。争議への関心を高めたことが1997年8月のUPS争議の成功に寄与し、失敗したことが翌年のGM争議を見えなくしてしまった理由でした。

　第二の鍵は組合内民主主義です。それは組合を再建し権利戦略と結びつけるために必要な努力と無関係なものではなく、贅沢あるいは倫理的な義務でもありません。まさに組合の再建過程の中心的な課題です。労働組合は何千人もの新しいオルグを必要としておりますが、AFL-CIOはそんなに多数を募集し訓練し配置することはできません。かりにできたとしても、運動に外から送り込まれるオルグは、その職場や地域の中から育った人ほどの働きはできません。そしてこのような現場育ちの幹部は民主的で参加的な組合文化がないところでは育ちません。UPSストライキの勝利をもたらした大衆動員の鍵となったのは、チームスターズ労組内の民主的改革運動でした。しかし残念なことに多くのローカルユニオンや少なからぬ産別組織は、勤続年数の長い役員たちの収入を保障するための雇用トラストになってしまっています。組合運動の民主化はこのような人たちの地位と特権を脅かすものですが、しかし、この民主化なしには労働組合は殻を打ち破ることはできません。

　最後に、労働組合運動を再活性化するには、活発な組織化攻勢だけではなく、政治性が必要です。ジョン・スウィニーがジョン・ルイスの足跡をたどるのなら、その将来は問題が多いと言えます。組織化、団体交渉と政治活動が不可分のものであることは、アメリカの組合活動家なら知っています。20世紀の初頭、サミュエル・ゴンパーズは「友に報い、敵を懲らしめよ」と宣言しました。その

30年後、GMを組織化するために10万ドルをCIOから貰いたいのなら、農民労働党への支持を止め、ルーズベルト大統領を支持するよう、ジョン・ルイスはUAWに命令しています。ルイスは1936年のルーズベルトの再選運動に、50万ドルもの多額の金を出すことによって身をもって実践しました。このような手堅い実利的な打算が長年にわたり労働運動の主流の政治行動の根幹をなしてきました。1996年の選挙でスウィニーがクリントンと民主党を政治的に支持したのは、このような伝統に沿ったものであったわけです。

しかし、このような功利的な計算だけでは不十分です。それは政治というものが単に友を報い敵を懲らしめる、という問題だけではないからです。政党ははるかに大きな存在で、大きな世界観を明示し、社会変革の魅力的な像を作り上げる教育的な機関ともなりえるのです。1936年の秋、ルーズベルト大統領は革新的な選挙綱領を掲げて再選挙に臨み、「両替屋と経済的王政派」を批判しました。そのことにより何百万もの労働者を街頭に引き出し、その2カ月後の劇的なシットダウンスト[2]を引き出したのです。

民主党はこのような役割を再び演じることはありませんでした。ヨーロッパの工業化諸国では労働組合に基礎を置く政党がどこでも存在しています。それは労働組合がその領域から出て、組織化されていない本来の仲間との同盟関係を築きたいという逆らいがたい必然の結果です。ジョン・ルイスは、ルーズベルトの民主党をこのような政党に変えることができると考えた時期もありました。しかし、最盛期のCIOもその後のAFL-CIOも成功することはできませんでした。労働組合はその政党を必要としているのと同時に、自らの声をあげることも必要としています。労働者政党を作るうえでの政治的・制度的障害が非常に大きい以上、現在の政治文化のなかで労働組合が独自の主張をすることが一層重要になります。このような独自性が持つ効果は共和党の中でキリスト教の権利を主張するグループがすでに証明しています。また1992年には百万長者のロス・ペローが第三候補でも19％の得票を取り、その選挙の過程で、赤字削減という彼の主張を全国政治の最大の課題とすることができることを証明しました。このように独自性を持つという課題はテレビのコマーシャルに金を使うことによってではなく、最も進歩的な民主党員でも免れないあいまいな政治性と、労働運動との違いをはっきりとさせるような公然とした綱領的な立場によって達成されるのです。必要なのは組合の草の根からの政治的動員であり、友好的な議員候補者への金銭的貢献ではありません。このような独自性は孤立をもた

らすのではなく、正当性と力を生み出します。また、労働組合が再度爆発的に成長するのに必要な労働者の政治文化を育むことにもなります。

## 補足的コメント

### 戸塚秀夫（国際労働研究センター所長）

本日は、夫人であるアイリーン・ボリス教授も同席して下さっておりますので、最初にボリス教授から10分くらい、リヒテンシュタインさんの報告に対するコメントあるいは補足をしていただきます。ごく簡単にですが、ボリス教授はバージニア大学の女性学の教授であり、90年代に"Home to Work ― Motherhood politics and industrial home work ―", Cambridge, 1992、"Home Worker in Global Perspective",1996、と二つの現代的な仕事をしていることをご紹介しておきます。

### アイデンティティー・ポリティクスとクラス・ポリティクス

**アイリーン・ボリス**　今回はアメリカ歴史家団体と日米研究機構との交換プログラムで来日し、2週間ほど滞在しております。主に女性の賃金労働と母性について講義をしていますが、ここではネルソンの話の中の「アイデンティティー・ポリティクス」（アイデンティティー重視の政治志向）と「クラス・ポリティクス」（階級重視の政治志向）の関連について、別の言い方をすれば、ジェンダー・人種・民族と階級の関係について述べたいと思います。

ジェンダーあるいは人種の視点から「労働とは何か」「労働者とは誰か」について尋ねるといろいろな答えが返ってきます。またその視点からみると、これまで労働組合や歴史家から労働者階級と見なされなかった人々や職業が労働者階級のかなりの部分を占めるようになってきています。みなさんはアメリカの労働史の中で南部の貧農たちがスト破りとして北部で雇われたことを、あるいは若い女性たちが低賃金で未組織の労働者として工場に雇われたことをご存じかと思います。しかし、母親と呼ばれる人々が労働者であること、あるいは家事労働が労働であることにはあまり馴染みがないかもしれません。フェミニズムが学者や労働組合に与えた影響の一つは、料理・洗濯・セックスなどの日常的営為を労働と呼び、組織化の対象としたことです。これについて3点ほど申し上げたいと思います。

第一に、女性が賃金労働者になるには、母親であることが文化的・社会的に不利な状態にならないように支援する付加的権利が必要です。このことは、女性の大多数は賃金労働者として働くと同時に家庭でも働かなければならないので、先ほどネルソンが述べたような労働者の権利だけでは不十分なことを意味しています。つまり、育児休暇や育児休業のような他の社会的支援が必要なのです。
　第二に、職場でさえ性的問題がありますが、セクシュアル・ハラスメントは性差の問題というよりもむしろ職場の力関係の問題です。この点は、ジェンダー視点が階級を変形させると同時に豊かにしてきたことです。
　第三に、一般的にいってクラス・ポリティクスとアイデンティティー・ポリティクスはつながっています。女性がすべて同じ利害を持っているわけではないし、アフリカ系アメリカ人がすべて同じ階級に属するわけではありません。1960年代後半から1970年代にかけての女性解放運動は、白人の専門能力をもった女性に男性と同じ仕事への途を開きましたが、その結果でてきた育児に携わる移民女性や黒人女性たちには十分な賃金を支払いませんでした。もう一つの例として、「女性のための100万人行進」の中でルイス・ケリガンが女性の前でおこなった演説は、アフリカ系アメリカ人労働者へのエンパワーメント（権利付与）ではなく、黒人の自助努力だとか黒人の起業を提起した共和党議長ギングリッジ氏と同じような発言でした。クラス・ポリティクスとアイデンティティー・ポリティクスの関係は非常に複雑なために、ジェンダー・人種問題に階級が存在するのと同様、アイデンティティー・ポリティクスにも階級的な基盤が存在します。
　ひとつ良いニュースを付け加えたいと思います。最近、労働組合は貧しいシングルマザーのような生活保護を受けている女性を労働者階級とみなしています。福祉改革が叫ばれていますが、政府の公的扶助負担を減らすために公的扶助を受けているような女性が、いまや最低賃金以下で働かざるをえなくなっています。過去には、労働組合はこうした女性たちが組合員の仕事を奪っているといっていましたが、いまは彼女たちにも組織化が必要であり、最低賃金あるいはそれ以上の賃金や他の労働者と同じ労働基準が適用されるべきだと主張しています。また、労働組合は、地域ベースで組織化する「コミュニティ・ユニオニズム」とよばれるものに着手しはじめており、公的扶助を受けているシングルマザーや新しい移民、スウェットショップ（低賃金・劣悪条件の職場）で働く労働者も労働者階級とみなして、組織化の対象を拡大しています。これらの人々

の大部分が少数民族で有色人種です。私たちは、分裂と可能性が同時に存立するところに立っているのです。

　　　1998.10.24　第24回研究会「アメリカ労働運動再生の見通し」通訳：山崎精一

---

### ❖訳注

1　ワグナー法は、ニューディールの一環として1935年に制定された全国労働関係法(NLRA)。被用者の団結する権利、使用者の過半数が選択した組合が雇用条件について使用者と排他的に交渉する権利、使用者の不当労働行為の類型などを規定し、それらの規定を実施する機関として全国労働関係局（NLRB）の設置を決めた。その後修正されてはいるが、現在でも米国労使関係を律する基礎法である。

2　シットダウン・ストライキは、ワグナー法のもとでも頑強に組合承認を拒み続けたGMの経営者に対して、全米自動車労組（UAW）が1936年末から翌年2月にかけておこなった工場占拠闘争のこと。この闘争によって、GMはUAWを排他的交渉団体として承認することになった。

## [3] 米国における労働運動の危機と新しい国内・外交政策の模索

マーチン・ハルペルン
戸塚　秀夫／訳

### はじめに

　米国における労働運動は、劇的な変化の時代に入った。数年に及ぶ組合員数の相対的な減退のあとをうけて、AFL-CIO（アメリカ労働総同盟・産業別労働組合会議）の新しい、より進歩的な指導部は、未組織労働者の組織化、労働者の政治的な影響力の強化、運動の活性化、労働者の国際連帯の増進に取り組むことを約束している。この論文の目的は、組合の衰退の諸原因を検討し、国内・外交の両面での労働運動の新しいビジョンの探求を評価することである。

### 米国における労働組合の相対的な減退

　米国の非農業労働力のなかの組合員の割合（組合組織率）は、1953年の32.5％が最高であった。その後、組合組織率は徐々に低落し、1975年には28.9％となった。さらに、1975年と1987年の間に、その率は急勾配に低落して17％になった。それ以降も低落は続いたが、そのペースはやや緩慢になり、1998年には13.9

％であった。この下落はとりわけ民間部門で劇的であり、そこでの組織率は現在9.5％で、これは1930年の水準を下回るものである。

このような減退に関係する要因には、いくつかのものがある。組合組織率の高い製造業や鉱業における雇用の減少、より保守的な南部諸州への仕事口の移転、パートタイムの雇用に依存するサービス分野の仕事口の増加などが関与していることは事実である。しかし、より根本的には次のような事情がある。それは、経済のグローバル化が進展するなかでの使用者側の攻撃的な反組合政策への変転、労働運動内部の政治的な弱さ、不利な法律的な環境などである。

## 組合はいかに成長したか──転換点としてのニューディール

米国の使用者の大多数は、歴史上のほとんどの時期に、組合に対する敵意でこりかたまってきた。1930年代以前に、労働者がこの敵意に打ち勝ち、労働組合の力を確立することができたのは、特定の地区や地域の労働市場に限られていた。労働組合が全国的な団体交渉での代表者としての力を発展させることができたのは、1930年代になってはじめてで、その背景には戦闘的な労働組合の大攻勢、国の労働法のラディカルな変化、という事情があった。今日の労働組合のジレンマを理解するためには、1930年代の変化と同時に、その後の米国労働法と組合内政治の逆転を理解することが重要である。

1920年代の米国組合運動は、裁判所の差止命令によって力をそがれ、内部では保守派に支配されて、弱いものであった。大恐慌の到来で、共産党は失業に対する強い抗議運動をリードし、労働者階級のなかの基盤を強めた。恐慌の最初の3年間は、ストライキはわずかであったが、アメリカ労働総同盟（AFL）は、1932年のノリス・ラガーディア法[1]の通過によって、反組合の差止命令に対する重要な勝利を勝ちとることに成功した。さらに、1933年のフランクリン・ルーズベルトのニューディールの開始にともなって、数多くの左翼的な政党や組織による左翼行動主義の拡がりと、新旧労働組合の進展がみられた。草の根の行動主義とニューディールがともに作用して、1935年には労働法のラディカルな改正が行なわれ、さらにその後強力な新しい労働組合運動、産業別労働組合会議（CIO）が創設されることになった。そこでは、左翼の人々が重要な役割を果たしたのである。ワグナー法（1935年制定）は、労働者の自主的組織化に干渉する会社組合（カンパニィ・ユニオン）その他の経営側の「不当労働行為」を非合

法化した。ここではじめて、法律は使用者に対して、労働者の過半数によって選択された組合を団体交渉の唯一の代表者として認め、誠実に交渉することを要求した。1936年のフランクリン・ルーズベルトの再選という有利な政治的な状況のなかで、自動車労働者はジェネラル・モーターズに労働協約の調印をさせることに成功したが、ワグナー法の合憲性についての会社側の上訴は未決のままであった。草の根の運動、好意的な政治家たち、有利な法律、これらが結びついて、労働者の組織率は1936年の14.2％から1940年の22.5％へと上昇した。ルーズベルトは全国労働関係局（NLRB）の当初の進歩派を穏健派に取り替えたが、戦時の雇用ブームと全国戦時労働局の組合支持の姿勢によって、組合はさらに増加し、1945年には労働力の30.4％が組合に組織された。ルーズベルト大統領の任期中に、組合員数がほぼ4倍に増えただけでなく、組合はワシントンや地域社会における政治的な影響力を強めた。

## タフト・ハートレー法が労働組合の前進を阻む

　1947年におけるタフト・ハートレー法[2]の通過と労働組合運動内部の左翼の追放は、米国における労働組合運動を弱めた決定的な事件であった。1947年から1955年にかけて、労働組合の組合員数は労働力のほぼ32％のところで安定していたが、この新しい法律は、労働組合の新たな前進の可能性を制限した。また、左翼の追放は、感動、自発性、世話や自己犠牲の精神、新たな前進を生みだすラディカルな推進者に依存する運動から、熱気の多くを奪った。タフト・ハートレー法は、労働者の連帯行動の多くの形態を非合法化し、共産党員を役員にもつ組合がNLRBに接近し利用することを禁止し、労働組合の発展に対する新しい障害をつくった。南部諸州を組織化しようとしたAFLやCIOのキャンペーンは、ともに挫折した。すべての南部諸州および若干の西部諸州は、タフト・ハートレー法の14節b項を生かして、ユニオン・ショップを禁止する「労働権」法を可決した。

　1955年のAFL-CIO合同の時期に31.8％であった組合組織率が、1975年には28.9％にまで徐々に低落したことを、AFL-CIO会長ジョージ・ミーニーは苦にしなかった。何といっても、ミーニーはかつての保守的なAFLの出身であり、AFLはCIOの産業別組合による全国的な交渉よりも、熟練労働者によるローカルな市場の統制に力点をおいていた。ラディカリズムへの反対は、長い間AFL

の顕著な特徴をなしていたし、合同したAFL-CIOの反共産主義への傾倒は、米国政府の冷戦工作の重要な手段となることによって、AFL-CIOに大きな資源をもたらした。アメリカの労働者がそのような工作から得た利益はわずかであったが、1960年代には働く人々にとって、いくつかの前向きの歩みがあった。

## 1960年代のいくつかの前向きの歩み

1959年のランドラム・グリフィン法[3]は、労働組合の内部運営に政府の新たな監督をつけ加えるものであったが、組合の発展にとってより重要であったのは、連邦政府における団体交渉を認めたケネディ大統領の行政命令であった。ケネディの提起は、連邦政府の従業員のなかの労働組合活動の急速な成長を刺激し、続いてさらに多くの州で類似の法律上の改革が行なわれ、州や地方自治体での組合の成長が生じた。また、ケネディ政権、ジョンソン政権のもとでは、1964年の公民権法、メディケアの制定[4]、最低賃金率の引き上げなど、働く人々への利益を増す他の措置もとられた。だが他面では、AFL-CIOはタフト・ハートレー法の「労働権」条項の廃止をかちとることができなかった。さらに、1960年代のブームのなかで、労働組合がとりわけ公共部門において数量的に相当成長したものの、それは労働力全体の増加に較べればなお緩慢であった。

## 経済的、政治的危機と労働組合の新しいジレンマ——労働法改革の失敗

1969年に、組合支持のリンドン・ジョンソン政権は、ベトナム戦争と人権問題をめぐる民主党支持層内の対立の結果、反労働組合のリチャード・ニクソン政権にとって代わられた。1969年の経済危機の到来によって、労働者の困難は増加した。1970年代半ばには、米国がベトナム戦争、過度の軍事支出、国際競争力の喪失と関連する深刻な新しい経済的困難に直面するなかで、使用者側は経済的領域で反組合の攻勢に着手し、政治的領域では大いにその活動を拡大した。組合組織率の劇的な低下が始まったのである。

ウォーターゲート疑獄と貧弱な経済パフォーマンスの持続によって、1976年に民主党のジミー・カーターが大統領に選ばれたとき、労働組合は労働法改革の法案を立法化するために、大きな努力を払った。その法案には、次のような事項が含まれていた。すなわち、NLRB管轄下の選挙手続きの迅速化[5]、組合の

組織化にのりだす労働者を解雇した使用者に対する刑罰の強化、労働法違反者への連邦政府の発注契約の拒否、労働者に話しかけるために諸組合が平等に職場に接近する許可、最初の労働協約の締結を不当に遅らされた従業員への補償[6]、最初の労働協約をかちとるためのストライキに入った労働者は、スト中の代替要員にとって代わりうること[7]、など。カーター大統領の支持を得るために、組合はその法案から、14節b項を廃止する条項[8]およびカード・チェックでの組合承認方式[9]を削除した。法案は大差で下院を通過し、上院でも58議員が賛成したが、それは反組合の上院議員による議事妨害を終わらせるに必要な60票に2票足りなかった。組合はカーター政権から多少の支援を得たが、この穏当な労働法に対するカーターの支持は弱かったし、国民健康保険を立法化するというカーターの約束は守られなかった。

　経済・外交政策におけるカーター政権の失敗は、12年間におよぶ共和党の支配をもたらすことになった。レーガン大統領は、1981年に、ストライキに入った航空交通管制官を解雇し、代替労働者を雇い入れることで、反労働組合の新しい風潮をつくった。共和党時代に労働組合が直面した圧倒的な問題は、次の二つであった。第一は、ストライキに対して代替要員を雇い入れて対抗するという、レーガンがはじめた戦術を企業側が広く使用するようになり、ストライキがより危険な意味をもつことになった。ストライキ件数も組合の交渉力も、ともに劇的に減退した。第二に、不利な労働法の情勢は持続し、企業側の攻勢は、反組合的な立場の人々がNLRBに任命されることによって強められた。経済における労働組合の役割が衰退しただけでなく、富める人々とその他の人々との間のギャップが劇的に拡がり、働く人々の実質所得は低下するか、停滞することになった。

## 共和党大統領への対応、職場の公正を求めるキャンペーン

　レーガンが大統領府に到着する直前に、レイン・カークランドがAFL-CIOの会長に就任した。カークランドは、ミーニーの冷戦外交政策を続けたが、二つの重要な領域での変更に手をつけた。カークランドは、AFL-CIOがレーガンの諸政策に対する大衆的な抗議を後援することを是認した。彼はまた、UAW、チームスターズ、全米炭坑労組のAFL-CIOへの復帰加盟に動き、それに成功した。さらに1980年代末には、AFL-CIOは、工場閉鎖の事前通知を使用者に要求す

る立法の通過など、いくつかの政治的勝利をかちとっていた。民主党議会の支持は、国の働く人々のために、最低の社会的な保護を維持するための手段を組合に与えた。罷業者をスト代替要員で追い出す企業側の戦術に対抗するために、AFL-CIO の産業別労働組合部門（IUD）は、そうした行動を禁止する職場公正化法案のための重要なキャンペーンにのりだした。その法案は 1991 年に下院を通過したが、またしても、1992 年の上院での努力の結果は、議事妨害をやめさせるにはいたらなかった。今回は、賛成 57 票、反対 42 票であった。この法案に対してブッシュ大統領は拒否権を発動したであろうが、当時は大統領選挙キャンペーンが公衆の最大関心事となっていた。

### クリントン政権と共和党議会の出現

　職場公正化を支持するビル・クリントンが大統領選に勝った。職場公正化法案は 1993 年に再度議会を通過したが、1994 年に上院で 60 票が必要なところ、わずかに 53 票の支持を得るにとどまった。クリントンがこの法案のために払った努力はごくわずかであった。クリントン政権は、現行労働法を再検討するダンロップ委員会により多くの注意を集中したのである。委員の大部分は組合賛成派であった。委員会は 1978 年の労働法改革法案の内容と類似した多くの勧告を行なった。労働・通商大臣からの委任にしたがって、委員会は労使協力の促進策を提言したが、それは会社組合に対するワグナー法の制裁を弱めるという方法であり、これには組合指導者たちは大変悩まされた。しかしながら、組合を最も狼狽させたのは、クリントンが NAFTA の議会通過を推進し、その過程で組合を非難したことである。他方において、クリントンの約束は組合指導者たちを満足させた。彼（彼女）らは、医療保険その他の問題についてのクリントンの姿勢を支持した。しかしながら、選挙キャンペーンで取り上げた主要な 2 テーマについての、クリントンが実現した成績はひどいものであった。雇用創出計画についてはただちに取り下げ、追求していた小規模の計画も失敗した。選挙キャンペーン中にたくさんの支持を集めた医療保険の提案もまったく混乱してしまい、民間保険会社の横暴な役割が続くだけでなく、増大することになった。医療保険の提案の挫折にともなって、1994 年の中間選挙では、過去 40 年間ではじめて、共和党が議会を支配することになった。

　攻撃的なニュート・ギングリッジの率いる議会の出現は、労働組合指導部に

おける変動を呼び起こした。AFL-CIO が議会首脳部と良好な関係にある間は、共和党が大統領府を握っている時でも、後ろ向きの措置は最小限にくい止めることができたし、若干の前進をかちとることが可能であった。1994 年の選挙結果によって、大多数の組合指導者は、組合が直面している危機を見直し、新しい戦略を発展させることをせまられたのである。こうして AFL-CIO の執行評議会内部に、会長レイン・カークランドを取り替えようとする運動が起こった。

### AFL-CIO の新しい指導部

この反乱を率いたのは、アメリカ州郡自治体従業員組合連合（AFSCME）の会長ジェラルド・マックアンティー、全米サービス従業員労働組合（SEIU）の会長ジョン・スウィニーであり、大きな産業別組合の多くの指導者たちがこれを支持した。批判者たちによれば、カークランド執行部は組合組織人員の衰退に無関心で、保守派の攻勢に対しても不活発だ、とされた。カークランドは、1 人 1 票の執行評議会では大多数の支持をもっていたが、AFL-CIO の組合員の大多数を占める組合の指導者たちがこの反乱を支持したのである。

反乱者たちは「ニューボイス」と自称して、AFL-CIO の指導部をめざす公然たるキャンペーンを開始した。この運動のスローガンである「アメリカは改善を必要とする」は、米国における増大する不平等を少なくする新たな使命を強調した。ニューボイスは、AFL-CIO の予算の 3 分の 1 を組織化にあてることを要求し、「活動するメンバーに依拠する自立的な政治行動プログラム」を創ることを要求した。ニューボイスの候補者名簿は、会長にスウィニー、財務書記に全米鉱山労働組合（UMWA）のリチャード・トラムカ、新たに設ける執行副会長のポストに AFSCME 副会長のリンダ・チャベス・トンプソンをあてる、というものであった。チャベス・トンプソンはメキシコ系アメリカ人で、AFL-CIO の最高指導部に入る最初の有色人種になるとされた。それによって、ニューボイスのいま一つのテーマ、少数人種と女性を含む指導部をつくる必要性が強調されたのである。1995 年 10 月の AFL-CIO の大会では、スウィニーとトラムカは 56％の票で選出され、ついでチャベス・トンプソンが拍手喝采で選出された。執行評議会は 35 名から 54 名に拡大し、ニューボイスの候補者名簿と、合同候補者名簿に合意した反対派から構成された。ニューボイスグループは、亀裂が拡がるのを防ぐように配慮すると同時に、特に評議会における少数人種と女性の数を

増やしたのである。

　労働運動が直面している深刻な危機を意識して、スウィニー執行部は、国内・対外政策の両面で新しいビジョンを作り出すように努めている。スウィニー執行部が最優先課題としたのは、未組織の組織化である。それにさほど劣らぬ重要課題として、自立的な政治行動のプログラムがある。それに加えて同執行部は、労働運動の民主化と活性化、組合に対する公衆の支持の獲得、連合政治活動の強化、AFL-CIO の外交政策の現代化、国際的な労働者連帯の促進などに努力している。議会で共和党が過半数を制しているので、労働法の改革は差し迫った予定表にはのっていない。では、スウィニー執行部が就任以来 3 年半ほどの間に達成できたことを検討することにしよう。

### 未組織の組織化

　SEIU の会長として、スウィニーは未組織の組織化を力説してきた。彼の指導部のもとで、SEIU の組合員数は 1980 年の 62 万 5000 人から、1995 年の 110 万人に増加した。この増加の多くは合併の結果によるものであったが、組織化に集中した結果、もたらされたものでもあった。自立的な女性組織である「9 トゥ 5」は、事務職員のなかでの組織化活動への援助を得るために SEIU に加盟した[10]。スウィニーのもとで、組合予算の 3 分の 1 は組織化にあてられている。AFL-CIO の会長としてスウィニーは、労働運動をすべての働く人々の生活改善のための闘いにおける先導者として自立させることによって、組織化に有利なように世論を改善することを期待している。AFL-CIO の新指導部は、加盟組織が組織化のための予算を増やすようにすすめてきた。

　AFL-CIO 自体が「組織化をするのではない」が、その組織化研修所（OI）で 1 年間に 1000 人以上のオルグを訓練しており[11]、「全産業を目標にする多組合の組織化キャンペーン」を支援している。いくつかの地方労働組合評議会（CLC）は、AFL-CIO の援助を受けて、地域社会での諸組合の共同キャンペーンを調整している。さらに、AFL-CIO は、大学の学生活動家たちの手を借りて、公衆の目に付くように特定の組合キャンペーンを支援する「ユニオン・サマー」プログラムを後援している。

　いくつかの組合は、組織化活動を強化した。最大の合同キャンペーンは、ラスベガスにおける建設業関係の労働組合のものである。「組合が代表していない

（未組織の）労働者を組織し、われわれの地域社会に手をのばして、われわれは新しい建築業種となったのだ」と、AFL-CIO の建築・建設業種部会[12]の会長であるロバート・ジョージーンは言明している。

　カークランドが会長であった最後の年、1994 年に、組合員数は 14 万 2000 人増加したが、組合組織率は 15.8％から 15.5％に低下した。ささやかな組合員増加があっても、経済の成長率に及ばないというこの基本的なパターンは、スウィニー執行部のもとでも続いている。1998 年に、組合は新規に 37 万 3000 人を組合員にしたが、減少を差し引いた純増はわずかに 10 万 1000 人であり、組合組織率は 13.9％に低下した。民間部門と公共部門の組織化の差は、さらに拡がった。民間部門では 0.2％低下して 9.5％になったのに対して、公共部門では 0.3％上昇して 37.5％となった。

　持続する企業側の強力な反対と労働法の欠陥が、このような低落傾向を逆転できない要因であるが、AFL-CIO の取り組み方にも問題がある。数年にわたって組織化が進まなかったために、いかにして組織化するかを知っている組合活動家の数はますます少なくなった。一般の組合員を組織化に動員するよりも、プロのオルグに頼ることが重視されている。オルグが養成されて、そのうえで仕事をするように送り出される。夏には、多数の大学生が「ユニオン・サマー」のプログラムに登録され、訓練を受け、宣伝キャンペーンも兼ねて、指定された「ユニオン・シティー」[13]へと送り出された。この「ユニオン・サマー」は、少なからぬ若者に労働組合主義を教え、メディアの好意的な注目をかちえたが、実際に組織化できた成果はわずかであった。経験に富むオルグの活動でも、しばしば狙いをつけて取り組むが駄目なら退却する、というやり方である。労働者のなかに支持基盤を樹立するために、一般労働者が自分たちの委員会を形成する代わりに、外部のオルグのビラまき、集会の組織、署名集めなどの活動に依存して、選挙の申立てを行なうのが一般的な場合である。そういうキャンペーンが成功する稀な場合でも、その結果生まれる組合はどのくらい強いか、そのあと最初の協約をかちとることができるか、その組合は労働者の状態の改善をかちとり、生きながらえることができるか。

　今日の組織化の取り組みに含まれる諸問題は、AFL-CIO のごく最近の大きな成功例をみれば明らかである。SEIU は、ロサンゼルス郡の最低賃金で働いている在宅介護の労働者 7 万 5000 人を組織した。それぞれ 1 人の利用者のために働いている労働者たちである。組合は、従業員の代表としての交渉権をかちとる

選挙を行なうために、そのあとで最初の労働協約の交渉をしなければならないのに、事前にストライキはしないこと、利用者が雇用・解雇権を持つこと、利用者に対して苦情を申し立てないこと、などに合意した。その組織化のキャンペーンは、SEIUの専従のオルグ22人が地域の他の組合のオルグ75人の支援を受け、また全国的なSEIUのキャンペーンにも支援されて行なわれた。このキャンペーンを伝えたジャーナリスト、ハロルド・マイアソンは、地域でこれほど大量の労働者を組織化したこの前のキャンペーンとして、1941年のフォード自動車での組合組織化キャンペーンを取り上げ、それと比較している。フォードのキャンペーンでは、専従のオルグ40人がいたが、同時に、フォードの労働者たちのなかに、1000人以上のボランティアのオルグがいた。組合が、このフォードのキャンペーンに莫大な資源を使ったことも考慮すべき事情であるが、決定的な組織化は労働者たち自身によって行なわれたのである。ロサンゼルスの在宅介護の労働者の組織化では、「一級の政治的策士」デヴィド・ラルフが最重要人物であった。このキャンペーンは「その発端から、実際に労働者を組織することに劣らず、政治的影響力を集めることに頼って」いた。それは州政府や郡政府に依存した結果である。これから権威はSEIUのローカル434B[14]の労働者たちに移ることになるのか、それとも、労働者の状態を改善するために必要な支出を決める政治家たちを相手に、陳情する方法に熟達しているスタッフたちがなお権威を持ち続けることになるのか。最初の協約交渉の前に、組合が労働条件についての数多くの譲歩を行なってしまった状態で、変化を望む労働者たちの当初の熱気を、組合が持続させることができるか。ロサンゼルスにおけるSEIUのローカル399の経験は望ましいものではない。このローカルは、ロサンゼルス市での「ジャニターに正義を！」（140頁参照）の運動をリードし、数千人の新組合員を組織した。しかしながら、組合スタッフ中心のローカルの運営モデルは、一般組合員の改革派の候補者たちが執行委員会の過半数を占めるに及んで、危機に陥った。改革派が候補者を立てて争わなかった委員長と、執行委員会との間の紛争によって、このローカルは信託管理下に置かれることになった。

「機動的なオルグ」を力説するのが支配的なアプローチであるが、組合員に依拠する組織化のアプローチを試みてきた若干の組合もある。とりわけチームスターズ、全米通信労働組合（CWA）、全米ホテル・レストラン労働組合（HERE）などでは、「組織化の文化」を発展させた多くのローカルユニオンがある。一般の労働者が類似の仕事をしている労働者や、近所に生活している労働者の組織化

に積極的に関わっているのである。AFL-CIO のために行なわれた調査によれば、「普通の労働者が行なった組合組織化キャンペーンでは、その 73％が組合代表選挙で成功したが、プロのオルグによる組織化キャンペーンで成功したのはわずかに 27％であった」という。

## 政治的行動

スウィニー執行部は、国の政治の攻撃的な右旋回に対して、組合の政治的行動プログラムを大いに強化することで応じた。1996 年の選挙では、組合は民主党への寄付を増やした。さらに、より重要なことだが、AFL-CIO は 3500 万ドルの特別政治資金を作って、自分たちの独立のラジオとテレビの宣伝広告に乗りだし、また、重要な下院議員選挙区での組合のボランティアによるキャンペーンの政治的調整者 131 人を雇った。ある共和党のコンサルタントが言うには、AFL-CIO が「完全に論争の進み具合をリードした」。AFL-CIO としては、民主党が過半数を占める議会に戻すことに努め、クリントン政権との提携を維持した。この提携は、1994 年の選挙のあと、両者にとって一層重要な意味を持つことになった。クリントンは、スト代替要員を雇った会社には連邦政府の発注をしないという行政命令を発した。この命令は裁判所によって取り消されたが、より役に立ったのは、クリントンがチーム法[15]に対して拒否権を発動すると宣言して、それを食い止めたことである。チーム法は、共和党の提案で、会社組合を禁じたワグナー法を修正するというダンロップ委員会の提案を実施しようとするものであった。AFL-CIO のキャンペーンによって、議会で民主党が過半数を取り戻すことはできなかったが、共和党は下院での過半数の大差が 7 議席減るという結果となった。こうした結果は、AFL-CIO が目標としたところには及ばなかったが、1994 年の選挙結果が不吉に告げていたような右への劇的な変動は食い止められたのである。共和党は、たとえば 1996 年の最低賃金の 90 セント引き上げを許容するなど、かなり穏健な姿勢をとったが、クリントンが再選された。さらに、クリントンが通商交渉を「ファースト・トラック」（迅速手続）で再び進めようとしたのに対して、1997 年にこれを見事に断念させたことに示されるように[16]、AFL-CIO が独自の政治的影響力を強めていたということも、同様に重要である。

労働運動における新しい政治行動の積極化に対して、保守派は「給料の保全」

をうたった法律を制定しようとした。それは、組合員の事前の承認なしに、徴収された組合費を政治的行動のために使えないようにするものであった。1998年には、マスメディアを使うと同時に、一般大衆への個別啓蒙キャンペーンを行なって、特にカルフォルニアが注目されたが、有権者の発議で立法化しようとする住民投票を4度にわたって敗北させ、他の29州および議会でも立法化を阻止した。その年の議会選挙では、AFL-CIOは再び大規模なマスメディアでのキャンペーンを行ない、さらに重点選挙区では組合活動家を動員したキャンペーンを行なった。こうして、共和党の下院での過半数支配をさらに6議席減らしたのである。

　AFL-CIOとしては民主党との連携を優先させているが、二大政党の政治システムから抜け出ようとしている組合員や組合指導者の数が増大している。1998年11月には、労働党が第2回大会を開催した。100万人の組合員を代表する1400人の代議員が一堂に集まったのは印象的であり、彼（彼女）らは全米鉄鋼労働組合（USWA）、全米鉱山労働組合（UMWA）、石油・化学・原子力労組（OCAW）全米電機ラジオ機械工労組（UE）の会長の演説に耳を傾けた。大会は労働者の権利章典や国民保険などの問題を含む5点の政治綱領を採択した。また、この大会でははじめて、今後の選挙では候補者を立てて争うことを決議した。

　より独立的・政治的な姿勢を求める気運が広がっていることを意識して、AFL-CIOは、2000年の選挙に2000人の組合員を立候補させることを目標にしている。それに加えて、AFL-CIOは民主党候補の支持だけに活動を限定しない、と主張している。いくつかの選挙区での穏健な共和党員の支持、さらに労働党[17]、ニュー・パーティ[18]、緑の党などの急進的な候補者の支持も行なわれるであろう。AFL-CIOの政治的活動は、その政治行動へのアプローチにおいてより独立的、より柔軟、より精力的になっているが、AFL-CIOの指導部としては、民主党の大統領と民主党議員との連携が、組合員および勤労者全体の利益を増進させるためには最も現実的な方法である、ととらえている。

## 連合政治

　ニューボイスの指導部の劇的なキャンペーンは、多くの進歩的な知識人の構想力をかきたてた。1996年秋、著名な進歩的、急進的な知識人たちが、コロンビア大学で「労働運動とのティーチ・イン」を組織した[19]。よく宣伝されてもた

れたこの行事には、1500人が出席した。これに続いて、20以上の大学のキャンパスで類似の行事が行なわれた。このティーチ・インの運動は、新しい組織の創設につながった。それは「社会正義を求める学者、芸術家、著作家」というもので、労働運動と連携して進歩的な政治的活動を行なうことをめざしている。AFL-CIOの新指導部はまた、組合に関連する問題に関心を集中する学生の能動性を、劇的にかきたてる契機を提供した。「ユニオン・サマー」[20]キャンペーンに参加した学生たちが、その能動性を生む一つの源泉となったが、教育助手をしている大学院生たちの間での組織化活動も、いま一つの源泉となった。学生たちは多くのキャンパスで座り込みや集会を行ない、大学の名前と紋章を入れた服飾などを作っている事業所の労働者たちの「劣悪な労働条件」に対して、大学当局が抗議することを要求した。

　AFL-CIOの新指導部は、フェミニスト運動や消費者運動や環境運動と連携しようとする、最もリベラルな組合の傾向にまで手を広げた。それはまた、ミーニーやカークランドの執行部の特徴であった公民権運動の指導部との連携も持続した。AFL-CIOはまた、「公正な仕事口」を要求する草の根の労働者たちの連合と、緊密に協力している。組合と大学の労働者教育プログラムとの結びつきも、いま一つの連合の形である。労働者教育センターは、組合自身の教育活動を補うような訓練プログラムを提供するだけでなく、組合の目標についての一般の理解を促進させ、個別テーマ別のキャンペーンや連合を発展させるために組合と協同している。

## 多様化と民主化

　過去数年の間に、組合に組織されている労働者の割合は低下したが、その同じ時期に、組合の構成面では一つの前向きの変化が進んできた。公民権運動とフェミニスト運動は、女性と少数民族の雇用増加をもたらし、彼（彼女）らの組合への参加を確実に高めた。スウィニー執行部は、指導部における少数民族や女性たちの役割を増やす必要がある、と強調し、組合に好意的なそれらの層から新組合員を募ることに注意を集中している。ニューボイスがいま一つの目標としている組合の民主化は、より大きな、困難な課題である。十分な給与を受けている多数の専従組合役員に頼る伝統は、民主化にとっての実質的な障害になっている。新指導部は、ローカル・レベルでの活動家たちを勇気づけたが、

スウィニー執行部は中央からの統制がきいた動員が望ましい、と強調しがちである。1997年のAFL-CIOの大会で、ニューボイスのチームは対立候補なしに再選されたが、その折、組合役員の任期を2年から4年に延長する規約改正が行なわれた。それは、AFL-CIOの民主化という目標とは矛盾する動きである。

## 外交政策と労働者の国際的連帯

　スウィニー執行部は、米国政府および冷戦の反共産主義政治と密接につながる外交政策の機構を継承した。AFL-CIOの四つの国際協会を通して、何百万ドルという政府資金が流れたが、その目的は、世界中に反共産主義の労働運動を確立することであった。そのような協会および国際プログラムに携わっている、AFL-CIOの若干の著名な役員やスタッフの多くは、アメリカ合衆国社会民主党（SDUSA）[21]や産業民主同盟（LID）[22]のメンバーである。この二つの組織の起源は社会主義運動のなかにあるが、反共産主義に献身する右翼グループとして登場した。SDUSAのメンバー数人は、レーガン政権の外交政策チームの中心的メンバーであったが、1995年にアメリカ民主社会党（DSA）[23]に加入した。それは社会党の流れを引く進歩的、ハト派的な組織である。

　スウィニーは、前任者たちのように、国内ではリベラルな改革を追求しながら、海外では反共産主義の事業を推進することに熱中する、という姿勢をとらなかった。外交政策へのスウィニーの態度は、アメリカ国内の経済的な不平等と良好な仕事口の衰退という事態への懸念に由来している。新しいグローバル化した経済は会社側の権力と利潤の増大と同時に国内での不平等の増加をもたらし、会社側が最も安い賃金の労働者を求めて全世界の労働者を「どん底に向けての競争」に駆り立てる。スウィニーはこう論じて、次のように主張している。「地球上の働く人々が貧困賃金で同じ仕事をすることを迫られるのであれば、それは雇用保障と生活水準への脅威である。このことを働くアメリカ人は、ますます理解するようになっている」。

　このような新しいグローバル化する経済に対して、労働者はいかに対応することができるか。異なる国々で働いていても、同じ多国籍企業で働いているならば、あるいは同じ産業に働いているならば、労働者はお互いに助け合うべきである。最近、この種の国際連帯のいくつかの事例があった。チームスターズがUPS社に対して、1997年のストライキに向けての「警告集会」を行なったとき、

ヨーロッパの UPS の労働者は連帯集会を行なった。ノルウェーの石油労働の組合からの圧力を受けて、最近、ノルウェーのスタトイル社は、テキサスのクラウン・セントラル石油会社に対して、スタトイル社の原油を精製する契約を失いたくなければ米国の石油組合との正常な関係を更新せよ、と警告した。HERE によるロサンゼルスにおけるホテル・ニュー・オータニの組織化キャンペーンは、日本の労働運動からの支援を受けた。全米鉄鋼労働組合は、国際的な支援、とりわけ日本の労働運動からの支援を受けて、ブリヂストン・ファイヤストンに対するストライキに勝利した。米国の組合は、支援を受けると同時に支援を行なってきた。ブラジルや韓国の大使館や領事館の前で、それらの国々の組合を支援する米国の労働者の示威行動が行なわれてきた。メキシコでは、ティファナにあるハンセン（ヒュンダイ「現代」の関連企業）のトラック組立工場の労働者が、自立的な組合への承認をかちとったが、それは米国でのヒュンダイの展示場の外での示威行動にもかなり助けられていた。数多くの米国の組合は、メキシコと米国の労働者の国境を越える連帯を強調している。

　スウィニーは、労働者の連帯行動を支持しながら、実業界のリーダーたちに対してはグローバル経済への「道理にかなった制限」を受け入れることを説得し、納得させたいと希望している。彼が目標としているのは、「米国の指導的な力を働く人々のために役立たせる新しい国際主義であり、そのためには、共通の環境標準、強制労働・児童労働・職場における差別に対する共通の禁止、言論の自由・労働者の団結の自由についての共通の権利、労働者に選ばれた労働者組織が存在し、政府や使用者のコントロールに侵されない共通の権利など、グローバルな経済を取り仕切る基本的なルールを確立することが必要である、というのである」。スウィニーは、戦後早い時期に、（国務長官であった）ディーン・アチソンが使った新しい国際秩序の「創造に立ち会う」という言葉を引用している。彼はまた、マーシャル・プランについて肯定的な見方をしている。1945 年以来、米国の外交政策は一貫して米国の覇権を追求してきたととらえる左翼の見解と対照的に、過去 25 年間のグローバル化の傾向によって、経済成長と進歩を労働者も享受しえた国際秩序は掘り崩されてきた、というのがスウィニーの見方である。したがって、彼の目標は戦後秩序を現代に合うように修正し、資本の運動と労働者の待遇について、道理にかなった制限を加えるということになる。米国の覇権主義的な野望を批判できていないことは、AFL-CIO のセルビア非難、ユーゴスラヴィアへの NATO の爆撃についての沈黙などにみることが

できる。

　AFL-CIO は NATO を批判してはいないが、サンフランシスコ地方労働組合評議会の執行委員会やラテンアメリカ人地位向上労働者評議会（LCLAA）のサンフランシスコ支部による NATO の爆撃批判を、これまで許容してきた。スウィニーは、AFL-CIO の国際局にいた冷戦の戦士の大部分を取り替えた。新任の国際局長であるバーバラ・シェイラーは、最小限の報酬のために劣悪な条件で働き、組合による保護も受けていない発展途上国の労働者たち、とりわけ若い女性や児童たちの受難に注意を集中している。労働者はグローバル経済の利益をともに受けるべきであるという確信のもとに、シェイラーは労働者を新しい組合に組織し、「使用者と集団的に交渉し、政府に向かって効果的に発言し、新しい国際的機関に代表を送り、世界中の社会に正義と尊厳をもたらす」ことの重要性を説いている。AFL-CIO は、労働者の権利の尊重を強化する企業行動規範や投資協定を追求している。シェイラーは、国際産別組織と国境を越える連帯行動のなかで、「率直かつ公開の対話を行ない、問題解決についての理解をともにすること」を唱えている。「すべての働く人々の長期的な利益」に注意を集中することを要求し、労働者と環境を保護し「基礎的な社会的保障」を用意するような、グローバル経済にとっての新しいルールを求めるというのが、シェイラーの立場である。

　すでに相当な変化がみられてはいるが、反共産主義の組合を助長しようとしてきた AFL-CIO の過去の外交政策からの決別は、いまなお不完全である。1997年7月1日、AFL-CIO の四つの国際協会は、AFL-CIO 国際局に統合・合併し、新たな理事会を持つソリダリティ・センター（国際労働連帯センター）となった。政府に後援されている組合に反対するという言葉は過去にもあり、それがそのまま残っているが、AFL-CIO が政府の外交政策の工作用の資金を受け取るという点も変わっていない。ソリダリティ・センターの資金は、AFL-CIO、米国国際開発局、全国民主化基金（NED）から出てくる。NED は米国政府の資金提供を受けて助成金を出す機関で、その評議員会には労働界および実業界双方の代表が出ている。シェイラーは、以前の AFL-CIO の国際局の理事たちがやったように、反共産主義の事業を具体化するようなことはしていない。だが、ソリダリティ・センターに資金を出している保守的な機関が、かつてと同様に、反共産主義の訓練を続けるように圧力をかけるであろうと予期すべきである。AFL-CIO に加盟する組合は、他のどの国のナショナル・センター傘下の組合よりも、

多国籍企業に雇われている労働者をより多く代表しているのだから、AFL-CIO は「国際労働運動のためにリーダーシップとビジョンを提供できる独特の位置にある」と、シェイラーは主張している。だが、米国における労働組合の地位が長期にわたって低落してきたことを想いおこすならば、より謙虚な表現が適切ではあるまいか。

## 団体交渉

　AFL-CIO が団体交渉に直接の責任を持っているわけではないが、「新しい方向」の指導部を押し上げた諸組合は、団体交渉においても新しいイニシアティブをとっている。1980 年代には敗北と退却の時代であったが、1990 年代には戦線の再編、いくつかの重要な反撃、いくつかの歴史的な勝利がみられた。最近になっても大きな敗北があったことは事実であるが、外注問題をめぐるゼネラル・モーターズとの争議での UAW の勝利や、1997 年のパートタイム、低賃金労働をめぐる UPS との争議でのチームスターズの勝利は、重要なものとして注目される。利潤を増やし、労働者を分断するためにパートタイムの職務分類を推進するというのが UPS の経営側の戦略であったが、チームスターズはこれに挑戦し、その企図を挫折させることによって、この国における良好な仕事口の数を減らそうとする会社側全体のキャンペーンに異議を唱えたのである。ストライキに入った者をスト破りの労働者に取り替えていくという使用者側の戦術は、それまできわめて効果的であったので、労働問題の評論家たちは、この新しい事態のなかでストライキをしてみても、はたして効果を発揮しうるかどうかという疑問を呈していた。だが、戦略的・戦術的に好機をとらえたこれらのストライキは、なおストライキは時に効果的でありうることを証明しただけでなく、一般国民の広い同情をかちえた。国民の大多数は、米国における不平等の拡大を心配しており、現在では、その問題に取り組もうとしている一つのグループとして、労働組合に同情的なのである。組合員のために前進できたことを示し、同時にまた、一般の支持基盤を拡げたことによって、UAW とチームスターズのストライキは、すべての組合の組織化にとって有利な環境を生み出したのである。

## ホッファの勝利と保守派の力

　UPSに対するチームスターズの勝利は、最近数年の間におけるストライキでの最も重要な勝利であったが、1998年にジェイムズ・ホッファ（2世）がチームスターズの会長に選ばれたことは、ニューボイスの動向にとっては後退であった。ロン・ケアリーとその改革執行部は、ニューボイスの反乱を成功させた重要な支持者であった。ケアリーが無防備であったのは、1996年の再選キャンペーンにおいて、1970年代以来アメリカの政治の堕落の種である、いかがわしいコンサルタントたちに頼っていたためである。その結果、政府監督下の選挙にあたって守るべき資金集めのルール違反が行なわれ[24]、そのためにケアリーは会長ポストから追われただけでなく、再選挙への立候補資格を奪われた。ホッファのキャンペーンにおけるルール違反は、制裁されなかった。1998年の選挙では、ホッファは最上位の組合役員のほぼ90％の支援を得て、改革派のトム・リードハムの出遅れたキャンペーンを55対39の差をつけて敗った。

　父親ホッファは、戦闘性と同時に不法行為で著名な人物であったが、ホッファ2世の選挙は、アメリカの政治生活において、進歩的な理想の吸引力よりも金と知名度がいかに重要であるかを象徴的に示している。ホッファに投票したチームスターズの組合員は、組合がもっと強力であった時代のシンボルに投票しただけではなく、貴方と一緒にやるというよりは貴方に代わってやるという、米国で非常に強い伝統的な指導者のタイプに投票したのである。したがって、ホッファの勝利は、アメリカの労働組合員の不活発状態がなお続いていることを表わしている。大統領府に民主党政権があるなかで、共和党や暴力団との緊密な連繋にもどることは困難であろう。一般組合員の候補者が得た相当数の票、進歩派がローカルでつくりあげた権力基盤、チームスターズ民主化同盟（TDU）の自立的な活動の継続、これらがホッファに制限を課している。さらに、ウィリアム・セリンが記しているように、「ホッファとその仲間たちには使用者と取引するプランがないようである」。ホッファは、未組織の組織化を彼が取り組む最優先事項の一つにあげているが、進歩的なローカルの組合が行なっているような、組合員自身を動員する組織化キャンペーンについては、あまり支持しないことになりそうである。しかしながら、2001年には、ホッファ自身が新しい選挙に直面するので、その年に再選挙を迎えるニューボイスの候補者たちを落選させる運動の先頭にたつということにはなりそうにない。

## 労働運動における左翼の役割と左翼・中道連合の見通し

　スウィニー執行部は、1935年から1946年にかけてのCIOの成功にとって決定的であった、左翼・中道連合の新版となりうるであろうか？　これまでのところ、大衆を動員する組織化運動を引き起こすことには失敗しており、NATOの爆撃キャンペーンを暗黙に支持していることなどもあるが、私は、左翼・中道の連合が生まれつつあると考える。彼が会長に選ばれた直後、左翼志向の全国保健サービス従業員組合1199[25]は、スウィニーの招きを受け入れてAFL-CIOに再加盟した。AFL-CIOは1997年の大会で、反共産党員条項[26]を基本規約から取り除くことを満場一致で決定した。1960年代の多くの左翼志向の活動家たちが労働運動に入りこんだが、いまや、彼（女）らはAFL-CIOとその加盟組合の指導組織の一部になっている。1960年代に政治意識を持つにいたった大部分のラディカルな学者たちと同様に、60代世代の多くの労働運動活動家たちは、青春時代に身につけたラディカルな政治を手放していない。多くのラディカルな組織のメンバーが労働運動で活発に動いているが、CIOの時代の共産党のように、支配的な影響力を持つ一つの組織があるわけではない。が、にもかかわらず、左翼的思想の影響は深く、また増大している。

　1998年5月1日、AFL-CIOの教育局長であるビル・フレッチャー（2世）は、労働者教育担当者たちの合同会議で、新自由主義と闘う必要について語った。「階級闘争の現実」を直視し、「資本と労働の敵対が資本主義の枠組みそのもののなかに組み込まれていることを率直に認める階級意識」を助長する必要があるというのが、彼の主張であった。フレッチャーは、AFL-CIOが「資本主義についての組合員との対話を促進するために」、「良識経済学」というプログラムをはじめたことについて説明した。こういう話をこれまで耳にしなかったのはなぜか、という質問に対して、それは貴方がたのリーダーたちと話をするように、と彼は答えている。が、彼は労働者教育担当者に次のように説明した。「われわれの組合員たちは、あまりに長い間、受信不能の地域におしこめられてきたのだ。われわれのリーダーの多くは、とりわけ1940年代末のCIOの粛清以降、企業社会アメリカと相思相愛の仲だと信ずる自己欺瞞におちいった」。フレッチャーのような左翼志向の組合活動家が、AFL-CIOの指導組織のなかに入っていること自体、左翼・中道連合の出現を示唆しているのである。

哲学的には、スウィニーはなお階級協力モデルに固執している。「常にこういう事態だったわけではない」とスウィニーは論じている。「1950年代、60年代には、労使関係はより良好なものであった。政府、企業家、労働組合には、働いている家族の利益のために共働しようという精神があった。われわれは、あの種の哲学をとりもどさなければならない」。このようなイデオロギー的な傾向があるけれども、スウィニーの掲げる諸目標は依然として進歩的である。CIO の左翼・中道連合の全盛期でも、左翼と連繋した進歩的なリーダーたちは、実業界のリーダーたちとなお協調していくことを望んでいた。左翼の力、行動を要求する一般組合員の力が強かったので、中道派の CIO のリーダーたちも左翼と一緒になって組合を組織し、賃金を引き上げ、政治の領域では社会プログラムを推進する、という進歩的な闘いの先頭にたったのである。

　左翼・中道連合の傾向は強固なものとなるであろうか？　AFL-CIO の掲げる諸目標は進歩的変化のためになされるべき事柄であるが、それを達成しうるためには大衆を動員する運動が不可欠である。その場限りの動員やスタッフ中心の組織化では、大衆運動にはならないであろう。決定的な問題は、組合を民主化することである。必要なことは、一般組合員が組合における意思決定の過程に関与すること、さらに、組合員であれ非組合員であれ、一般の労働者が組織化のキャンペーンに関与し、意思決定を行なうことである。歴史上、一般の人々の組織化、民主化を求めるインスピレーションは左翼からもたらされたものである。AFL-CIO およびその若干の加盟組合の役職のなかに左翼の人々が入っていることで、多くの新しい進歩的なアイディアやイニシアティブが生まれてきた。ニューボイスの指導部がその野心的、進歩的な課題に取り組むにあたって、大衆運動を鼓舞しニューボイス指導部への堅実な同盟者を用意するためには、一般組合員のレベルでさらに左翼を強化することが必要とされるであろう。

1999.5.22　第30回研究会「アメリカにおける労働法改革の挫折と国内・国際問題についての新しい組合運動のヴィジョン」通訳：野田健太郎

---

### ❖訳注

1　ノリス・ラガーディア法は、それまで労働運動を苦しめてきた争議行為差止命令の大幅な制限や、組合に加入しないことを条件にする雇用契約は強行しえない、とする規定などを含んでいた。

2 タフト・ハートレー法は、1947年に連邦議会を支配する共和党がトルーマン大統領の拒否権行使を超えて成立させた労使関係法（LMRA）。経営者団体の意向にそってワグナー法を修正した法律であり、クローズドショップの禁止、二次ボイコットの非合法化、「国の福祉」を脅かす労働争議に対する80日間の争議差し止め制度など、労働組合の組織化や実力行使を制約する規定がもり込まれた。
3 労働組合の腐敗、非民主制を矯正することを建て前にして、政府が組合の内部自治に干渉する道を規定した法律。
4 65歳以上の高齢者に対して、医療費および入院費を給付する社会保険制度。
5 ある工場・職場の労働者が特定の労働組合を交渉代表に選び、それを経営側に承認させるためには、NLRBの管轄下の選挙手続きに従うのが普通であるが、それは往々にして長引くプロセスであった。
6 NLRB管轄下の選挙で過半数の従業員によって権限を付与された組合代表が協約交渉に入っても、交渉の引き延ばしによって、「最初の労働協約」が締結にいたるまでに相当の時間がかかる場合があったのである。
7 ストライキに入った労働者の仕事を埋め合わせるために、代替要員を雇い入れた場合、争議解決後にストライキ労働者がスト中の代替要員に代わって原職に戻りうるか、が争われていたのである。
8 タフト・ハートレー法で付加された14節b項は、州レベルでユニオン・ショップを排除する法律を定めうることを規定している。
9 労働者が特定の組合に交渉権限を与えるというカードに署名し、そのカードが一定数に達した場合に、それを提出することによって団体交渉を認めるという方式のこと。
10 「9トゥ5」は、1972年にボストンの10人の女性事務職労働者によって設立された組織。女性オフィス労働者の「権利章典」を作った。そこには、女性として、労働者としての敬意を得る権利、パフォーマンスと勤続年数にもとづいて公正・適当な報酬を得る権利、行なうべきすべての職務を明記した、正確に記述された職務明細書を持つ権利、使用者の個人的な仕事をするか否かを選ぶ権利、その他の権利がうたわれている。その後、1977年に全国組織、全米女性勤労者協会（NAWW）が設立され、ボストンのグループを含めて主要都市のグループがこれに加盟した。1990年代半ば、「9トゥ5」は1万3000人のメンバーを抱えている。なお、1981年には、SEIUと「9トゥ5」によって、自立的な組合組織として、SEIUディストリクト925が設立され、女性の事務・秘書労働者の組織化を追求している。
11 AFL-CIOの組織化研修所は、3段階のプログラムを実施している。第1段階は、オルグになりたい人に組織化キャンペーンの戦術・戦略を週末を含む3日間で教

えるもの。第2段階は、志願者から選抜して、10日間のオリエンテーションと、3カ月間の現場での組織化キャンペーンで訓練するもの。現場での訓練には、住居、交通費のほか、週400ドルの給与が支払われる。第3段階は、第2段階のプログラムを立派に終了したものを推薦して、組合のオルグとして配置していくもの。初任給は年2万ドルから3万ドルとされている。

12 AFL-CIOが発足したときに、CIO系の産業別組合が中心になって、産業別労働組合部門（IUD）を発足させたが、AFL系の職業別組合が中心になって作られたのが職種別部会である。建築・建設業、食品製造業、海員、サービス業などに業種別部会がある。なお、IUDは、最近解散したと伝えられている。

13 AFL-CIOは、その地方労働組合評議会がAFL-CIOの地域組織化プログラムに従って積極的に動いているところを、「ユニオン・シティー」と指定し、様々な支援を行なっている。つまり、「ユニオン・サマー」に応募した学生たちは、AFL-CIOの組織化重点地域に送り込まれたのである。

14 ローカル434Bは、ロサンゼルスの在宅介護の労働者が所属するローカルである。

15 それは「従業員と経営者のチームワーク法」と呼ばれるもので、会社側が労働組合を回避して、様々な経営問題について折衝する従業員を選ぶことを合法化しようとした。これを立法化しようとした人々は、日本での小集団活動を一つのモデルとして意識していたが、AFL-CIOは、現行労働法を完全に変革してしまうものとして、これに反対した。クリントンも、この法律には「毒薬」が入っているとして非難した。

16 「ファースト・トラック」とは、通商協定の交渉について、議会での通常の審議手続を省いて、最終的に協定の諾否を求めるやり方である。1993年にNAFTAは「ファースト・トラック」でまとめられたが、1997年にクリントンは南米諸国との自由貿易協定の交渉について、同じようなやり方を認める権限を手にしようとした。しかし、途中で断念した。

17 労働党は、一定の準備キャンペーンを経て、1995年に、全米鉱山労働者組合（UMWA）、全米港湾倉庫労働者組合（ILWU）その他多くの労働組合のリーダーたちの旗振りで、労働者の権利の追求をうたって党の創立大会を開催した。本文に記載されている1998年の第2回大会の方針にしたがって、同年にはワイオミング州でグリーン・パーティと連携して選挙を戦ったが、まだ独自候補を立てて選挙を闘う体制は整っていない。創立大会に名を連ねた組合の多くは民主党候補の支持を続けている。創立の中心的メンバー、トニー・マッツォッキの死去もあってその未来は不確定のように思われる。

18 ニュー・パーティは、独立の政党というよりは「草の根政治グループを抱える包括的組織」であり、ニューヨークに本拠をもつ。過去10年間に多くの地方自治

体の選挙で、ニュー・パーティの傘下政治グループが住宅問題、生活賃金条例など地域社会の切実な問題を取り上げて善戦し、かなりの数の議員の選出に成功している。また、財界による二大政党の支配に対抗して、小政党の声を生かせるような選挙制度の改革を追求している。ニューヨーク州その他若干の州で認められている「連合投票」（Fusion Ballot）の普及を重視しているようである。

19　教員、学生たちが学外のゲスト・スピーカーをまじえて、共通の関心事について自由に討論するのが、米国の大学における「ティーチ・イン」であるが、この場合、著名な学者、思想家たちと並んで、労働組合運動の指導者たちがパネリストとして登場し、学生たちと意見を交わしている点に特徴がある。

20　スウィニー執行部のもとで、1996年から始めた組織化キャンペーンの一つ。夏休み期間中に、3週間ないし4週間のプログラムで、毎年1000名前後の学生たちを全米各地の労働運動の現場に実習生として配置し、講義だけでなく実践的学習の体験をさせている。AFL-CIO の組織化研修所（OI）が専従的オルグの養成に力点を置いているのに対し、「ユニオン・サマー」では、労働運動への関心をかきたてて、労働運動との連携を志向する学生活動家を育てようとしている。

21　SDUSA は、1970年代初めに、アメリカ社会党を元トロツキストの一派が牛耳って発足したインテリと労働組合活動家の小さな連合体。そのメンバーの多くは民主党員であるが、共和党とも繋がっており、冷戦下の反共主義的外交政策を支持し「国務省社会主義者」とも揶揄された。レーガン政権、ブッシュ政権に深く関与した者もいるが、労働者の権利を主張している点でいわゆるネオコンとの差異があると指摘されている。

22　LID は、1905年に創設された歴史を持つ。その長い歴史には当然さまざまな局面があったに違いないが、当初は大学間社会主義協会と称し、民主主義を社会のあらゆる面にひろげる必要を教育することを目的としてうたい、産業民主主義の普及に努めた。

23　DSA は、アメリカ最大の社会主義組織。1983年にアメリカ社会党の最大の生き残りグループ（民主社会主義組織委員会）と新旧左翼にルーツをもつインテリたちのグループ（新アメリカ運動）の合併で誕生した。ローカルのレベルで、労働組合、コミュニティ組織、大学キャンパスなどの活動家と共通の関心事についての行動を追求している。著名なメンバーとしては、N. チョムスキー、B. サンダース、J. スウィニーなどの名前があがる。2004年の大統領選挙ではJ. ケリーを支持した。

24　チームスターズは、恐喝、贈賄などによる犯罪組織活動の取締まりを目的とするリコ法の適用の対象とされかかったとき、1989年の「同意判決」によって、裁判所による間接管理を受け入れた。組合役員選挙への政府管理はその仕組みのも

とで行なわれてきた。
25　ローカル 1199 と称される組合は、1930 年代に、ニューヨークの小売薬局関連従業員の組織化から生まれているが、1950 年代には病院関係労働者の組織化に先駆的な役割を果たした。米国史上、画期的な 1959 年の病院争議で中心的に動き、その後、ニューヨークの外にも組織化を拡げて、ローカルというよりは医療保健サービス関係労働者の戦闘的な産業別組合の性格を帯びてきた。黒人その他の少数民族が多く働いている職業分野を組織しており、公民権運動と密接に連携している自立的な進歩的組合として注目されてきた。この異彩を放つ組合については、Leon Fink & Brian Greenberg, Upheaval in the Quiet Zone — A History of Hospital Workers' Union, Local 1199, University of Illinois Press, 1989. という見事な作品がある。
26　1947 年制定のタフト・ハートレー法は、全国労働関係委員会による保護を受けうる組合の資格要件を詳細に規定したが、そのなかで、組合役員が共産党員でないという宣誓供述書を提出することを要求した。当時、激しい論議を招いたこの条項自体は 1959 年に削除されたが、多くの組合は組合規約のなかに共産党と一線を画すという規定を盛り込んだ。例えば AFL-CIO は、その基本規約の「目的と原則」のなかで、「共産主義の諸機関、さらにわれわれの民主主義および自由にして民主的な組合主義の基本的な原則に反対するすべての者」の策動から労働運動を守ることを謳い、さらに「加盟組織」の資格要件のなかでは、「共産主義者、ファシスト、もしくはその他の全体主義者」を役員とし、あるいはそれらに支配されている組織には加盟を許さないことを明記していた。1997 年の大会で削除された反共産党員条項とは、このことである。

#   第2部　グローバル化の下での労働運動の戦略

# [4] グローバリゼーションと国際連帯

ジェレミー・ブレッカー
荒谷　幸江／訳

## 1　過去における労働国際主義

　19世紀にヨーロッパと北アメリカで発達した労働運動は、地域的と国際的という二つの性格をもっていた。労働運動が地域的であったというのは、雇用主がもともと地域的であったからである。靴職人、大工など、初期の組合を結成した職人たちが働いていたのは、一般的に地域の労働市場で人を雇い、その地域のなかで生産物の大部分を売っていた雇用主のもとであった。しかし、これらの労働者たちは同時に国際的な存在でもあった。国から国へとよく旅行をしたし、仕事を求めて大西洋をこえて行き来することさえあった。そして国際的に組織化した。たとえば、炭坑労働者の組合はイギリスとアメリカとで密接な紐帯をもっていた。国際労働者協会（第1インターナショナル）は多くの国々の労働者をつないでいた。

　19世紀から20世紀にかけて、経済が一国的に発達するにつれて、労働運動もまた基本的に一国的になっていった。労働運動は大きくなりつつあった国民国家の権力によって規制され、次第に企業と取引をするようになっていった。こ

研究会で報告するジェレミー・ブレッカー　　　　　　　　　　　　提供：荒谷幸江

れらの企業は国内的に組織され、国民国家と密接に結びついていた。労働組合自身も国家の諸制度と密接につながるようになった。国際舞台では、労働組合は自国の政府だけでなく、自国の企業とさえ協力するようになった。たとえば、アメリカの労働組合のナショナル・センターは、秘密裡にも公然にも、ヨーロッパ、アジア、アフリカ、ラテン・アメリカ諸国におけるアメリカの政治的介入に手を貸した。

　1917年のロシア革命後、世界の労働組合は分断された。労働運動のなかの反共セクターは、世界革命の脅威を封じ込めるために同盟国政府と密接に仕事をした。1920年には、共産主義政策によって世界の労働運動は分断され、共産主義にシンパ的な勢力はソ連が支配する第3インターナショナルの支配下に入った。1945年、アメリカ労働総同盟（AFL）をのぞく世界の主要な労働組合組織は、世界労連（WFTU）を結成した。1949年、アメリカの産業別労働組合会議（CIO）とその他西欧の労働組合連合は、世界労連がソ連に支配されているという理由から世界労連を脱退し、国際自由労連（ICFTU）を結成した。

　労働組合を国際的に結びつけるもうひとつの手段は、国際産別組織（ITS）であ

った。ITS を通じて異なる国々の同じ産業を代表する組合が結ばれた。ITS には、その起源を 100 年前にさかのぼることが出来る組合もあり、ICFTU と密接な関係にあった[1]。その大部分は最近までまったく脆弱な組織であり、主に形式的に役員幹部の間の会合をもっていたにすぎない。

　冷戦終了とともに労働組合の国際組織は変化してきた。WFTU はほとんど姿を消した。ICFTU は自分たちに結集軸を提供してきた共産主義の敵を失った。ICFTU が長い間特徴としていた、WFTU に加盟する組合のいずれとも接触を「避ける」政策は、終わりにきたように思われる。そしてフランスや韓国のような国々では、かつて敵同士であった組合の間に協力関係が生まれつつあるように思われる。ITS はさまざまな政治的流派の組合と積極的に協力している。最近、ブラジル、南アフリカ、韓国、新興工業国の新しい戦闘的組合が ICFTU に加入したり、あるいは加入を考えているが、こうした組合の接近は一般的に歓迎されている。かくして、ICFTU が世界中の大部分の組織労働者を代表する唯一の国際的な労働組合組織になっていく途上にあるのは明らかである。

## 2　グローバリゼーションと資本の流動化

　その間、既存の労働組織の内部では変化が起きている。ちょうど主に地域的な経済が一国的になっていったように、今日の一国経済は徐々にグローバルになりつつある。グローバル経済は、ある意味でここ数百年の間に存在していたともいえる。貿易が存在したし、帝国主義が存在した。しかし、最近 10 年あるいは 15 年間の経済のグローバリゼーションはある独特の性格を有している。主な違いは、資本の流動化が非常に進んでいることである。コンピューターや衛星通信のようなテクノロジーの発達が資本のグローバルな流動化にとっての物理的な障壁を取り払った。その他の障壁も関税や保護貿易政策の縮小、世界貿易機関（WTO）や地域的貿易機構のようなグローバルな貿易機構の形成、そして地球規模で行なわれる企業のリストラクチュアリングによって取り払われている。

　資本の流動化の結果、世界中のどの地域でも、労働者や地域社会、各国が互いの競争へと駆り立てられた。これはよりよい製品やよりよい生産過程を生むための競争ではない。労働者、地域社会、そして各国が労働コスト、社会的コスト、環境的コストを他者よりも下げていく競争である。雇用主たちは自分た

ちにとって最適の労働条件を求めて世界中を探す。自分たちに最高の補助金と最低の社会的、環境的保護のためのコストを提供する政府を探す。その結果は「下向きの競争」としてつかまえられる。それぞれの労働者や地域社会、国々は、自分自身を「より競争的にしよう（他に負けないようにしよう）」とする、つまり資本にとってより魅力的であろうとする。その結果、労働基準、社会基準、環境基準は低下することとなる。

アメリカでは、この「下向きの競争」という言葉は1930年代の大不況時にさかのぼる。当時、アメリカ最高裁は、労働時間や労働条件を規制することを連邦政府に認めるべきかどうか、あるいはそれぞれの州がそうした労働条件を排他的に規制すべきかどうかを考慮していた。最高裁は、もしそれぞれの州が労働条件を別々に規制するなら、各州は自らの州に会社施設を誘致しようと他州よりも低い労働条件を設定するようになるだろうと論じた。その結果、各州が経営者により好ましい条件を提供しようと競争するにつれて、労働保護基準の「下向きの競争」が起こっただろう。今日、一国経済が一つの地球規模の経済に発展するにつれて、私たちは、それと同じ「下向きの競争」のダイナミクスが作用しているのを見ることができる。

この新しいグローバリゼーションは、そもそも異なる諸国間の貿易についてのものではない。実際、今日の世界貿易の3分の1以上は同じ企業のなかの異なる部門間で行なわれている。今日のグローバリゼーションの最も目立った側面は、貿易ではなく、場所から場所へと資本を移動させる投資に関してであり、そのために私たちすべてが投資をひきつけるための競争にさらされている。

この競争は、単に低熟練、低技術水準の仕事についてだけ起こっているのではない。たとえば、ボストンやロサンゼルス周辺のハイテクセンターで行なわれていたコンピューター・プログラミングやコンピューター・エンジニアリングは、いまや第三世界、とりわけインドのバンガロールの資質の高いプログラマーやエンジニアによって——衛星経由で——行なわれている。この競争は、単に既存の工業国に新興工業国との競争を強いているというだけの問題ではない。第一世界の国々同士の間でも起こっている。イギリスとアメリカは、補助金、低賃金、社会給付の低負担などの措置によってドイツから多くの生産をひきつけている。同様に、カナダにおける生産の多くは、より低い賃金、より低い福利コストを求めてアメリカへ行ってしまった。その影響は、ドイツ、カナダの両国で、賃金や社会給付を削減する圧力となっている。

しかし、この競争は貧しい第三世界の国々の間でも起こっている。たとえば、ナイキは韓国と台湾にあった20のスポーツ・シューズの工場を閉鎖し、中国、タイ、インドネシアで生産させる契約を結んだ。インドネシアの労働者が、最近、ナイキに対して法律できめられた最低賃金を支払うように圧力をかけたとき、ナイキは、労働者たちが自分たちに無茶な値段をつけていると反論した。あるバングラディシュ出身の組合リーダーが、バングラディシュの労働者が中国やベトナムなど共産党一党支配の国々と競争しなければならないとき、児童労働をなくすのは難しいと嘆いていたのをきいたことがある。

　アメリカにおいてその影響は深刻である。過去数年間に仕事の数は増えているけれども、その多くは臨時雇い、パートタイムなど「臨時的」な仕事である。これらの仕事は、一般的にいって雇用保障、医療保険、年金がない。貧富の差が拡大している。教育、保健、貧者への公的扶助などへの政府の支給が大幅に削減されている。これらは「国際的に競争力をもつ」ために必要なのだという理由で、ある程度正当化されている。工業化された世界中のいたるところで似たような圧力が働いていることは疑いない。

　要するに、規制のないグローバル経済は、労働者、地域社会、そして各国に対して、資本のために労働コスト、社会的コスト、環境的コストを削減する競争を強いている。その結果が「下向きの競争」であり、そこでは労働条件のどれもが最も貧しく絶望的な人々の労働条件の方へ向かって下がっていく傾向にある。この新しい種類のグローバリゼーションは労働運動に変化を求めている。特に過去に存在したものとは大きく異なる種類の労働国際主義を求めている。

## 3　NAFTA（北米自由貿易協定）に対するたたかい

　アメリカにおいて、NAFTAに対するたたかいの流れのなかで、労働国際主義への新しいアプローチが発展してきた。何十年にもわたる分離ののち、1970、1980年代にメキシコとアメリカの経済は徐々に統合されるようになった。特に「マキラドーラ」[2]として知られるメキシコのアメリカ国境地帯では、たくさんのアメリカ企業がプラントを建設してきた。メキシコ、カナダ、アメリカの政府首脳が貿易協定のための計画を発表したとき、カナダ、アメリカの労働運動の内部には、民衆のあいだの他の部門と同様強い反対があった。何カ月もの間、NAFTAはアメリカ政治の突出した問題になった。

最初、NAFTAへの反対は、主に保護主義的なかたちをとった。メキシコとの「自由貿易」は、カナダとアメリカに安い製品が入るのを認めるものであり、両国の労働者から仕事を奪うものだと論じられた。アメリカにおいては、この反対は「メキシコ叩き」という人種差別主義やナショナリズムのかたちをとって、アメリカの労働者の問題をメキシコ人のせいにすることもあった。

　しかし、NAFTAに反対する運動のなかでまた、まったく新しいアプローチも生まれはじめた。このアプローチは、NAFTAを北米中の労働者を競争においやる企業の策略としてとらえた。この見解では、NAFTAの真の目的は貿易を増大させることではなく——なぜなら、すでに北米大陸では貿易は全く自由に行なわれていたのだから——、政府介入の脅威なしにその地域で企業が操業しやすくすること、そのための投資を促進させることであった。数千ページからなるNAFTA文書はこの目的に向けられていた。

　この新しいアプローチを主張する人たちは、メキシコ、カナダ、アメリカの労働者を敵としてではなく、むしろ互いを競争に追いやっている企業策略の犠牲者としてみた。それゆえこれら3カ国の労働者はNAFTAの阻止に共通の利害をもっているとみたのだった。彼らの目的は、互いの製品を排除することによって自国の経済を保護することではなかった。むしろ北米大陸の、特に最も貧しい地域の労働者のために労働基準や労働条件を引き上げることによって「下向きの競争」を阻止することを模索した。最も貧しい地域にはメキシコをはじめカナダとアメリカのいくつかの地域が含まれていた。

　この「下向きの競争」に関する労働者の関心は、NAFTAの環境に及ぼす影響への関心が強かったことによってさらに強まった。アメリカの企業は、安い労働力のためだけでなく環境規制から逃れるためにメキシコへと去って行っている。アメリカ国境地帯のマキラドーラは、環境的に悪夢のような状態で、何千マイルにもわたる工業排水池と化している。企業は、アメリカの環境保護基準がゆるくならない限りメキシコへ移っていくといって、アメリカの地域社会を脅かしている。

　女性のグループや宗教団体、人権団体など、その他のグループもまた、NAFTAが及ぼす影響に深い関心をはらい、そのほとんどがNAFTAをメキシコ、カナダ、アメリカ3カ国の貧しい労働者の労働条件に対する攻撃とみなした。NAFTAに反対する運動の多くは保護主義的なものにとどまっていたけれども、運動の重要な一部分が、国の経済の保護ではなく、すべての人々を下向き

に引っぱっていくのを阻止するために、最も低いところの労働基準、社会基準、環境基準を引き上げることによって「下向きの競争」を阻止することをめざした。3カ国のこれらの見解を共有する人々の間でネットワークが発達しはじめた。視察旅行や会議、民衆の交流活動など広い範囲で国境を超えた連携をつくる方向へ発展した。フォードのような会社の労働者たちは、国は異なるが同じ会社で働く人々のたたかいを支援するキャンペーンをはじめた。

　この運動は、北米統合のためのオルタナティブな構想を発展させ、3カ国の民衆組織の間で協議された「北米のための公正で持続可能な貿易と発展のイニシアティブ」と呼ばれるドキュメントをつくった。このオルタナティブな構想は、北米全土に共通する労働、環境、人権、そして民主主義を守るための最低基準を要求した。保護主義者のアプローチと対照的に、この構想は適正な標準を満たしている国々が国際市場にアクセスできるべきだと主張した。また、そうした標準が貧しい国々や地域にとっては費用がかかることを認めて、富める国々に対して貧しい国々や地域への社会的投資を要求した。

　主要なたたかいの後、NAFTA条約は通過した。たたかい自体は世論やたたかいに加わった人々に大きな影響を与えた。特にアメリカの労働運動に大きな影響を与えた。NAFTA条約以降、アメリカとメキシコ、カナダの組合活動家たちの間の連携と支援は急速に発展している。新しい種類の国際主義が、NAFTAに対抗するたたかいに参加した労働運動やその他の運動の重要な部分に発達している。

## 4　下からのグローバリゼーション

　新しい種類の国際主義は、企業による現在の「上からのグローバリゼーション」に対して「下からのグローバリゼーション」と呼べるかもしれない。それは本質的にNAFTAに対抗するたたかいから学んだ教訓であり、その教訓を新しいグローバルな経済全般に一般化するものである。

　下からのグローバリゼーションは、まず、グローバリゼーションが国境を越えて人々の間に共通の利害を生みだしていることを認める。その中核となる共通の利害とは「下向きの競争」への抵抗である。そのための第一の方法は、底辺にある人々の労働基準や労働条件を引き上げ、それによって下方への引力を弱めることである。これは「上向きの平準化」と呼べるかもしれない。この共通の

利害によって、異なる国々、つまり富む国の人々と貧しい国の人々は結ばれる。もちろん、それが保護主義の変形以上のものであろうとするならば、より貧しい国々や地域のニーズに確実に応えるような特別の用意がなければならない。この共通の利害を通して社会的関心を異にする人々も結ばれる。その理由は、下からのグローバリゼーションの試みが労働、農業、女性、人権、宗教、その他のグループなどからなる多様な連携を含んでいるからである。これらの連携は「国際的な市民社会」の具体的な表現であり、あるいは武藤一羊の言葉を使えば「希望の連合（Alliance of Hope）」であるといえるかもしれない。

## 5　国際的な市民社会における労働のイニシアティブ

　労働者は、いまなお外国の労働者を互いの競争者としてみるかもしれないが、最近数年間における労働運動の国際連帯の新しいかたちは、この国境を越えた共通の利害という考えを基礎として発展してきた。

　アメリカの労働者が日本の労働者に対して偏見をもっているというのはよく知られたことだが、最近の二つのたたかいは、ここでいう意味の共通の利害をあらわしている。ブリヂストン・ファイヤストン（BS/FS）の工場でアメリカの労働者がロックアウトにあい、非組合員の労働者にとって替わられたとき、BS/FS の組合とタイヤ労働者を組織する国際産別組織は、国際的なたたかいを組織した。ブリヂストン・ファイヤストンの労働者は、最低でも12カ国でストライキやデモを行ない、アメリカの労働者の職場復帰を要求した。アメリカの労働者の観点からいってとりわけ大きかったのは、日本の労働者が運動に参加したことだった。似たような協力関係は、ホテル・ニュー・オータニ・チェーンにおける日米の労働者の間でもみられた。労働者や組合は、かつてはよその労働者の損失は自分たちの利益になるかもしれないと感じたが、これらのケースでは共通の企業経営者の攻撃に対抗して相互に支援することのなかに共通の利害を確認した。最近のヨーロッパにおける労働者のルノーに対する協調ストライキは、同じ傾向のもうひとつのあらわれである。

　そうした協力は、NAFTA の結果としてアメリカとメキシコの労働者の間で急速に発展してきた。長期的な協力関係をすすめることを意図して、「戦略的提携関係」を形成している組合もいくつかある。たとえば、あるアメリカの組合はマキラドーラ地帯の労働者センターに資金援助を行ない、その見返りとしてメキ

シコ人のオルグがアメリカにおけるメキシコ出身の労働者の組織化に手を貸している。

興味深いことは、こうした協力の多くがアメリカとメキシコ両国の、しかも主要なナショナル・センターから独立している労働組合によって始められたのだが、時がたつにつれてアメリカの AFL-CIO とメキシコのメキシコ労働組合連盟（CTM；政府と癒着した公認のナショナル・センター）に加盟している組合をもまき込むようになってきていることである。これは多くの国々で見られるようになった傾向のひとつであり、以前は敵対していた組合やナショナル・センターがグローバリゼーションの圧力に直面するなかで協力しはじめた。この傾向はまた、アメリカのブリヂストン・ファイヤストンやホテル・ニュー・オータニの労働者に対する日本の労働運動の支援の展開のなかでも明らかだった。ついでながら、日本の労働組合のメンバーからなる派遣団が最近マキラドーラ地帯を訪れ、労働者への支援を表明した。

労働組合とその同盟者が下からのグローバリゼーションを追い求めるもうひとつの方法は、グローバルな企業に対して「行動規範（Code of Conduct）」を確立し、企業がそれに従うように圧力をかけることである。たとえば、「マキラドーラにおける公正のための連合」と呼ばれるグループは、国境の両側で、労働組合、宗教、女性などのグループと連携して、マキラドーラ地帯で操業する企業が満たすべき環境、労働、人権に関する諸条件を規定した「マキラドーラ行動規範」を作成した。一連のたたかいを通して、この組織はアメリカと日本の企業数社に対し、組合を承認し、環境条件を整備し、仕事中の労働者虐待を禁止することを強制した。たとえば、「マキラドーラにおける公正のための連合」からの圧力でゼネラル・モーターズは、マキラドーラにある GM の 35 の工場で下水処理施設を建設するのに 1700 万ドルを費やすことを決定した。

アメリカにおける一連のたたかいは、アメリカで売られている製品をつくっている第三世界諸国の労働者への支援を模索し始めた。この運動のイニシアティブの多くは、「中央アメリカの人権を支持する全国労働委員会」と呼ばれる組織からでてきた。この組織は、中央アメリカにおけるアメリカの政策とその政策を AFL-CIO が支援することに反対する、少数の全国組合のリーダーを含む労働組合活動家の組織としてはじまった。

「マキラドーラにおける公正のための連合」は、最近 2、3 年、その注意を中央アメリカでのアメリカ企業の行動に向けている。たとえば、服飾小売業のギャ

ップ（The GAP）が中央アメリカの低賃金・悪条件の劣悪作業所（スウェットショップ）で無茶苦茶な労働条件のもとで衣服を製造していたことを発見した。そして、ギャップに対する大衆的なキャンペーンに乗りだした。ギャップは、悪い評判によって会社の一般的なイメージが著しく脅かされると感じ、全国労働委員会との交渉の席についた。そして工場の行動規範を確立することを規定した協約にサインした。そうした行動規範を持っている企業は少なくないが、ギャップとの協約が締結される以前、独立の監視装置を規定している企業はほとんどなく、企業は自らの規範を侵してもなんの制裁も受けずにいた。ギャップの協約は独立の監視装置を規定した点で躍進であった。少なくとも中央アメリカにおけるギャップの工場のいくつかでは、いま、その地域の人権活動家、イエズス会士、労働活動家が監視を行なっている。

似たようなたたかいを、全国労働委員会やその他のグループが行なっている。そうしたたたかいはアメリカの服飾小売業にとって脅威となっており、多くの企業がアメリカ労働省の後押しを受けて、グローバルなアパレル産業の行動規範を確立するために産業規模の交渉に入っている。交渉では、最高労働時間、最低労働条件、さらに「最も驚くべきこと」だが表現の自由と組織化の自由の権利——たぶん組合への組織化を含むと思われる——に同意している。

交渉ではまだ受け入れ国の法定最低賃金以上の最低賃金には合意していない。原則として、独立の監視装置には合意しているが、誰が監視を行なうか——会計会社かNGOかなど——については合意していない。ある協会団体が協約を守らせることになっているが、その性格はまだ確定されていない。協会の加盟企業の製品に、それが規範にしたがってつくられていることを示すラベルをつける権利は、協会の高位置にいるメンバーが持つことになるだろう。交渉は継続中で、その成果は完全に明らかにされてはいないが、そのようなグローバルな産業の仕組みはグローバルな労働条件の規制にとって確かに大きな前進となるだろう（ヨーロッパにおいても、似たような行動規範や行動規範を守らせるようなたたかいによって、絨毯やサッカーボール製造における児童労働の使用が制限され始めている）。

交渉にあがっているところの独立に監視される行動規範は、二つの興味深い特徴を持っている。一つは、その行動規範が国内法や貿易協定における典型的「社会条項」の諸規定とは異なり、国よりもむしろ企業を対象としていることである。もう一つは、もしも（アパレル産業におけるように）交渉に労働団体が含ま

れるならば、その交渉はある種のグローバルな原初的な団体交渉を意味するということである。それゆえ国際的な労働組合活動家は、主要な企業を代表する組合をすべて含んだグローバルな労働組合協議会を組織し、その企業の世界中の子会社、下請けのどれにでも適用されるグローバルな行動規範の交渉を要求することについて議論している。

## 6　グローバルな大衆ストライキ

最近 2、3年の間に、世界中の各地で一連のゼネストや大衆ストライキがあった。ここ 2、3カ月の間にもフランス、韓国、ブラジル、アルゼンチン、インドネシアなどいくつかの国においてそうした激動があった。その一つひとつは、ある程度その国の状況に応じたものだが、全体的には「下向きの競争」という共通の現実を反映したものである。それぞれは、グローバルな競争の結果であるところの、労働者の労働基準の引き下げへの圧力に対応したものである。それぞれのケースにおいて、労働基準の引き下げを主張する人々は、自分たちの要求をグローバル経済のなかで勝ち残るのに必要であるとして正当化している。
　――韓国では、労働法改革と改革案を立法化する非民主的なやり方に対して、労働者がストライキを行なった。
　――フランスでは、定年権の保持と延長、民営化阻止のために、労働者がストライキを行なった。
　――ブラジルとアルゼンチンでは、同様に、民営化が鍵となる問題であった。
　――ハイチでは、IMFによって課された食料と交通費への補助金カットに反対して、1日ゼネストがあった。

それぞれのケースが当面する問題は、雇用保障、定年権、民営化、あるいは貧しきものへの社会給付であるかもしれない。だが、それぞれの国に横たわっている問題は、グローバルな競争力を増すための労働基準の引き下げである。これらの大衆ストライキは、実際は世界中の労働者のグローバルな「下向きの競争」に対する抵抗をあらわしている。

経済のグローバリゼーションに対する反対の多くは、ナショナリストや人種主義のかたちをとっている。ドイツの「スキンヘッド」、フランス国民戦線は、グローバリゼーションを批判して国内に居住する外国人を攻撃する。アメリカでは、パトリック・ブキャナンのような右派政治家がグローバリゼーションに

対する民衆の敵意につけこんでいる。いわゆる「民兵運動」(militia movement)と称するメンバーの1人が、最近、オクラホマ・シティの連邦ビル爆破罪の判決を受けたことは、グローバリゼーションがアメリカの主権にとって脅威であることを映し出している。

「下からのグローバリゼーション」はこれらナショナリストや人種差別主義の勢力にオルタナティブを提供する。「下からのグローバリゼーション」はナショナリストや人種主義者と同様に、経済のグローバリゼーションが世界中の労働者や地域社会に破壊的な影響を与えることを指摘する。しかしながら、「下からのグローバリゼーション」はその注意の矛先を互いに向ける代わりに労働者や地域社会に共通する利害に向ける。

## 7　新しいグローバルなルール

グローバルな経済統合はトランスナショナルな経済機構の発展に付随して起こっている。世界貿易機関（WTO）のような通商機構やNAFTA、アジア太平洋経済協力会議（APEC）、南米南部共同市場（MERCOSUR）、欧州連合（EU）のような地域的通商機構は、最も重要なもののひとつである。

こうした経済機構が出てくるにつれて、労働組合やその他の民衆組織は、そうした経済機構を改良しようと、あるいは阻止しようとたたかってきた。NAFTAについてのたたかいはすでに述べたとおりである。似たようなたたかいがWTOに関して世界規模で起こっているが、その先頭に立っているのは環境擁護者や小農民の組織である。

世界銀行と国際通貨基金（IMF）は50年前に確立された組織であるが、特に貧しい国々に大規模な開発プロジェクトや経済的耐乏生活を押しつけて、今日のグローバリゼーションで大きな役割をはたしてきた。それらは無視しがたい民衆の抵抗にあっている。たとえば、インド・ナルマダ渓谷やブラジルの熱帯雨林における世界銀行の破壊的な開発プロジェクトは、全世界の何百という労働・環境・その他のグループに支援された地元の人々の抵抗で中止となった。

IMFや世界銀行が課してきた緊縮政策もまた、強い抵抗にあっている。かつての共産主義諸国では、緊縮政策は「ショック療法」として知られているが、ほとんど例外なく拒否されている。第三世界では、似たような政策が「構造調整」として知られているが、多くの大衆ストライキや動乱、推進勢力の政治的敗北

を引き起こしている。WTO、世界銀行、IMFなどの国際機構はグローバルな統治システムをつくりだしているが、そのシステムは主にグローバルな企業や企業所有者の利益を重んじて、世界の人々に押しつけられている。

「下からのグローバリゼーション」と新しい労働国際主義は、それとは非常に異なった種類のグローバルな統治を示唆する。世界中の異なる場所における労働者の相互援助は、下へ向かっての競争というよりもむしろすべての人々の労働条件を改善しようとする協力的な努力に基づいたグローバル経済を予示している。企業に対する行動規範に含まれる最低基準は、下向きの競争を阻止するグローバルなルールを予示するものである。今日、グローバルな経済機構のなかに組み込まれているグローバルなルールのほとんどは企業の利益を保護しているが、それに代わって世界の人々と環境の利益に応えるべきである。NAFTA条約には労働権と環境に関する、いわゆる「付属協定」がついている。しかし、残念ながらその実効力は非常に弱く、実際に実施させるための機構（メカニズム）を規定していない。この規則のもとにもちこまれた、国際的に承認された労働権の明らかな侵害を示しているケースで、実際に調査され、労働条件がただされた例はまだひとつもない。にもかかわらず、NAFTA「付属協定」は通商条約のなかにそうした保護を盛り込ませる構想を正当化している。WTOの規則のなかに国際的な労働権を盛り込もうとする世界の労働運動の試みは、この方向へのもうひとつの試みである。

## 8　富める国と貧しい国

驚くことではないが、貧しい国の支配者たちはこの試みに反対している。反対する立場は、おそらく自国の労働者や資源を利用し、そこから利益をあげたいという望みで説明されるかもしれない。しかし、その試みはまた、第三世界の若干の民衆運動からも反対を受けている。反対するグループは、そうした手段は、実は貧しい国から富める国への輸出を阻止しようとする、かたちを変えた保護主義であると主張している。これは、労働運動をはじめその他の労働者や環境のグローバルな保護をとなえる人々が国際的な支援をとりつけたいのであれば、注意を向けるべき主張である。現在のグローバルな政策のもとでは、貧しい国々は、自国の労働者や環境を利用して富める国に製品を売る以外の方法で、自国のニーズを満たし発展することが阻止されている。

もちろん貧しい国々は、国自身が下向きの競争によって著しく傷ついているので、下向きの競争を制限しようとする試みから恩恵を受けるだろう。しかし、同時に貧しい国々が、グローバルな労働基準によって、当面生き残り発展するための唯一の方法であるところの、世界市場における製品の販売力に影響がでてくるのを恐れることには一理ある。

　労働運動が労働の国際基準を主張するなら、貧しい国に対する新しい措置も同時に主張しなければならない。このことは債務の取り消しを意味する。構造調整の失敗した諸政策をやめることを意味する。適正な発展のための諸方策を利用できるようにすることを意味する。そして、貧しい国々に対して、自国の資源を富める国に輸出するために搾取するというよりもむしろ自分たち自身の必要を満たすために使わせることを意味する。このアプローチは、最近戸塚秀夫が示唆している「社会憲章戦略」に似ている[3]。「社会憲章戦略」は、労働や環境のための国際的な権利や基準と貧しい国に課せられている諸条件の変更とを結びつけようとするものである。

## 結論

　最近あらわれている、労働のグローバルな戦略に関するいくつかの要素には、次のようなものが含まれる。
(1)　国境を越えた共通の利害の承認
(2)　上向きの平準化によって下向きの競争を逆転させるという共通の目標の受け入れ
(3)　特定企業の経営者に対するたたかいにおける相互支援
(4)　特定の企業、産業、地域にグローバルな基準を課す行動規範
(5)　そのようなグローバルな基準を国内法や国際機構に盛り込むこと
(6)　構造調整下の緊縮経済を、貧しい国々や地域社会が自国の労働者や資源を輸出志向経済を維持するのに使うよりも、むしろ自分たち自身のニーズを満たすために使うような政策に変えること

　これらの要素を制度化するには、最終的に国内法や国際機構の変化が必要だろう。しかしそうした変化を待っているのではなしに、労働組織や他の民衆運動は、すでに市民社会における自分たちのたたかいを通して、その目標に途をひらいている。

1997.5.30　第 11 回研究会「NAFTA とその後：経済のグローバル化と国際連帯 – アメリカ労働・社会労働の新たな動き―」通訳：山崎精一

---

### ❖訳注

1 ICFTU 規約によれば、「それぞれの機能を遂行していくうえで連盟と各国産業別組織（ITS）とのもっとも効果的な協力のために取り決めがなされるものとする」（第 23 条）とあり、ICFTU と協力関係にある ITS は、ICFTU 大会の討論に参加する権利は有するが、表決権は有しない（第 3 条（c））とある。
2 マキドーラは、米墨国境地帯における雇用対策として 1965 年に制定された保税加工区のことで、製品を 100％輸出する企業が政府による認定取得を条件に輸出品製造のための部品、原材料、機械設備を免税で輸出できる制度（日本貿易振興機構（ジュトロ）ウェッブサイトを参照した）。
3 Hideo Totsuka , Some Thoughts on "Asian Social Charter"--beyond a " Social Clause Strategy"

# [5] 国際連帯の展開
―NAFTA とその後―

ロビン・アレクサンダー
戸塚　秀夫／編

## はじめに

　私は、1978年に法科大学を卒業し、南テキサスの農業労働者組合で働いたが、1985年に UE（全米電機ラジオ機械工労組）に弁護士として雇われ、3年前から、UE がメキシコとの関係を重視して作った国際部長として活動している。そこでの経験・観察を話したいが、その前提として、UE とメキシコの労働界について概略を述べておく。

## 1　UE について

　UE は冷戦開始までは米国の大組合の一つであったが、冷戦下、反共キャンペーンのなかで容共組合として攻撃され、組合員が急減し、現在は4万人。AFL-CIO の外にある。全国組合ではあるが、拠点は北西部、中西部。また、歴史的には産業別組合であったが、数年前から公共部門を含むさまざまな分野の組織化を進めている。組合員の3分の1が女性で、組合活動に積極的にかかわってい

る。また移住労働者は強制送還すべきだという立場にたたず、彼等も労働者としての権利をもつと主張している。その組織化のために組合は多言語を使う負担を負うが、彼等は自国での戦闘的な運動経験をもちこんで組合に重要な貢献をしている。

## 2 メキシコの政党、労働運動

主要政党は三つ。制度革命党（PRI）が70年間も支配政党である。野党が合法化されたのは1970年代末。大統領選挙で候補者が争ったのは過去10年のこと。主要な野党は民主革命党（PRD）で、進歩派の連合体。8年前の大統領選挙ではPRDのカルデナスが勝ったと皆思ったが、開票結果では敗北。前回の選挙ではカルデナスは善戦できなかった。それは、PRDが内部団結できなかったこと、政府＝PRI側の買収などの用意周到さ、中小企業を基盤とする保守党である国民行動党（PAN）が第3党として形成されたこと、などにある。

組合は中央に労働評議会（Congress of Labor）があり、そこにメキシコ労働組合連盟(CTM)、労働者・農民の革命的連合(CROC)などのナショナル・センター、および公認の全国組合が加盟。メキシコは協調組合主義国家（corporative state）であり、PRIを軸に政府、公認組合、財界が一体となって支配する体制が続いてきた。組合が政府を支持し、組合のリーダーが政府機関内のポストを与えられてきた。この体制下、独立組合を作るためには、会社、政府、公認組合の権力と闘わねばならない。独立組合の運動史は、それをめざした多くのグループがつぶされた歴史である。

真正労働者戦線（FAT）が独立組合の中心。FATは1960年に結成され、半分位の州に組織がある。繊維、衣服、靴、自動車関連、建設、農業関係を組織。大部分は中小企業の労働者。いわゆる本工（レギュラー）労働者はごく一部。政治的な弾圧下でFATの影響力が増しているのは驚くべきこと。FATには4部門がある。最も大きいのは労働組合部門。他に協同組合部門、農業労働者部門、コミュニティ部門がある。

FATの他にも独立組合がある。最近注目されたのはメキシコ市のバス労働者を組織した「ルート100」。9カ月前に市当局はバス会社が倒産した、と1万2000名の労働者を解雇した。メキシコ労働法では一定の退職手当をとれるが、とった場合には復職の権利を失う。このケースでは多くの労働者は退職手当を

受け取らず、デモ、集会などで市当局をおいつめた。最新の情報によると、バス会社のいくつかの支局を組合が運営する、辞める者の退職手当に上乗せする、という条件で解決した。完全な勝利とはいえないが、リーダーの逮捕、政治的な圧力などを考えると画期的な成功である。

また、公認組合と FAT との中間に財サービス組合連合（FESEBES）という組織がある。公認組合にかわるものとして作られた。その電気関係の組合には民主的伝統があるが、争議の「マイナス解決」に一役かって組合として認められたというケース（フォルクス・ヴァーゲンのストライキ）もある。この FESEBES は、NAFTA 支持の立場をとった。

公認組合と独立組合との対抗は続いているが、最近の経済危機のなかで公認組合内部にも軋轢が生じている。「フォーラム・グループ」が形成され、それは社会保障の改悪に反対している。また「ルート 100」の運動を支持している組合もある。メキシコでは、メーデーは公認組合が政府に忠誠を誓うデモンストレーションであったが、CTM は、労働者の不満が強まっているため、昨 95 年からメーデー行進をとりやめた。そして、独立組合がはじめてメーデーの集会をした。「フォーラム・グループ」も独自のメーデーを敢行する予定。やっとメーデーが労働者の祭典になる。FESEBES も独立メーデーに参加しかかっているが、労働評議会は、参加すれば除名、という圧力をかけている。

## 3　NAFTA と国際連帯

NAFTA は象徴的なもの。NAFTA 以前からメキシコの米国への経済的統合は進んでいた。メキシコ労働者の 60％は中小企業で働いているが、外国資本の進出によって窮地においこまれてきた。チアパスの反乱[1]が NAFTA の施行時点におこったのは偶然ではない。1994 年 12 月以降、ペソの 40％切り下げで事態は更に悪化。1995 年に 150 万人の失業者がでた。物価騰貴に賃金上昇は遥かにおくれ、購買力は著しく低下している。ユニセフによれば児童の 3 割が栄養失調である。

米国との国境地帯に多くの工場が立地し、人口が増加しているが、社会的基盤施設が欠けているため、上下水道もないスラム地帯が現出し、さまざまな伝染病が広がっている。米国の工科大学の調査ではマキラドーラ地帯の工場の 6 割は、工場の廃棄物の行方を知らない。有害廃棄物によるものとされる無脳児な

どの障害者も生まれている。

　他面、NAFTA に象徴される経済統合にともなって、3 カ国の労働者が相互に知り合う可能性が生まれている。草の根レベルでは、レイバー・ノーツ、テネシーの TIRN、South West Network その他が動いており、環境問題にかかわっているものが多い。

　公認組合のレベルではやや複雑。AFL-CIO は歴史的に CTM と結び付いていたが、CTM が NAFTA 支持であったので、他のどの組織とつきあうべきかを模索。まず、CTM と同時に他の組合ともつきあい始め、最近では、CTM と対立している組織を支持する方向へ。たとえば最近の AFL-CIO 大会では、「ルート 100」のバス労働者のストライキを支持する決議が採択された。AFL-CIO 加盟組合のなかでも、チームスターズ、CWA、繊維関係労組の全米合同被服繊維労働者組合(ACTWU)、全米縫製繊維産業労働組合(UNITE) などは国際連帯に積極的。

## 4　UE の国際連帯活動

　メキシコ労働者との国際連帯活動では、UE が最も進んでいる。最初、NAFTA 反対運動の過程で FAT と出会った。FAT がマキラドーラでの組織化に熱心であることに注目し、UE としては直接メキシコ労働者の組織はしないが、メキシコの組合の組織化活動を支持する、という方針をかためた。とくにメキシコで操業するアメリカ企業の労働者の組織化について、FAT との間で戦略的同盟を結び、地域ごとに戦略的目標を定め、FAT は現地での組織化を担当し、UE は米国内でその支援活動をする、という分業関係を確立した。米国内で UE が組織している会社のメキシコ工場の組織化を目標とし、そのために私が国際部長として専念することになった。

　以下、自分の行なってきた仕事を述べる。まず、経済のグローバル化についての教育的集会を組織化し、それをひろげていった。はじめ組織化の目標としたのは、ハネウェルと GE のメキシコ工場。現地での組織化キャンペーンに対して、会社側が指導部を解雇したので、これを NAFTA の労働付属協定によって提訴した。提訴に際して、付属協定に幻想をもっていたわけではない。アメリカの組合では、救済規定のないこの付属協定を支持するものはいなかった。ただ、国別管理局（NAO）に提訴すれば社会的な関心をひくと考えて提訴したのだが、受けつけさせるまで、また公聴会を開かせるまでが厄介であった。開催場所が

ワシントンになり、遠路メキシコから送った代表たちの発言時間も制限され、しかも逐語通訳しか認められなかった。テレビを中に入れない非公開の公聴会。メキシコの組合側証人は宣誓して労働者の権利剥奪の事実を述べたが、会社側は宣誓せずに、労働者側の陳述は事実でないという声明を弁護士が読み上げただけ。最終的に、メキシコの労働法に問題があるから労働省間で協議せよ、という勧告が出されただけ。メキシコでは州労働委員会にかかったが、州労働局は、FAT は産業別組合であり、また GE は大会社で撤退されると影響が大、という理由をあげて労働者の権利救済にのりださなかった。ただ、メキシコではじめて、組合代表権の秘密投票を指示した。が、結果は、会社側の反組合キャンペーンで組合側は敗北した。

以上の経験を総括するなかで、UE の国際連帯活動は次の第二段階に進んでいる。組織化をメキシコ全土で進めること、労働者センターをつくること、に焦点をすえて、UE 内外の教育活動、資金集めに力を注いでいる。また、シカゴとメキシコ市の壁画家が移住労働者をとりあげて、その壁画をポスターにすることを企画。さらに、緊急事態の折に通信し、資金集めに協力してもらえる活動家のリストを作り、そこに最新情報を送る体制をつくった。UE の E メール、ホーム・ページには、メキシコ市に住んでいる労働運動活動家、ダン・ラ・ボッツからの情報が収められている。

## 5　討論での補足

・チームスターズはトラック運送業の規制緩和反対のキャンペーンをしたとき、メキシコのトラックは安全面で、また運転手の訓練面で問題がある、という発言をしたために、人種差別ではないかと反発を招いたことがある。歴史も文化も違う国の労働者の国際連帯を進めるためには対話が必要である。
・米国でも建築関係、農業労働者関係では、移住民に敵対的な組合があるが、過去 10 年間に、アメリカ組合運動は在留資格のない労働者も組織せよ、という方向に進んできた。入国管理を厳しくしても経済的必要から移住してくる労働者がいる。彼等は最も弱い立場にあり、ひどい状態で働いている。UE としては、UE の支部がある工場に移住民が入ってきたときは組織化する、という方針。数カ国の労働者が同じ工場で働いている場合もあり、組合としては国別野球チームの親善試合、民族色の豊かな食事会などを組織している。また、

メキシコ人が多いところにはFATからオルグを派遣してもらう。
・UEは組合の内部運営の民主化に配慮。毎年大会を開き、役員を選挙。最近では、死刑廃止か存続かをめぐって、大会で白熱的議論が行なわれている。
・組合員のなかにはUEのメキシコ労働者との連帯活動に誇りをもっている者が多く、月2ドルのチェック・オフをして連帯活動資金をだしているローカルもある。
・メキシコでは労働付属協定についての議論はほとんどされなかった。NAFTAでメキシコも先進国並みになる、という政治宣伝が強く、NAFTA反対をいうのは政治的自殺行為にひとしい、とされていた。
・労働付属協定を改善すればうまく機能する、という見通しは持っていない。ただ、同協定を利用しての提訴が組織化に役立つ、という面があることを意識している。

1996.4.20　臨時研究会「NAFTAとその後—アメリカの労働・社会運動の立場から—」
通訳：山崎精一

---

### ❖訳注

1　チアパスの反乱とは、1994年正月にメキシコ南部で組織された原住民の反乱のこと。「ザパチスタ民族解放軍」が貧困の地方都市を占拠して、自治的な解放区をひろげようとした。旧社会主義圏の崩壊直後に発生したこの事件は国際的にも注目された。2004年正月には反乱10周年記念の行事が行なわれている。

## [6] 経済のグローバル化に対する民衆側の運動戦略論
―北米からの示唆―

戸塚　秀夫

## はじめに

昨年（1997年）11月、カナダのバンクーバーでAPEC首脳会議が開かれたとき、それに対抗するかたちで「民衆のサミット」と称する一連の行事が開催された。参加者の大多数は北米の人々で、当然カナダの人々が多かったが、アジア地域からも、かなりの人々がパネリストとして、あるいは一般参加者として会合に加わった。私は日本の友人たちとその行事の一部に参加したが、その前に、ニューヨーク、ワシントン、デトロイトに立ち寄って、組合や労働NGOの関係者たちと親しく交流する機会に恵まれた。経済のグローバル化に対して民衆側はどのような戦略を構想し、実践しているか。それがここ数年の私の関心事であるが、以下、その点に関する最近の北米の動向について若干の感想を書き留めておく。

## 1　このテーマへの関心のひろがり

私は、「民衆のサミット」行事として組織された「労働者の権利と民主的発展」

と題するフォーラムのなかの、「国際通商協定と労働者の権利」についての分科会に参加した。かねて、国際自由労連が提唱している「社会条項戦略」をめぐる国際的論議に注目してきたので、その現状をたしかめておきたい、という気持ちからである。

　が、そこでの議論に立ち入る前にふれておくべきことがある。それは、同時に開かれた他の五つの分科会もすべて、経済のグローバル化に民衆はいかに対処すべきか、という観点でデザインされていたということである。たとえば、「多国籍企業に責任をとらせる」という分科会では、国境を越えて操業する企業に対する有効なキャンペーン方法として、いわゆる行動規範、独立の監視機構、ラベル貼りその他の戦術について検討し、企業が労働者の権利を尊重せざるをえないようにするために、労働者と消費者の協同を改善していこう、と呼びかけていた。

　また、「インフォーマル経済における組織化の経験」という分科会では、大企業の下請けの末端に位置する家内・零細劣悪職場の労働者たちの組織化、とりわけそこで圧倒的多数を占める女性たちの組織化の経験交流を目標にして、タイやインドから助言者を招いていた。そこには、経済のグローバル化にともなって消滅しないばかりか、むしろ重要性を増しているこの分野での問題に対して、組合や国際労働機関（ILO）のこれまでの取り組みは貧弱であった、という認識があるように思われた。

　「移住労働者」に関する分科会が、国境を越えて動く労働者の人権問題を中心に据えていたことはいうまでもないが、国際労働力移動が労働者の輸出国、輸入国のそれぞれにいかなる意味をもつか、その政治経済学的な検討を行なおう、という意欲が記されていた。

　これらの分科会の討論をじかに聴くことはできなかったが、経済のグローバル化にともなうさまざまな問題について、民衆側の多様な取り組みがひろがっていることは明らかであろう。それぞれの分科会への参加者は、北と南の組合やNGOの関係者、研究者、政治家、宗教者など、まさに多彩であった。

## 2　アメリカの民衆の危惧

　私たちがニューヨーク空港に着いた11月10日は、ちょうど南米諸国との自由貿易協定の交渉について、議会での通常の審議手続きを省いて最終的に協定の

諾否を求めるだけの、「ファースト・トラック」（迅速手続き）権限を手にしようとしたクリントン大統領の企図が挫折した直後のことであった。ワシントンのAFL-CIO本部で渡された「ストップ・ファースト・トラック」と題された書類袋には、労働界として国会議員たちに反対を呼びかける、次のような論点が盛り込まれていた。

　「ファースト・トラック」では、労働者や消費者が仕事口（ジョブ）、賃金、安全などの保護のために必要なルールや基準を協定に盛り込んでいくことができない。1993年に、メキシコ、カナダ、アメリカのNAFTAは「ファースト・トラック」で交渉されたが、その結果は、労働者の権利についても、環境保護についても、監督実施効力の弱い「付属協定」が結ばれるにとどまった。事実、NAFTA発効後、生産地がメキシコへ移転することによって、アメリカの42万の仕事口が失われた。新しい職を見つけた労働者は、平均4400ドルの年収入のカットを余儀なくされている。工場閉鎖の脅しを武器に賃金を切り下げたり、組合の組織化に工場閉鎖で対抗する経営者が急増している。米国とメキシコの国境地帯の大気・水の汚染は顕著に悪化している、等々。

　AFL-CIOの委託した民間調査機関は、97年7月中旬、NAFTAについての世論調査を行なった。その結果によれば、NAFTAによってアメリカの仕事口が悪化したと回答した者が一般国民で6割近く、組合員で8割近くにおよび、アメリカの賃金が悪化したと回答した者が一般国民で5割以上、組合員で6割半という状況であり、輸入食品の安全性が低下したと危惧する者も一般国民で5割近く、組合員で6割近く、という有様であった。したがって、「今年、NAFTAをラテン・アメリカ諸国に拡大すべきか否か」「自由貿易協定交渉のために大統領にファースト・トラックの権限を与えて良いか否か」といった質問に対しては、それぞれ7割前後の人々が「否」と回答している。アメリカの産業や仕事口を保護するためには外国からの輸入を制限すべきだと回答した人は、一般国民で7割近く、組合員で8割という有様である。

　AFL-CIOのファースト・トラック反対のキャンペーン文書は、すでに進展している経済のグローバル化のなかで、財産権、経営権の保護を追求している財界に対して、労働者の中核的権利と環境基準の遵守をせまるところに労働界の主目標がある、と主張している。つまり、経済のグローバル化自体への賛否が問われているのではなく、すでにグローバル化している経済にいかなるルール、いかなる基準を守らせるか、が問われているというのである。では、どのよう

な運動戦略が構想されているのか。

## 3 社会条項戦略をめぐって

私が参加した「国際通商協定と労働者の権利」についての分科会では、世界貿易機関（WTO）の場を使って社会条項を推進しようとしてきた、国際自由労連の「社会条項戦略」についての議論が中心であった。その議論の中身は、私がかつて整理した賛否両論とほぼ同じであり、ここであえて繰り返す必要はない[1]。ただ、次の諸点が印象にのこった。

その一つは、今回の会議では国際自由労連（ICFTU）の役員が招かれて発言していただけでなく、AFL-CIO の国際局、連合の国際局の役員も出席していたということである。1995 年 11 月、大阪で APEC 首脳会議が開かれたとき、労働 NGO の国際会議が京都で開かれたのであるが、そこには AFL-CIO の役員も、連合の役員も出席していなかった。おそらく、今回の行事の組織にかかわっていたカナダのナショナル・センター（CLC）の配慮が生かされたのであろう。発言はなかったものの連合がこの種の会議に参加していたことは、特筆しておきたいと思う。

そうした動きの背景として、国際自由労連アジア太平洋労働ネットワーク(ICFTU-APLN）での交流があったことを、私は知らされた。それは、1995 年の APEC 首脳会議の際に、開催国日本の村山首相と各国の ICFTU 加盟ナショナル・センター代表との会合が実現する過程で形成されたもので、以降、APEC 首脳会議への ICFTU 傘下労働界のロビーイングを行なってきた、という。その要点は、APEC 域内および各国内での不平等の是正、経済成長の利益の幅広い配分、雇用の創造などに取り組むことが必要であり、そのためには団結権、団体交渉権が不可欠である、という主張である。

今回の会合の直前、1997 年 10 月にオタワで開かれた ICFTU-APLN では、「APEC の社会的側面の樹立」と題する提案文書を作っているが、そこでは、APEC の委員会、作業部会、閣僚会議などへの ICFTU-APLN からの専門家の参加、労働組合や市民団体の代表の意見の反映など、APEC プロセスへの参加要求が述べられ、それとならんで APEC 人的資源開発プロジェクトにおいて ILO の中核的労働基準の問題をとりあげること、などが要求されている。こうした主張を行なっている ICFTU 傘下のナショナル・センターが「民衆のサミット」に参

加していることは、この「民衆のサミット」の基調が「APEC 拒否」ではなかったことを象徴している。事実、私はじかに見ることはできなかったが、「APEC 拒否」を基調とする別の集会、示威行動も行なわれていたようである。

いま一つは、カナダのナショナル・センターの役員が「社会条項戦略」を提唱したのに対して、もちろんそれに賛成の意見もなかったわけではないが、「社会条項戦略」反対の意見があいついだ、ということである。そのなかでとりわけ印象的であったのは、発展途上国で数々の人権侵害を行なってきたアメリカに「社会条項」を語る資格があるか、と熱弁をふるったカナダのある支部組合員の発言である。彼はまた、イラクへの経済制裁で多数の子供が死に追いやられたことを述べて、経済制裁を武器とする「社会条項戦略」の危険性を強調した。経済制裁が南アの人種隔離政策の廃止に役立ったのではないか、という意見に関しては、あの場合には南ア国内の民主勢力が南アへの経済制裁を求めていた、という事情があった、対象国の民衆側からの求めがない限り、経済制裁は行なうべきではないのだ、と論じていた。

この分科会の座長は、社会条項問題は通商のあり方を改革していくという広い視野でとりあげよう、WTO の改革なしに解決できないという考えで一致できないか、と集約しようとしたのであるが、それに対しても、ニュージーランドの左派ナショナル・センターの役員をはじめ、2、3の強い反対の声があがった。「民衆のサミット」行事の一環として開かれた「APEC に対抗する第 2 回国際婦人会議」の「グローバル化分科会」では、社会条項戦略について否定的な総括が行なわれていることも付記しておく。

### 4 「行動規範」戦略の「先進事例」

ところで、「社会条項戦略」が、国際通商機関のルールのなかに社会条項を組み込んで、いわば上からの圧力で労働者の権利を守っていこうという発想に導かれているのに対して、多国籍企業が守るべき行動規範をいわば下からの民衆の圧力で実現していこう、といういま一つの運動戦略が注目されている。

もちろん、企業の「行動規範」といわれるものが、すべて民衆の運動戦略としてだされているわけではない。企業の PR にすぎない「企業憲章」の類を想い起こせば充分であろう。企業の行動に対する民衆の下からの批判をかわすために粉飾された「行動規範」もあるに違いない。それとは別の民衆の側の行動規範

戦略は、どの程度の内実をそなえているのか。今回の北米旅行で、ニューヨークに立ち寄り、衣服（アパレル）産業における「ノー・スウェットショップ」（劣悪作業所をなくせ——「スウェットショップ」とは低賃金・長時間労働の劣悪職場のこと）のキャンペーンの実態にふれたい、と考えたのはそのためである。昨年来日したジェレミー・ブレッカーが、そのキャンペーンを先進的なケースとして紹介したのに刺激されてのことである[2]。もちろん、予備調査の域をでないのであるが、次の諸事実をつかむことができた。

まず、このキャンペーンの口火を切ったのは、国際的な視野をもつ労働 NGO であった、ということである。1983 年に形成された全国労働委員会(ナショナル・レイバー・コミッティ) という NGO のイニシアティブが大きい。同委員会は、当初、AFL-CIO 加盟 25 組合の連合として形成され、米国政府の対中南米干渉政策への反対キャンペーンに力点をおいていたが、その後、NAFTA 反対運動などをとおして、アメリカの多国籍企業の海外事業での労働者の処遇に関心をひろげ、いまは他の NGO、宗教団体、学生や教師などの参加を得て、人権、労働者の権利問題にフォーカスをしぼっている。私たちが訪れたときは、ちょうどアメリカ大企業のニカラグアでの下請現場における人権侵害を告発する調査結果を公表していた。「ノー・スウェットショップ」の一連の運動は、同じような観点で衣服産業におけるブランド・メーカーの中南米での労働者酷使を告発するキャンペーンとして始まり、いまでは、アメリカ国内外の「スウェットショップ」の根絶を UNITE とともに取り組んでいる。

この「ノー・スウェットショップ」のキャンペーンでは、「搾取的、非人間的」な職場での生産をやめさせ、「まともな人間的労働条件」を実現していくために、企業が「職場の行動規範」を採択することを要求している。その行動規範には、監獄労働、債務労働、年季労働その他の強制労働を使わないこと、15 歳未満または義務教育修了以前の児童を雇わないこと、従業員に対する肉体的、性的、心理的などの嫌がらせを行なわないこと、職場環境の安全・衛生を確保すること、従業員の団結権・団体交渉権を尊重すること、少なくともその国の法律が定める最低賃金または産業の普通の賃金のうちの、高い方の額を支払うこと、異例の業態の場合を除き、週 48 時間と残業 12 時間またはその国の法律が許容する正規の労働時間と残業時間の、そのいずれか少ない労働時間以上の労働をさせないこと、残業時間にはその国の法律の定める割増賃金を支払うこと、そのよ

な法律が存在しない国の場合には少なくとも正規の時間賃金を支払うこと、などが明記されている。かの「社会条項戦略」がとりあげてきた事項よりも広い範囲の事項が盛り込まれている。

さらに注目すべきことは、「職場の行動規範」を採択する企業は、請負業者や供給業者にもその行動規範の遵守を求める、と規定しているだけでなく、行動規範の実施を確実にするために、地元の人権団体、労働団体、宗教団体その他の社会制度による外部からの監視を受け入れなければならない、と規定し、その仕組みを詳細にとりきめている、ということである。衣服産業におけるブランド・メーカーにこのような行動規範を採択させた場合には、その傘下の下請業者や供給業者の職場にも民衆による社会的な規制が及んでいく、ということになっている。企業が社会的にクリーンなイメージを得たいのであれば、市場に出す商品のどこにも「スウェットショップ」の染みがついていてはいけない。その点に狙いを定めた消費者への宣伝、人々の良心に訴えるデモが組織されている。

最後に、衣服産業における「ノー・スウェットショップ」のキャンペーンが、アメリカの連邦政府をもまきこんで進展している、ということを指摘しておくべきであろう。「職場の行動規範」の採択をキャンペーンしたのは、労働 NGO、労働組合、宗教団体、開明的な経営者だけではない。そこには、連邦政府の労働関係プロジェクト・チームも関与していた。1997 年 4 月、「職場の行動規範」の公表が、クリントン大統領の激励スピーチを受けながら、大統領官邸で行なわれた、ということは象徴的である。前労働長官ロバート・ライシュの執務日記には、1995 年秋にカルフォルニアでスウェットショップが発見された時のライシュの驚き、そこから製品を調達している企業名の公表、企業イメージを傷つけられたと抗議するブランド・メーカーへの断固たる対応、「ノー・スエット」「ノー・スエット」と叫びながらの街頭デモへの参加、そこでの熱情的な演説などが生々しく記されている。

## 5 「行動規範」戦略をめぐって

衣服産業における「ノー・スウェットショップ」キャンペーンの到達点が、行動規範運動に一つのモデルを提供していることは、すでに明らかであろう。それは、未組織の下請、零細職場に対しても、労働組合が人権団体、消費者団体

などとの連係を深めることによって、政府をもまきこんだ改革の運動をひろげることができる、ということを示唆している。経済のグローバル化にともなって米国内にも再生した「スウェットショップ」をなくしていくうえで、この「行動規範」戦略はかなり有効であるに違いない。

　だが、そこにつきまとう限界、それに関する議論にふれないで小稿を閉じるのは不適切であろう。脚光を浴びた「行動規範」が期待外れのものに終わった、というリポートを手にすることもある。評価は慎重でなければならない。

　その点で、過去数年来、NGO関係者の関心を集めてきた靴メーカー、ナイキの「行動規範」をめぐる最近の論議は参考になる。ナイキは「行動規範」についての「独立の監視（モニタリング）」を導入した点で、従来の企業内の監査とは異なる新風を入れたものとして注目された。ナイキは米国の前国連大使アンドリュー・ヤングを雇い、インドネシア、ヴェトナム、中国にあるナイキへの供給業者についての「独立の監視」を行なわせた。昨97年7月に発表されたヤングのリポートは、ナイキの製品を生産している同地域の12工場は、清潔で、適切に組織され、喚気も照明も良好で、労働者の酷使などは認められなかったが、なお改善の余地がある、と指摘した。たとえば、労働者の苦情処理の機構、外部からの監視方式など、新たに導入すべき事項をあげている。

　香港のキリスト教系NGOはヤング・リポートについて一定の評価をしながらも、かなり厳しい批判を行なっている。火災避難施設、防火設備、化学物質の使用などについてまったく言及されておらず、12工場から他工場への再下請関係にまったく注意が払われていないこと、同一建物内に職場、宿舎、倉庫がある「スリー・イン・ワン・ビルディング」の問題が無視されていること、等々。だいたい、経営側がつけた通訳のまえで、労働者がはたして安心して真実を語ることができるか。外国人であるヤングが、わずか1、2時間の間に労働者の信頼をかちえるなどと想像してよいか。多層に及ぶ再下請システムについて、とりわけ中国本土での郷鎮企業[3]への再下請の実態について、たとえ困難でも追跡していく観点をもたない限り、監視機構は無効になる。香港のNGOはそのように問題を提起している。先にふれた衣服産業での「行動規範」キャンペーンでは、そうした批判が意識され、かなり具体的に生かされているように思う。しかし、真に実効のあるものにするためには何がさらに必要か。活動家たちの議論から学んでいく必要があろう。

　それとは別に、衣服産業の「ノー・スウェットショップ」キャンペーンの担

い手の一つであった労働組合、UNITE 自体の性格、その活動についても、さらに立ち入って吟味する必要がありそうである。電話でしか接触することはできなかったが、チャイナ・タウンについての実践的な研究者、ピーター・クオンは、「ノー・スウェットショップ」キャンペーンの成果を過大評価しないように、と注意してくれた[4]。彼によれば、1990 年代の初めにジーンズで著名なリーヴァイス社の下請作業をしていた西海岸の職場で、苛酷な労働条件に抗議する未組織労働者たちの反乱があり、それへの対応として衣服産業の「パートナーシップ・プログラム」がはじまり、そのなかで「行動規範」がだされたのだ、という。UNITE がその動きを推進してきたことは事実であるが、では、UNITE やその前身の全米婦人服労働者組合 (ILGWU) が「スウェットショップ」で働く労働者たちの条件改善にどの程度貢献してきたか。それを批判的に吟味してほしい、というのである。ピーター・クオンによれば、ニューヨークのチャイナタウンの衣服工場の大部分は、1970 年代の半ばに ILGWU によって組織されたが、その組織化の手法は、主にトップダウン方式によるものであった。中国人請負業者に対して、組合の組織化を承認するならば衣類製造大企業からの安定した注文を保障するから、と説得して、従業員を組合に入れていく。そうしたやり方での組織化が一般的であった、というのである。

そこで当然、一般組合員の組合意識は貧弱であり、組合の職場組織も存在しないのが普通であるような状態が続くことになる。組合の専従役員が職場を巡回して、一般組合員の苦情をとりあげることも稀である、ということになる。その結果、組合が組織化した請負業者の職場の労働条件が、地域の衣服業界の経営者団体との間で組合が結んだ労働協約の条件を下回ることにもなる。ピーター・クオンは次のようにコメントしている。

「これは全く皮肉な話である。UNITE の委員長は第三世界の工場に『人間的な』労働基準をおしつけたいと夢中なのだが、アメリカ国内の彼自身の組合員のことは放置されている。1997 年、UNITE のローカル 23 〜 25 が中国人下請業者たちと向こう 3 年間の労働協約の交渉をしているとき、業者たちに圧力をかけようとして、組合は仕事の上での一番の不満は何かと組合員にたずねた調査結果を示した。それによると、最大の不満は、日曜出勤や残業手当なしの極端な長時間労働であった。……アメリカの雇用主は、ジェイ・マツール (UNITE 委員長) の率いる UNITE との協約下にありながら、第三世界の工場への人間的な諸条件の導入を意図するタスクフォースの規範 (「職場の行動規範」) を破っている。ニ

ューヨーク市のど真ん中で」

　衣服産業の「ノー・スウェットショップ」キャンペーンをさらに推進していくためには、そこに登場する労働組合自体の改革が必要になる、ということなのであろうか。このキャンペーンが NGO との提携なしに不可能であったことは明らかであるが、それが真に威力を発揮するためには、労働組合の労働組合ならではの活動が求められるように思われる。

## おわりに

　以上、経済のグローバル化に対する民衆側の運動戦略について、最近の北米での動向にふれてきた。私としては、今後もこれらの論議の展開を追いかけていきたい、と考えている。だが、最後に一言、多国籍企業の主導する経済のグローバル化の流れに対して、当面は小川のせせらぎの域を出ていないようだが、民衆のイニシアティブを生かした通商ネットワーク形成の動きが始まっていることにふれておく。本稿でとりあげた議論と同時に、その分野での新しい議論から学ぶことが必要であろう。

1998 年 5 月 1 日執筆
1998.3.28　第 19 回研究会「カナダ・国際民衆会議報告」での講演をまとめたもの

---

### ❖注

1　拙稿「『社会条項戦略』についての覚え書き」粕谷信次編『東アジア工業化ダイナミズム——21 世紀への挑戦』（法政大学出版局、1997 年）。
2　ジェレミー・ブレッカー（荒谷幸江・訳）『グローバリゼーションと国際連帯』Bulletin, Center for Transnational Labour Studies, No.3 Dec. 1997. 本書 [4]
3　中国の郷（村）と鎮（町）における中小企業。
4　私は、クオン本人から彼の著作がすでに日本で翻訳出版されていることを知らされた。ピーター・クオン著、芳賀健一・矢野裕子訳『チャイナタウン・イン・ニューヨーク』（筑摩書房、1990）がそれである。チャイナ・タウンでのコミュニティ民主化運動にかかわりながら、チャイナ・タウン内部の支配構造を描きあげたこの作品は、クオンという人物が非凡な実践的研究者であることを教えてくれる。

# 第3部 改革派の運動

## [7] UPS争議と国際戦略
―非正規雇用労働者の組織化を巡って―

アンディ・バンクス
山崎　精一／訳編

　今日、お話しようと思っているのは、アメリカの労働組合が企業に対してどのような運動を展開しているのかについてです。具体的な例としては、1997年にチームスターズ労組がUPS（United Parcel Service）に対して行なった争議を取り上げてご説明したいと思います。UPS争議は、単に18万5000人の労働者が闘っただけでなく、もっと大きな意味を持っています。この争議は1年前からもチームスターズ労組によって周到に準備されました。企業をどうやっつけるか。それが、専門の人たちが立てた対企業戦略（コーポレート・キャンペーン）の計画に基づいて実行されました。この争議は、UPSに働く労働者の労働条件を根本的に変えることを目指した闘いでした。

### 勝利の三つの鍵

　UPS争議を勝利に導いた三つの鍵について、お話したいと思います。第一は、「組合員の参加」を実現すること。勝利を勝ち取るための最も重要な要素だと考えています。そのためには二つの方向からのコミュニケーションを考えました。

まず、指導部が18万5000人の組合員と毎日、あるいは1週間に1回、必ず情報交換することで組合員が何を求めているか、何が一番問題で、何を組合が取り上げるべきと思っているかを汲み取ることです。そういう形で指導部からも情報は伝わるし、労働者の方からも指導部に対して発言するという、双方からのコミュニケーションを図ることで組合員の参加を勝ち取ることです。
　二番目の要素としては、ストライキに対して広い支持を得ることで、この戦略がその後、大きな勝利を導き出したわけです。このUPS争議に対しては、従来のアメリカ労働運動でのストライキの歴史に見られなかったような、非常に大きな国民的支持を得ることが出来ました。その方法は、ストライキを狭い労働者の利益のための闘いではなくて、もっと広い社会正義を目指す運動として闘うということです。その準備としてチームスターズ労組は争議の1年前からマスコミ、さまざまな地域の団体、他の労働組合に対して周到な広報活動、あるいはキャンペーンを繰り広げていたわけです。
　三番目に、そのためには企業側の戦略を正しく把握するということです。UPSの具体的な活動、その戦略的方向がどちらに向かっているかを分析することであり、ある意味では、当該のUPS企業よりも我々の方がそれについて詳しいところまで到達しました。

## 組合への不満

　ここでUPS争議が抱えた内部の問題についてお話したいと思います。もちろんUPS争議の大きな課題はパート労働問題でした。しかしUPSに働く労働者が抱えているもっと大きな問題は、18万5000人の労働者がその労働組合・チームスターズ労組に不満を持っていたという点です。
　それではなぜ労働者はチームスターズ労組に不満を持っていたのか。その理由を知るためには、1981年にまで遡らなければなりません。その当時、UPSに働く労働者の3分の1がパート労働者でした。そのときにUPSの会社とチームスターズ労組委員長のジャッキー・プレサーがレストランで会合を持ち、協約を結びました。その内容は、「UPSはパート労働者を無制限に雇うことができる、しかしその代わりとして、パート労働者の時給を8ドルにする」というものでした。これはフルタイムの労働者の時給と全く同じで、しかもパートタイマーとしては非常にいい時給だが、それを含む協約が労務担当とチームスターズ

労組委員長との間で結ばれたわけです。

　この協約が結ばれた結果、15年後の1996年にはUPSで働く労働者の3分の2がパートタイム労働者になりました。ところが15年間でパートタイム労働者の時給は1銭も上がらずに8ドルのままでしたが、フルタイム労働者の方は16、17、18ドルに上がっていたわけです。

　もう一方では非常にひどい労働条件がまかり通っていて、特に集配センターでは腰痛が発生する非常にきつい労働であるにもかかわらず、パートタイム労働者はフルタイム労働者の半分以下という低賃金の下で働かされていました。その結果、辞めていく人が100％、つまり流動率100％に達していました。例えばシカゴの集配センターでは5000人のパートタイマーがいましたが1年で全部辞めてしまって、1年の間に1万人を再雇用しなければならない状態になりました。

　アメリカでは仕事に就かない限り健康保険がありません。しかもその上で労働協約を勝ち取らなければ健康保険は取得できません。UPSに働くパート労働者には健康保険は適用されず、当然家族にも適用されない中で、フルタイムの労働者だけに健康保険があるという状態でした。パートタイム労働者は集配センターでも小包の仕分け等をやっており、13年ぐらい働き続ければフルタイムのトラック運転手になることも可能でしたが、パート労働は非常にきついためにそれだけの勤続期間、働き続けることは不可能でした。

　UPSではこれまで、全国的なストライキが行なわれたことはありません。むしろパートタイム労働者にとっては、こんなひどい労働状態を生み出したのは1981年の協約であり、それはチームスターズ労組によって仕掛けられたと見ていました。このひどい状況の責任は企業であるUPSよりも、むしろチームスターズ労組の方にあると考えて労働組合を嫌っていた状況でした。

　これでUPS争議の背景がお分かりいただけたと思いますが、こういうひどい状況の中から、それをひっくり返してアメリカ労働運動史上最大と言えるような勝利を勝ち取っていったわけです。それを説明するために、アメリカの労働組合が企業を攻めるときにどういう手順を踏んでいくのか、UPSの争議に即して、一つ一つの成果を順を追って具体的に説明したいと思います。

　UPSに対して運動を組織すると言っても、非常に大変なことです。なぜならUPSはアメリカ全州、50州にまたがっていて、時間帯（時差）が6つあり、そして全ての地域で営業をしています。アメリカの小包貨物の85％のシェアを持っており、さらに郵便もやっている巨大企業です。

## 組合員とのコミュニケーション

　そこで最初に労働組合がやるべきことは、労働者間のコミュニケーション・システムをつくり上げることです。それは18万5000人の組合員一人ひとりに対してチームスターズ労組本部がメッセージを送ることができ、しかも全員から指導部に対して答えが返ってくる通信の仕組みをつくることを意味します。
　1996年4月にチームスターズ労組はUPSに働く労働組合員の中から5000人の職場委員に対して、次の協約交渉に向けて団体交渉で取り上げるべき課題は何か、のアンケート調査を行ないました。それを集めた後で、同年7月に全ての職場委員に対して運動の討議資料を配り、その中で労働者5～10人につき1人の活動家を特定して、名前を挙げるように指示を出しました。例えば50人の職場ならば5人の活動家の名前を挙げて、その5人が残りの45人に対して組合のメッセージを伝える通信員になるという仕組みです。
　このような通信員のネットワークが一夜にして出来たわけではなく、最終的に1年かかって全組合員に必ずメッセージが届くシステムをつくったわけです。

## アンケート調査

　そして次のステップの活動を、このシステムを使いつくり上げて行きました。すなわち二番目は、その組織の力を使って労働者が抱いている問題、関心事は何かを特定することです。そのため1996年10月には、全組合員に対して20～30ぐらいの質問を出して答えてもらうアンケート調査をやりました。これは組合員に郵送するのではなく、つくられたルートを使って全組合員に渡す方法が採られました。その結果、18万5000人の組合員のうち4万人から回答が寄せられ、これで一つの自信を持つことができました。
　アンケートの結果、組合員が一番の問題として取り上げたのはパートとフルタイムの差別をなくすこと、特に時間給の差別、健康保険や年金がないという差別をなくすという要求でした。第二は、パートタイムをフルタイムに切り替えろという要求です。パートタイム2人の仕事をフルタイム1人の仕事に合わせることができる、実際、時給が高いわけだから、フルタイムにしても企業側の損はないとの組合員の声がありました。

三つ目の要求は、下請け化反対です。トラック運転手については下請け化してはならないと協約で明記されていますが、UPS は協約違反をやって下請け化しようと仕掛けていたからです。この三つが大きな要求として出てきました。

## 強みと弱みの分析

　三番目は、企業の弱点と強さの調査です。併せて労働組合側の長所短所の調査をしました。
　UPS とチームスターズ労組について、二つずつ長所と短所を明らかにしました。UPS の長所としては、非常に資金が豊富で、しかも個人所有の企業であり株式も非公開、またアメリカの小口貨物市場の 85％ を占めているのが長所でした。同じ小口貨物業界の中では他に、TNT、DHL、フェデックスの 3 社があり、これに対して UPS は非常に強い競争力を持っています。またヨーロッパでも、その前の 3 年間で 10 億ドルを投資する強い地位にありました。
　次に UPS の短所ですが、ヨーロッパ市場への参入が他社に比べて非常に遅れているという点です。ヨーロッパでは組合に対して敵対的で厳しい姿勢をとっており、そのことによってヨーロッパの労働組合と敵対的な関係になっていることが弱点として挙げられました。二つ目の弱点として、UPS がアメリカの企業の中で労働安全衛生状態が一番悪いことが挙げられました。
　一方、チームスターズ労組の短所として、第一に 18 万 5000 人の組合員が組合に対して怒りを持っていたこと、二番目に労組が組合員から乖離してしまっていること、それだけでなく地域社会の中の潜在的な同盟者からも孤立している点が挙げられます。
　長所としては、強い戦闘的な全国指導部が形成された点です。この指導部は闘争を強めて、しかも草の根の組合員に依拠して運動をしようとする指導部でしたし、またその指導部の基盤は UPS の強い地域でした。もう一つの長所として、チームスターズ労組全体で UPS 争議を闘う姿勢が全体的に確立をしていた点が挙げられます。
　これまでをまとめると、第一にやったのは組合員とのコミュニケーションの確立、二番目は組合員へのアンケートで要求と関心事の調査、三番目に組合側と経営側双方の長所短所を明らかにすること。

## 目標を定める

　四番目は組合の目標と目的を明らかにすることです。政策を決める場合、まず何を目指すのかを決定する必要があり、その一つとして二つの運動があります。一つは、組合員が何を要求しているか、二番目は企業側の弱い点を突くの2点です。

　六つの目標を掲げましたが、最初の三つは組合員の要求から出てきた内容です。一番目はフルタイムの仕事を増やすこと、二番目はフルタイムとパートタイム労働者との間の賃金格差、健康保険や年金等の格差をなくすこと、三番目にトラック運転手の下請け化を阻止すること。次の三つは、勝利するためにはUPSに強い労働組合を建設しなければならないわけで、そのための目標です。まず第一に組合員との間の双方向の強いコミュニケーション・システムをつくり上げること。これは今までUPSの中では見られなかったことです。第二に職場委員の強力な組織をつくり上げること。第三にUPSがグローバル市場を目指してアジアやヨーロッパに目を向けていることは明らかだったわけで、これに対抗できるグローバルな力を労働組合の方がつけること。もしこれをしなければ10年後には必ず企業のグローバル化の成功で、労働組合はつぶされてしまう。我々の組合はグローバル化しようとしている企業に対して、労働組合の方もグローバル化することが決定的と考えたわけです。

## 闘いのスローガン

　コミュニケーションを確立して、二番目に組合員の要求を調べ、三番目に長所と短所を調べて、四番目に組合の目標を定めたわけですが、次に五番目にやったことは、その闘いのテーマをつくり出すことです。

　これは何を意味しているかと言うと、組合が闘っているのは労働者の狭い利己的な利害ではなくて、社会正義を目指す運動だ。この点を明確化して、国民に訴える表現をどう形成し、メッセージにするのかということです。

　これは我々が想像した以上に効果的でした。なぜかと言うと、我々はアメリカの何かが間違っていると感じていました。それはアメリカ国民の誰もが、家族、友人、知人が非正規雇用の犠牲の中にいたからです。非正規雇用の下で、ひどい賃金、健康保険もなくて、非常に惨めな労働条件の中で競争を強いられ

ている現実が、身の回りにあったわけです。そういう中でつくり上げた運動のスローガンは、「Par-time US doesn't work」というもので、パート労働ではアメリカは立ち行かない、アメリカの労働者はパート労働を拒否する、という二つの意味を懸けたものでした。

## 闘いの対象と同盟者

次に対企業戦略づくりに移るわけですが、その前にやるべきこととして、攻撃の対象を絞り、同盟者を絞ることです。その第一として、集配センターに焦点を当てました。ここはUPSの職制が労働者を手ひどく扱うことで有名で、そのために訓練担当まで雇って、労働者をいかに痛めつけるかの手ほどきをやっていました。このような職制に対して、労働者側が立ち上がって対決できる力をどうつけていくのか。全国に散らばっている集配センターの中で、組合の力で対抗力を付けさせることに焦点を合わせました。

二番目の焦点は、大学でした。というのはUPSが学生をパート労働者として雇い入れるために力を入れていたからです。それに対抗してチームスターズ労組も大学に焦点を合わせました。

次に、UPSは労働安全衛生の面で違反が最も多い企業なので、医療労働者の中に同盟者を見い出そうと医者や看護婦、その他医療に関わる労働者への接近を行ないました。次にUPSの利用者をいかに味方につけるかです。運転手は毎日一定のルートを配達しており、市民との間に人間的つながりがあります。そのつながりを利用して、企業側がデマを流す前に、自分たちの主張の事前説明を仕事を通じてやっていくことにしました。最後に、UPSに働く海外の労働者との同盟関係をつくり上げていくことでした。

## 戦略を立てる

組合の目標が明らかになり、スローガンが出来上がり、そしてどこに目標を絞るか、同盟者はどこであるかの様々な情報をすべて集約した上で、初めて運動の戦略をどうみるかの検討に入りました。この戦略は四本立てでした。

第一の戦略は、継続的に毎月、職場で行動を起こすこと。具体的にはそれぞれの職場の現場監督と対決する闘いです。しかもその運動を通じて、我々の大

きなテーマである非正規雇用がアメリカをだめにしていることを明らかにする形で、職場で運動を巻き起こすことでした。

　二番目の戦略は、UPSに働く未来ある学生のパートタイマーたちが、どんなにひどい労働安全衛生条件の下に置かれているかを明らかにしていく戦略でした。

　次に、利用者を味方につけるだけでなくて、UPSに対する組合の圧力を援助する方向に持っていくことです。当然、利用者は荷物を受け取ればいいわけで、それしか関心がないわけですから、そこを何とかするのは大変な闘いです。UPSが労働者の声に耳を傾けないとしても、利潤の元になるお金を払っている利用者の声に耳を傾けなければならない点を利用したわけです。

　最後の戦略が、チームスターズ労組から私に与えられた任務でした。それはUPSが世界中、どこに逃げていこうと、決してチームスターズ労組から逃げることはできないことを思い知らせることです。その方法としては労働者の連帯を広げること、具体的にはチームスターズ労組が加盟していた国際産別である国際運輸労連（ITF）に要請をして、UPSで働いている世界中の労働者の労働組合が参加する世界協議会を結成することでした。

## 戦術を立てる

　ここまで組合員との通信のシステムをつくり上げ、二番目に何が労働者の関心であるかを明らかにし、三番目に労使双方の長所短所を明らかにし、四番目に組合の目標を定め、五番目に運動のスローガンをつくり、六番目に攻撃の対象と同盟者を選び出し、そして七番目に四つの戦略をつくったわけですが、ここで初めてこのような戦略に合う戦術を立てて発展させるかになります。

　1月までの6カ月間、毎月の課題を取り上げて、それを組合員にもそして国民にも訴えていくという運動をやるわけですが、その方法は次に述べる具体的な行動です。ここで大事なことは、まだ出発点であるため組合員は組合に対して非常に悪い感情を持っており、あるいは敵対的であって、行動への参加はそれほど熱心ではなかったことです。

　したがって小さな行動から積み上げていきました。まず最初にやったことは全組合員がハガキをUPSの最高経営者に出そうという運動。「パートタイマー・フォー・エバー」というスローガンと、フルタイムの仕事を寄こせと書いたハガ

キを出したわけです。それに5万人の組合員が署名をして郵送しました。

　次に、職場のいろいろな課題を取り上げた署名活動をいろいろな場で行ないました。さらにエスカレートさせて、次は苦情申立てを集団でやる。ある日、1日だけで5000人の労働安全衛生の苦情申立てを、全国に散らばるUPSの職場で一斉に行ないました。

　次に行なったのは、笛を吹くという活動を全国の集配所で行ないました。ここでは仕事が忙しいときに管理者が仕事を手伝っていましたが、これは明らかに協約違反です。そこで我々は、チームスターズ労組と書いた笛を15万個作って、5人に1人いる活動家に配り、監督者が仕事を手伝うのを見たらすぐに笛を吹く、それを聞いたらすぐに駆けつけて現場監督を取り囲み、また全員で笛を吹く。これを一斉にやったわけです。その結果、UPSの組合員は、笛を吹くという形で初めて管理者と対決したのです。これが一番効果的な運動になりました。

　次に、集配場の職場に入る前に集会、デモをやる。これを毎月、6カ月間繰り返しました。初めは全米で10カ所、次に50カ所、100カ所、そして数百カ所とだんだんエスカレートさせて数を増やしていきました。そのときに組合員だけでなく、公民権運動の活動家、人権活動家、学生、そして学者等を呼んで支持を訴え、一緒にデモをやりました。この光景がテレビで取り上げられて全米で放送されたわけです。

　次に職場の外にも出て、大学にも乗り込みました。UPSは大学で机を出してアルバイトやパートタイマーの募集活動をやるわけですが、そのときに我々は隣にテーブルを置いて、そこで大学の教師や学生、医者などが逆に、パートで働けば一生治らないような怪我をするぞ、などとUPSがやっている真実を知らせる宣伝活動をするわけです。また、運転手に対してまともな扱いをするよう要求する署名運動を利用者などに繰り広げました。このような積み上げの結果、管理者がスト破りをして配達をするのに対して、UPSの小包は受け取らないというステッカーを作って、それを利用者の玄関や窓に貼るところまでいったわけです。

　最後に、UPSの世界協議会をもっとも大きな存在とした行動、5月16日に全世界15カ国でデモやストライキの世界統一行動を行ないました。ストは1日スト、1時間、15分と様々でしたが、UPSに働く全ての労働者にとって正義のための闘いということで全世界的に繰り広げました。それはアメリカよりももっとひどい扱いを受けている国のUPS労働者の存在がわかったからです。アイルラ

ンドとブラジルの UPS 事業所では、この運動を通じて初めて組合ができました。

それからストライキの間の2週間、13カ国において連帯活動が繰り広げられ、その結果、とりわけヨーロッパで大きな力を発揮して、UPS はヨーロッパ市場で持っていたシェアのうち 40％を失いました。

## 活動計画

九番目に、時間を追っての活動計画を作ることでした。具体的には 1996 年 7 月から 97 年 3 月にかけては組合員に対して調査活動を行なって、何が問題かを明らかにして、その闘いのための道具、あるいは組織をつくり上げることです。これに長い時間かかっているのは、先ほど言った企業別の世界協議会をつくるために手間取ったからです。

次に 97 年 1 月から 6 月にかけては戦略的な同盟者を見つけて関係をつくるため、大学、消費者、マスコミなどにつながりをつくる活動でした。さらに、97 年 3 月から 7 月にかけては、月ごとに課題を設定して集配センターの内外で行動を展開した時期で、7月末が協約の期限切れであり、8月からストライキに入ったわけです。

## 戦略再評価

十番目は、戦略を不断に再評価することです。運動では常に新しいこと、予想外のことが起こります。会社がいろいろな対応をしてきますから、計画どおりには運ばないわけで、常に戦略を再評価しなければならないのです。この争議では二つの大きな予想外の出来事が起こりました。一つは、国税局が UPS による 100 万ドル単位の税逃れの不正を突き止めたことが明らかになり、我々にとって非常に有利な条件が出てきました。もう一つは、会社側の対応です。ずっと交渉はやっているものの、ただそこに座っているだけの不誠実な対応で、回答は何もしない状態が1年間にわたって続きました。

ここで一番目にしたことは、新しい状況で再評価された新しい戦略に基づいて、新しい戦術を編み出していくことであり、税金問題に関しても UPS の企業別世界協議会が非常に役立ちました。EU ではその母国において税法上の不正を行なった企業はヨーロッパの中では営業できないという合意があり、これを使

ってヨーロッパの組合協議会がUPSを排除する要求をして、圧力をかけることができました。

二番目の不誠実な交渉についても世界協議会を使いました。6月24日に設定されていた首都ワシントンでの団体交渉に世界協議会に参加している各UPSの労働組合代表を招いて、しかもその団交に出席させました。経営側はその団体交渉で25人の見たこともない顔の人がいて、しかも見たことのない名札がかかっている事態に直面したのです。我々は、世界中のUPSで働いている組合の代表に対して、悪いのは皆さんの国の経営者ではなくて、UPSの本国トップがおかしいのだ、どんなにひどいかは直接皆さんの目と耳で確かめてもらいたいと説明してきました。これがUPSを本当に震え上がらせたわけです。

## 勝利の成果

ストライキは14日間闘い抜かれ、非常に成功を収めました。しかもUPSがストライキをやることによって、小口の貨物が全部止まり、流通がストップして、店も閉まって不便になる状況にもかかわらず、アメリカ国民の支持は日毎に高まっていったのです。このことは世論調査によっても裏づけられました。その意味で、これまで積み上げてきた戦略・戦術が効果を発揮して、全世界的にも支持が広がり、UPSは完全に敗北をしたわけです。

結果として、4万人のパートタイムの仕事が2万人のフルタイムの仕事に統合をされました。フルタイムとパートタイムの差別も、完全にはなくなりませんが格差を縮めることができました。時間給については8ドルだったものが、新しい協約の期限が終わるまでには17ドルに上げられることになり、またパートタイム労働者も年金が完全に得られるようになったし、健康保険も本人および家族まで適用される結果となりました。

この闘いの結果、UPSに働く労働者一人ひとりが自分たちに誇りを持ち、1年前までは憎んでいたチームスターズ労組に対しても誇りを持つようになり、このようにチームスターズ労組のマークの入ったTシャツも誇りを持って着るようになりました。

2000年5月15日に文京区民センターで開催された『労働情報』主催の講演会　通訳：山崎精一

# [8] アメリカにおける生活賃金運動

ステファニー・ルース
荒谷　幸江／訳編

## はじめに

アメリカの生活賃金運動について報告する前に、日本の賃金制度と比較した場合の差異として、アメリカの賃金制度のもとでは多くの労働者が時間給で支払われている、ということを指摘しておかなければならない。

## 1　生活賃金運動のはじまり

### (1)　最低賃金

20世紀の初め、アメリカで最低賃金を求める運動が起こった。1912年、全米で最初の最低賃金法がマサチューセッツ州で成立し、どんな労働者にも時間給の最低賃金が保障されると、その後多くの州で最低賃金法が制定された。1938年には連邦最低賃金法が成立した。

その結果、ほとんどの労働者は時間給の最低賃金を保障されるようになったが、最低賃金法の問題点は、インフレに連動して賃金が自動的にスライドする

賃金自動調整条項(エスカレーター条項)が欠けていたことだった。そのため、最低賃金を引き上げるには、その都度議会の審議を経て法改正をしなければならなかった。ある時にはインフレに連動する賃金を求めて、またある時には生産性や平均的な産業賃金にリンクする賃金を求めて、法改正を求める政治的な運動が数年ごとに起こった。この間、最低賃金はインフレに連動し、労働者が家族を養っていける生活賃金を提供していた。

しかし、1990年代初頭には、労働運動がその政治的な力を弱めた十数年間の結果として最低賃金の引き上げがなかったため、最低賃金は労働者世帯が最低限の社会生活を送るのに必要な経費の半分にも満たない状況だった。連邦最低賃金は1968年から5.15ドルのままで上がっていなかった[1]。仮にインフレに連動させると7.50ドル、生産性に連動させると10.50ドルになっていなければならないのだが。連邦政府は連邦の貧困線を算出するのに40年間同じ算出方法を用いていた。それによると、最低生活を維持するのに必要な経費は、家族4人が生きていくのに必要な食料(カロリー)の経費の3倍と算定されたのでである。

(2) ボルティモア市における生活賃金運動

この文脈の中で最近の生活賃金運動が起こった。1994年、ボルティモア市の教会関係者たちは、貧しい人々に食料の配給サービスをしているとき、食物をもらいに来る人たちの多くがフルタイムの仕事に就いているにもかかわらず、生活に困って食料を受け取りに来ているという事実に気づいた。また、彼らは、この10年間に食料を受け取りに来る人々の多くが、市の公共サービス関連の仕事に就いていることを見出した。他方、ボルティモア市は中心地の再開発事業でホテルやレストランの建設を支援していたので、それらの施設で働いている人々も多く含まれていた。

教会のリーダーたちは、市に対してこうした人々の賃金を上げさせる運動を始めた。彼らは1年間コミュニティで運動を続けて市に圧力をかけた後、市議会に対して市関連の仕事で働く人々の賃金を彼らとその家族が最低限の社会生活をいとなめる金額にまで引き上げる条例を作るように働きかけた。これは、市に住むすべての人々の賃金を引き上げる法的な拘束力をもつものではないが、委託という名のもとに市の仕事を請け負う業者はそこで働く労働者に対して家族4人が貧困線を満たせる時間給の賃金を支払わなくてはならないとする条例を採択させようとするもので、このアイディアが今日の生活賃金条例となった。生活

賃金というアイディア自体は新しいものではないが、今日の生活賃金運動と呼ばれる運動はここからはじまった。生活賃金運動が自治体と契約関係にある企業で働く人々の賃金を問題にしていることで、公契約における労働条項を定めたILO94号条約との関連をイメージされる方がおられるかもしれないが、特にそれを意識したものではなく、生活賃金運動の基本的な考え方は、できるだけ多くの労働者の最低賃金を引き上げることであった。

### (3) 生活賃金運動の拡がり

1994年にボルティモア市でこの条例が成立するとすぐに、生活賃金条例を求める運動は他の都市にも広がり、現在では55の市、郡、教育委員会で生活賃金条例が制定されている[2]。次々と新しい運動が起こり、現在70のキャンペーンが動いている。そのなかには大学内で働く人々の生活賃金を求める学生の運動も含まれる。

この運動の面白い点は、ある全国組織が各地の運動を指揮・調整する性格のものではなく、各地でそれぞれ少しずつ異なった運動が起こっていることである。したがって、これから話す生活賃金運動はすべての運動にあてはまるのではなく、一般的な運動についての話である。

## 2 生活賃金条例の細目

### (1) 条例の適用対象

最初に成立したボルティモア市の生活賃金条例は、市の公共サービスを請け負っている企業だけを対象としていたが、その範囲はその後広がり、今日では市の再開発事業の補助金を受ける企業や、減税や融資の優遇措置を受ける企業も含まれる。たとえば自治体が運営する空港・スタジアムで営業権を持っている企業や、市の委託や補助金を受けている企業の下請け業者も含まれる。

さらに、条例が適用される労働者の範囲も、市の建物の清掃を行なうジャニターや警備会社の労働者、市の駐車場や清掃事業所で働く労働者にまで拡がっている。

### (2) 生活賃金の金額

生活賃金運動は、当初、家族4人が貧困線レベルの生活を営める賃金を求めて

スタートした。その後、貧困線の110％、120％の賃金を目指すようになり、今では130％を目指す運動もある。連邦最低賃金は、現在、時間給5.15ドルだが、生活賃金条例で定められている賃金はだいたい8ドルから11ドルの範囲であり、その多くはインフレに連動するようになっている。ある都市においては、生活を保障するという意味では11ドルでも不十分だと考えているが、これまでの政治的な闘いの結果としてこれらの数字があるということである。アメリカには産業別の最低賃金はないので、その違いが生活賃金に反映することはない。

(3) 生活賃金の算定方法

そもそも最低賃金については、算定方法についての合意がなく、最低賃金の引き上げ提案を有利と見た政党がそれを提案すると、あとは政治的な駆け引きで最低賃金額がきまるのが実態である。生活賃金のもともとの考えは、男性1人の稼ぎ手で妻と子供2人を養う家族賃金だった。生活賃金の対象となっている労働者の家族には単身者家族、単親家族、複数の就業者がいる家族などさまざまなタイプがあることから、それぞれ異なる家族形態ごとに生活賃金を定めるべきだという主張もある。しかし、理想的な算定方法はまだ確立しておらず、はっきりしているのは最低賃金も貧困線も低すぎるということである。この点については、学者など第三者の見解も一致している。生活賃金の算定方法として多くの人が望んでいるのは、ワシントンD.C.のように、ある一定のレベルまで引き上げ、その後はインフレに連動させるという仕組みである。

算定方法が確立していない背景には、家族形態が多様であることに加えて、都市によってかかる生活費に差があるという理由もある。たとえばマサチューセッツ州では地域、家族の人数によって生活賃金に時間給で7.50～20ドルの幅がある。理想的な算定基準が確立していないので、生活賃金運動では、活動家たちはできるだけ高い賃金を勝ち取るという合意のもとで運動を展開している。そのとき、一番高い賃金を獲得できる家族モデルが4人家族なのである。4人家族の場合、稼ぎ手が1人でも2人でも、生活賃金の額はほとんど変わらない。というのは2人が働きに出た場合、非常に高額な育児料や通勤費用等などの付加経費が増えるからである。

生活賃金をいくらにするかについては活動家内部でも議論があったが、活動家たちは生活賃金を細分化しすぎると生活賃金そのものが官僚的になることを恐れて単純化し、平均的な4人家族が生活するのに必要な賃金として一般化して

いる。「家族 4 人が貧困線レベルの生活をおくれる賃金を」というスローガンは説得力のある理念となっており、それには市議会の議員も反対できなくなっている。だが、男性が稼ぎ手の、ある特定の家族をバックアップすることにつながるため、それに対する反対もあり得ることを視野に入れて運動をつくっていかなければならないという問題も抱えている。

(4) 賃金以外の細目

生活賃金条例は、最初、賃金に関する内容だけだったが、生活賃金運動の活動家たちは、今では賃金以外の付加給付も要求するようになってきている。そのひとつが医療給付で、たとえば医療給付をつけて 10 ドルとするか、あるいは医療給付なしで 11 ドルとするかが議論になる。その他に、疾病休暇や有給休暇に関する規定、ハイヤリングホール(就職斡旋所)を作り、その事業が行なわれている地域の労働者を雇うという規定、委託業者が変わってもそこにいる労働者はそのまま継続して雇用されるという雇用継続条項などがある。さらに、市に対して過去に労働争議や労働法違反を経験した企業と契約を結ばないことを要求する産業平和条項、入札・請負契約や補助金交付など、その内容を公開させるのが難しい事項についても情報公開を求める情報公開条項がある[3]。

それぞれの条例の内容は、それぞれの運動のプロセスを表しているが、運動を構成するメンバーの顔触れによって規定されている。たとえば、組合が運動を主導したところでは雇用継続条項が重視される一方、ホームレスの運動が主導したところではハイヤリングホール条項が重視されるなど、それぞれの運動の性格によって条例に盛り込まれる条項に違いがある。

(5) 生活賃金運動の構成メンバー

全米で最初に生活賃金条例が成立したボルティモア市では、教会勢力が運動の中心となり、カトリック、ユダヤ教、メソジスト派、異なる宗教団体の連合組織などさまざまな組織が生活賃金を求める運動にかかわった。AFL-CIO は、1996 年、生活賃金運動への支援を正式に表明し、傘下組織に対して生活賃金運動に加わるように呼びかけた。その結果、いまでは各都市で多くの組合や CLC (AFL-CIO 地方労働組合評議会)[4] が生活賃金運動のイニシアティブをとっている。その他に、地域のソーシャルワーカーの組織、学生団体、女性運動団体、平和と正義を目指す運動も生活賃金運動に参加している。また、二大政党とも生活

賃金運動への支持を表明していないので、それを批判する第三政党の諸派も参加している。一部の地域では経営者も参加している。一握りの大企業だけが自治体から補助金を受けているのは不公平だという理由で参加している小さな企業の経営者もいれば、その州に低賃金労働者が多いとその地域にある自社の製品に対する購買力が低下するという理由で条例を支持する経営者もいる。上にあげたようなさまざまな団体組織が各都市の運動を推進する連合の構成メンバーであり、一般的に運動の期間は2年間くらいである。

### (6) 生活賃金運動の運動戦略

運動戦略は、それぞれの運動によって異なるが、一般に運動をとおしての労働者への教育活動が主要な柱となっている。活動家たちは、あまり時間を要せずに条例が通過しそうなところでも、あえてその道を選ぼうとせず、むしろ運動の期間を賃金や不平等について労働者に教育をする好機ととらえて、労働者宅への戸別訪問や職場での働きかけ、ワークショップの開催などを行なっている。AFL-CIO は「常識の経済（Common Sense Economy）」についての教育教材をつくり、活動家はこれをメンバーへの教育に活用した。

生活賃金運動では、教育活動に加えて、メディア活動、集会、署名集めなどさまざまな戦術がとられた。たとえばロサンゼルス市では、この運動を支持する有名な俳優たちがパフォーマンスを行なった。また、多くの運動において、その地域の研究者と共同で調査を行ない、市の契約・補助金に関する契約違反や市のサービスに従事している労働者の貧困にあえいでいる実態を明らかにした。この運動を通じ、社会運動に関心を抱いていた多くの研究者たちが、自らの研究活動の一環として運動にかかわったことは興味深い。

さまざまな戦術がとられたものの、生活賃金運動は基本的に議会で条例を通すことを主眼としていたから、運動側は、議会のメンバー一人ひとりに電話をかけるなど、さまざまな働きかけを行なって条例通過に必要な票数を1票ずつ獲得していった。条例の多くは市議会の議決を経て成立しているが、一部には住民投票によって成立した条例もある。どちらの方法をとるかは、どちらが有利かという運動体の判断にかかっている。一般的に住民投票をとった場合、住民投票に対する反対運動が起こって面倒だが、デトロイトの運動がそれを選んだのは、選挙を通じて民主党に対する支持を広げようという狙いがあったためであった。

## 3　生活賃金条例の影響

### (1) 労働者への影響

　現在、生活賃金条例の適用を受ける労働者の数は約5～10万人だが、その間接的な影響で賃金が上がった人を含めれば、その数は倍にのぼるだろう。条例の適用を受けたのが10人にすぎなかった小さな都市もあれば、サンフランシスコのように2万人が適用を受けたところもある。職種では、ジャニター、清掃労働者、ファーストフード店や空港売店の労働者、事務労働者などである。守衛や駐車場で働く人も含まれ、これには男性が多い。また、女性や移民労働者に与えた影響も大きい。カルフォルニア州には移民労働者が多いが、彼らの多くは組合に入っておらず、組合以外の手段が必要な状況の中で生活賃金運動は大きな力となった。たとえばロサンゼルスの生活賃金条例は、第三者による申立てを認めているので、労働ビザをもたない移民労働者が組織化を試みて経営者から不当な扱いや賃金差別を受けた場合、その本人に代わって運動側の人が苦情を申立てることができた。低賃金の女性労働者にとっても、とりわけ生活賃金条例のなかの医療保険給付は重要であった。

　生活賃金条例によってもたらされた賃上げは、平均で時間給2～3ドルの賃上げである。賃金はまだ十分な高さとはいえないが、賃上げがもたらされた労働者の観点から言えば、条例が与えた影響は非常に大きいことを示す研究がある。たとえば三つ、あるいは二つの仕事を掛け持ちしなければならなかった人が、生活賃金の適用を受けることによって二つあるいは一つですむようになったという調査結果もある。また、賃金が引き上げられた結果、はじめて眠るためのマットレスを買えたという人もいるし、車を購入できたことで長時間のバス通勤から車通勤に変われたという人もいる。生活賃金条例によって医療給付を受けられるようになったことも、家族とりわけ子供のいる労働者にとっては重要である。なぜなら、アメリカでは低賃金労働者は若年者が多いというイメージがあるが、実際調査から明らかになった低賃金労働者の平均年齢は34歳だからである。

　生活賃金条例の恩恵を直接受ける人の割合は、低賃金労働者全体からみれば非常に小さい。そのため生活賃金運動の活動家たちは、対象範囲の拡大にむけて新しい方法を模索している。一部地域には条例の適用範囲を、市と契約関係

にある企業だけでなく、地域の全労働者に拡大しようという考えも出てきていて、地域の一般最低賃金を引き上げようとする運動も起こっている。たとえばニューオーリンズ市の場合、2002年に市の最低賃金が引き上げられれば、5～7万人の賃金が上がると考えられている。カルフォルニア州のサンタモニカ市では、市が観光地帯の整備事業で景観の美化事業や豪華ホテルの建設に補助金を出しているので、生活賃金運動の活動家たちは観光地帯内で働く全労働者に生活賃金が適用されるような条例の導入を検討している。サンタモニカ市は世界で最も裕福な市だが、ホテルの経営者たちは100万ドルをつぎ込んで反対している[5]。

### (2) 企業、市の負担コスト

　条例導入にともなって企業や市が負担しなければならない費用については、対立する二つの調査結果があった。一方は条例が導入されても企業、市が負担するコストはたいした金額ではないという結果、他方は条例が導入されれば企業の負担コストが増え、全企業がメキシコに行ってしまうという結果だった。

　われわれの調査結果では、生活賃金条例の導入によって経営者が労働者の賃上げのために負担しなければならないコストは非常に少額であり、条例の対象となる総事業費のわずか1％にすぎないことが明らかになった。そのため、仮に契約業者が労働者に生活賃金を支払うために契約価格を引き上げ、自社の負担を自治体に転嫁することで税金の額が引き上げられたとしても、納税者の負担額は一人当たり10セントの増加で済むという結果が出た。しかし実際には、一般に入札が公正な競争を通して行なわれているところではそうした転嫁はみられず、企業は利潤率を下げるなど経営内容の見直しによってそのコストを吸収している。転嫁が見られるのは談合入札が行なわれているところだけである。市がNPOに委託する場合には、スタッフに支払う生活賃金のコスト分を市が負担している。

　運動推進側と反対側は、たとえコストについては合意できたとしても、条例がもたらす影響についてはまったく意見が異なった。それゆえ双方の主張がぶつかり混乱も生じたが、キャンペーンの期間中、推進側は条例導入にかかる費用は相対的に考えなければならない、優先順位の問題だと主張してきた。現在50の自治体で生活賃金条例が制定されているが、それによって破産した市が出てないことはひとつの証拠となろう。

(3) 条例違反の罰則

　経営者が条例に違反した場合、一定期間の契約更新の禁止やバックペイ（遡及賃金）の支払い、罰金などの罰則規定がある。しかし、実際に契約更新が禁止されることはまれで、たいがいはバックペイの支払いか50ドルに満たない罰金でおさまっている。多くの条例は厳しい罰則規定を持っているが、運動側が条例の施行や監視に関する活動を行なっていない場合にはその条例が施行されず、結果として違反者への罰則も課されていない州がある。たとえば市に担当職員がいなくて条例が適用されないでいる場合や、条例の対象となる労働者がそうした条例があることや適用を受ける権利があることを知らないか、あるいは知っていても生活賃金を要求するのを恐れている場合である。この観点からも、条例が適正に施行されているかどうかを監視する活動は、生活賃金運動の活動家たちが取り組まなければならない深刻な課題となっている。

(4) 企業、市、その他の反応

　経営者は生活賃金条例に反対しているが、予想されたほどの反対ではなかった。それは経営者たちが、仮に条例が通過したとしても自分たちの負担額はさほど高くないことを知っていたからである。また、一般に従業員10人以下の企業、あるいは契約金額が低い場合は条例の適用から除外されることも、経営者の反対が小さくてすんだ理由のひとつである。しかし、一般的に、生活賃金を支払うのは大企業だが、条例に反対したのは大企業よりも小企業だったという現実がある。

　一番強い反対は市当局、とりわけ市長からの反対だった。多くの市長は企業と良好な関係を築くことをめざしているので、自分の市が生活賃金条例を導入すれば、企業活動に対する規制の強い自治体であるというイメージが強まることを恐れたのである。一部のNPOからも、スタッフに高い賃金を支払えないという理由で反対があった。民主党は生活賃金運動への反対を正式に表明していないが、指導部評議会 (leadership council) ではこの運動への反対意見が出ている。反対の主な理由は、民主党は規制の撤廃を進めているのに賃金規制を言っては産業界からの反発を招くことにつながる、というものである。興味深いのは、スウェットショップ・キャンペーンのなかに、企業に課す行動規範のなかに生活賃金に関する規定を入れるかどうかをめぐって議論があることである。ホワイ

トハウスでスウェットショップ・キャンペーンを扱っている公正労働委員会は、賃金水準は企業自身の責任に任せ、企業自らが公正な賃金を支払うようにもっていくべきだという基本的な考え方に立ち、行動規範に生活賃金規定を入れることに反対している。多くの民主党の市長たちも同じ考えで、生活賃金の考え方には賛成するが条例化には反対、という立場が多数を占める。

(5) 生活賃金条例の波及効果

　生活賃金条例の導入により、条例の適用を受ける労働者と受けない労働者に分かれることで、両者の賃金格差が拡大するのではないか、また、生活賃金条例は生活賃金を上回る賃金をもらっている労働者や、条例適用の対象とならない仕事の賃金には、あまり影響を及ぼさないのではないかという懸念もあるが、推進側は生活賃金条例が全体の賃金をあげる推進力になっていると主張する。たとえば、バス運転手の助手に生活賃金が適用されて賃金が上がったことで、適用対象でないバス運転手の賃金も上がったケースがある。しかし、これは一部についてのみ言えることで、条例の適用対象でない仕事への波及効果については、まだはっきりした結果が得られていない。ただ、地域に生活賃金条例を求める運動が起こると、組合を入れないために労働者の賃金を上げる企業もあり、これも波及効果の一つと言えるかもしれない。また、条例の適用を受けない労働者が組織化に向かう、あるいは条例適用を求める運動に加わる可能性が期待できるという側面もある。したがって、生活賃金条例の導入は賃金格差を拡大する方向でなく、賃金を引き上げる方向への波及効果をもつといえるのではないだろうか。

## 4　生活賃金運動はなぜ成功したのか

　第一に、生活賃金の考え方が広い支持を得た背景には、実質賃金が下がり続け、賃金格差が急速に拡大するなかで、アメリカの労働者の25〜30％が時間給8ドル以下の賃金しか受け取っていないという事実があった。この事実を知って、多くの人々が生活賃金運動の考え方に共感した。また、自治体と契約関係にある企業が労働者に支払う賃金を低く抑えて契約価格を下げることが、自治体の経費節減につながるとしても、そうした見方は一面的であるという意見があった。なぜなら、低賃金の仕事が増えればホームレスや低所得者が増え、そ

うした人々への公的扶助や医療支援などで自治体の支出は増えるという理由で、低賃金を支払う企業に自治体が補助金を出すことに市民が疑問を抱いたからである。世論調査でアメリカの80％の人が連邦最低賃金の引き上げに賛成しているように、国民の多くが賃金の引き上げを支持していたが、現実としてそれを実現する政治がなかったのである。

　第二の理由として、多種多様な団体が生活賃金運動にかかわり、低賃金労働者の賃金を引き上げるために努力した点があげられる。かつて長い間存在しなかったタイプの連携が見られ、それが運動の財産になった。なかには、連合の構成メンバーのほとんどが名目的団体にすぎず、実際に活動しているのは一つの団体だけというところもあるが、多くの運動では多様な団体が自主的に参加し、それぞれの持つ組織化の方法や経験を持ちよって新しい組織のあり方を生み出している。たとえば、組合は組織化戦略として戸別訪問を持ち込み、コミュニティ団体はデモの経験を持ち込んだ。教会関係者は特定の日を「生活賃金日曜日」に設定してミサを行ない、司教が賃金や不平等について説教した。これら多様な組織が多様な戦略が持ち込んだことで、生活賃金運動は生き生きとしたエネルギッシュな運動を展開できた。

　第三に、生活賃金運動は研究者を上手に利用して世論の支持を得ることに成功した。ひとつの方法は、特定の貧困労働者の絞り込みである。たとえば、市議会のメンバーにかかわりのある層、具体的には市長の家のゴミを収集する労働者に焦点を当て、彼らがなぜ低い賃金しか得ていないのかを問題にした。その結果、市議会のメンバーたちは、この運動を通じて低賃金労働者の実態や彼らの生活費がどのくらいかという事実に目を向けるようになった、と口にするようになった。また、この運動では、生活賃金条例を実施するのに予想される市や企業側のコスト、雇用への影響などについて、入手した情報をもとに丹念な分析調査を行ない、その結果をもとに通俗的な反対論への批判を行なっていった。たとえばロサンゼルスの全労働者の賃金をあげるのに総額4000万ドルかかるというとかなり高額のイメージがあるが、それを市予算の他項目と比較すると目立って高いわけではなく、仮に税金でそれを賄おうとするなら、納税者1人あたり年間10〜20セントの負担増ですむことを明らかにした。また、仮にオークランド空港で働く労働者の賃金を上げるには、航空会社の航空券1枚につき1ドルの値上げで済むことも明らかにした。ロサンゼルスなど大都市は市行政そのものが大きく、公契約に関係する部署が20以上もあるので、公契約のデータ

に接近すること自体容易ではなかったが、私たちは情報公開制度を使って法的、公的に公開を求めていった。他方、情報公開制度があってもそれが使いづらくなっている場合には、同時にそれを改めてさせていくことも行なった。公契約に関する情報収集では、公共部門の労働者の協力を得ることが特に重要だった。

　その他の運動戦略として、好機を利用することも重要である。シカゴでは市議会の議員報酬の引き上げ時にあわせて生活賃金キャンペーンをかけ、成功させた。ここまで生活賃金運動が成功した理由をいくつか述べてきたが、この運動を成功に導いたと思われる最大の理由は、運動そのものに弾みがついていったことである。生活賃金運動はニューヨーク、サンフランシスコ、ロサンゼルス、シカゴなどの大都市だけでなく、いまや中小都市や地方にまで広がっている。裕福な都市か貧しい都市か、あるいは北部か南部か、東部か西部かにかかわらず各地に広がっているので、どこの自治体でも条例導入を拒否することが困難になっている。この点は生活賃金運動のユニークな特徴である。

## 5　生活賃金運動の強み

### (1)　組合の組織化

　まずふれておかなければならないのは、すべての組合関係者が生活賃金条例の導入に賛成しているわけではない、ということである。一部の組合リーダーたちは、生活賃金条例によって労働者の賃上げがなされれば、労働者が組合に加入する動機を失ってしまうという理由で反対している。しかしながら、一部の前向きな考え方をする組合リーダーたちは、生活賃金運動が労働運動を再生させる鍵になるとみている。なぜなら、生活賃金運動が対象としている低賃金労働者の多くは移民、女性、パートタイム労働者であり、組織化を必要としている人々だからである。他方、組合は生活賃金運動を通して、組合が組織したいと思っている低賃金労働者に接近することが可能となる。また、組合は、生活賃金運動を一緒に闘うことによって、低賃金労働者に組合の持つ力や利点を認めさせることができる。それは条例が通過した後、施行させる運動を一緒にやることによっても可能である。

　こうした理由から、組合が新しい労働者を組織化するための戦略としてこの運動を使用したケースや、組合に組織された労働者がこの条例によって自治体が民間に委託した仕事を取り戻したケースがある。たとえば、ロサンゼルス市

に生活賃金条例に違反しているビル清掃業者があったが、市が最終的にこの業者と契約を取りやめたことで、そこで働いていた労働者は市の職員として雇い入れられ、公共部門の組合員になった。

わずかではあるが、生活賃金条例の中の産業平和条項や雇用継続条項、協約優先条項を組織化に利用している組合もある。協約優先条項は、組合との協約があれば経営者はこれを優先し労働者に生活賃金を支払わなくてもいいという内容の条項だが、多少論議がある条項でもある。これには労使の合意が必要で、これがよく使われるのはチップがある職業の労働者である。たとえば、従業員はチップを受け取っているので生活賃金を支払わなくてもいいという経営者がおり、組合がこれに同意する場合、組合はそれとひきかえに組合を認めさせ、経営者と団体協約を結ぶ。賃金は低くても協約のなかに医療保険給付を盛り込むなど、柔軟性が期待できるという理由でこれを好む組合がある一方、条例の適用除外を認めるのは労働者の権利を売り渡すことになるという理由で、この条項に懐疑的な組合もある。

(2) 連合の構築

生活賃金運動が一部の地域で未組織労働者の組織化につながり、また既存組合員の賃上げにつながったことは事実だが、これが生活賃金運動の最も大きな成果だとは思わない。この運動の一番の成功は、労働運動に対する間接的な貢献、つまり連合の構築という点にある。

低賃金問題はアメリカでは非常にポピュラーな問題であり、労働組合だけでなく、宗教団体やコミュニティ団体、女性団体などさまざまな団体の課題でもある。このことが、広範な労働運動とコミュニティとの連合の構築につながった理由である。フェミニズム運動との関連でいえば、生活賃金運動が対象としている、公共部門の仕事には、多くの女性労働者が就いていた。したがって、公共部門の仕事に対する攻撃は女性に対する攻撃でもあり、ある意味で生活賃金運動は公共部門の労働者とりわけ女性労働者の賃金の引き上げを意味している、といえる。生活賃金運動の中でコンパラブル・ワースという言葉は使われていないが、AFL-CIO の女性局ではペイ・エクィティ（賃金の平等）を重要課題としてあげている。

労働運動と教会との関係という点では、過去においても多くの教会が社会正義の運動にかかわってきたが、教会と労働運動が結びついたのは最近の現象で

ある。事情はよくわからないが、AFL-CIO は突然、夏のセミナーに宗教者を招待し始めたり、教会と労働運動の連合構築にむけて資金と人材をつぎ込んだりしている。ニューハンプシャーの場合、コミュニティ団体の活動家の多くは労働組合がどんなものか全く知らず、組合事務所への連絡のとり方さえ知らなかった。ソーシャルワーカーと教会関係者たちは、生活賃金運動を始めるにあたり、そのアイディアを他の教会メンバーに相談した時はじめて、教会メンバーの中にも組合員である労働者がいることを知ったのだった。これをきっかけに、彼らは AFSCME や教員組合と連絡をとり、労働組合と一緒に生活賃金運動を始めた。生活賃金運動はコミュニティの人々に組合を知らせるいい機会となった。

　アリゾナ州ツーソンでは、鉄鋼労組と CLC が生活賃金条例を求める運動を始め、宗教間協議会、環境グループ、学生団体との連携をもった。特に国内外で劣悪な労働条件の工場の労働条件の向上を求めてたたかっているスウェットショップ[7]・キャンペーンの学生グループと強い結びつきを持った。ツーソンの生活賃金運動は、その運動範囲を広げ、有害廃棄物問題や大学助手の組織化にも乗り出した。

　ミネソタ州ダルースでは、AFSCME が資金とオルグを提供して生活賃金運動を支えた[8]。ここの連合には 57 団体が参加していたが、そのほとんどは過去に組合と一緒に活動した経験がなかった。AFSCME は、実際にはこの運動で自分たちが関心を寄せていた条項を勝ち取ることができなかった。というのは、生活賃金が適用されるのは市の経済開発補助金を受けている企業だけで、自治体が公共サービス業務を委託している企業には適用されなかったからである。それにもかかわらず、AFSCME のオルグは、生活賃金運動は成功だったと宣言した。それは、組合以外の団体との長期的な関係が築けたという理由からだった。条例通過から 5 年が経過した今でも、その地域には政治的な連合が存在しており、AFSCME は組織化の際、地域の政治的連合の支援を受けて、カード・チェック協定、中立協定[9] を勝ち取ることができた。

　このような地域の連合を作る経験は、組合にとって決定的に重要である。というのは、アメリカでも多くの労働者は小さな企業で働いている。他方、組合は小さな企業を組織化するリソースや能力を持っておらず、そうした職場では労働者自身が立ち上がらないかぎり組織化は成功しないので、生活賃金運動を一緒に闘うことによって、労働者一般の組合に対するイメージを上げることができるのであれば、それは労働運動にとって大きな貢献となるのである。それ

ゆえ一般に、組合やCLCが生活賃金運動に参加しているのは、生活賃金運動で一緒に闘うことが組合のイメージの向上につながると同時に、組合運動が組合員の利益だけでなく社会全体の利益にもつながることを示す好機になるととらえているからである。

(3) 新しい労働者組織の可能性

第三の成果は、新しい労働者組織の可能性である。生活賃金運動は既存の労働者組織をさらに強めると同時に、新しい労働者組織をつくった。これは調査、教育、組織化を合わせた新しいタイプの組織化で、「新しい経済を求めるロサンゼルス連合（LAANE：Los Angels Alliance for New Economy)」、「持続可能な経済を目指すイーストベイ連合（East Bay Alliance for a Sustainable Economy)」、「持続可能な経済を目指すミルウォーキー連合（Milwaukee Alliance for a Sustainable Economy)」などが含まれる。これらの諸組織は組合ではなく、労働者の権利を支援する地域組織であり、コミュニティの経済再構築に向けたオルタナティブなビジョンを掲げている。一部の都市では、この運動が新しい政党の結成につながっている。

(4) 規制撤廃イデオロギーへの挑戦

第四の成果は、規制撤廃のイデオロギーへの挑戦である。規制撤廃のイデオロギーは、政府が労働法や労働団体への攻撃を進めているアメリカでは、労働者にとって深刻な問題であると同時に、アメリカの労働運動にとっても大きなマイナスとなっている。アメリカの労働運動の活動家たちは、1990年代半ばまで自由な労働市場に挑戦すること恐れていた。活動家も市議会議員も経済のグローバル化が進行するなかで、地域の生活賃金条例を通過させるのは無理だと考えていた。このような理由から、生活賃金運動は当初控えめな目標をもってスタートし、要求する賃金水準も低かった。われわれを含め賃金格差による不平等は間違っていると思っている人々の間でさえ、グローバル経済のもとで規制撤廃の動きにどう対抗できるか疑問を抱いていた。しかし、生活賃金運動の成功が私たちに大きな自信を与えた。われわれは、条例を実施するのに必要なコストや企業に与える影響を分析し、その調査結果を利用することで、経営側の脅しにも惑わされないようになった。

その結果、生活賃金条例の適用範囲は広がり、要求する賃金額も上昇してい

る。もちろん獲得できる賃金には限界があり、その水準をどこまでも押し上げられるというわけではないが、与えられた制限の中でもかなりのことができることがわかっている。

　生活賃金運動のなかで、活動家たちは規制撤廃という言葉を直接使っているわけではないし、必ずしも新自由主義に反対だと言っているわけでもない。しかし「人々が経済の中で主張すべきだ」あるいは「人々は市場のとりこになるべきではない」というメッセージの中身は同じであろう。

### (5)　将来の方向性

　生活賃金運動の運動自体が多様なので将来の方向性も多様だが、大まかにいって三つの方向がある。運動の 10 〜 20％は組合の組織化につなげようとしている。15％は、州の最低賃金を引き上げようという方向で運動を進めている。残り大多数の運動は、生活賃金条例を周辺自治体にも波及させようとしている。つまり、反対側が条例導入の反対理由の一つにあげているのが、条例が導入されればその市の企業が隣の市に逃げてしまうということなので、これに対抗するために近隣の自治体にも生活賃金運動を広げて、生活賃金運動条例を成立させていこうとする方向である。

## 6　立ち向かうべき課題

　生活賃金運動がすべての問題を解決しているわけではないので、ここでこの運動が抱えている課題についてお話したい。生活賃金運動が最初に直面した課題は、条例を実際に施行させることの難しさである。多くの市当局は生活賃金条例の導入に反対したので、条例ができても条例の施行をモニターする職員を雇い入れなかった。他方、運動側も条例を通過させた後は、運動の盛り上がりを維持することが容易でなかった。しかし、運動を推進してきた人たちは、たとえ条例が成立したとしても、自分たちが関わり続けなければ条例は施行されないことを忘れてはならないだろう。

　条例が適正に施行されているかどうか監視する活動には、条例の施行を願う組織を参加させることが重要であろう。条例によって直接利益を得るのは労働者や組合なので、これらの人々とのつながりを欠いた監視活動では、たとえ条例の施行に積極的な市の職員がいたとしても、それはうまく機能しないだろう。

反対に、市の職員を欠いても、公契約に関する情報が入ってこなくなるのでうまくいかないだろう。

　第二の課題は、経営者側、市当局からの反対である。なかには生活賃金運動を阻止しようと考える経営者もいた。たとえば、全国レストラン連盟や中小企業連盟などは市レベルの生活賃金条例制定の禁止を求めて州に圧力をかけている。このように生活賃金運動は、経営側からの法律的な攻撃にも直面している。

　第三の課題は、条例の適用範囲をどうやって拡大するかという問題である。生活賃金条例の適用対象となる労働者数はそう多くなく、賃金も十分な高さではない。パートタイムの労働者は、賃金が上がっても労働時間が少ないために、生活に必要な年間収入を得ることが難しい。もちろん生活賃金運動は、仕事に就いていない貧困者層に対しては何ら支援をするものでない。それゆえわれわれは、経営側に対抗する新しい方法を常に考えなければならない。一部の地域では市レベルの最低賃金法を求める運動が始まっているが、それへの反対もある。たとえばニューオーリンズ市では、生活賃金運動の活動家たちが市の最低賃金法を求める住民投票の実施に向けて署名活動を行ない、5万人の署名を集めたが、その数週間後に州議会は、市レベルの最低賃金法を定めない決定をした。これに対し、われわれは3年間法的な闘いを挑んで住民投票の実施にこぎつけたのだった。

　第四の課題は、生活賃金運動だけに限った問題ではないが、運動を持続的な組織にどう発展させていくかという問題である。生活賃金条例の導入はすべての問題の解決ではなく、大きな課題に向けての一つの手段にすぎないので、長期的に闘う組織が必要である。連合体が長期間闘いを続けるためには、構成メンバーであるそれぞれの団体が互いに他の異なる団体の文化や運動スタイルを学び合わなければならない。さまざまな団体が協力し、学び、方針を定める過程こそが最も重要である。最初に生活賃金条例が成立したボルティモア市の運動組織のメンバーの1人は、「ボルティモア市の条例通過が与えた影響で、最も大きかったのは、賃上げへの影響ではなく、条例を通過させるために闘った人々に及ぼした影響である。すなわち、個人と個人、組織と組織の間に連帯感を生みだしたことである」と、私たちに語った。この例に限らずどんな法律でも、その背後に強力な組織がなければ役に立たない。それゆえ、調査し、教育し、組織化する恒久的な組織が必要であり、賃上げだけでなく賃金のために闘う方法が重要なのである。

## おわりに

　最後に、日本での賃金決定のされ方について、私の印象を述べて締めくくりたい。生活賃金運動がスタートした頃、私たちはアメリカ人が生活賃金を要求することは非常に大胆なアイディアだと思った。しかし日本では、この考え方が一般に受け入れられているという印象を受けた。すなわち、賃金決定の際、その背後にある社会的、政治的な要素を考慮する考え方である。該当するのは一部の労働者の賃金だけかもしれないが、日本では、賃金が経営側の支払い能力だけでなく労働者のニーズによって決定されている側面がある。それぞれの組合は年齢、地域、ライフサイクルに沿った賃金曲線を持っている。アメリカでは賃金決定に年齢を考慮することは考えられなかったので、この点は大変興味深かった。貧困線を決定する際にも年齢は一切考慮されない。私の印象では、労働者の必要に応じて賃金が決まる点においては、日本の方が先行していると思った。私の印象が間違っているかもしれないし、規制緩和によって賃金決定のあり方も変わっていくかもしれないが、公正な賃金をどのように決定するか、生活賃金、最低賃金、貧困線曲線をどのように決めるかという問題は依然として残るだろう。経済の発展にともない、労働市場はさらに複雑化するだろう。複雑化した労働市場の諸側面に賃金をどう組み合わせていくかという問題は、アメリカのみならず日本でも問題になっていくだろう。すなわち、年齢、人種、ジェンダー、労働時間、家族責任の有無によって賃金が変化するのかどうか、契約社員と派遣社員、あるいは自発的パートと非自発的パートをどう定義するかという問題である。労働市場が柔軟性を帯びているのと同様に家族のかたちも多様化しており、「家族4人のために必要な賃金」という定義は多様な家族の型に対応しなくなっている。オルタナティブな経済システムとはどんなものかという問題は別にして、いまの経済制度のなかで世界の労働者にとって公正な賃金をどのように決めていくか、生活賃金をどうやって決めていくかという問題は、われわれが向きあわなければならない課題であろう。先にふれたように、アメリカの労働者の多くは公正な賃金が何かということを知らないが、賃金が低すぎるということは知っている。最も問題だと思うのは、多くの労働者が自分の賃金について何も発言する力がないということである。この問題にどれだけ貢献できるか、生活賃金運動が成功するかどうかの度合いは、ここにかかっ

ている。

[補足]

　日本とアメリカの自治体の公契約制度には違いがあるので、編者の知りうる範囲で簡単な説明をしておく。ルース氏は、アメリカの公契約制度の、日本との違いについて、次の二点を指摘した。
　第一に、アメリカでは契約が入札によって行なわれる場合、どの企業が入札に参加したかはどの自治体でも公開されるが、入札業者をランク付けする基準は各自治体によって異なる。その自治体に所在地がある企業が上位にランクされる場合もあれば、経営者が女性やマイノリティーである企業が、女性やマイノリティーであるという理由で優遇されることもある。最終的な決め手となるのは、その業者がどんな業者かということである。場合によっては、入札に参加しても労働法違反の発覚などによって排除されることもありうる。最近の判例では、環境法に違反したかどで連邦入札から排除された例がある。
　第二に、入札に参加する業者は、すべての費目の価格を詳しく記した入札内容を提示しなければならない。たとえば、労務費は○○人の労働者、○○の賃金、○○の労働時間でいくら、というように項目ごとに詳しく示さなければならない。間接経費や利益も明らかにしなければならない。これらは市議会が、提出内容が実現的なものかどうかを判断する際の材料となることを意味する。
　日本の自治体の業務委託契約制度では、自治体が委託先の事業者を入札で決定しようとする場合、基本的に価格以外の指標を持ちえない仕組みになっているので、普通は最低の価格をもって申し込みをしたものを落札者としている（最低価格落札方式）。しかも、入札評価基準は競争入札に付する項目の価格の総額であり、アメリカのように各費用項目の単価が評価の対象になることはない。自治体が最低制限価格を設定できるのは工事又は製造の請負のみである。役務（サービス）にかかわる業務委託については労働条項的な基準・規制は何もないのが現状である。
　しかし、公正取引委員会から、不当廉売の恐れがあるとして、最低価格のみを入札評価基準とすることへの問題点が指摘されるようになったこともあり、1999年2月、地方自治法施行令が一部改正され、価格以外の要素を加味した「総合評価一般競争入札」（「総合評価方式」）による落札者決定が可能になったことか

ら、入札基準に労働条項を盛り込める可能性がでてきた。自治労の「自治体入札・委託契約制度研究会」では、「総合評価方式」を役務（サービス）にも適用し、「落札者決定基準」のなかに何らかの労働条項的規制を盛り込むことで、委託先の選別過程とその前段階で公共サービス従事者の労働条件や提供されるサービスの質の改善・向上に寄与する枠組みをつくれないかという議論がなされているとのことである。なお、「総合評価方式」とは、入札における落札者の決定において、価格その他の要素を総合的に判断して、発注者にとって最も有利な申し込みをしたものを落札者とする落札者決定方式であり、自治体は「総合評価一般競争入札」を行なう場合「落札者決定基準」を定めなければならない（地方自治法施行令第167条の10の2）、とされている（日本の自治体の業務委託契約制度については、自治労オルガナイザーブックレット Vol.15 『業務委託の現状と組合づくり』を参照した。小畑精武氏、吉村臨兵氏からもご教示いただいた）。

2001.2.10　第45回研究会「生活賃金キャンペーンの諸類型～条例のモニター、施行をめぐって～」
2001.2.17　第46回研究会「生活賃金キャンペーンと労働組合・コミュニティ～労働運動の再構築にむけて～」通訳：山崎精一

---

### ❖訳注

1　アメリカには産業別最低賃金は存在しない。また、農業従事者やレストラン労働者など最低賃金の適用が除外される業種がいくつかある。他面多くの州の最低賃金は連邦最低賃金と同レベルだが、連邦レベルで適用が除外されている職種にも最低賃金を適用している州はある。州の最低賃金が連邦最低賃金を上回っている州は10州あり、ニューイングランド地方やワシントン州に集中している。最も高いのはマサチューセッツ州の6.75ドルである。
2　小畑精武氏から聞くところでは、2001年6月の時点では、その数は64に増えているとのことである
3　質疑のなかで、安全衛生に関する条項を含んでいる条例はあるか、という質問があったが、いまのところ、それに関する規定をもっている条例はない、との回答であった。しかし、安全衛生問題はジャニターや駐車場で働く労働者にとっては重要な問題であり、これに関する規定を条例の中に盛り込むために、労働組合はもっと努力する必要があるだろう、と述べられた。
4　CLCはAFL-CIOの地方組織で、市、郡のさまざまな組合の連合体である。

5　小畑精武氏から寄せられた情報によると、2001年5月23日、サンタモニカ市議会は生活賃金条例を可決した。その条例は、市と契約関係にある企業だけでなく、市の観光地帯にあって売上500万ドル以上の企業にも適用され、約2500人の労働者が適用の対象となる。時間給は10.5ドル＋1.75ドル（医療保険給付手当て）で、2002年7月1日から実施される。

6　指導部評議会（leadership council）は、1980年代に民主党がレーガン路線に対抗して設けた組織。その背景には、民主党は女性、黒人、組合とだけ結びつくのでなく産業界の利益も尊重しなければならないという意図があった。民主党の中に経営者円卓会議がつくられ、そこで綱領がきめられている。民主党と産業界の関係は良好であり、その意図は一般的にいって成功している。経営者団体から民主党への資金協力は8億ドルにのぼり、組合からの資金協力の7倍にあたる。経営者の40％が民主党を支持していることもあり、民主党の一般的な傾向は生活賃金不支持である。

7　政府によるスウェットショップの定義は、二つ以上の労働法違反のある職場という意味だが、一般的には低賃金、劣悪な労働条件の職場をさす。

8　AFSCMEの生活賃金運動へのかかわり方は、非常に興味深い。本部とロサンゼルス、ミネソタ州ダルースなど一部の地域組織はこの運動への積極的支持を表明しているが、他の地域の支部は組合員の賃上げに使われるかもしれない市の予算が減少するかもしれず、生活賃金運動は組合員の直接利益に結びつかないという理由で反対している。また、公共部門の労働者の競争相手である民間業者の従業員の利益になるからという理由で反対している支部もある。

9　アメリカでは、組合がある職場の労働者を代表するためには組合認証選挙でもって職場の労働者の50％以上が組合を支持していることを示さなければならない。それに対し、経営者はしばしば組合つぶしと呼ばれるコンサルタントや弁護士を雇うなど、選挙への敵対活動に多くの資金や努力を費やしている。中立協定は経営者がそうしたことを行なわないように経営者と中立協定を結び、労働者の過半数が組合支持を表明するカードに署名するだけで組合を承認させようとする。

# [9] アメリカの移民労働者の組織化の現状と問題点

ケント・ウォン

荒谷　幸江／編

## はじめに

　国際労働研究センターの皆さん、ご招待いただき有り難うございました。この度、私たちがまとめた本を日本語に翻訳してくださったことをたいへん有り難く思っています[1]。私も日本の皆さんの経験から学んで帰りたいと思いますので、この研究会が日米双方の経験から学ぶ場になればと願っています。

## 1　アメリカ労働運動と移民労働者

　まず、アメリカの移民労働者について、その歴史的背景からお話したいと思います。というのは、アメリカの労働運動のなかには移民労働者に対する大きな反対があったからです。日本でも政府指導者たちが移民労働者を強制退去させようとしたり、あるいは既存の組合が移民労働者に対してなかなか門戸を開かないという話を聞きますが、それはアメリカでも経験したことです。
　私がアメリカの労働組合に関わるようになって30年が経ちますが、その大部

分を移民労働者、有色人種と関わってきました。私と労働組合との最初の関わりはセザール・チャベス率いる全米農業労働者組合（UFWA）との関わりでした。セザール・チャベスの指導力に強い感銘を受けました。彼は、資格外就労の労働者や低い教育しか受けていない労働者、英語が話せない移民労働者をどのように組織するかについて、とりわけ指導力を発揮していました。UFWAから学んだのは、アメリカで最も抑圧された労働者でも立ち上がれば力を発揮できるという点です。UFWAは農業に利害を持っていたわけですが、社会的な問題もとり上げて数々の闘いにおいて大きな勝利をおさめました。

ケント・ウォン近影
提供：ケント・ウォン

　UFWAに関わるなかで学んだもう一つの点は、いまアメリカの農業に従事している労働力は中南米系労働者が多いが、歴史的にはそうではなかったということです。中南米系労働者の前はフィリピン人労働者、それ以前は日本人移民、さらにその前は中国人移民が農業に従事してきました。UFWAが移民労働者の組織化に最初に成功したのは1903年のことであり、ロサンゼルス市から1時間ほどのところに位置するオックスノードという農場での組織化でした。1903年には日本メキシコ労働組合が結成され、カルフォルニア地域の日本人とメキシコ人の農業労働者の団結をめざしました。それは非常に困難な闘いで、暴力や恐喝またストライキ首謀者が殺されるという事態も起きましたが、日本メキシコ労働組合はストライキに勝利しました。この日本メキシコ労働組合が当時のAFL[2]に加盟を申請したとき、AFLは加盟を認めるにあたって一つの条件をつけました。その条件とは、新しい組合員から日本人労働者を排除せよというものでした。当時のAFLがアジア系労働者を排除するという政策を採っていたからです。それに対しメキシコ人の書記長は、現場で自分たちが日本人とともに血を流して闘ってきたと主張し、不服の申立てをしました。そして日本人を排除することは組合運動に対する裏切り行為であるとして再度加盟申請をしましたが、再び拒否されました。このことは、この100年間の労働運動と移民労働者との敵対関係を象徴しています。

　出身国にもとづいて入国を拒否する法律がアメリカで最初に成立したのは、1882年の中国人排斥法です。当時の労働組合はこの法律の成立を支援しました。

労働組合から中国人、日本人、フィリピン人を排除するアメリカ労働運動の排外主義は数十年間にわたって続いてきました。移民労働者たちは賃金・労働条件を引き下げ、スト破りに使用されるという理由で労働組合から恐れられてきました。1980年代になっても労働組合は反移民政策の立場からアメリカ議会でロビー活動を続け、1986年の雇用主罰則制度の成立に手を貸しました。雇用主罰則制度とは、資格外労働者であると知りながら雇用した雇用主を罰する法律であり、移民労働者の働く権利を奪うことに有効に寄与しました。

　このような歴史を知っていたので、1990年初頭にアジア太平洋系アメリカ人労働者連合（APALA）を創設したときAFL-CIOがどのような対応をとるか心配しました。APALAの設立総会は1992年ですが、その前年に設立に向けた準備会議をワシントンD.C.のAFL-CIO本部のなかで持ちました。中国系、日系、フィリピン系、コリア系の組合活動家が初めて集まり、どのように全国組織をつくるかという議論をしました。その会議に参加するためにわれわれがAFL-CIO本部のなかに入っていくと、AFL-CIOのスタッフたちは大変驚いた様子でした。なぜなら、アジア系労働者がAFL-CIO本部のなかに入るのは初めてだったからです。AFL-CIOのリーダーたちはドアののぞき窓からなかを見て、「いったいどこから来た代表団か？　日本か、フィリピンか、それとも香港か？」と思ったようです。アメリカ労働運動のなかにこれだけの数のアジア系活動家がいるとは、彼らにはとうてい想像できなかったのです。ですから1992年のAPALA設立総会に国内の10を超える組合から500人の活動家が集まったときはたいへん驚きました。彼らが次に驚いたのは、移民労働者の権利を擁護するためにAFL-CIOの内部組織としてはじめて移民政策の変更を求める要求をしたときです。

　設立総会のあと、すぐに私はAFL-CIOの指導部から呼ばれて事情を聞かれました。500人のアジア系活動家が集結したことを祝福されるのかと思ったら、彼らが問題にしたのはたった一つ、AFL-CIOの反移民政策に反対してAPALAが移民労働者の権利を擁護する決議をしたことは不満であるということでした。われわれが達成したことに対する祝福の言葉は一言もなく、APALAが非常に小さな組織でありながら大きな方向転換を求めようとしていることに対する不安と脅威が読み取れました。

　われわれが設立当初から積極的に行なってきたのは、第一に移民労働者を組織化することであり、第二に移民政策を変えさせることでした。嬉しいことにその二つとも実現し、2000年にAFL-CIOは100年間維持してきた反移民政策を180

度転換する決定をしました。2000年6月、われわれはAFL-CIOの政策転換を知らせる様々なイベントをロサンゼルスで行ないました。ある集会では、ロサンゼルスで最大の収容能力を誇るダウンタウンのスポーツ・アリーナ（1万6000人収容）を予約しました。移民労働者の権利について議論する集会に果たしてどれだけ多くの労働者が詰めかけるだろうかと心配しましたが、結果は2万人が来場し、5000人には帰ってもらわざるをえない事態となりました。ところがその5000人は帰るのではなく、移民労働者の権利のためにスポーツ・アリーナの回りを自発的にデモ行進をしました。その集会には世界中から何千人もの労働者が結集しました。メキシコ、エルサルバドル、ニカラグア、ペルー、中国、ベトナム、フィリピン、カリブ海諸国、アフリカ諸国、東欧諸国からも集まりました。

移民労働者をめぐるアメリカ国内の議論は、2000年の政策転換を契機に根本的に変わりました。AFL-CIOは移民労働者に対する強固な反対者から、強固な同盟者に変わったのです。2003年9月には、AFL-CIOは「移民労働者の権利のためのフリーダムライド」[3]という歴史的な運動に乗り出しました。100を超える町で移民労働者の権利のための活動が生まれ、労働組合と教会、学生、コミュニティ組織との新しい連携関係が作られました。全国の10の都市から1000人の労働者が何千マイルもバスに乗ってワシントンにやってきて、移民労働者の権利のためのキャラバンをしました。10月2日には、1000人のキャラバン参加者たちは首都ワシントンで上院議員に対し、移民労働者の権利のためのロビー活動を行ないました。10月4日には、10万人がニューヨークに集まり、移民政策の変更と移民労働者の権利擁護のために集会を持ちました。

今回翻訳された『アメリカ労働運動のニューボイス』には、アメリカの労働運動の面目を変えてきた移民労働者のオルグたちの物語が収められています。この10年間に登場してきたオルグたちは、アメリカの労働運動の様相そのものを変えてきました。何千人もの移民労働者が労働運動のなかに入ってきて、新しいエネルギー、新しい戦闘性を持ち込んだのです。移民労働者が労働運動のなかに入ってきたことで移民政策の転換が可能になっただけでなく、労働運動そのものの転換にもつながったのです。

## 2　「ジャニターに正義を！」の運動

次に、労働組合のあり方、あるいは組織の仕方を根本的に変えてきた新しい

キャンペーンについてお話したいと思います。最初に「ジャニターに正義を！」（Justice for Janitors）の運動について[4]、つぎにロサンゼルス郡の在宅介護労働者（homecare workers）の運動について[5]です。

「ジャニターに正義を！」の運動は、ケン・ローチ監督の映画『ブレッド＆ローズ』（2000年製作）の公開によって世界的に知られるようになりました。しかし歴史的には1980年代にまで遡ります。当時、私はSEIUのスタッフ弁護士としてその運動に関わっておりました。先ほど申し上げたように、AFL-CIOが雇用主罰則制度の成立に向けて動いていた時期です。したがって、「ジャニターに正義を！」の闘いをはじめたときは、雇用主からだけでなく労働運動のなかからも、またいくつかの労働組合からも反対がありました。

1980年代のジャニターたちはほとんどが中南米系移民であり、しかもその多くが資格外労働者でした。付加給付、健康保険も年金もなく酷い貧困賃金でした。しかもビル清掃業の産業構造の変化によって、ビル所有者がジャニターを直接雇うのではなく、下請け業者が雇うようになっていました。下請け制度は、歴史的に経営者が移民労働者を搾取する方法として中間業者を利用するかたちで行なわれ、農業、被服産業、ビル清掃業などでみられました。下請け制度のもとでは、ビル所有者はジャニターと直接雇用契約を結ぶのを避けたので、労働者と契約を結ぶのは下請け業者でした。下請け業者は入札制度で低価格を提示してはじめて他社と競争できるので、競り勝つためには労働者の賃金や付加給付を切り下げるしかないのです。こうしてビル所有者たちは貧困賃金を払いながら、ジャニターに対する直接雇用責任から逃れることができたのです。これが1980年代に「ジャニターに正義を！」の闘いをはじめたときわれわれが直面した問題でした。

下請け制度のもとでは5〜10人、あるいは15人の労働者がチームを組んで仕事をしていました。労働者のほとんどがで中南米出身者で英語を話さず、しかもその多くが資格外労働者でしたから、このような労働者たちを組織化するのは絶対無理だろうと信じられていました。移民労働者たちは強制退去を恐れるから前面に出たり、集団的行動に出ることはないだろうと思われていたのです。

SEIUはこの課題に果敢に挑戦したわけですが、それにはこの課題を産業全体の大きな取り組みにしなければならないことと、多額の資金と人材を投入しなければならないことを認識していました。そこではじめからこの運動を、社会正義を求める運動としてとらえ、単に「賃金を上げろ」というものではなく「ジ

ャニターに正義を！」というスローガンを掲げました。この運動は基本的人権、市民権のための運動として位置づけられたのです。

　ロサンゼルスの中心街にそびえたつ素晴らしいビルディングは世界で最も富裕な人たちが所有しているのですが、そのなかで劣悪作業所のような労働が行なわれていることをどうして想像できるでしょうか。ジャニターは人目につかない労働者です。ビル清掃はオフィスの従業員が退社した後の夜間に行なわれますから、昼間の従業員が翌朝出勤したときには床もトイレもゴミ箱もきれいに片付けられているのです。ですから、この運動で最初に取り組んだことは、労働者自身が自信を持ち、力をつけ、搾取している人々と対決できるようにすることでした。労働組合が最初に行なったのは、ジャニターを人目につくようにすることでした。つまり夜に仕事をするジャニターを白昼町中に連れ出して、大声をあげながら賑やかに集会やデモをやって、目に見える存在にすることでした。モップを持ったジャニターを図柄に描いた赤いＴシャツを作り、それを着た労働者たちが「ジャニターに正義を！」というスローガンを叫びながらロサンゼルスの中心街を行進しました。巨額の利益をあげている企業経営者たちに、ジャニターたちは子どもが病気になっても病院にも連れて行けないことを知らせ、恥を知らせたのです。『*Teaching for Change*』の本の表紙の女性はサラ・アヤラといい、長年ビル清掃に従事してきた労働者です。しかしジャニターとしての仕事をしていないときは労働組合の活動家であり、組合リーダーです。過去15年間ジャニターのデモ、集会に参加し続けています。また仲間を一人ひとり戸別訪問して、組合に入るように説得し続けています。変化を求めて闘い、必要とあれば逮捕もいとわないのです。

　1990年にジャニターたちがロサンゼルスのセンチュリーシティで平和的なデモ行進を行なったとき、一大衝突が起きました。行進の最中にロサンゼルス市警察が、これ以上のデモを許さないといって襲いかかってきたのです。ジャニターたちは、行進は言論の自由の表現であり、我々にはそれを行なう権利があると言いました。警察が行進を阻止しようとバリケード線を張ると、デモ隊のジャニターたちは逮捕されるためにその前に座り込みました。すると警察は、逮捕するかわりに警棒をあげて叩きにでたのです。そのとき20人以上が病院に担ぎ込まれ、うち一人の女性は流産してしまいました。翌日、組合のオルグたちは組合員と会うまで、この暴行の結果、組合への支持が減るのではないかと心配していました。しかし実際には、勝利するまで闘うという方針にジャニタ

ーたちが決意を固める結果につながったのです。この運動の結果、ロサンゼルスのジャニターの組織率は20％から90～95％へと急上昇しました。ジャニターは明らかに新しい労働運動の広告塔として登場しました。

『ブレッド＆ローズ』の映画は、2000年にジャニターたちがストライキを準備する過程で撮られた作品であることが面白い点です。ケン・ローチ監督が映画に使った画面映像は、ジャニターたちが実際にデモ行進しているときの実写映像です。2000年4月のストは3週間続きました。ロサンゼルス市内中で真っ赤なTシャツを着たジャニターたちの行進をみることができました。警察から暴行を受けた1990年代と異なり、市民や一般大衆から支持が圧倒的に増えていました。ストの期間中にロサンゼルス市長が支持を表明して、労使交渉のテーブルでもっと要求すべきだという声明さえだしました。ロサンゼルスで最高位に位置するキリスト教指導者がジャニターのためにミサを行ない、それは正義の闘いであると述べました。赤いシャツはジャニターの象徴となり、それを着ていれば市営バスに無料で乗れるほど支持が広がりました。3週間のストの後、ジャニターたちは26％の賃上げと本人家族を含む健康保険給付を勝ち取りました。ジャニターの運動はロサンゼルスから全米に広がり、何千人ものジャニターが組合に集うことになりました。

### 3　在宅介護労働者の闘い

第二は、ロサンゼルス郡の在宅介護労働者（homecare workers）の闘いです[6]。1999年に7万4000人の組織化が行なわれました。過去50年間のアメリカ労働運動において、単一組合による組織化としては最大の成功でした。自動車、鉄鋼、ゴムなどアメリカの基幹産業で労働組合が確立した1930年代の「座り込みスト」に比肩するものでした。しかし、その当時とは労働者のタイプも職場もまったく異なっていました。7万4000人の在宅介護労働者たちは、自宅にいる障害者や高齢者を介護する人たちでした。デトロイトのGMやフォードの工場で10万人の労働者が同じ一つ屋根の下で働くのと異なり、7万4000人の在宅介護労働者たちには7万4000カ所の職場がありました。

この運動は1980年代にスタートし、12年間かかりました。一般の人々はおろか労働運動の内部ですら、この組織化は成功しないだろうと思っていました。7万4000人の在宅介護労働者たちは主に女性労働者、マイノリティー労働者、移

民労働者であり、きわめて低賃金の労働者でした。そしてほとんどの人々が組合経験はおろか、組合に関する知識すら持っていませんでした。このような労働者の状況のもとで組織化するには柔軟なアプローチが必要であり、コミュニティを基礎にした組織化戦略が採られました。地区ごとに、7万4000人の在宅介護労働者がどこで働き、どこで暮らしているかを調べる調査から入りました。労働組合が最初に手がけたのは、多数を占める女性労働者のなかから指導者を見つけ出し、その人物が地域のリーダーになるように育てることでした。

　具体的には、地域ごとに政治活動委員会を設置していきました。政治活動委員会の責務は、第一に、地域のどこに在宅介護労働者が住み、どこで働いているかをはっきりさせること、第二に、そうして見つけた在宅介護労働者の人たちに選挙人登録を促し、選挙に行くように説得することでした。メンバーが増えるにつれてロサンゼルス市内のあらゆる個所に強力な政治活動委員会ができていき、労働組合が承認される以前から政治的な力を発揮していったのです。その結果、地区選出の議員のところに押しかけて、選挙区にいるこれだけの数の在宅介護労働者のために活動するように要求をつきつけることができました。

　在宅介護労働者の組織化を困難にしていた壁は、明確な雇用主が存在しないという問題でした。行政は、在宅介護労働者は独立の自営業者であり、組合を結成する権利はないと主張していました。しかし実際には、在宅介護労働者に支払われる賃金は行政から支出されており、在宅介護労働者が提供するサービスはアメリカ社会の健康保険行政の一助をなしていたのです。仮に公的資金から支払われる在宅介護労働者の存在がなければ利用者たちは公的施設に収容され、行政の大きな財政負担になったのです。こうして在宅介護労働者たちは公的健康保険行政に大きく寄与していました。しかし皮肉なことに、自らは健康保険を持っていなかったのです。しかも貧困賃金でした。

　政治力をつけていくプロセスのなかで在宅介護労働者たちは交渉相手となる雇用主側の組織をつくるように行政に働きかけていきました。1999年の勝利によって、在宅介護労働者たちは労働協約で大幅な賃上げと健康保険適用への道を勝ち取りました。それは多くの在宅介護労働者が初めて手にしたものでした。1999年のロサンゼルスの勝利に刺激されて全国の在宅介護労働者が組合に参加するようになりました。ロサンゼルスで1999年に7万4000人だった在宅介護労働者の組合員は、現在2003年では10万人以上にのぼります。

　これら二つの事例は、労働組合が労働力の変化、経済の変化に柔軟に対応し

た結果生まれた成功例です。二つとも伝統的に労働組合が避けてきた労働者、すなわち女性労働者、マイノリティー労働者、移民労働者に対する働きかけでした。また二つの事例とも、労働組合の役割をこれまで以上に広く再定義するとともに、教会や学生などの地域の諸組織、諸団体との連携を強めた闘いでした。

## 4 労働者の国際連帯のために

　この二つの成功例を報告できることは大変喜ばしいことなのですが、全体としてアメリカの労働運動は大きな危機に直面しています。それは経済がグローバル化するなかで、世界中の労働組合が直面する危機でもあります。AFL-CIOのスウィニー会長は現在のブッシュ政権を自分が経験したなかで最悪の政権であると言っています。ブッシュ政権は国際社会の決議を押し切ってイラク攻撃に乗り出し、占領し、それによって多くの破壊が起きています。また、ブッシュ大統領は「テロに対する闘い」と称して中東諸国や世界の平和を脅かしているだけでなく、アメリカ国内の労働者への攻撃もしかけています。新自由主義政策のもとでアメリカの政策が世界各国に輸出され、自由貿易と規制緩和によって、労働・環境基準の引き下げがすすみ、社会契約が崩されつつあります。このような情況において、私が今日お話した問題は大きな意義を持ちます。資本がグローバル化し、多国籍企業が資源と低賃金を求めて全世界を駆けめぐっているとき、残念ながら労働運動は国境にとらわれています。WTOやIMF、世界銀行は資本の自由な流動化をすすめていますが、残念ながら労働力の移動に関する取り組みはなされていません。資本は国境を超えて自由に流動していますが、労働者はよりよい生活を求めて移動しようとすると様々な抵抗や反対にあい、搾取に直面しています。このような情況において、労働者の連帯を求め、対話を進める点で国際労働研究センターの役割は非常に重要であると考えます。将来日米の労働運動の間で対話と交流がすすみ、平和と国際連帯のために互いが連携を強めていくことを期待しています。午後の討論を期待します。皆さんのご参加本当に有り難うございました。

## 質疑

　今回の会合では、参加者に事前に質問用紙を渡し、ケント・ウォンさんの報

告終了後に質問および質疑で取り上げてほしいテーマを提出してもらい、それを下記の8つの大きなテーマに絞って質疑を行なった。8つのテーマとは、①在宅介護労働者の組織化について、②「ジャニターに正義を！」の運動について、③生活賃金キャンペーンについて[7]、④APALAが力を注いでいるリーダー養成の中身について、⑤地域の労働者センターの役割について、⑥労働組合の学生への働きかけについて、⑦移民労働者の組織化について、⑧その他についてである。また、今回の会合を参加者が日米両国の経験を共有し、交流する場にしたいというケント・ウォンさんの要望にそって、それぞれのテーマについて日本で関連する活動を行なっている組織からの参加者がいる場合には、その経験について紹介してもらうかたちで進行した。司会は戸塚秀夫さんがつとめた。

## 1 在宅介護労働者の組織化について

**戸塚秀夫**（司会）：このテーマについて、全港湾の伊藤彰信さんから次のようなご質問がでております。1999年のキャンペーンの結果、在宅介護労働者の雇用関係はどのようになったのか、また、社会保障を受けられるようになったのであれば、正規労働者と同じ存在になったのかどうかという質問です。伊藤さんはまた、全港湾でもビル清掃労働者やホームヘルパーを組織しているので、日本における全港湾の経験を紹介したいと希望しておられます。また、下町ユニオンの前田馨さんから、コミュニティ・ユニオンとして地域の介護福祉労働者の組織化に取り組んでいるので、さらに詳しく知りたいという希望が出されています。そこで最初にこのお二人に、それぞれの経験について語ってもらいましょう。

**伊藤彰信**（全港湾）：全港湾というと、皆さん、港湾労働者を組織している組合というイメージをお持ちだと思いますが、1万5000人の組合員のうち約6割が港湾労働者、2割がトラック運転手、残りの2割がそれ以外の労働者で、ホームヘルパーを約300人、ビルメンテナンス労働者を約500人組織しています。そこでホームヘルパーについて、日本の現状を少し紹介したいと思います。

私どもは労働者供給事業[8]を通じて、長年、家政婦、看護婦の労働者を組織してきました。健康保険法の改正によって病院付添看護が1996年に廃止になり、介護保険制度へと移行していきます。当時約14万人の病院付添看護労働者がおり、彼女たちは患者個人に雇用される労働者なので、労働基準法の適用外労働者でした。2000年4月にスタートした介護保険制度では、事業主に雇用される

労働者を利用した場合しか介護保険を使えないので、すなわち労働者供給事業のもとでの労働者の利用には介護保険を使えないので、全港湾は企業組合を設立して事業体を作りました。組合が自ら事業をおこすことによって組織化する、という形態をとったわけです。病院付添看護が廃止される1996年当時、全港湾は1500人ほどの病院付添看護労働者を組織していましたが、廃止によってその数は100人程度にまで激減しました。いま300人程度にまで回復したところです。

日本では介護労働者に社会保険を適用できる状況になっていますが、短時間労働者に対する社会保険制度の適用が十分確立していないこともあって、現実には労働者がそれをなかなか利用したがらない状況です。介護ビジネスに進出している企業の介護労働者の組織化に成功しているのはゼンセン同盟ぐらいで、組織労働者の数は約3万人ぐらいだと思います。日本における以上の状況から、アメリカの状況について伺いたいのは、1999年のキャンペーンの結果、在宅介護労働者の雇用主は誰になったのか、また、どういう形で社会保険制度が提供されるようになったのか、という点です。

**前田馨**(下町ユニオン):はじめに私たちの組合について簡単に紹介します。下町ユニオンは東京東部の江東、墨田、江戸川の3区を中心に、2年半前からホームヘルパーや福祉施設で働く労働者を対象に組織化しています。そもそも下町ユニオンは個別労働相談を基礎に活動してきており、きっかけは、相談に訪れた解雇者が中高年の女性の場合、次の働き口がなかなか見つからず、ホームヘルパーになっていく人が多かったからです。日本の産業構造が変化していくなかで、介護労働は労働組合としてもきちんと取り組まなければならない分野であることを認識して、取り組むことを決めました。

福祉施設で働く労働者の場合は施設ごとに当たりをつけて接近できたのですが、ホームヘルパーの場合は、アメリカのお話にもあったようにアプローチするのが困難で、地域のあらゆる伝(つて)を使いました。来春(04年春)頃に介護福祉労働者の組合の立ち上げをめざしている準備段階です[9]。アンケート調査によると、ホームヘルパーたちは、一人ひとりが孤立しており、賃金や労働条件への不満もさることながら、情報がないことへの不満や疎外感を感じていることがわかったので、いまは労働者間の情報交換と技能研修、交流をすすめることに力を注いでいます。私たちにとって幸いだったのは、地域の診療所に私たちの活動に協力的な方々がおり、医療や健康に関する必要な知識などを教えてくれたことです。活動を継続して、少しずつ力をつけていければと思っています。

質問は介護の問題から少し離れますが、二つあります。①労働者に選挙登録をするように説得しているとのお話でしたが、具体的にどのように行なっているのですか。また、②選挙という政治活動につなげることに対し、労働者からの拒否反応はありませんか。

　**戸塚**：ケント・ウォンさんにはまとめてお答えいただくように、関連する他の参加者からの質問も紹介しましょう。アメリカの労働法のもとでは、在宅介護労働者が労働協約を結ぶのにどのような条件を満たすことが必要かという質問がでております。

　**ケント・ウォン**：日本で介護労働者の組織化が進められていることを聞いて嬉しく思います。現在、私はロサンゼルス市の在宅介護労働者たちを組織化した運動を調査中であり、報告書をまとめようとしているところです。その過程で、組織化を担った多くのリーダーたちから聞き取りを行ないました。しかし、この問題はもっと広い経済自体の変化のなかで、つまりアメリカ社会における製造業中心の社会から情報・サービス産業を中心とする社会への変化のなかで起こったものです。アメリカ労働運動の構造をみれば、いまのアメリカの労働力構成を反映していないことは明らかであり、既存の狭い範囲の組合員だけをみていては、アメリカ労働運動の全体をとらえられないことが重大な問題なのです。これまで労働運動の対象にならなかった労働者全体をとらえた、より広い運動を作ることが必要です。アメリカの在宅介護労働者たちの組織化の成功が、労働組合の進むべき方向や採るべきかたちを示すものになることを期待しています。

　SEIUは1980年代に在宅介護労働者の組織化に乗り出したとき、第一に中心となる労働者のグループ作りからはじめました。驚いたのは、賃金も労働条件も低く、在宅介護労働者に対する社会的評価も低いこと、そして労働者自らが在宅介護労働者であると自覚しないで働いていることでした。在宅介護労働者たちは、学校に通っていて勉強の合間に他人の面倒をみているんだとか、次の仕事につくまでのつなぎの仕事として介護しているんだというような話をしていました。しかし実際には、つなぎの仕事のつもりが、気がつくと5～10年、15年も従事しているというのが実態でした。したがって、在宅介護労働者たちに働きかけを行なうとき一番大事なことは、自分たちの仕事に誇りを持ってもらうようにすることでした。

　最初に行なったのは、在宅介護という仕事に関する訓練です。介護の基本的

技能の訓練、移民労働者が多いので英語教育も含まれました。もっとも成功した訓練講座は「死」についてどのように向き合うか考える講座でした。「死」は在宅介護という仕事のなかで体験する基本的経験であると同時に個人的な問題でもありますが、社会のなかではタブー視され、「死にどのように向き合うか」ということにはあまり触れられてきませんでした。この訓練講座を通じて在宅介護労働者の労働組合に対する考え方が変わり、いままで学ぶことができなかった問題を学んだり議論したりできる場として、組合をとらえるようになりました。

　下から組合を作り上げる訓練には、職業訓練、政治構造に関する教育などが含まれましたが、最も影響を与えたのは在宅介護労働者に対し、彼らの問題を経済問題としてだけとらえるのではなく人間として社会の全体にどう関わるかという視点を労働組合が投げかけたことでした。在宅介護労働者の組織化を通して、私が最も素晴らしいと思ったのは、労働者一人ひとりが個人として、人間として発達していく姿を見たことです。労働者がアイデンティティーを持ち、組合員として、組合活動家として誇りを持つようになっていったことです。

　法律面では、雇用主の組織をどう作らせるかというのが大きな問題でした。在宅介護労働者は公費から賃金を支払われていましたが、どの労働者を雇うかは利用者個人の判断によっていました。郡は公費から賃金を支払っているが、介護労働者は自営業者である、仮に雇用主がいるとすればそれは利用者である、と主張していました。法律を変えるには議会の力が必要なので政治的解決しかないと考えました。雇用主組織を作らせるための政治的運動は利用者との連携を強めると同時に、利用者が住んでいる地域を巻き込んだ運動にならざるをえませんでした。労働組合は地域の高齢者団体や障害者団体に働きかけを行ない、雇用主組織の設置が在宅介護労働者だけでなく、利用者の利益にもなると説得しました。利用者団体がわれわれの側についたことで、両者を分断・対立させようとした当局の目論見は完全に失敗しました。組合が主催した郡の建物の前での大集会に、車椅子の利用者が参加して支持を表明すると、郡は最終的に譲歩し、公的機関[10]を設置して、そこを組合の交渉相手とすることを決定しました。この運動は、賃上げや付加給付の向上に寄与しただけでなく、労働運動が人権や権利の問題に、性別や移民、資格外労働者かどうかにかかわらず取り組むという転換を示したという点で、大きな意味がありました。

　**戸塚**：他に、在宅介護労働者を組織するときの主なスローガンは何でしたか

という質問がありました。翻訳書の 100 ページに掲載されている集会の写真には"We Care About Our Patients!" とありますね。

ウォン：「尊厳」「権利」「誇り」といったスローガンは、闘いのなかから出てきました。労働者たちは集団としても変化しましたが、個としても変化しました。一人ひとりが自分たちの仕事に誇りを持つと同時に、社会に対する役割を自覚するようになりました。スローガンはその表れです。

戸塚：すでにお答えいただいたようにも思いますが、次のような質問が出ております。組織化の後、雇用主は誰になり、どのような交渉システムができたのですか？　という質問です。

ウォン：団体交渉のシステムは、他の公務員のそれと似ています。7万4000人を対象とする労働協約なので、一つひとつ交渉を積み上げながら少しでも良い条件を勝ち取ろうとしました。組合に加入する以前は誰も健康保険給付を持っていなかったので、その獲得が一番大きな要求でした。したがって交渉の課題は、賃上げとすべての在宅介護労働者に健康保険を給付することでした。もう一つの大きな勝利は、在宅介護労働者の介護の技能を向上させるための基金を設置したことでした。以上が団体交渉で得た直接的成果です。

## 2　「ジャニターに正義を！」の運動について

戸塚：いまのご説明でかなりよく理解できたのではないかと思いますので、二番目の問題に移りましょう。民放労連の方から、もしこの運動が何らかのかたちで下請け労働者の使用を制約することになったのであれば、その具体的な仕組みについてお聞きしたいというご質問がでています。

Q（民放労連）：たとえば民放労連でも多様な雇用形態の労働者がおりますが、そのなかでも増加しているのは契約労働者です。なかには最低賃金を下回る労働条件で働いている者も多い。そのような下請け労働者間の「安売り競争」になんらかの歯止めをかけていかないと、労働条件の改善は難しい状況にあります。「ジャニターに正義を！」の運動では、ビルのオーナーをまわって運動されたとのことですが、日本の放送局でそれを考えたとき、それは親会社と下請会社の契約事項であると言われ、組合が介入できる余地はあまり期待できません。親会社を意識改革させるまでに持っていくのは難しいですが、最低でもこれだけの賃金が保障されなければならないというリビング・ウェイジ的な考え方を、親会社に求めていけないかと考えています。「ジャニターに正義を！」の運動で

は、そのような具体的規制を課すことはできたのでしょうか。

　ウォン：産業構造の変化は、「ジャニターに正義を！」の運動が直面した重要な問題でした。1970～80年代、オーナーは下請け労働者を活用することによって組合を潰すことができました。下請け業者は入札をとるために互いに競争したので、労働者の賃金が劇的に低下しました。労働組合は二つのことを意識しました。一つは、1社の下請け業者の労働条件をよくしても入札競争からはじかれるだけだから、運動を産業全体に広げなければならないということ、もう一つは、単に下請け業者を相手にするのではなく、ビルの所有者を交渉の場に引きずり出さなければならないということです。

　「ジャニターに正義を！」の運動では、キャンペーンに先立ち、ビル清掃労働者に対する大がかりな教育がなされました。オルグたちは民衆教育の手法にもとづいて、産業構造を理解してもらうための強力な教育プログラムを組みました。その結果、2000年のロサンゼルスのキャンペーンの時には、産業構造のなかで所有者と下請け労働者がどのような関係になっているかや、賃貸率、利潤、経費算定方法について質問すると、どの労働者からも同じ答えが返ってきました。

　この教育プロセスを通じて労働者たちは、この運動が自らの闘いであるというしっかりした自覚を持つようになっていました。したがって、下請け業者との交渉で賃金や付加給付を増加させようとするのであれば、そのぶんはオーナーが負担すべきであるということをはっきり理解していました。労働者たちは、誰が所有者であるかをはっきり認識できるようになっていたので、もはやオーナーが下請け業者の後ろに隠れることは許されませんでした。ビルのテナント業者がジャニターに生活できる賃金を支払うことを、オーナーが保証するように求めていきました。地域団体との話し合いでも、問題解決のために最も大きな力を持っているのはビル所有者であることが明らかにされました。ストライキの過程では、所有者と下請け業者との矛盾を利用してビル所有者を交渉に引きずり込むことで、ストライキに勝利しました。

　戸塚：補足的に質問したほうがいいと思うのは、「ジャニターに正義を！」の運動ではビル清掃者の職場がビルとして誰の目にもはっきりしているのに対して、民放労連の場合は下請けの仕事が実際どこでなされたものか必ずしもはっきり見えないかたちで納品されてくるという構造ではないかと素人判断するのですが、もし「ジャニターに正義を！」の運動が成功することによって他のサー

ビス産業の分野にも何らかのインパクトを与えている経験があれば、ケントさんからお話していただきたいと思います。

　ウォン：それは非常に大切な問題で、アメリカの組織率は35％から13％に激減していますが、公務員と民間労働者では組織率にも大きな差があります。公務員の組織率は35％と非常に高いが、民間労働者は9％です。この格差についてはいくつかの理由がありますが、第一は、民間企業は概ね反組合で、利潤を上げるために組合を潰そうとする姿勢があることです。第二には、製造業における工場閉鎖や企業逃亡の問題があります。昨夜参加したレイバー・フェスタ[11]で、マイケル・ムーア監督の『ビッグ・ワン』という映画が上映されました。この映画は利潤を上げているにもかかわらず工場が次々と閉鎖されていく状況を描いています。第三世界に工場を移転すれば、現地の低賃金を利用してさらに大きな利潤を上げることができるからです。その意味で、アメリカで最も賃金が低く労働条件も低いスウェットショップ的産業は、工場閉鎖や企業逃亡が最も多い職場といえます。結果として労働組合は、国内の被服産業で組織することをあきらめています。というのは、組織化しようとすれば必ず工場閉鎖や海外逃亡になるからです。製造業の労働組合は非常に厳しい状況に直面しています。

　戸塚：もう一つ、「ジャニターに正義を！」の運動は毎年要求を掲げて闘うような継続的運動になっているのか、また全米に広がっていると考えていいのか、という質問が出ています。

　ウォン：「ジャニターに正義を！」の運動の勝利で、ジャニターの組織率はカルフォルニア州で、そして全米でも劇的に伸びました。それによって業界での「パターン交渉」が復活しました。2000年の3週間のストライキから3ヵ月後、賃金は26％上昇し、本人と家族全員に適用される健康保険給付を勝ち取ることができました。その結果、この水準が全国のジャニターの労働協約に反映され、ストなしでもこの水準が達成されるようになりました。しかも政治的に同時的な闘いができるように、同じ時期に労働協約が期限を迎えるように設定しています。それによって全国的に、ジャニターの集団的な力を強め、大きくすることができるからです。

## 3　リビング・ウェイジ・キャンペーンについて

　戸塚：リビング・ウェイジ（生活賃金）の問題に移りましょう。この運動については、当センターでもステファニー・ルースさん[12]をお呼びしてお話を聞く

と同時に、翻訳物[13]も出しました。それらの経験を通じて、この運動は労働組合の系統の違いを超えて日本でも可能性のある運動として受けとめられたのではないかという印象をもちました。リビング・ウェイジ・キャンペーンに関するご質問が、先ほどの民放労連の方からでています。

Q：先ほど申し上げたように、放送局では社員 1 名に対し非正規雇用労働者は10名です。非正規雇用労働者の圧倒的多数に対し私どもの組織化は全く手つかず状態で、最も低レベルの労働規制を労働組合としてどのようにかけていけるか悩んでいます。従来から最低賃金要求を出していますが、直接雇用の労働者に適用される従来の企業内最低賃金と区別して、今秋の要求からは構内で働く労働者全てに適用できる「構内最低賃金」のようなものを考えています。アメリカのリビング・ウェイジ・キャンペーンは、最初は公契約下で働く労働者への適用でしたが、しだいに大学や地域へと広がっていったと理解しています。民間にも広がっていく形ができているのであれば教えていただきたいと思います。

**戸塚**：自治体中心のリビング・ウェイジ・キャンペーンがどのように様々な形で広がっているのかという問題ですね。

**ウォン**：リビング・ウェイジ・キャンペーンも進歩的労働運動がいかに視野を広げていくか、とりわけ経済的正義に取り組む他の組織とどのように創造的な協力関係を結んでいけるかと、いう例の一つです。アメリカは先進工業国のなかで最も貧富の差が拡大しています。この意味で、リビング・ウェイジ・キャンペーンの運動は民主主義と社会正義を広げるための労働運動として広がっています。アメリカにも最低賃金制度はありますが、現行の最低賃金では最低水準の生活さえできないというところからこの運動が起こってきました。この運動のなかで議論になっているのは、特定の州、市で労働者が貧困状態から抜け出すための賃金とはどのくらいかということです。リビング・ウェイジ・キャンペーンでは、政治的な働きかけが可能であるという理由で公共部門が最初の戦略目標となりました。

ロサンゼルス市は最も先進的なリビング・ウェイジ条例をもっていますが、調査の過程でかつて公共部門の労働者によって担われていた仕事が民営化によってどれだけ賃金が低下したかが明らかにされました。かつて公共部門の仕事としてまともな賃金と付加給付を得ていた仕事が民間に下請けに出されて、貧困賃金しか支払われていないことが明らかになったのです。さらに、下請け業者は労働者に健康保険給付を与えておらず、労働者たちが公的医療扶助に頼ら

ざるを得ないことが明らかになると、生活賃金を支払っていない民間業者にどうして市の仕事を回すのかという議論に発展していきました。労働組合と経済的正義をめざす諸団体、宗教団体が結集して、ロサンゼルス市全体でリビング・ウェイジ条例をめざす運動が広がっていきました。

　2002年サンタモニカ市でリビング・ウェイジ条例をさらに前進させる運動が起こっています。ここではじめて、リビング・ウェイジ条例の適用対象を自治体と契約関係にある業者だけでなく、地域単位に広げようとしました。サンタモニカ市が観光事業に多額の資金を投じることでその地域の企業や雇用主も利益をあげているのだから、その地域全体で働く労働者をも条例の対象者に含めるべきだとして、労働組合は地域団体をまきこんで、その地域全体で働く労働者を条例の対象者とする画期的な条例を市議会で通過させようとしたのです。ホテル産業はその条例通過に強く抵抗し、取り消しに向けた住民投票を求めて動きました。多額の資金を投じて派手な宣伝活動やデマ宣伝をした結果、条例制定は失敗に終わりました。条例の推進者たちは再度の住民投票を求めていますが、次の実施までには1年の経過期間が必要です。とにかくサンタモニカ市のリビング・ウェイジ運動は、全国的に注目された実験的な試みでした。来年皆さんに結果をお知らせできればと思っています。

　**戸塚**：三つの新しい運動について意見交換ができましたので、ここで休憩を入れましょう。（休憩）

## 4　労働者センターについて

　**飯田勝泰**（東京労働安全衛生センター）：安全センターの専従であると同時に地域のコミュニティ・ユニオンでも活動しており、その立場からご質問したいと思います。アメリカでは労働者センターが労働者の相談活動や権利を守る活動を行なっていると聞いています。他方、SEIUやHEREの移住労働者の組織化キャンペーンでも、そうした労働者センターとの連携が見られると聞いています。日本のコミュニティ・ユニオンはまだ小さな組織ですが、日本の労働法の特徴を生かして「1人でも個人でも加入できる労働組合」の強さをあわせ持ち、それなりの役割を果たしています。しかし、組織化運動の大きな流れにはなっていません。そこでお聞きしたいのは、アメリカにおける産別の組織化の取り組みと地域における労働者センターの活動がどのようにリンクしているのか、あるいはどのような緊張関係にあるのかということです。

ウォン：移民労働者に関する政策変更があったのは 2000 年のことであり、そんなに昔のことではないことは先ほど申し上げました。しかしここ 10 〜 15 年の間に、全米各地で移民労働者のためのセンターができています。スタッフ数、資金など運営規模から言えば小さな組織ですが、移民コミュニティの声を代弁し、移民労働者の問題に社会の関心を向けていくうえで大きな役割を果たしています。多くの場合、労働者センターは既存の組合が無視してきた領域で活動してきています。労働者センターが対象にしているのは、被服産業の労働者、日雇労働者、レストラン産業の労働者、庭師など既存の組合が対象にしてこなかった移民労働者です。コミュニティの様々な問題に対して働きかけを行なうだけでなく、ある地域、ある雇用主に対する組織化にも取りかかり始めています。戦略的観点から言うと、そうした個別の運動で勝利し、運動を持続させるのは大変困難です。しかし、移民労働者が抱えている問題の取り上げという点では、それこそ労働者センターがなければ取り上げられないような問題の取り上げに貢献しています。個別企業に対する組織化では、既存の労働組合と協力しながら行なっているケースもあれば、対立関係にあるケースもあります。ニューヨーク市では、労働者センターと既存の労働組合の間に非常に厳しい対立があります。他方、ロサンゼルス市では両者の関係は比較的良好です。たとえば今年の「移民労働者のためのフリーダムライド」運動には多くの労働者センターが参加していますし、労働者センターと労働組合が共同で研修・教育プログラムを行なっているケースもあります。このような両者の健全な関係がさらに発展していくことを願っています。

**増田寿男**（法政大学）：労働者センターの資金、組織人数、運営について教えて下さい。

ウォン：全米に 10 〜 15[14] くらいの労働者センターがあります。ほとんどは小規模で、少ないところで 2、3 人、多いところでも 6 人ぐらいの専従スタッフです。運営資金はほとんどが私的な助成団体から調達しています。私的助成団体が労働組合の組織化活動に資金提供することは法律で禁止されていますが、労働者センターは教育活動を行なっているので資金提供が可能です。労働者センターの活動の中身は、法律や権利に関する相談、英語教育などです。一部の労働者センターは直接の組織化にも乗り出し、既存の組合との協力関係を生み出す契機になっている一方で、潜在的競争関係もうまれている訳です。たとえばこれはロサンゼルス市の社会正義の図[15]で、どの地域に低賃金労働者が住んで

いるかを調査した結果にもとづいて作成されたものですが、低賃金労働者や移民労働者のための活動をしている団体の所在地も示しています。労働組合が進めている組織化と労働者センターが進めている組織化を意識的に取り上げ、両者を結びつけようとしてこのような地図が作成されました。「ジャニターに正義を！」や在宅介護労働者の運動がある場所を示す一方で、被服労働者センター[16]、KIWA[17]の運動を示していますので、あとでご覧下さい。

## 5　リーダーシップ・トレーニングについて

戸塚：すでにお帰りになられたのですが、東京東部労組の足立実さんから、①多くの労働者のなかからどのようにリーダーを発見しているのか、またその際の条件は何か、②どのような実践と学習を通じてリーダーを育てているのか、特に学習科目の中身を教えてほしい、というご質問が出ております。足立さんは労働組合で長い間組織化にかかわってこられた方です。

ウォン：私は12年間UCLAの労働調査教育センターの所長として勤めています。このような大学ベースの労働者教育センターは全米に約50あり、労働者教育に貢献しています。仕事としては、一方の学生に教えること、労働問題の調査・研究、出版に加えて、もう一方の大きな仕事として労働教育プログラムの開発、とりわけ労働組合の活動家、指導者養成のための教材プログラムの開発があります。約50の労働者教育センターでは、労働者教育に関する考え方やその手法にも幅がありますが、UCLAと一緒に活動している労働者教育センターは、民衆教育の手法にもとづいて教育しています。それはブラジルの教育者パウロ・フレイレの考えにもとづくもので、自己改革の手段として教育をとらえる方法です。最近出版したアメリカの労働者教育の経験に関する本[18]は、各地で労働者教育を通じて労働者がどのように力をつけていったかを描いています。そのなかの1章は、ジャニターのストライキに向けて2年間どのように労働者に働きかけを行ない、指導者を作り上げていったかという教育準備作業を描いています。もう一つの章は、1999年にWTO総会がシアトルで開かれたとき、それに先立ち労働組合が労働者に対しWTOについての教育をどのように行なったのかを取り上げています。さらに別の章では、テネシー州のハイランダー・センターが1930年代の労働運動の高揚、あるいは1960年代の公民権運動にどのような役割を果たしたかを歴史的に描いています[19]。われわれの教育哲学は、労働者自身が持っている知識や能力を基礎にし、教育を変革のための道具とみる考

え方です。また労働者自身が自らを変える能力をもっていると見る考え方です。

**戸塚**：足立さんがいらっしゃいませんので私が代弁しますと、日本の戦後労働教育で主要な科目とされたのは資本主義批判と、新しい社会としての社会主義社会をどう考えるかでした。足立さんは、ソ連崩壊後それらの科目は人気がないが、日本の戦後労働運動のなかで果たした役割を評価していると推測します。たとえば、戦後日本の労働運動で盛り上がりを見せた三池争議を準備したのは社会主義教育でした。おそらくイデオロギー的教育はアメリカの労働教育のなかでほとんど位置を占めなかったのかどうかを論争的に提起したかったんだろうと推測しますので、この点をケントさんにお答えいただければと思います。

**ウォン**：アメリカ労働運動の起源は左翼にあります。1930年代にCIO[20]を結成した運動、また現代の主要な運動の基礎を作ったのは共産主義者、社会主義者たちでした。しかし、第二次世界大戦後の冷戦開始とともにアメリカ社会全体が右に旋回し、戦後のマッカーシズムのなかで労働運動の内部には共産主義者、社会主義者を排除する動きがありました。1950年代以降、アメリカの労働運動は資本家や帝国主義者たちと強固な同盟関係にあり、AFL-CIOが世界各地で関わった社会変革を潰す運動に対し、アメリカ国務省は膨大な資金をつぎ込んできました。AFL-CIOは政府の資金を得て世界の解放運動を弾圧してきたという恥ずべき歴史を持っているのです。

しかしアメリカ労働運動の内部でも世代交代がすすみ、とくに末端の指導部では以前とは異なる社会背景、考え方をもった人々が出てきています。これら新世代の活動家として登場してきているのは、全米農業労働組合で訓練を受けた人々、ベトナム反戦運動、公民権運動、女性解放運動のなかで自らを鍛えてきた人々です。このような人々の多くは社会主義、共産主義運動とつながりを持って活動してきていますが、そうかといってアメリカ労働運動のなかで社会主義者、共産主義者が支配的力をもって登場してきているわけではありません。反帝国主義感情を抱き、マルクス主義、共産主義に関心を持っているが、それが目に見えるかたちで出てきてはいません。1995年のジョン・スウィニー指導部の登場によって、冷戦時代を支配してきた右寄りの政策が変わろうとしています。国際舞台でも大きな変化が見られ、かつてAFL-CIOはその国の最も右派的組合と関係があったのですが、今ではもっとも進歩的で社会主義的な労働運動と関係を持ち始めています。

しかしそのような変革の流れにあってもばらつきがあり、私は現在、中国の

組合との関係をめぐってAFL-CIO指導部と熱い討論を交わしています。昨年二つの訪問団をつれて中国を訪れたときのメンバーには、SEIU委員長とカルフォルニア地方労働評議会委員長もいました。また2003年8月のAPALA総会に、中国の労働組合で高い地位にある人を招待しました。その結果、私はAFL-CIOのなかに未だ存在する冷戦勢力の攻撃対象になっています。冷戦時代はそう昔のことじゃないので、この問題にお答えするのは難しいのですが。私のように反帝国主義運動出身の者がAFL-CIO指導部と面と向かうには注意が必要なのです。

　**戸塚**：最後の中国との関係に関連する質問が出ておりますので、ちょっと立ち入った内容ですがご紹介いたします。APALAと中華総工会との交流があると聞きました。中国が勢いを増すなかで中国の労働組合との交流は意味があると思いますが、今中国国内で多発している争議に対する中国政府の弾圧及び中華総工会がその弾圧を認めていることについてどのようにお考えですかという質問です。

　**ウォン**：APALAは1992年に設立された比較的新しい組織です。1995年にAFL-CIO指導部が変わって以来、環太平洋地域で新しい関係を作る機会が広がったと見ています。たとえばAPALAは韓国の民主労組と交流関係にあり、経験やオルグの相互交換を行なっています。韓国の民主労組が韓国に移民労働者のためのセンターを作ったと聞いてたいへん嬉しく思います。台湾の総工会とも交流があり、ロサンゼルスのチャイニーズ・デイリー・ニュース[21]の組織化争議では支援してもらっています。国際交流は具体的な闘いに根ざしたものでなければならず、このケースではチャイニーズ・デイリー・ニュースの本社は台湾にあるので、コーポレート・キャンペーン[22]に乗り出すのに台湾の総工会が大きな役割を果たしてくれました。

　AFL-CIOは、APALAが韓国や台湾の労働組合と交流することについては好意的ですが、中華総工会との交流については歓迎していません。2000年以降、AFL-CIOは中国のWTO加盟、最恵国待遇に反対する勢力の最先鋒に立っていました。最近はアメリカの経営者団体の一つである全国製造業協会と共同で、人民元切り上げを求める声明を出しました。われわれAPALAは、AFL-CIOが展開している反中国政策、つまりグローバル化によって職を失うのはアメリカ資本の多国籍企業のせいではなく中国のせいだと労働者に思い込ませようとしていることに反対しています。中国の状況は非常に複雑で、しかも急激に変化しています。中国の労働組合は世界最大の組合員数1億3000万人を擁していま

す。経済が国家の支配下に置かれていたときの中国の労働組合の役割は非常に限定されていましたが、いまは外国資本が多数入ってくることで、中国の労働組合は大きなストレスを抱えています。はじめて外国資本と交渉する必要性に直面しているのです。かつて中国の労働組合は独占状態に近く、与えられた組織だったわけですが、今では民間企業を組織しなければならない立場に立たされています。かつての国家支配の経済から資本主義をも含む混合経済への転換のなかで、中国の労働組合のなかにもいろいろな考え方が生まれてきています。ワークス・カウンシルにもとづく共同経営など、ドイツモデルを学ぼうとする勢力も生まれつつあります。中国の労働組合はいま世界に目を向けて、どのようなモデルがあり得るかを積極的に探っています。この状況下で中国の労働組合と対話・交流を進めていくことは重要だと思います。このプロセスを通じて、AFL-CIO内部の右派的勢力や反共勢力の力を弱めていけるのではないかと思っています。まだ始まったばかりですので、今後の経過についてはまたの機会にお知らせしたいと思います。

6　学生への働きかけについて

戸塚：ユニオン・サマーやティーチ・インなどで学生を巻き込むとき、労働組合が働きかけをするのはどんな組織ですかという質問が出ております。

ウォン：ベトナム戦争への反対運動の時代には、アメリカ労働運動と知識人の間に大きな乖離が見られました。AFL-CIO指導部はベトナム戦争を支援し、戦争に反対する勢力と敵対しました。AFL-CIO内部には、進歩的知識人に対してだけでなく学生に対しても不信感を抱く雰囲気がありました。したがって、数十年間にわたってAFL-CIOは若者や学生に対する働きかけを全く行なってきませんでした。結果として、アメリカ労働運動は高齢化し、組合員の平均年齢は年々上昇しています。

アメリカ労働運動が生き残れるかどうかは、若者や学生に対する働きかけにかかっています。ジョン・スウィニーが1995年に会長に登場してはじめてAFL-CIOは学生に対し労働組合の窓を開くようになったのです。まずユニオン・サマーを行ない、学生活動家が夏休みにインターンとして労働組合にかかわるような取り組みを行なっています。ロサンゼルス市でも数年間ユニオン・サマーに取り組み、非常に優れた学生活動家を労働組合に配置するいい機会となっています。他の市がロサンゼルス市ほど上手くいっていないのには二つの原因があ

ります。一つは、強力な組織化運動がロサンゼルス市ほど存在しなかったこと、もう一つは、労働組合と学生との関係が良好でないので、どこに、どのような学生がおり、どのような学生を選んだらいいかがわからないことが要因としてあげられます。

　したがって、ユニオン・サマーを成功させるには次の二つの要素が必要です。第一に、労働組合の仕事をするのに必要なスキルを持った学生活動家とつながりをもつこと、第二に、労働組合がそうした学生を有効に使いこなす能力を持っていることです。ロサンゼルス市ではこの8年間、毎年ユニオン・サマーが取り組まれ、結果として30人程の学生活動家がスタッフ、オルグとして組合に入ってきています。

　おそらく今日、全米で最も勢力のある学生運動は「ノー・スウェットショップ・キャンペーン」[23]でしょう。「ノー・スウェットショップ・キャンペーン」はグローバル化、人権、労働者の権利、女性の権利、グローバル化におけるアメリカの役割など様々な重要問題を含んだ運動です。この運動のもう一つの強さは、国際的なノー・スウェットショップ・キャンペーンの舞台で大学を攻撃対象の一つとして捉えていることです。どの大学も、その大学のロゴが入ったTシャツやトレーナー、帽子などを作っていますが、それらの多くがスウェットショップで作られています。いま多くの大学で、大学のロゴ入り商品をスウェットショップでない工場で作ることを大学側に行動規範として認めさせようとする運動が起こっています。そこでは、その製品が劣悪作業所で作られていないことを保証するのに、そのための行動規範にどのような項目を入れることが必要かが議論されています。この運動は全米で広範に広がっており、何千人もの学生がこのキャンペーンに参加しています。

　もう一つの取り組みとして、大学院生を労働組合に組織することを行なっています。大学ではいま、経費削減の目的で多くの仕事が大学院生に移行しています。多くの大学院生が研究に従事し、講義を受け持ち、学生の論文を見ています。大学が彼らに支払う賃金は極めて低賃金です。ここ数年、大学の仕事をしている大学院生が労働組合を組織し、大学の基本的な仕事をしているのだから組合を認めるように要求しています。全国の大学で大学院生がストライキを行ない、組合承認と労働条件の向上を獲得しています。これらの経験は大学において組合に関する知識をもった若い活動家を育てるのに大きなインパクトを与えています。

## 7　移民労働者の組織化について

**戸塚**：次に、本日の研究会の副題にもある移民労働者の問題に移りましょう。日本でも外国人労働者、移住労働者の問題に取り組む組合が出始め、そのほとんどが小さなコミュニティ・ユニオンですが、NPOも広がっています。その観点から、フリーダムライド運動には実際にどのような方が参加されたのか、つまり移民が多かったのかどうか、またそうであればアメリカ社会のマジョリティの反応はどうだったのか、ということについてご質問がでております。また、関連してAFL-CIOの移民政策は資格外労働者と有資格労働者を同等に扱う立場に立つと理解しているが、9・11以降もその立場に変化がないかどうか確かめておきたいという質問が出ております。

**ウォン**：まず、二番目のご質問からお答えしたいと思います。AFL-CIOは2000年に移民政策を変更し、現在600〜800万人いるといわれる資格外労働者の合法化を要求する政策を採るようになりました。これによって移民政策をめぐる賛成派と反対派の勢力図が大きく変わりました。移民の側に立って合法化を求める勢力が大きくなり、運動にはずみがつきました。2001年夏にはあと一歩で移民政策に対する国民的合意が得られるところにまで来ていました。しかし、不幸にも9・11攻撃によって移民の権利について大きな反動がありました。ブッシュ政権は国民をイラク戦争に駆り立てただけでなく、国内の移民労働者に対する国民の敵対感情をも煽りました。アメリカにいる多くのイスラム教徒、アラブ人、南アジアからの人々が攻撃に曝されています。彼らの市民的権利が制限され、逮捕状なしで拘束されています。興味深いのは、日系人組織がこうした動きに対し抗議の声をあげていることです。第二次世界大戦中に不当に強制収容された経験の反映でしょう。9・11以降資格外労働者に対する襲撃・攻撃が増えています。つい最近もウォルマートで働く資格外労働者に対する手入れがありました。彼らは下請け業者を通じてウォルマートで働く資格外労働者でした。

フリーダムライド運動は9・11以降のこのような状況のなかで、移民労働者の権利のためにはじめて行なわれた運動でした。参加者の内訳は移民労働者が最も多かったのですが、黒人や組合からの参加もありました。AFL-CIOの立場は、在留資格の有無にかかわらず組合への加入を認めるべきだというものです。そこには雇用主や政府が年齢、性別、民族、在留資格によって労働者を分断しよ

うとすれば労働者は敗北するが、それらにかかわりなく労働者が団結するときには労働者が勝つという基本的な考えがあります。ともあれ、移民政策の変更によって広範な協力関係が生まれる契機が広がりつつあります。移民労働者を組合に入れた効果は、組合が末端から再生してきていることにも表れています。移民労働者からリーダーが生まれてくることによって、組合の国境を超えた連帯も広がってきています。反動にもかかわらず、移民政策の変更によってアメリカの労働運動は前進するだろうと私は確信しています。

## 8　ジェンダー・バイアスの克服について

**戸塚**：ジェンダー・バイアスの克服について、日本の労働運動のなかの男性支配文化、男性オルグによる代行主義に批判的で、女性ユニオンで新しい運動に取り組んでおられる伊藤みどりさんからご質問が出ています。伊藤さんは映画『ブレッド＆ローズ』に登場する男性オルグの役割の描き方にもジェンダー・バイアスがあるのではないかという感想をお持ちのようです。

**ウォン**：アメリカ労働運動は男性支配であり、主な組合の会長、リーダー、役職のほとんどは男性で占められており、その男女比はおそらく10対1ぐらいでしょう。しかし、組合のなかでも成長している組合、組織化が進展している組合は女性労働者、女性リーダーの育成に積極的な組合であると言うことができます。映画『ブレッド＆ローズ』は一人の男性オルグを中心に描いているが、実際にあの運動をすすめたのは多くの女性労働者たちです。2002年ロサンゼルスで、スペイン語によるはじめての中南米系オルグの養成講座が開かれました。またアジア系オルグの養成講座も開かれています。それら講座の参加者はほとんどが女性です。1992年の設立大会の時点では、全国に10人しかいませんでしたが、APALAはこの10年間に100人のアジア太平洋系オルグを育成しました。100人の新しいオルグのうち8割が女性です。ジャニター、在宅介護、病院、老人施設など組織化がすすんだのは、圧倒的に女性が多く働く職場です。アメリカ労働運動の上層指導部は依然として白人男性支配が優位的ですが、新しく起きている運動で新たに登場してきているオルグは女性、移民、マイノリティーが多いのです。

## 9　その他―組合民主主義について

**戸塚**：初めに申し上げなかったテーマではありますが、組合民主主義協会

（AUD）[23] のメンバーで労働者教育にもかかわって来られたマット・ノイズさんから、組合民主主義についてふれられなかったのはなぜかというご質問が出ております。組合改革をリードしてきた SEIU や HERE の著名なリーダーたちは、ジョン・スウィニー氏の体制、運営はあまりにもスローで生ぬるいという批判をしているようですので、最後にこうした動きについてどのようにみているかお聞きしましょう。

　ウォン：とてもいい質問ですが、簡単に答えられる問題ではありません。私自身は組合民主主義を信奉していますが、AFL-CIO はこれまで民主主義的ではありませんでした。アメリカ社会は階級、人種、性による格差が大きく、政府が何を言おうと企業のエリート支配は貫徹しています。労働者が人生の大半を過ごす職場には、民主主義はいっさい存在しません。組織率の低下によって、職場内の民主主義の欠如がますます大きな問題になっています。

　今日、AFL-CIO 内部では様々な対立、闘争が繰り広げられています。本日お話したような新しい運動を別にすれば、アメリカ労働運動は深刻な危機に直面しています。労働運動の構造は非民主主義的であり、それは AFL-CIO の前身である AFL から引き継いでいる部分が大きいです。65 の産業別全国組合から構成されていますが、これらの組合は高齢の白人によって支配されており、それぞれがまるで一つの独立王国の様相です。資金面でも、AFL-CIO が支配できるのは全体の 3％程度で、残りの 97％は 65 の独立王国が支配しています。AFL-CIO が組織化や社会正義の構築に資金を投入しようと呼びかけても、50 くらいの組合はその気はないといい、AFL-CIO はそれをどうすることもできません。そこで AFL-CIO の構造をどうやって変えていくかについての議論がされています。SEIU や HERE など、私が見たところ、アメリカ労働運動のなかで最も進歩的な組合が新しい計画を持たなければならないと主張しています。つまり、65 の独立王国や王様には脇に退いてもらって、組織化に向けた積極的で戦略的な取り組みをしなければならないと主張しています。しかしこの提案には批判もあります。その一つは、批判の仕方が非民主主義的であるということ、さらに、批判している組合の組合運営が非民主主義的であるということへの批判です。この問題が複雑なのは、その批判が一部正当であるからです。SEIU や HERE がすべての運動を必ずしも民主的に組織しているわけではなく、非民主的な要素もあり、指導部の一握りの人間が決定し、その号令によって組合が動く感じなのです。こうした非民主的であるという批判は一方で正当性をもっているが、同

時に批判している人自身が今の組合のあり方を肯定している人たちであるという問題もあります。現状が有効に機能していないことも事実です。大切なのは、議論を重ね、闘いを強めていくことは悪くないということです。そのプロセスを通じて何が正しいかが明らかになるでしょう。

戸塚：長時間にわたって熱心な質疑が続きました。ご質問が出ていながら、議論できなかったテーマもありますが、このあたりでこの長い質疑を閉じたいと思います。

＊訳注については、主にケント・ウォン編、戸塚・山崎監訳『アメリカ労働運動のニューボイス――立ち上がるマイノリティー、女性たち』（彩流社、2003年刊）を参照した。

2003.11.9　第65回研究会「アメリカの非典型労働者および移民労働者の組織化の現状と問題点」通訳：山崎精一・野田健太郎

### ❖訳注

1. 翻訳はケント・ウォン編、戸塚・山崎監訳『アメリカ労働運動のニューボイス――立ち上がるマイノリティー、女性たち』（彩流社、2003年刊）。原著は、Kent Wong, *Voices for Justice — Asian Pacific American Organizers and the New Labor Movement,* 2001 と Ruth Milkman & Kent Wong, *Voices from the Front Lines — Organizing Immigrant Workers in Los Angeles,* 2000であり、翻訳には2冊の原著から選ばれた10本の証言が収められている。
2. 1886年に設立された米国における最初のナショナル・センター。そこでは業種別の熟練労働者中心の組合運営の伝統が強く、20世紀の大量生産工業の発展にともなう半熟練労働者の組織化に失敗した。
3. 2003年9月、AFL-CIOは移民労働者の権利と移民政策の不公正に国民の関心を集めるために全国的なキャラバン、移民労働者フリーダムライドを開始した。公民権運動でのフリーダムライド運動に触発されて、移民労働者とその支持者たちが全国九つの主要都市からバス・キャラバンを組織し、ニューヨークでの移民労働者の権利のための大集会へと結集した。
4. ジャニターとは、旧くは学校や官庁の守衛をさしたが、現在ではビルやマンションの管理、清掃を行なう人々、学校の清掃を担当する用務員などをさす。勤務時間が早朝や深夜にかかり、また汚れ仕事であるため米国では移民である場合が多

い。低賃金で健康保険もない。これらの人々を組合に組織して賃金その他の労働条件を改善しようとしたのが「ジャニターに正義を！」の運動であった。このキャンペーンが始まったのは1985年コロラド州デンバーにおいてであるが、全米サービス従業員労働組合（SEIU）が中心になって全米に広げた。1990年6月15日にロサンゼルスで組合を拒否する清掃請負業者に対するジャニターたちの平和的抗議デモが警察に襲われたのを機に毎年6月15日に「ジャニターに正義を！」の統一連帯行動が組織されている。

5 1999年にロサンゼルスで7万4000人の在宅介護労働者がSEIUに加盟した闘いをさす。これはアメリカ労働運動の最近50年における最大の勝利であった。在宅介護労働者とは、高齢者や障害者をその自宅で介護する非正規雇用労働者たちである。

6 在宅介護労働者の組織化の経緯については、高須裕彦「ロサンゼルスの在宅介護労働者の組織化」（上・下）『労働法律旬報』No.1598-2005年4月下旬号・No.1600-2005年5月下旬号参照。

7 このキャンペーンについては、国際労働研究センター責任編集『労働運動の再構築は可能か——生活賃金キャンペーンと労働組合・コミュニティ』2001年を参照されたい。

8 職業安定法第45条は労働組合が労働大臣の許可を受けた場合は労働者供給事業を行なうことができると規定している。

9 下町ユニオンでは、2004年3月に介護福祉労働者の組合「ケアワーカーズ・ユニオン」を結成した。前田馨さんからのご教示による。

10 英語はPublic Authority。在宅介護労働者を組織する組合との団体交渉を行なう機関。州法で大枠が定められ、各郡が設置する。郡行政執行委員会が直接運営する場合と運営委員を任命している場合がある。いずれの場合も利用者が運営に関与し、利用者を代表する機能を持つ。また、利用者と介護労働者の登録と紹介したり、教育訓練などを行なっている。

11 2003年11月8日に日本で開催された第2回レイバー・フェスタのこと。ウォン氏はこの集まりに参加し、スピーチを行なっている。

12 マサチューセッツ州立大学アムハースト校の助教授。国際労働研究センターの招きで2001年2月に来日し、東京と大阪で数回の講演を行なった。

13 国際労働研究センター責任編集『労働運動の再構築は可能か——生活賃金キャンペーンと労働組合・コミュニティ』2001年。

14 2005年時点でのジャニス・ファイン調査では135。本書 [21] 337ページ参照。

15 ウォン氏が持参した資料の一つ。なお会場の壁には、この他にも氏が持参した多数のポスターが展示された。

16　ロサンゼルスのダウンタウン南部、被服工場と小売店が集中する地域にある労働者センターの一つで、将来の組織化を視野に労働相談や様々な教育活動を行なっている。2001年設立。
17　Korean Immigrant Workers Advocates（コリアン移民労働者擁護団体）の略。コリアンタウンにある労働者センターの一つで、その地域で働く労働者の組織化、労働相談、英語教育、コンピュータ講座などを実施している。1991年設立。
18　Kent Wong 氏他編集、*Teaching for Change — Popular Education and the Labor Movement*, UCLA Center for Labor Research and Education, 2002.
19　ハイランダー・センターは進歩的労働運動指導者 Myles Horton 氏によって1932年に設立された労働者教育センターで1930年代の労働運動の高揚、さらに1960年代の公民権運動で中心的役割を果たした。
20　産業別労働組合会議。1938年に設立された新しいナショナル・センター。20世紀の大量生産工業の発展にともなって増加する半熟練労働者の組織化に挑戦した。
21　ロサンゼルスにある中国語新聞
22　職場の外での圧力を組織して経営側の姿勢を変更させようとするキャンペーン。特定企業の反社会的・反人道的行動を広く社会に訴えて組合側に有利な力関係を作り出そうとするもので、とりわけ投資家、株主などへの働きかけ、マスコミを通じての消費者への宣伝などが重視される。
23　「組合民主主義協会」（Association for Union Democracy）の略。

# [10] ビジネス・ユニオニズムとその危機
―米国の社会運動ユニオニズムと労働運動指導部の考察―

マット・ノイズ
山崎　精一／訳

## I　序

　組合活動家とその支持者たちは何十年にもわたり米国の労働組合を変革しようと苦闘してきた。それは単に指導者を取り替えるだけではなく、あれやこれやの戦術を採用することでもなく、組合運動の基本的な方向性、組織構造、慣行を変革し、古い労働歌 Solidarity for Ever の歌詞にあるように「古き灰から」新しい労働組合運動を誕生させることであった。
　米国の労働運動の中にはこの待ちに待った日がついにやってきたと主張する人たちがいる。新しい労働組合運動が誕生し、歩き、話し、雑草のように成長しているというのである。このような非常に楽観的な評価に最初に出会ったのは 2003 年にケント・ウォンが東京で行なった一連の講演においてであった。ウォンが紹介した米国の新しい労働組合指導部は政治的に進歩的で、これまで指導部から排除あるいは遠ざけられていた有色人種、女性、移民などの労働者に力を付与しようとしている。この指導者たちは特定の産業や労働市場で組合員を増やし組織率を高めるために組織化を進め、戦闘的な戦術を行使して経営者

2004 年 2 月参加型教育研修にて　中央がマット・ノイズ　　　　提供：高須裕彦

との対決も厭わないと言う。「組織化のための変革」を目指し、新規組織化のために組合の組織や優先目標を変えようとしている。何よりも、これらの指導者たちは「現状維持とビジネス・ユニオニズム」を拒否し、その代わりに「社会運動ユニオニズム」を建設しつつある、とウォンは語った（Wong2004）。

社会運動ユニオニズムとはウォンによれば以下のようなものである。

「組合員が指導性を発揮し組合を建設するよう促す……」「組合の戦略目標を再定義する。職場の問題や組合員の経済的な利害のみに留まらず、イラクでの不正義の戦争、経済格差の拡大、経営側の新自由主義政策のような広い問題を取り上げる……」「地域団体、移民・少数人種・女性の組織、宗教団体など労働組合と目標を共有する組織との同盟関係を積極的に求める……」（Wong 2004））。

この傾向を一番良く代表しているのが米国最大の労組、SEIU 委員長のアンディ・スターンである。「新しい統一に向けた連携（NUP）」の提唱者であり、NUPの後、SEIU を中心とする組合の連合体である「新しい力、統一（New Strength. Unity）の提唱者でもある[1]。

ウォンは労働運動を評価するのに適した位置にいる。彼は古くからの労働運動活動家であり知識人である。また同時に労働弁護士であり、SEIU の元専従職

員であり、APALAの創設者でもある。彼は現在カルフォルニア大学ロサンゼルス校（UCLA）労働教育研究センターの所長を務めており、労働運動の動きについて広範に執筆している[2]。彼のような見解を持っている人は他にもいる。キム・ヴォスとリック・ファンタジアはその近著『Hard Work』の中で同じ概念、ビジネス・ユニオニズムと社会運動ユニオニズムを使って非常に似た主張を行なっている。彼らの評価もウォンと同様に大胆である。「米国の労働運動はこれまでかつて占めたことのない位置につこうとしている。米国資本の力に対するまともな対抗勢力の位置に」（Fantasia, Voss, 2005）。

　AFL-CIO指導部内で現在進行中の闘争は労働運動の「過去の道と未来の道が激しく対立」（Wong2004）している十字路に差し掛かっているという見方を裏付けるように思える。ウォンが日本に来て講演したのはNUPの存在がやっと明らかになったばかりの時であり、AFL-CIOと組合運動の将来について組合指導者たちが議論し始めたばかりであった。その後、この議論は公然とした大論争に発展した（一般の労働者には知られていないが、少なくとも組合指導者の段階ではよく知られている）。本稿を執筆している時点ではこの対立は頂点を迎えている。SEIUは自分たちの改革提案が拒否されればAFL-CIOを脱退して新しいナショナル・センターを作ると脅かしており、一方でIAM（国際機械工労組）はその提案が受け入れられるのであれば自分たちが脱退すると脅している。
　もしウォンやファンタジアとヴォスが言っているように米国労働組合の指導部が、あるいはその内の一部であっても、ビジネス・ユニオニズムを捨て、社会運動ユニオニズムを受け入れて労働組合運動を変革しようとしているのならば、それはとてつもない出来事である。米国や全世界の政治、経済、社会にはっきりと影響を及ぼす米国労働運動史の真の分水嶺である。また日本や他の国の労働組合活動家が研究し見習うべき力強いモデルとなるであろう[3]。
　この新しい社会運動ユニオニズムはこれまで長らく労働運動の革新の担い手と考えられてきた草の根の立ち上がりによってもたらされているのではなく、組合指導者や専従により担われている。またこれまで労働者が多大の犠牲を払って追求してきたこれまでの組合改革運動、労働運動の変革や再建のための戦略作りにとって根本的な挑戦でもある[4]。このような新しい運動はビジネス・ユニオニズムの終焉を意味するだけでなく、これまでの組合改革運動の終焉をも意味するからである。すでに新しい労働運動が存在しておりそれに加わって建

設を進めれば良いのだから、ビジネス・ユニオニズムとの闘いなど続ける必要がないではないか、というわけである。

　これから私が論証しようとしているように、もしウォンなどが描いているこの新しい社会運動ユニオニズムの存在が事実により証明されないとしても、なお次の二つの問題が残っており、答えなければならない。もし労働組合指導者たちがビジネス・ユニオニズムを放棄して社会運動ユニオニズムを受け入れたのではないとすれば、今やっていることは何なのか？　労働組合指導者たちの中で何が変わり、その変化をどう説明すれば良いのか？

　米国では新しい労働組合運動は建設されつつあるのか？　どこに存在しており、指導部段階での変化とどういう関係にあるのか？　その変革の担い手をどのようにして支援し強化できるのか？

　これは大きな問題である。本稿は米国労働運動指導部によって新しい社会運動ユニオニズムは建設されつつあるという主張を吟味し、上の第一の問いに答えようとするものである。第二の問いにはここでは表面的にしか答えられないが、今後の探求に役立つような方向性と指標を指し示したいと思う。

## II　スウィニーとニューボイス

　ここで出発点に立ち戻り、スウィニーとニューボイスの候補者たちがAFL-CIOの指導部に選出された1995年の選挙をふり返って見ることにしよう。それから10年しか経っていないが、当時の雰囲気とこの選挙の当初の衝撃を思い出すことは既に困難となりつつある。

　何十年も前から、AFL-CIO指導部とそのビジネス・ユニオニズムを批判してきた人々はAFL-CIOが変わるだろうという希望は抱いていなかった。労働組合運動の変革に関心を寄せる活動家や学者たちは組合改革や一般組合員の活動の試み、公式の組合運動の外で展開される活動に焦点を当ててきた。AFL-CIOは労働運動の革新の課題にとって無関係な存在と考えられてきたし、最悪の場合にはその障害物としてしか見られていなかった。

　改革を目指す労働者とその支持者たちが支えと見本を求めたのは、組合内部の改革派、大きなストライキ、独立組合、改革派が役職につき改革路線を進めようとしているいくつかの「良いローカル労組」であった。レイバー・ノーツや

組合民主主義協会などの雑誌や組織、「公正な雇用を求める連合」のような独立の労働地域団体、さらに労働組合権、リビング・ウェイジ、国際連帯のための運動や独立組合による組織化の試みなども希望の源であった[5]。

ところが、そこに突然、これまで行なわれたことがない選挙がAFL-CIOの役員選出の際に行なわれることになった。ニューボイスと呼ばれる役員候補者グループが登場し、AFL-CIOと労働組合運動の劇的な変革と新しい路線を約束した。多くの組合活動家と観察者にとってこの「反乱」はよく分からないものであった。これまで改革派がずっと推し進めてきたものを全て受け入れ、労働運動の政策や優先課題を根本的に変革し、新しい組織化と戦闘的な戦術を支持し、独立した労働団体や積極的な新規組織化を受け入れるようなAFL-CIOの指導部とはいったい何なんだろう。批評家たちはスウィニーの当選の意義と影響を評価しようと苦しんだ。変革はどれほどの規模で、どこまでいくのか？新しい労働組合運動が始まろうとしているのか？

## III 労働組合の辿りうる道

『旧い殻の中の新しい労働運動か？』と題する1996年の論文によってジェレミー・ブレッカーとティム・コステロはスウィニー体制を解明し、その意義を明らかにしようとした（Brecher, Costello, 1996）。2人がこの論文を掲載したのは活動家向けに社会運動全般を扱う革新的な雑誌『Z』であり、AFL-CIOでの変化が戦闘的、進歩的、草の根の組合運動の長期的な闘いに与える影響について活動家たちが考える一助にしたいとの思いであった。活動家たちは既成の労働組合の中の新しい勢力に何を期待し、どのように対応したら良いのだろうか？

何が問題で何が問われているかを明らかにするために、2人は米国労働運動の六つの可能性を指摘した。
1　新しい言辞で半ば覆い隠されてはいるが、停滞と衰退が継続する。
2　レーン・カークランドに代表されるような保守勢力が復活し、大会で執行部に取って替わる。
3　AFL-CIO内部の対立が続き、組織の分解に至る。
4　現在の組織構造と活動は変えないが、これまでより組織化を強化しストライキ戦術も多く採用するような戦闘的ビジネス・ユニオズム
5　組合内部の活動はこれまでと同じだが、政治的な視点はこれまでより進

歩的で戦闘的な進歩的労働組合運動
6　米国の労働組合に典型的ながちがちの上意下達式の官僚制を排して草の根の活動主義による組織と行動スタイルを採用する社会運動ユニオニズム。
（Brecher, Costello, 1996）

　スウィニー執行部が何も新しいものを代表していないことに不満で、ニューボイスを支持するわけにもいかない2人は、それでも組合指導部が積極的に変革しようとする可能性を検討することは厭わなかった。「官僚たちも絶滅の危機に直面すれば変革しようとするものだ」（Brecher, Costello, 1996）。
　しかし、同時に次のようにも述べている。「AFL-CIO の新しい執行部はこの20年の労働運動の衰退の時期に執行部にいた同じ役員により基本的に成り立っている。現在のニューボイスが推進している同じ変革を提唱した反対派と争い、末端組合員のやる気をくじき、組合員のストライキを潰すようなことした同じ人間なのだ」（Brecher, Costello, 1996）。
　装いは新しいが本質的には何も変っていない組合官僚制が、独立的な試みや組織を取り込み盗んでしまうことを2人は恐れた。組織化が活発に展開され、戦闘的な戦術が行使され、進歩的な政治姿勢が取られても、旧い運動の殻が新しい運動を飲み込み利用してしまうかも知れない。「不幸な結末は次のようなものかも知れない。他の社会団体との公式的な連携はあるが、組合が支配していてその他の団体は形式的にしか参加していない。国際的な連帯は組合の最高幹部段階に留まっている。連帯行動に参加するのは専従が多く一般組合員はわずか。新しい形の組織化の実験は制限される。労働運動の中の草の根の民主主義のための闘いから進歩的な人々が孤立させられる」（Brecher, Costello, 1996）。
　しかし、ブレッカーとコステロは希望を全て捨てたわけではない。未来は組合指導部によってのみ決定されるのではなく、一般組合員、改革運動、労働者センターのような独立的な組織、社会運動との交流によっても決定されると考えていた。真の変革の基準を確立するためだけになるとしても、彼らは米国労働運動の第六の道として社会運動ユニオニズムを挙げたのである。この目標は非常に高いもので、社会運動ユニオニズムは戦闘的ビジネス・ユニオニズムや進歩的労働組合運動を乗り越え、労働運動を「同盟勢力や組織の幅広い集まり」に変えるだけではなく、「草の根の民主主義」や「末端の反乱」を支持するものとして提案されていた（Brecher, Costello1996）。

## IV 現状はどうか？

10年が経ち、今やこれまできた道をふり返り、労働組合の指導部がどちらへ向かっているか見ることができる。

### 1 衰退

衰退、スウィニー執行部の10年間をまとめるのにこれ以上に適切な言葉はない。10年にわたる試みや取り組みにもかかわらず、組合員数、政治的影響力と交渉力は確実に衰退してきた。米国の労働組合の崩壊の可能性について最高幹部が公然と語るまでになっている[6]。組合員数の現状維持を意味する「停滞」は今では避けられるべきものではなく、組合指導部の目標の一つとさえなっている。

ブレッカーとコステロが予測したように、衰退の問題が指導部の言説によって隠されてしまう、ということは起こらなかった。逆に、指導部は新しい組織化と政治的影響力の拡大を提唱することにより期待を高め、組合員数の減少は今日の労働運動指導部の中心課題となった。

### 2 レーン・カークランドの再来なし

スウィニーが当選して最初の年には不満も聞かれたが、ブレッカーとコステロが恐れたレーン・カークランドのような勢力の復活はなかった。次のAFL-CIO役員選挙でスウィニーには間違いなく対立候補が出て、スウィニー陣営が負ける可能性が高い。しかし、その対抗勢力はカークランドとは異なる勢力である。

### 3 AFL-CIOの新しい分裂

AFL-CIOは厳しい対立の場となっており、二つの対立するナショナル・センターに分裂する可能性が現実的になってきている。一方の側はジョン・スウィニーに率いられ、ニューボイス派の執行委員、AFSCME, AFT（アメリカ教員連盟）, IAM, CWAなどの組合からなり、もう一方はSEIU委員長のアンディ・スターンに率いられた連合でレイバラーズ労組、チームスターズ労組、SEIU、全米食品商業労働者組合（UFCW）、UNITE-HEREなどの組合が含まれる。スター

ンが攻撃の先頭に立って、スウィニーと AFL-CIO 指導部が労働組合の衰退を止めることに失敗したと批判し、AFL-CIO の改革と労働運動全体の再構築を提案している。

＊新しい力、統一

SEIU の計画は「新しい力、統一」と題する文書によると、全国組合の数を減らし、それぞれの「中心的産業」に焦点を合わせた大きな組合を新しく作ることを呼びかけている。各組合は AFL-CIO の計画に参加し、それぞれの分野で新規組織化に相当の資財を投入することが義務づけられる。

このような改革を押し進めるために AFL-CIO 執行委員の数を劇的に削減し、組合合併を命ずる権限などの新しい強い権限を執行委員に付与するだろう。合併命令を拒否した組合は追放されるだけではなく、AFL-CIO 加盟労組から組合員引き抜きの攻撃を受けることになると思われる（これがこれまでの組織対立の時に AFL-CIO が取った対応策である）。

この二つの陣営は勢力がほぼ拮抗している。ラスベガスで開催された 2004 年の執行委員会ではスターン陣営は最終的には票の 40％を占め、AFL-CIO の 2 大労組 SEIU とチームスターズ労組を押さえた。

カーペンターズ労組は既に AFL-CIO を脱退した。スターンと UNITE-HERE のウィルヘルムとレイナーは自分たちの提案が採用されないのなら、AFL-CIO を脱退してより良いものを作るつもりであることを繰り返し表明している。ナショナル・センターが分裂すれば、双方が同じ労働者を奪い合うために、ほとんど必然的に管轄争いと組織抗争の増加につながる（共に NUP 参加組合だったカーペンターズ労組とレイバラーズ労組は直接的に対立するのを避け、管轄範囲を他の建設産業にも次第に拡大してきている）[7]。

組合指導者間の抗争について詳しく見る前に、ブレッカーとコステロのその他の予想がどうなったか見ておこう。

ブレッカーとコステロが予想した最後の三つの道はより複雑であり、相互に重なり合っているので、すこしずつ吟味していこう。まず初めに三つの方向性とも活発な組織化と戦闘性の強化を含んでいる。

＊「活発な組織化」

スウィニーは新規組織化を組合の第一の任務にするという労働運動の目標の

劇的な転換を呼びかけて登場した。AFL-CIO指導部は全ての組合に資財の少なくとも30%を新規組織化に集中するよう呼びかけ、組織化キャンペーンを支援するために新しい事業をいくつか開始し、新しいオルグを養成した。

特にSEIU, CWA, UNITE-HEREなどの組合ではかなりの資財が組織化に投ぜられた。重要なキャンペーンが展開され、SEIUによる「ジャニターに正義を！」の運動のように大きく報道された。一部の組合ではより多くの金を組織化に注ぎこむだけではなく、組織化を組合の第一の優先目標とするように組織を再編した。しかし、それでもAFL-CIO指導部の提唱した水準に全ての組合が到達しているわけではないことはAFL-CIOの役員も認めている。「これまでよりも多くの組合が組織化に資財をふり向けているものの、総予算の30%以上という目標に達している組合はほんのわずかである。さらにその中心的な産業での組織率を上げるために充分に投資し、特定の州や労働市場で労働者の戦略的な力を築くような組織化をしている組合もわずかである」(Sweeney 2005)。

最後に一部の組合指導者、特にアンディ・スターンは、新しい組合員をオルグするだけではなく、経営側の組織に見合うような産業別の組織へと再編しなければならない、と語っている。例えば、全ての医療・介護労働者は一つの医療・介護組合に、自動車労働者は一つの自動車労組にというわけである。これは昔からある議論のように見えるが、米国内の製造業の衰退と組合の力の一貫した弱体化により、全ての種類の労組が一般労組化し、どこからでも可能なところから労働者を組織化するようになってきている[8]。

「組織化か死か」の観点に立っている人たちは労働組合の生き残りのために新規組織化が鍵だと考えているが、リチャード・ハードの研究によれば、結果はおもわしくない。「一部の産業では組織率低下の速度は多少遅くなり、病院産業では増加に転じているが、その他の産業では減少速度は速まっている。組合加入の努力がはっきりとしていて大きな勝利も目立っている産業や職種でも、その結果は全く不満なものである。組織化活動が強められたが、米国の労働組合の置かれている困難な環境を克服し、あるいは労働運動に固有の組織的な無気力を克服するには不十分であったことは明らかである」(Hurd 2004)。

* 「ストライキへの積極性」

組合指導者は組織化を活発に行なうとともに、戦闘的な戦術を採用しようと

いう積極性を持つようになってきた。ストライキだけではなく、非常に目立つ街頭行動や圧力戦術などの一連の戦術を含めて、組合がこれまでより戦闘的で創造的な戦術に向かわざるをえないのは、既存組合員を代表する日常活動から、常に戦闘的にならざるを得ない新規組織化に力点が移っていること、組織化に対する経営者の厳しい敵対や一段と経営者寄りになっている労働法制のことを考えれば当然である。

しかし、SEIU などの組織化手法を特徴づけているのは、このような戦闘的な戦術を好んで使う点や、NLRB の長期で非効率的な手続きによらずに経営者への直接的な圧力により組合承認を勝ち取ろうとする点にあるわけではない。この二つの戦術はずっと前から使われているのである[9]。

私が特徴的だと考えるのは、大衆動員・戦闘的戦術と同じように積極的な労使協調が同時に追求されていることである。SEIU は「情熱的な街頭行動」を行なうこともあるが、それよりも非対立的で妥協的な組合運動の「王道」の方を好んでいる。アンディ・スターンは最近こう書いている。「先週の土曜日、ハイテク産業の重役たちの大きな会議である PC フォーラムに参加して、ヤフーの共同創立者であるジェリー・ヤンと演壇で議論した。私はこのような情報産業の指導者たちと新しい『共同体』『連携』について語り合い、さらに労働組合が経営側と協力して働き甲斐のある仕事、転職しても継続できる年金などの付加給付、職業訓練、つなぎの仕事、知的財産の保存のための産業政策を作ることについてまで話したのだ」(Stern 2005)[10]。

このような傾向は SEIU に留まらない。ほとんどの組合は労使協調と譲歩交渉を引きずったままである。UNITE-HERE はこのように自慢している。「合同した二つの組合の指導部は画期的な労使協調に参加し、職場と産業の問題を解決するために経営者と共に努力してきた。両方の組合ともいくつかの大企業と申し分のない協力関係にあることを誇っている」(UNITE-HERE 2005)。

そう、新しい戦闘性は戦術的なもので変りうるものであり、環境の変化と新しい優先課題に対応するものなので、戦略的な方向性の変化と取るべきではない。全く反対なのである。スウィニーは会長に当選した直後に語っているように、デモで橋を封鎖するのは橋を架けるための手段に過ぎない。

## 4　ビジネス・ユニオニズム

スウィニーの登場が「戦闘的ビジネス・ユニオニズム」の台頭につながったか

どうか見る前に用語を定義する必要がある。ビジネス・ユニオニズムは戦後の米国の支配的な労働組合運動の様式を批判的に描写する用語として多くの批判者により数十年にわたって使用されてきた。最近ではこの用語はますます広まっているが意味は薄まり、「現体制」「昔のやり方」と同じ意味で使われることもある。

　1950年代にシドニー・レンズにより作られたこの用語の定義はさまざまな要素を含んでいるが、次の五つの主要な要素からなると言って間違いないだろう。

　組合員が賃金、健康保険、休暇、苦情申立てなどのサービスや商品の消費者として受身的に捉えられているサービス型の労働組合運動。組合の専従はサービス提供者であり、指導者はビジネスを執行している執行役員として捉えられている。現代の米国労働組合で使われている用語はこのような捉え方を反映している。例えば、「ビジネス・エイジェント」とは組合員に「サービス」を提供する有給スタッフのことである[11]。

　組合指導者は狭い協約事項、特に賃金や給付などの経済問題に焦点を置いている。したがって職場問題の取り組み方も狭く、労働者が苦情を言うことは嫌がられ、職場行動は押さえられる。組合代表ははっきりとした協約違反についての苦情だけ取り上げるように訓練されている。何よりも「苦情処理機構」は個別的問題が労働者の不満につながる全体の問題にならないように防ぐために利用されている。

　ビジネス・ユニオンの指導者は協約締結や組合承認にはっきりとは結びつかないような闘争に巻き込まれることを避けようとする。したがって、労働者やその全体の利益のためよりも自らの組織的利害を追求していると見られている。ビジネス・ユニオンの活動家にとって、労使はパートナーであり、その基本的利害は調和している、という考えに基づく労使協調のイデオロギーが内在している（たとえ経営側が常に調和を壊そうとしているとしても）。

　組合指導者は経営者が利潤を上げることを認め、安定と生産性を保証するために協力する責任も認めている。その代償として、賃金とその他の給付の形で譲歩することを経営側に期待し、そのことにより労働者に組合の価値を証明し、組合とその指導者の地位の安定を得ようとしている。

　経営側の攻撃が20年にもわたり和らぐことなく続いているため、組合指導者はさらに譲歩して経営との協力者としての自らの地位を保とうと努力している。新規労働者には低い労働条件を認める二層協約、広範なスト禁止条項、先任権

や職場規制の弱体化、年金削減などの譲歩である。そしてさらに危険なのが、組合指導者が「職場を経営側に差し出してしまった」結果、労働者は恣意的な懲罰、スピードアップ、労働災害の危険に晒されていることである（Richardson 2004）。

経営側が組合指導者を承認あるいは交渉することを拒否する場合には圧力をかける戦術が使われることもあるが、その目的は常に一つである——共通利害に基づく労使平和。スウィニーとその支持者たちはこれを労使の「社会協約」と呼んでいる。

ビジネス・ユニオニズムでは組合指導者は専門的スタッフを多数抱える大きな官僚機構の責任者であると考えられており、末端の利用者である組合員から隔離されている。ビジネス・ユニオンの多くは企業の階層制度を手本に作られており、一般組合員とはまったく無関係に運営されている。労働者は給付を受け取り、指導者や専従により企画された行事や運動に参加する以外に係わりを求められない。

ビジネス・ユニオンは米国労組の「一党支配」制度を最大限利用する。つまり現職役員は組合組織を支配しているため、その支配の継続を保証するのに都合の良い立場にある。民主的な改革や末端組合員の反乱の試みに激しく抵抗する。

ビジネス・ユニオニズムは腐敗に陥りやすい。ひどい場合には、組合役員が組合員から隠れて組合費を盗み、批判を抑圧するために暴力を使ったり脅迫したりする。ましな場合でも経営側の協力により、役員の給与を二重取りしたり、年金、豪華な事務所、贅沢な大会や莫大な役得に組合費を浪費する。

「米国のビジネス・ユニオニズムの政治的な色合いは保守からリベラルまで多様である」とキム・ムーディーはかつて指摘したことがある（Moody 1988）。しかし、その政治的優先順位は資本との協調という基本的な立場によって規定されている。したがって、"企業の貪欲さ"を非難し労働者の連帯を呼びかけるような言辞さえ使って、時として闘争を行なうこともあるが、通常は資本との長期的な対立につながるような戦術を避けようとする。

ケント・ウォンはビジネス・ユニオニズムを次のように説明している。「労働組合は一般のビジネスと全く同じように運営されている。組合員は顧客である。指導者と専従職員が協約を交渉し苦情処理を替わって行ない、全ての決定を行ない、組合員の面倒を見ている。必要に見合うような組織化は行なわれていないし、組合活動の視野を広げることに十分な関心も払われていない。労働者が

組合員に留まり続け、まともな賃金と付加給付を受け取ってさえいれば、良いではないか、というわけである」（Wong 2004 強調は引用者）。

　サービス型の組合活動と組合活動の視野の狭さを結びつけて批判しているのは理解できる。しかし、ビジネス・ユニオニズムの定義に組織化の欠落を含めることにより、サービス活動と"見合う"ような活発な組織化計画を持っている組合はビジネス・ユニオニズムを克服した、少なくとも大部分は克服したと主張することができるようになっている。また労使協調のイデオロギーを定義に含めないことによりビジネス・ユニオニズムを超えることができたと主張しやすくなっている。ブレッカーとコステロが「戦闘的ビジネス・ユニオニズム」という概念で把握しようとしたのはまさにこのような種類の言い逃れであった。

　「サービス型」労働運動の批判はよく行なわれているし、SEIUなどの組合は新規組織化に相当の努力をしており、地域団体との共同行動や連携作りなどの組織化キャンペーンの中身においても組合運動の視野を広めようとする努力も確かに行なわれている。しかし、組織化された職場の中でサービス型労働運動を克服する、あるいは組合活動の狭い視野を克服するのにふさわしい努力が行なわれているという証拠はない。

　リチャード・ハードはこう指摘している。

　「これらの組合は既にいる組合員の利益を代表する活動に取り組まずに、新規組織化という外の魅力的な分野に関心を向けている。専従職員の関心はそこでの経営者や資本の権力構造との闘争に向き、戦闘性が刺激される。ほとんど全ての関心が外部の組織化に集中することにより、既存の組合員は充分に利益を代表してもらえず、幻滅するようになってしまう。新しく組織化された組合員でさえ最初の協約が締結されると同じ運命が待っている。『サービス型』労働運動に固有の問題として批判されてきたように、組合員が組合運動から無視され無関心になるという問題はここでは一層深刻なものとなる。ボランティアのオルグとして外部組織化に参加しているほんの一部の戦闘的な組合員の一団だけが組織化の情熱を共有している」（Hurd 2004）。

　組織化を優先することに反対しているのではない。そのことにより組合指導部がビジネス・ユニオニズムと「サービス型」労働運動を超えることができているという意見に反対しているのである。

　ビジネス・ユニオニズムは克服されたのか、あるいは単に新種に改良されただけなのか？　政治行動と組合運営の分野を見ることでこの問いにはっきり答え

ることができる。

## 5 進歩的労働組合運動？

政治イデオロギーに重点をおいていたブレッカーとコステロは保守と革新の分岐を予想し、新しいモデル、進歩的労働組合運動の誕生を予測した。しかし、カークランド型の復活の心配が当たらなかったように、ビジネス・ユニオニズムと進歩的労働組合運動の分岐も起こらなかった。

特定の労働組合の指導部が保守的か、あるいは進歩的か、を判断することは可能である（カーペンターズ組合やILWU（全米港湾倉庫労働者組合）を考えれば分かるだろう）。しかし、「進歩的」と「保守的」[12]という二つの労働組合運動の型がはっきりと存在するかどうかは、はっきりしない。組合指導部は政治的傾向により対立しているわけではなく、社会運動ユニオニズムの代表と見られている組合もそのようなイデオロギーに基づいて政治的判断をしているわけではない。

スウィニー指導部は、「冷戦時代の戦士」であったその前任者と比較すれば、広い意味で進歩的であるが、先の大統領選挙では組合指導者たちの政治的立場は全く多様であった。カーペンターズ組合や一時的にはチームスターズ労組も共和党支持に傾いたし、その他の組合も様々な傾向の民主党候補の中からそれぞれ選んで支持していた。

同様に、AFL-CIOの内部対立もイデオロギー傾向と一致していない。どちらの側にも政治的保守派と進歩派がほぼ同じ数だけ存在している。政治イデオロギーが全く異なる労働組合によってNUPが形成されたことが、組合指導部の中の闘争の主要な要因が政治イデオロギーではないことをはっきりと示している。

しかし、何かが変化したことも確かである。スウィニーと同様、SEIUのスターン委員長も労働組合による政治活動を重視し、2004年の大統領選挙でのケリー候補支持活動で組合が行なったような大量動員を一層強めようとしている。事実、両陣営とも大統領選挙のない期間でも政治行動のための動員活動を恒常的に行なおうとしている[13]。

スターンが新しく導入したのはこれまでの民主党との伝統的な同盟関係を放棄し、SEIUが進める特定の組織化の目的に役立つかどうかで立候補者の支持や、法案の賛否を決めるようになったことである。もっともこれはまだ州段階で行なわれている。労働組合はこれまでもこのような選択を行なってきていたが、そのことを公然と認めた組合はなかった。スターンも言っているようにSEIUは

「恒常的な忠誠関係は持たず、変わらぬ利害を持っているだけである」。

　このような戦略は、はるか昔にAFLの創立委員長のサミュエル・ゴンパーズが労働組合は政治的戦略を必要とせず、「味方を報い、敵を罰する」という原則だけで充分だと語ったことと通じている。同時に労働組合が他の社会運動から批判を受けてきた「狭い自己利害」に戻るものでもある。ある組合の指導部が高い優先順位をつけている課題を支持する共和党の州知事が、他の組合や有色人種、移民労働者などの地域団体や進歩的有権者団体が激しく反対する課題を支持する、ということもありえるのである。

　最近の例を挙げると、2005年4月にイリノイ州で行なわれた組合承認選挙でSEIUは4万9000人の保育労働者の代表権を得ることに成功した。これはこれらの労働者を州の労働者とし、組合加入権を与える政策を採用する代わりに、その共和党の州知事候補をSEIUが支持することによって可能になった。しかし、組合は譲歩し、その保育労働者にはその他の公務員と同じような健康保険と年金の給付を受けられないことになった。公務員部門での組織化をSEIUと争っているAFSCMEはこの譲歩を厳しく批判し、SEIUが水準を引き下げたと非難している。このようにその共和党員が反労働的、反労働組合的であり、貧しい人々と敵対しているために労働運動全体と社会運動が強く反対しているにもかかわらず、SEIUの組合員の利益のために共和党の候補を支持した例は他にも存在している。

　もっと酷い例は老人ホームの人員を増やすよう義務づけるために利用者が提案した法案が、利用者と労働者の双方の利益になるにもかかわらず、SEIUが老人ホーム経営者協会と協力して反対して潰したことである。『SFWeekly』のホームページに掲載された『皮肉の政治学』と題する最近の記事によると、SEIUはこの法案に反対する見返りとして老人ホームの組織化に経営側は中立を保つという約束を取り付けた（Smith 2005）。

　しかし、SEIUの消息通はこれを現実政治として擁護し、このような政治への強引な取り組みを弱点ではなく長所として捉えている。これまで組合指導者たちは民主党に絶対の忠誠を示してきたが、労働組合や労働者にたいした利益をもたらさなかったではないか、ということである。一方、SEIUは独立した労働者の政治の必要性について語り、SEIU組合員を議員に立候補させてきている（しかし、既に存在している独立した労働者政党を支持するためにほとんど何もしていない）。

政治の問題がとりわけ重要なのは米国では「進歩的」という概念は人種、性別などによる差別や抑圧に対する闘いへの支持をも意味しているからである。またグローバルな正義のための闘いや反戦をも意味している。移民政策についてのAFL-CIOの政策転換、同性愛者などの構成団体「プライド・アット・ワーク」への支持、多くが女性や移民労働者である低賃金労働者を組織化しようとするSEIUなどの組合の大きな取り組みによって労働組合が進歩的な政治立場に変わったことが認められてきている[14]。「社会正義の言説」がよく使われるようになり(Fantasia, Voss 2004)、他の社会運動と進んで連携するようになったことも新たな進歩的傾向の証拠として受け止められている。このような発展が重要だからこそ、「変わらぬ利害」という旧い政治への回帰が大きな問題なのである[15]。結論は政治的な左右の枠組みに基づいてビジネス・ユニオニズムと進歩的労働組合運動が分岐するのではないかというブレッカーとコステロの予測は当たらなかった。組合指導者たちの間に政治的な違いはあるが、AFL-CIOの指導部の中の対立の原因ではないし、スターンとスウィニー陣営の戦略の違いの説明にもならない。もし分岐があるにしても、SEIUの政治行動を「進歩的」と規定することは不正確であり、何が新しくなったのかを理解することを妨げることになる。

## 6　社会運動ユニオニズム

　これまでの議論により充分明らかだと思う。米国の労働組合指導者たちはビジネス・ユニオニズムを拒否したのか？　否である。

　まだ検討していない労働組合の重要な分野が存在している。例えば、労働運動の中の闘いと社会運動の中の闘いとの連帯、包括性と平等やグローバルな連帯などである[16]。それぞれの分野について検討する余裕はない。ただ結論的に言えるのは、ビジネス・ユニオニズムを拒否したと主張している者を含めて米国労働組合指導部の実際の行動を各分野について見れば、過去数十年の間に改善が見られるかも知れない。しかし、それは新規組織化への努力の強化について見たのと同様に、ビジネス・ユニオニズムとの断絶を意味するものではないし、進歩の代わりに後退した面もあるかも知れない。

　したがって、「米国の労働組合指導者たちは社会運動ユニオニズムを受け入れたのか？」と問うことは意味がないように思えるかも知れない。しかし、私はこの質問をすることは意味があると思う。組合指導者たちがビジネス・ユニオニズムを放棄しておらず、したがって新しい形の労働組合運動を受け入れる立場

にはない、ということを強調するだけでは意味がない。問題は社会運動ユニオニズムの具体的な性質がどのようなものであり、それがどの程度受け入れられているかということなのである。

「社会運動ユニオニズム」は様々な国の労働組合運動について使われてきた。ピーター・ウォーターマンにより1980年代後半に作られたこの用語は南アフリカ、ブラジル、韓国で蘇った労働組合運動の分析に広く使用された。ウォーターマンにとってこの用語は新しい労働組合運動のためのユートピア計画の名称であると同時に、南アフリカ、ブラジル、韓国などの国の政治的に戦闘的で攻撃的な新しい労働組合運動を指してもいた。これらの国の運動は改革派あるいは独立的な労働組合の活動から生まれ、革新的な政治・社会変化を要求し、多くの要求と構成員を含む広い社会運動の不可欠の一部として労働組合を位置づけた。また同時に、社会運動ユニオニズムを通じてビジネス・ユニオニズムと伝統的な左翼労働組合運動を乗り越えるような新しい革新的、民主的な政治戦略に到達できると考えられていた（Waterman 2004）。

社会運動ユニオニズムの概念は主要にはキム・ムーディーの著作を通じて米国に広まった。その著作『リーンな世界の労働者』ではグローバルな経済の変化、とりわけ職場でのリーン生産様式と政府による新自由主義の政治戦略の採用が分析され、さらに労働組合権と経済的・社会的正義のための新しい運動の成長が論じられていた（Moody 1997）。

1990年代の米国は80年代の南アフリカとは全く異なっていた。ムーディーが「社会運動ユニオニズム」という概念を使ったのは活動家たちがそれを通じて組合民主主義と改革、労働者の権利、独立した政治、社会・経済的平等、グローバル正義、安全衛生などのための闘いを、労働者に対する企業と政府の攻撃に抵抗する新しい運動の要素として理解し、そのことにより労働者とその社会運動の同盟者が前進し始めることを可能にするためであった。一方、米国にはビジネス・ユニオニズムの例はたくさん存在していた。ムーディーの社会運動ユニオニズムはビジネス・ユニオニズムの批判と緊密に結びついていた[17]。

ウォーターマンと同様に、ムーディーの社会運動ユニオニズムは組合改革と社会変革のための下からの組織化に依存し、組合の内部の反乱を支持し、一般労働者が共同行動、組織化と管理の能力を発展させることを援助するよう呼びかけるものであった。官僚的な敵対に対して労働者とその共同体の力と能力を発展させるためには、その目的と方法の双方において民主的で参加型の運動が

必要だと考えられていた[18]。

　運動の現場では「社会運動ユニオニズム」という用語はあまり使用されていないように見える。しかも使用される場合でも戦術に関する用語として使用され、労働組合と地域団体との連携あるいは労働組合と社会運動団体との共同行動の戦術（「チームスターズ労組と亀」との連携）、または労働組合ではあまり使われないが社会運動団体がよく使う、街頭劇、創造的な抗議行動、市民的不服従などの戦術を意味している。

　組合指導者たちが社会運動ユニオニズムを受け入れたということは可能ではあるが、誤解を招きやすい。事実、組合指導者たちは社会運動的戦術の実験的使用については積極的であった。その理由は社会運動団体の方が階級問題・労働問題に関心を向け、例えば学生が労働問題と関わるなど、協力の機会が増えたことが大きい。しかし、社会運動ユニオニズムとは戦術だけの問題ではなく、労働組合運動の型の問題である。組合の改革という大きな背景の中でこれらの戦術の位置を理解しようとするのなら、この違いははっきりとさせる必要がある。戦闘性のところで見たように、社会運動ユニオニズム的な戦術を行使する労働組合が別の所では狭い労働組合主義を実践しているかも知れない。問題はその基礎にある戦略は何かという点である。

　もし今日の米国の労働組合指導者と社会運動ユニオニズムを隔てる問題が一つあるとするならば、それは組合民主主義である。

## V　組合民主主義と大きな分岐点

　「21世紀の社会と労働組合にとって最大の課題は民主主義の問題である。権威主義的な組織、とりわけ企業に抵抗し、改革して民主主義を取り戻す必要がある、職場でも、地域でも、組合の中でも」エレーヌ・バーナード（Slaughter 2005）。

　ブレッカーとコステロは組合民主主義の問題を単独では取り上げなかった。それは労働組合の将来についての討論の中で民主主義がどれだけ中心的な問題となるかを予測していなかったからである。民主主義は今や米国の労働組合の大きな分岐点であり、新旧のビジネス・ユニオニズム勢力と勃興しつつある社会運動ユニオニズムとを隔てている。

　組合民主主義とは何か？　ハーマン・ベンソンは民主主義の常識的な定義を提

唱している——言論と集会の自由、適正手続き、自由で公正な選挙、公正な雇用、平等、腐敗と暴力的報復からの保護などの権利[19]。これらの権利はある程度連邦法によって守られているが、組合規約に依存している重要な権利もある、例えば協約に関して投票する権利や最上級の役員を直接選挙で選ぶ権利などである。

　なぜ民主主義が問題なのだろうか？ ベンソンは『反乱者、改革者、暴力団：造反者がどのようにして労働運動を改革したか？』の中で組合民主主義の「三つの顔」について語っている。

1　民主主義の力は、労働者が立ち上がり、発言し、共に行動し、尊厳を要求するよう呼びかけることにより、労働者を労働組合の旗の下に動員することにある。
2.　組合民主主義は組合員が組合官僚機構を管理し、批判し、最終的には取り替えるための武器である。
3.　組合民主主義は民主主義の大義と国の社会正義のために労働者の力を発揮するための手段であり、国民の良心を動かす能力を持つ新たな道義的な力と社会正義のための民衆の運動を生み出すものである」（Benson 2005）。

　ベンソンによれば、ほとんどの組合指導者は「組合民主主義の第一の要素を熱狂的に歓迎する」が、第二の要素については「進歩的な指導者でもその熱意は冷えてしまう[20]」。組合民主主義の第三の顔は社会全体の中での民主主義の発展に対して民主的労働組合が果たす役割であり、社会運動ユニオニズムの民主主義である。

　組織化などの組合主導の活動に労働者が参加し鍛えられると、その労働者たちは指導部に批判的になることが多い。労働者の参加は組合官僚組織を建設し指導部の力を維持する手助けになり得るが、批判は指導部にとって脅威となる[21]。

　ビジネス・ユニオニズムを根絶する闘いにとって組合民主主義は不可欠の一部である。組合の現体制に挑戦する組合活動家を保護し、組合の政策や指導部を変革する武器となるからである。さらに組合の組織や慣行を変革し、ビジネス・ユニオニズムに有利な官僚化をなくし、もっと参加型で草の根のオルタナティブを作るための武器でもある[22]。

　にもかかわらず、組合改革の要素の中で、新しい労働組合運動の指導者と自称する人たちが言葉の上でも実践でも、最も強く拒否したのはこの組合民主主義である。

SEIU とその同盟者たちの提案の中核にあるのは労働組合と AFL-CIO の権力の極端な中央集権化である。AFL-CIO の執行委員会の人数は現在の 21 の組合代表と四つの構成組織の代表から 10 人くらいに減らされてしまう。その 10 人が誰で、どのようにして選ばれるかははっきりしない。AFL-CIO 指導部の構成が変わり、「基準と説明責任」を強制する大きな新しい権力を持つようになるだろう。現在の AFL-CIO は傘下組合の指導者にもっと組織化に金を使い、あるいは地方労働組合評議会に加盟してもらうには、奨励と刺激の組み合わせに頼るしかない。しかし、これからは労働組合に従うように命令することができるようになる[23]。計画では既存の労働組合が合併して、各中心産業ごとに多くて二つか三つの組合を作ることを求めている。どうやって実現するのか？　非協力的な組合は AFL-CIO から除名され、AFL-CIO に残った他の組合から組合員を奪い取ろうとする組織攻撃に直面するだろう。

　ハーマン・ベンソンは 2003 年末にこう指摘していた。「組合員の積極性を権威主義的に押さえ込んでしまうような高度に中央集権化された労働運動の未来図は単に悪夢でもなく逆ユートピアでもない。このモデルは既に存在している。カーペンターズ組合は既に模範を示すために再組織化されている」(Benson 2003)。

　カーペンターズ組合は NUP の創設組合の一つであり、スウィニーの登場以来 AFL-CIO を脱退した最初の主要な組合であるが、この 10 年の間に中央集権化して、全ての権力をローカルから地域協議会に移してしまった。この協議会は執行会計書記長により支配され、しかもこの執行会計書記長は組合員により選ばれるのではなく、協議会の代議員により選出される。執行会計書記長の権限の中には代議員を専従オルグとしてあるいは組合代表として任免する権限が含まれており、他の組合で問題になってきたような利害の対立を代議員が味わうことになる[24]。ニューイングランド地域協議会では協約の批准投票をする権利を失った組合員たちが運動の高まりの結果、権利を取り戻した[25]。

　SEIU は違う方法を取った[26]。権力をローカルから地域協議会に移すのではなく、ローカルを合併して数州にまたがり何万人も組合員を擁する巨大ローカルを新しく結成した。この合併計画を実現し、ローカルの役員や組合員からの反対を押し切るために SEIU は信託管理の方法を用いることが多い。組合本部がローカルの執行権を掌握し、役員を取り除き、本部に忠誠な専従職員からなる新しい執行部を据付け、さらにローカルの再編に取り掛かり合併してしまう。組合員による組合の管理への影響は直接的である。組合員が集会に参加したり、役

員に立候補したり、ローカルの他の組合員と連絡を取ることさえ困難になる[27]。

「抽象概念としての組合民主主義は組合運動の中で認知されているが、その実践はとてもそこまで行っていない」とハーマン・ベンソンは書いている。スターンやカーペンターズ労組のマカロンとその支持者たちは権力を中央集権化し、改革するのが困難なように官僚組織を作り上げただけではなく、組合民主主義の認知を取り消そうと試みた[28]。労働組合は危機に瀕している、民主主義は組合にとって贅沢だ、というわけである。労働組合を救うには大胆な行動と軍隊式の命令が必要だ。任意合併とか組織化目標についての任意遵守のような"任意"では何も変わらない。組合組織率が9％では本当の民主主義はありえない。しかも、労働者は民主主義なんかに関心がない。協約や賃金を欲しているのだ[29]。あるSEIUの専従が私に語ったように、もし関心があったとしても組合民主主義は機能しない、なぜなら組合員は正しい判断ができないからだ。他にもいろいろな言い方はあるが、全体としての考え方ははっきりしている、組合民主主義はNUPと「勝利のための団結」戦略にとって脅威なので、認知を取り消さなければならない。

皮肉なことにこのような組合民主主義についての考え方により組合員と対立することになるだけではなく、社会運動とも対立することになる。なぜなら今日の多くの社会運動団体にとって民主主義は中心的な要求であり、強力な組織化の手段でもあるからである（"これが民主主義の姿だ！"というスローガンのように）。例えば「劣悪作業所に反対する全米学生会議（USAS）」が組合民主主義と改革を支持する決議を挙げてこのようにその立場を説明している。「組合民主主義のための活動家が組合員の参加、言論の自由、自由な選挙を推奨するのは組合員が自分の組合の方向性を自ら決めることができるようにするためである。USASは労働運動が労働者により民主的に支配されることにより、より強化されると認識している」(Piascik 2003)[30]。

戦後のどの時期よりも今日の方が、より多くの労働組合活動家と社会運動活動家が組合民主主義を理解し支持していると言って差し支えないだろう[31]。多くの人が組合民主主義が組合改革の手段であると見ており、組合改革とは労働組合、労働者とその共同体の社会的な役割を変えることをも意味していることを理解している。組合民主主義は「特効薬ではなく、遠い目標への準備である」とベンソンは書いている。

## VI 結論

　米国の労働組合指導者たちがビジネス・ユニオニズムを捨て去り、社会運動ユニオニズムを受け入れたわけではないことを長々と論証してきた。そのために最高幹部たちの考えと行動だけに注目してきた。もちろん、このために労働者運動の全体の姿としては全く不完全なものである。また指導者たちも下位の指導者や組合員の圧力に対応したり備えたりしていることも多いので、その考え方と行動をも正しく伝えていない。

　ビジネス・ユニオニズムを実際に根絶するために努力し、社会運動ユニオニズムを建設している人々についても触れてこなかった。社会運動ユニオニズムはまだ興りつつある運動であり、その担い手や組織はまだ分散しており、孤立して活動している。それはキム・ムーディーが労働組合の将来についての議論の中でこの用語を導入した当時と同じであるが、しかし、社会運動ユニオニズムは広がりつつあり、活発である[32]。

　米国の労働組合指導者たちが新しい労働組合運動を建設しつつあるという主張を否定することにより、労働者階級の将来についての討議の焦点を設定し直す手助けをすることが私の願いである。その新しい焦点とは民主主義を「職場に、地域に、組合の中に」再建するための闘いである。労働組合の大分岐の一方である民主的な潮流の中にこそ、社会運動ユニオニズムが建設されつつあるからである。

　この評論は次の人たちの寛大で思慮深い援助がなければ執筆することができなかった。戸塚秀夫、山崎精一、ジェーン・スローター、チャーリー・マカーティン、石坪佐季子。ケント・ウォンの刺激的で雄弁な講演にも感謝する。もちろん、本文に誤りがあるとしてもその責任はこの人たちのものではない。

2005 年 5 月 18 日　執筆

---

### ❖使用文献一覧

AFL-CIO Constituency Groups. "Unity Statement." *Unite to Win*. http://unitetowin.org

Benson, Herman. *Rebels, Reformers and Racketeers: how Insurgents Transformed the Labor Movement*. The Association for Union Democracy, 2005.

―"The New Unity Partnership: Sweeney critics would bureaucratize to organize," *Union Democracy Review*, December/January 2003.
http://www.uniondemocracy.org
―"Unions and Democracy: a reply to Steve Fraser" *Dissent*, Winter 1999. http://www.laborers.org/Dissent_Benson.html
Brecher, Jeremy and Tim Costello. "A New Labor Movement in the Shell of the Old" *Z Magazine*, Part I, April, 1996, Part II May, 1996, Part III June, 1996
―*Strike!* South End Press, 1997.
Buhle, Paul. *Taking Care of Business: Samuel Gompers, George Meany, Lane Kirkland, and the Tragedy of American Labor.* New York, Monthly Review Press, 2001.
Clawson, Dan. *The Next Upsurge: Labor and the New Social Movements.* New York: Cornell University Press, 2004.
Fantasia, Rick and Voss, Kim. *Hard Work: remaking the American Labor Movement.* California: University of California Press, 2004.
Fraser, Steve. "Is Democracy Good for Unions?" *Dissent*, Summer 1998. http://www.laborers.org/Dissent_Frasier.html
"The High Road: SEIU rethinks hospital organizing." *Labor Notes*. December 1999.
Hurd, Richard "The Failure of Organizing, the New Unity Partnership, and the Future of the Labor Movement" *SEMCOSH* http://semcosh.org
Moody, Kim. *Workers in a Lean World: Unions in the International Economy.* New York: Verso Press, 1997.
―*An Injury to All: The decline of American unionism.* New York, Verso Press, 1988.
Lynd, Staughton and Alice. *The New Rank and File.* Ithaca and London: Cornell University Press 2000
Noyes, Matt. "Making a splash: SEIU's Unite to Win and the "free and open" debate on Labor's future." *Union Democracy Review*, 2005 http://www.uniondemocracy.org
Piascik, Andy. "Student labor activists support union democracy." *Union Democracy Review*, 2003. http://www.uniondemocracy.org
Richardson, Charlie. "Surrendering the Shop Floor Means Surrendering The Future." Labor Notes, *A Troublemaker's Website*. 2005. http://www.troublemakershandbook.org
Service Employees International Union. "Unite to Win." *Unite to Win*. November, 2004 http://unitetowin.org
Slaughter, Jane. *A Troublemaker's Handbook 2.* Labor Notes, 2005. http://www.troublemakershandbook.org

Smith, Matt. "The Politics of Cynicism" *SF Weekly*, April 27, 2005 http://www.sfweekly.com/issues/2005-04-27/news/smith.html

Stern, Andy. *Blog for the Future*, 2004. http://www.seiu.org

— "The High Road in High Tech" *Unite to Win*, 2005. http://www.unitetowinblog.org

— "The More Things Change" *Unite to Win*, 2005. http://www.unitetowinblog.org

Summers, Clyde. "Democracy in a One Party State: Perspectives from Landrum-Griffin." *Maryland Law Review*. 1984.

Sweeney, John, et al. "Winning for Working Families: Recommendations from the Officers of the AFL-CIO for Uniting and Strengthening the Union Movement; April 2005" *Unite to Win*. http://unitetowin.org

Tillman, Ray and Michael Cummings, ed. *The Transformation of U.S. Unions: Voices, Visions, and Strategies from the Grassroots*. Boulder. Rienner Press, 1999.

"Unite Here Fact Sheet." *UNITE HERE*. 2005. http://www.unitehere.org

Waterman, Peter. "Whatever is the Global Justice Movement Doing to the New International Social Movement Unionism?" *Social Movements International Secretariat, World Social Forum. 2004*. http://www.movsoc.org

Wong, Kent.「大学と労働組合、NPO との連携はどのように可能か」大原社研, *Working Paper No. 18*, 2004.

— [biographical and bibliographical information] *Center for Transnational Labour Studies*, Tokyo. 2003. http://www2u.biglobe.ne.jp/~ctls/kentwong.html

"Divided appeals court denies Carpenters direct elections," *Union Democracy Review*, September/October 2004 http://www.uniondemocracy.org

"What happened in Iowa and New Hampshire?" *Union Democracy Review*, January/February, 2004 http://www.uniondemocracy.org

## ❖注

1 NUP は 2003 年 9 月に結成され、2005 年 1 月に解散した。SEIU, カーペンターズ労組、UNITE、HERE、レイバラーズ労組の最高幹部の非公式の共闘連合であり、AFL-CIO とその加盟組合の再編のための計画を作るために協議した。SEIU の現在の共闘連合仲間は元の NUP 加盟労組とチームスターズ労組となっている。

2 本書のケント・ウォンの文章 [9] を参照。その他に (Wong 2004) と (Wong 2003) も参照。

3 スターンの支持者たちは最近の出来事を CIO の結成とよく比較して語っている。(南アフリカの COSATU (南アフリカ労働組合会議) やブラジルの CUT の方がもっと最近の例であり、より広い社会運動ユニオニズムを採用している点でより

比較するのにふさわしいだろう）。
4 例として以下を参照。Benson 2005, Moody 1997, Lynd 2000, Brecher 1997, Tillman 1999
5 1992年にレイバー・ノーツによって発行されたトラブルメーカーズ・ハンドブック第一版が依然としてこのような様々な試みの調査報告としては最高のものである（LaBotz 1992）。
6 スウィニー執行部の試みと成果の一覧は(Sweeney 2005)の付録として収められている。
7 NUPと「新しい力、統一」運動についてさらに知りたい場合はレイバー・ノーツとAUDのホームページに掲載されている記事を参照。SEIU提供のホームページ「Unite to Win」が素晴らしく、最高の資料である。（Noyes 2004）を参照。
8 例えば、私は全国著作家労組に加盟しているために全米自動車労組の組合員となっている。
9 もっと目新しいのは多面的な圧力キャンペーンをやるための非常に周到な企業・政治分析が行なわれていることである。
10 「王道」についてのSEIUの見解の要約とそれへの反論が掲載されたレイバー・ノーツ誌1999年12月号参照。
11 ビジネス・ユニオニズムの組合指導者は圧力をかけるために戦闘的な戦術を取ってはまた取り止める、という「蛇口」方式を昔から好んできた。経営側の敵対が強まってきたため、一部の組合指導者は専従オルグを増やし、ボランティアのオルグの訓練を増やしたりして動員力を強化するとともに、意思決定を中央集権化するなどして動員力を管理する能力もまた強化してきた。
12 可能ではあるが容易ではない。例えば、組合指導者たちは妊娠中絶の権利には賛成するが銃規制には反対するかも知れない。
13 AFL-CIOがジョン・ケリー候補の当選のために大変な努力をしたにもかかわらず、ブッシュが再選された。労働組合の政治的影響力が衰退していることをより鮮明に示したのは、ニューハンプシャー州の予備選挙でハワード・ディーン候補を勝たせるためにSEIUとAFSCMEが全力を挙げて運動したにもかかわらず、敗北したことである（Union Democracy Review 2004）。
14 SEIUの提案は多様性の問題も含んでいる。しかし、AFL-CIO執行委員の数を減らすという提案に対して、構成団体6団体が統一声明を出してこの改革により有色人種、性的指向少数者、女性など少数者が周縁化されるのではないかとの懸念を表明した（Unity Statement 2005）。
15 政治イデオロギー志向の強い労働組合や社会運動団体の活動家に取り入るために進歩的な立場を積極的に取る姿勢を見せることが労働組合指導部にとって決定的

に重要である。しかし、このような姿勢の背後にあるのはプラグマティズムであり、共和党が保守的な労働組合政治のために機会をたくさん与えるとは考えにくいことをつけ加えておかなければならない。

16 これらの分野は Moody 1997 で挙げられているものである。
17 社会運動ユニオニズムが既存の運動を指すものではなく、潜在的な運動を表わすものであったため、ビジネス・ユニオニズムのように活動家や労働者により広く使用される用語とはならなかったのかも知れない。
18 多くの組合での例については Tillman 1997 を参照。
19 ここに挙げられている権利の一覧を見ただけで米国の組合員が直面している問題がどのようなものであるか見えてくる。「このような悪行が全ての組合で広範に行なわれていると主張するのは誤りではある。しかし、ほとんどどこの組合でもある一時期、これらの内の一つや二つは存在していた」(Benson 2005)。
20 大原社研での講演の後の討議の中でケント・ウォンが認めていたように、SEIU の「組織化活動は民主的ではなく、トップダウン式である」(ビジネス・ユニオニズムについてウォンがこう書いているのを想起せよ「組合専従と指導者が全ての決定を行ない、組合員の面倒を見る」)(Wong 2004)。
21 この対立の古典的な例は、ロサンゼルスの「ジャニターに正義を！」運動が勝利した後で、SEIU ローカル 399 の反対派が執行部選挙に挑戦して勝利した時に起こった。SEIU 本部はローカルを信託管理にし、もっと大きなローカルと合併させることによって新しい指導部を排除した。
22 この具体例は職場代表委員会の活用である。例えばプエルトリコにある SEIU ローカル 901 の規約では執行委員会の決定に対する拒否権を職場代表委員会が持っている。
23 スターンは任意の協力に頼るような提案には非常に批判的である。「スウィニーの提案はいつもながらの"任意"の取り組みが続くことを認めているが、これでは何もできない」(Stern 2005)。
24 例としてニューヨークの AFSCME 地域協議会 37 での組合費使い込みと不正選挙を見よ。
25 この中央集権化を実現するためにカーペンターズ組合は組合の中間組織の役員の選挙には直接・秘密選挙をする必要がないという労使関係情報公開報告法の抜け穴を利用した (Union Democracy Review 2004)。
26 SEIU だけではなく、IAM や AFSCME などの組合もこの戦術を使っている。
27 信託管理とローカルの合併はその導入のための基準が甘いという連邦法の弱点を利用している。
28 スティーブ・フレイザーは 1998 年の評論で「民主主義は労働組合に役立つか？」

と問いを発したが、すぐに撤回せざるを得なかった（Fraser 1998）。その反響の一つがハーマン・ベンソンの「民主主義は知識人に役立つか？」と題する文章であった（Benson 1999）。

29 「労働者はその暮らしを変えたいと願っている。力と声を欲しているのであって、純粋の知的、歴史的、神話的な民主主義を欲しているのではない」（Stern 2004）。

30 「チームスターズ民主化同盟、ニューディレクション、レイバー・ノーツ、組合民主主義協会を始めとする労働組合運動を民主化するために闘っている組織との共闘連携関係を強める努力をすることを決議する。これらの組織がUSASの会議や集会に参加できる機会を増やすように努力する。それは我々の組織と組合民主主義を目指す運動の間に永続的な結びつきを作ることを目指しているからである」。

31 この現状は民主主義思想が受け入れられた結果ではなく、組合員の現状がひどくなり、指導部に対する信頼が弱くなってきていることの反映だと思われる。

32 この興隆しつつある運動の概観を最もよく伝える本を一つ挙げるとすると、トラブルメーカーズ・ハンドブックの第二版である（Slaughter 2005）。ダン・クローソンの『次の反乱（Next Upsurge）』は未だ生まれていない運動としての社会運動ユニオニズムを理解するための理論的な枠組みを提供して便利である。

# 第4部 労働者教育の広がり

# [11] アメリカにおける労働者教育の歴史と現状

アンディ・バンクス
渡辺　勉／編

## はじめに

戸塚秀夫（国際労働研究センター・所長）　今日はアンディ・バンクスさんをお招きしまして、大学にベースを置く労働者教育プログラムについてお話を伺います。アンディ・バンクスさんは、1998年からAFL-CIOが設置したジョージ・ミーニー・センターにおられますが、95年から98年にかけてはチームスターズ労組本部の対企業戦略局でUPS争議の国際戦略に従事、92年から95年は国際公務労働者連盟（PSI）の本部で働いていた方です。では、まず、アンディ・バンクスさんにアメリカにおける労働組合教育の現状を話していただき、そのあとで、カナダ・ヴィクトリア大学で労働組合教育に携わっておられるジョン・プライスさんに補足的なコメントをいただきます。

## アメリカにおける労働者教育の歴史と現状

アンディ・バンクス（ジョージ・ミーニー・センター主任研究員）　私の組合運動

の始まりは、移民農業労働者の組織化でした。この全米農業労働者組合（United Farm Workers of America, UFWA）はカリスマ的なセザール・チャベス[1]をリーダーとする、全米でもっとも注目を集めていた労働組合でした。彼がよく言っていたことですが、組合が会議をするときは小さな会議室を準備して、大勢の人たちの人いきれの中で議論することが大事だと。その伝統が、今日の会議室の大きさと大勢の人々の参加のなかに生きているように思われます。（笑）

労働組合教育が今日の労働運動にとってもっとも重要な課題となってきていると、私は思っています。グローバル経済の進展によって、世界中の労働運動は大きな圧力のもとに晒されておりますし、より一層の発展を得ようとするならば、組合のトップ・リーダーたちの知識に依存するだけではなく、広い草の根の労働者の力によって支えられなければならないからです。

アメリカにおける労働組合教育について話をしますが、私の話をもってアメリカの労働組合教育が分かったと即断しないで下さい。なぜなら、私はアメリカの労働組合教育を大幅に変えなくてはならないと常日頃から主張してきた一人です。今日ここで話すことは、私の労働組合教育論であって、いろんな意見を理解する上でもベースとなることがらを、まず話すことから始めます。

今日は四つのトピックスを話します。時間があればもうひとつくらい付け加えますが。最初はアメリカの労働組合教育の簡単な歴史から始めます。第二は、アメリカには労働組合教育のどのような組織があるのかを説明します。第三は、その労働組合教育がどのような中身をもっているのか、第四には、労働組合教育の資金をどこから得ているのかにもふれます。最後に時間がありましたら、労働組合教育の新しいモデルである「組織化モデル」について話します。これは労働運動が21世紀に向けて直面している課題に応えるためのものです。

## 1　大学ベースの労働者教育

簡単にアメリカにおける労働組合教育の歴史を語るわけですが、その出発点を1900年におきます。アメリカ労働運動がその頃から現在の形をとり始めたことが第一の理由で、それ以前のことについて私があまりよく知らないことが第二の理由です。1900年初頭のアメリカ労働運動の中における労働組合教育は、高い技能を有している労働者が中心でした。当時は労働組合教育（Labor Education）ではなく、労働者教育（Workers Education）でした[2]。なぜ労働者教育と呼ばれていたかですが、当時の労働運動はどのようにして労組の指導者を教育して育

てるかという問題意識が乏しく、高い技能を持った労働者が自分たちの技能と人格の陶冶に力点をおいていたこと、第二に、中心となった人たちが社会主義的な影響を受けていたことが、労働者という言葉にイデオロギー的な意味を付与していたからです。

　1900年代初頭には、女性の普通選挙権の実現を目指す運動が強まっていまして、その運動自体の広がりはさほど大きくはなかったのですが、その課題のもつ社会的なインパクトと労働者教育を結びつけようという動きが登場してきました。また、当時の労働者教育の中心は、海外から流れ込んできた膨大な移民労働者に英語を教える識字教育と結びついており、その語学教育自体が、市民憲章について教えるといった社会性と結びついておりました。

　当時都市部においては争議が多発し、多くの労働者が職場から排除されていました。そこで職場を追われた労働者たちが工場の外でロックアウト・カレッジ（Lock-out College）を開催して、話し方のトレーニングや語学教育、民衆運動史などを勉強しておりました。もうひとつ、6カ月から長いもので2年といった期間を費やして労組の指導者を教育するプログラムに、社会主義者や労働運動に共感した学者などが取り組み始めました。このような大学での労働者教育の実例としましては、女性のためのブリンマー・カレッジ（Bryn Mawr College）[3]、ブルックウッド・レーバー・カレッジ（Brookwood Labor College）[4]、イギリスのラスキン・カレッジ（Ruskin College）[5]がアメリカで開設した講座などをあげることができます。1930年代に次世代の労働運動指導者の教育を担い、多くの労組指導者が教育を通じて生み出されてきます。

　1920年代にはアメリカ労働総同盟（AFL）内部におおきな緊張関係が生まれましたが、それは労働者教育にも反映しました。その緊張とは、産業構造の変化に伴い新たに登場してきた大企業の未熟練労働者が、熟練労働者にとってかわるという事態のもとでAFLの従来の労働者教育のあり方そのものが問い返されてきていたのです。この緊張によって最も被害を受けたのが、ブルックウッド労働大学で、AFLの指導者はこの大学に行かないように圧力をかけ、最終的にはブルックウッド労働大学は廃校に追い込まれたのです。この緊張がピークに達した1939年に、未熟練、半熟練労働者の集合体として産業別労働組合会議（CIO）が誕生しました。この産業別労働組合運動が起こった時期は、議会も大統領も社会民主主義的な政策をとっていた時期と一致していましたので、1935年から55年までの20年間は、産業別労働運動がもっとも勢いを持った時期でもあ

りました。

　1930年代という時代は、大恐慌が荒れ狂っていた時期でしたが、CIO はルーズベルト大統領に働きかけて、大胆な政策をとらせるようにしました。そして 1938 年には不況期に職を失った数千人の教師の雇用を創出し、全米各地で労働者教育局（WEB・Workers' Education Bureau）[6] の仕事に従事させました。森林伐採の現場や漁業ならびに缶詰工場などに送りこんで、労働法規や団交の進め方、組合運営に関する教育など、あらゆる分野で WEB の活動は広がりをもちました。

　第二次世界大戦が終わり、大学でも労働組合教育を担う機関が設立されますが、その最初はウィスコンシン州立大学の中に置かれたウィスコンシン労働者学校（Wisconsin School for Workers）[7] でした。このコースは、成人教育の一環としてスタートしました。単位は与えられませんが、労働運動の必要とする基本的な技能を高めるための講座、たとえば団交の持ち方、苦情処理手続き、組合運営、公衆を前にしての弁論術などを教えました。

　1960 年から 1990 年までに、全米の 40～50 の州立大学に労働研究センターが設立されてきました。現在、おおよそ 45 くらいの大学が労働組合教育を行なっています。この 15 年の間に、アメリカ労働運動自体の変化を受けて、大学にベースを置く労働組合教育も変わってきました。かつて労働組合は選挙を通して州政府に働きかける力をもっていましたので、州立大学をベースとした労働組合教育を実現できてきましたが、ご存知のとおり、組織率は 1935 年に 35％だったものが今では 14％にまで下落して、資金を提供している州政府に働きかける力量が大幅に低下したことです。もうひとつの要素は、大学の側にもまた労組の側にも問題がありまして、従来の労働運動に役立つ教育というよりは、よりアカデミックなものとして正規の教育として単位を受けられる講座に組み変え、カリキュラムも変わってきました。組合活動歴をもっている生徒たちよりも、大学卒や大学院卒の生徒たちが好まれる傾向が強まってきました。労働運動の力が弱まってくるにつれて、教育内容も労使協調的な課題が増え、組織化とか戦略的なキャンペーン、そのための調査の重要性といった労使対立的なテーマの比重は、軽減されていくことになっていきました。45 の労働研究センターの実態は様々で、ウィスコンシン大学の労働学校は 50 年前と変わらない、単位取得にかかわらない学校運営を今でも続けていますし、その対極にあるインディアナ大学の労働学校はすべてが単位取得に関係する学校運営を続けています。

もちろん、中間には多くのヴァラエティーに富んだ学校運営をとっている労働学校があります。それらの違いは、地域の歴史やその地域の労組と学校の関わりによって生じています。大学にベースを置く全米45の労働研究センターには、総計で250人のフルタイムの教師がその任についております。パートタイムの教師や補助教員を加えると、全米大学労働教育協会（UCLEA・University & College Labor Education Association）[8]のネットワークは、それなりの勢力になっています。

## 2　組合ベースの労働組合教育

次に、労働組合の労働組合教育について話をします。この分野でもっともおおきな影響力と実績を持っているのは、ジョージ・ミーニー・センター（GMC・George Meany Center）[9]と全米労働大学（NLC・National Labor College）[10]です。GMCはAFL-CIOによって1969年に設立され、1974年にオープンしましたが、その主な目的は、中級・上級組合幹部・スタッフ向け教育を行なうことにありました。この施設はもともとはカトリックのサビエル修道院の僧侶の教育のためのものでしたが、AFL-CIOがこの施設を購入して資料センター兼教育施設として作りかえたものです。鹿が草を食み、木々にはたわわに果実が実を結んでいる47エーカーの敷地をもち、ワシントン特別区に隣接した近郊にあります。GMCでは8000人の労働組合員が講習を受けておりますが、その多くは1週間の講座です。組合が受講料を負担して、その組合向けに作成された教育プログラムに基づいて訓練を行なっている場合と、一般的な組合員向けの教育コースとがあります。それまでのGMCの教育プログラムは、大学での講座と直接関係はなく、単位を取得できませんでしたが、1995年にAFL-CIOのリーダーシップが変わったことで、また折からのグローバル経済下で要求される事態に労組がどう立ち向かうかが問われていましたので、より高度な労働者教育の内容と受講者の単位取得を可能とするために、GMCに併設してNLCを発足させたのです。

NLCでは3000人ほどの組合活動家が修士、博士課程での資格を得るための講座を受講しています。ここで教育を受け、また職場・地域に戻って教育を受け続けるという長期間の学習の繰り返しをしています。ここでの学習は、1920年代のブルックウッド労働大学が構想していた時代のカリキュラムを復元することも試みられています。

AFL-CIOにも3名のスタッフをもつ独自の教育局があり、AFL-CIOの内局と連携しながらプログラムの作成などを行なっています。AFL-CIOには79の加盟

単産があり、常設の教育機関を持っている UAW や IAM のような組合もありますが、多くは常設の教育機関を持っておらず、セミナーなどを随時開催して組合員教育をしています。

組織率が年々低下する中で、1989 年に AFL-CIO は組織化研修所（OI）を作りました。OI の主たる事業は、3 日間の訓練プログラムで、今まで組織化などに取り組んだ経験のない組合員を対象とした基礎的なオルグ活動の仕方、たとえば個々の労働者の自宅を訪問しての工作の仕方などを教育してきました。OI は 1 年間に 600 人くらいの若い人たちのオルグ訓練していますが、その半分は女性とマイノリティーで社会正義の実現を目指して運動に参加してきた人たちです。残りの半分は草の根の組合員でオルグになりたいと思っている人たちです。

### 3　労働組合教育が抱える問題点

現状についてはこのくらいにして、次に労働組合教育の抱えている問題点にふれることにしましょう。第一の問題点は、大学にベースを置く教育事業と各々の労働組合が行なっている教育との直接の結びつきがきわめて弱いことです。唯一組織だって行なわれている結びつきは、UCLEA と AFL-CIO とが年に 1 回開催している会議です。前に述べましたが、全米 45 の労働研究センターのフルタイムスタッフで UCLEA に加盟している人の数は 250 人ほどで、労組の教育部門に携わっている人も 100 人を数えます。この両者が一堂に会し討論して、労働組合教育の問題点を明らかにし交流を行なっています。ここで大事なのは、労働組合に問われている種々の技能を労組の本部に蓄積するのではなく、草の根の末端に移すことです。とりわけ私たちの目的は、多国籍企業と闘うための戦略をどうつくるか、活動家をどう養成するかにあるわけですから、そのために必要とされる技能や情報を組合の上から末端の活動家に移してゆくことが問われます。そのためには大学にベースを置く労働研究センターは、労組と一緒に仕事をする相手としては相応しいのです。その第一の理由としては、各々の労働研究センターは地域の労組（ローカル）と密接に結びついていますし、第二に、求められている技能——必要とされる情報の多くはインターネットを使って入手できる——の修得には大学が便利な位置にあるからです。ところが一方で、大学は労働組合から自分を遠ざけてしまっていて、主な関心は州政府から予算をどう獲得するかといったことに目を奪われ、労組の方に目が向かないという現状に逢着しています。

最後に、希望のもてる話をして締めくくりとします。大学に籍をおく研究者が集まって作っている組織がUCLEA、労組の教育担当者が集まって作っている組織が労働者教育ローカル189（Workers Education Local189）[11]です。二つの組織が2000年4月に合同して、全米労働教育協会（UALE・United Association of Labor Education）[12]を発足させました。理事会は双方から半々が選出され運営にあたっています。この合併で、労組内部の教育プログラムがより高度になるでしょうし、大学の方も労組の教育担当者の直面している苦労を知ることで、教育内容にも大きな変化が起こるのではないかと思われます。とりあえず、最初はここまでにしておきます。

## 補足的コメント・カナダにおける労働者教育の経験から

ジョン・プライス（ブリティッシュ・コロンビア大学・日本研究センター）　1994年から96年にかけて、カナダ・ブリティッシュ・コロンビア州のある短期大学で労働者教育コーディネイターの仕事に関わったことがありました。ブリティッシュ・コロンビア州というところは木材産業が大きな比重を占めている地域ですが、ある木材工場が不況で閉鎖されることになりました。閉鎖されていた8カ月間を活用して100人の労働者が州政府に働きかけて、自主的に労働組合教育を始めたわけです。私の勤めていた短期大学が、労働組合の要請を受けてこの組合の労働組合教育を手助けすることになりました。私の担当はカナダの労働運動史で、ブリティッシュ・コロンビア州の労働組合運動史の掘り起こしでした。1900年代初頭、中国人や日系人が木材産業や缶詰工場などで大量に働いていましたが、その移民労働者たちの差別されていた歴史を、彼らと一緒に掘り起こして勉強するという方法をとりました。その古い労働者の話を地域社会の中で聞いて知っている人たちもおりましたので、学習は労働者たちにとっても身近なものとなったようでした。その他に、労使関係・賃金や労働条件、コンピュータから看護労働まで、広範なカリキュラムを組んで教えました。40年も木材産業で働いてきた労働者が中心でしたので、学習したいという意欲も旺盛でしたし、仕事はいつも朝の6時が始業でしたので、授業も6時から始めて欲しいといった要求も出され、私たちの方がたじたじになってしまいました。ブリティッシュ・コロンビア州政府は新民主党の政権（社会民主主義的な政党）でしたので、このような闘っている労働者にも資金援助の手を差しのべていました。そのために倒産—解雇という事態のなかで8カ月もの教育プログラムを組んで行

なわれました。

　第二の経験として、UNITEという繊維の組合の例があげられます。そこの組合員の多くはアジア系の女性でしたが、彼女たちの英語のレベルアップ授業を開きました。仕事を1時間ほど早めに切り上げて、2時間ほど英語の授業を始めたわけですが、そのときの教材として団体交渉、労働者の権利、苦情処理、労働法や女性問題などの英語のテキストを使って教えました。

　実を言いますと、労働組合教育プログラムと労働組合との関係は1980年代になると具合が悪くなりました。私たちの大学の組んだカリキュラムが、保守的な地域の労組リーダーたちから見ると革新的過ぎるということで、支持を得ることができなくなってきたのです。もうひとつはブリティッシュ・コロンビア州の労働組合地区評議会自体が独自の労働組合教育プログラムをもっており、それと私たちの活動とが競合した結果、組合が私たちの活動から手を引くことになってしまいました。大学の方が意気込んでも、地域の労組との関係が弱くなると、労働組合教育は進まないということを思い知らされました。

　最後に、カナダの労働組合教育でもっとも進んでいるのは、カナダ自動車労連（CAW・Canadian Automobile Workers Union）です。ビッグ・スリーとCAWとは協定で、労働者教育に会社側が資金を提供する協約を結んでおりまして、その資金を使ってCAWが豊富なプログラムを組んでいます。ポート・エルギンというところに、大きな教育施設を建設するところまで進んできております。以上で終わります。

2000.5.13　第39回研究会「大学をベースにした労働教育プログラムの構造と機能」
通訳：山崎　精一（本書収録にあたり質疑応答の部分を削除した。）

---

### ❖訳注

1　Cesar Chavez〔セザール・チャベス 1927～1993〕 United Farm Workers of America〔UFWA・全米農業労働者組合〕の創立者。メキシコや中南米からの農業移民労働者を組織するために全生涯をささげた。カルフォルニアを中心に農業移民労働者の組織化に非暴力運動を提唱、公民権運動や移民労働者の運動に大きな影響を与えた。

2　近年では、「labor education」は労働組合の活動に資する教育という意味で使われ、労働者の資質の向上や社会的な自覚の強化を目標とする「workers education」より限定された意味で使われているように思われる。

3 Bryn Mawr Summer School (BMSS) for Women Workers　1921年、ニューヨーク市のブリンマー大学に設けられた女性労働者のための8週間の寄宿制夏季学校。受講した生徒たちの人種的差異や出身地、職場と業種などの差異を考慮して、歴史、英語、話し方、文章の書き方、経済学などのカリキュラムを作成して女性労働者の教育運動として1936年まで継続された。1920年代を通じてBMSS for Women Workersの活動は、多くの労働者教育をめざす運動に影響を与えた

4 Brookwood Labor College　1921年、ニューヨーク州において、改革派の聖職者で社会主義者のA・J・Muste〔マスティ〕によって設立された。この学校の目的は、当初、改良主義的な労働運動の理論を教え広めることに主眼がおかれた。男女共学で、開校当初はAFLの全面的な支持を受け、生徒の大半はAFLの傘下組合から送り込まれたが、1930年代半ばに大きな転換が訪れた。学校主宰者のマスティが改良主義的な組合主義の立場から戦闘的な組合主義に思想的立場を転換したことによって、またマスティ自身アメリカ労働者党を結成したこともあり、右からはAFL、左からはアメリカ共産党の攻撃にあい、学校の運営は暗礁へと乗り上げた。

5 Ruskin College　ラスキン・カレッジは1899年に労働者階級の人々に大学レベルの教育を行ない、労働組合、政党、協同組合などに役立つ人材を育成することを目標として、オックスフォードに設立された。その志は生きているが、今日ではここで学んでオックスフォード等の有名大学に進むものも多い。

6 Workers Education Bureau　労働者教育局は1921年4月、ニューヨーク市で発足した。第一次世界大戦後、アメリカの労働運動は戦時中の「ストライキ自粛条項」から解き放たれたこともあり、急激な伸張を見せていた。そのなかで、とりわけ労働教育部門はAFL内の急進的な労働組合の後押しで、1921年までに21州に75のレーバー・カレッジが誕生している。WEBの目的は、各地に誕生した労働者教育運動の情報を収集し、その情報を各地に配信して、労働者教育の全米水準を引き上げることにあった。大不況期以降のWEBの仕事は、職を失った専門教師を各地の労働者教育機関に斡旋して雇用を創出することに向けられた。

7 Wisconsin School for Workers　マディソン市YWCAとウィスコンシン大学経済学部が1921年に8名の女性労働者を迎え、また1925年には42名の女性労働者を迎えて6週間の夏期講座に発展し、1944年には、労働者学校はウィスコンシン大学の公開教育学部となった。現在では、comparative worth〔同等価値労働〕、ローカル・ユニオンにおけるコンピュータの活用、人間工学、職業安全衛生、時間研究、職務評価、労組運営、団体交渉、協約交渉などの分野を教育に取り入れている。

8 University & College Labor Education Association　UCLEA は大学にベースを置く全米 50 カ所の労働組合教育機関〔労働研究センター〕が集まって 1960 年に結成した。WEL189（注 11 参照）が労働組合内の教育担当者の集まりなのに比べ，UCLEA はアカデミックな世界で労働者教育の教材や情報の交換を主たる役割としてきた。

9 George Meany Center　GMC は労働者教育部門と労働資料公文書館で構成されている。公文書館は，教育部門に遅れること 6 年，1981 にオープンした。現在公表されているドキュメント類は 1980 年までの AFL-CIO の公文書類である。

10 National Labor College　1997 年に GMC に併設された全国労働大学は，従来の労働組合教育と違って，メリーランド大学で学士号を，ボルティモア大学とボストン大学アムハースト校で修士号を取得できるようになった。カリキュラムは GMC の個別のクラスに加え，各々の上級クラスが設営され，また次の 7 コースを履修することが出来る。1）労働研究、2）労働組合教育、3）労働安全衛生、4）労働運動史、5）労働組織の動態学、6）労働の政治経済学、7）リーダーシップと組合運営。入学は，年 4 回〔1 月、4 月、7 月、10 月〕、卒業するためには最低 84 単位を取得しなければならない。

11 Workers Education Local 189　ローカル 189 は、1922 年、労働組合にあって労働組合教育に携わる人たちによって設立されたアメリカで最も古い団体である。主たる活動は、労働組合と組合員の教育を促進させることにあり、そのために必要とされる情報や教材などを労働教育に従事する人々に提供し、全米の労働教育の水準を均一化させる上で大きな役割を果たしてきた。

12 United Association for Labor Education　大学にベースを置く労働者教育機関である UCLEA と労働組合で労働者教育に従事する人たちの組織 WEL189 との合併は、1999 年 9 月 20 日ピッツバーグで合意され、翌 2000 年 4 月 13～16 日の設立総会においてに発効した。WEL189 は Communication Workers of America〔CWA〕に加盟していたこともあって、新しい UALE も CWA 加盟を継続した。

# [12] 大学と労働組合、NPOとのコラボレーションはどのように可能か
―アメリカにおける現状と課題から探る―

ケント・ウォン<br>
鈴木　玲／訳編

## 1　これまでの労働運動とのかかわり

　私は今回の日本訪問で多くの講演をしてきましたが、大学で講演を行なうのは初めてです。日本の大学教員と交流できる機会が設けられたことを、非常にうれしく思います。

　まず、私自身がどのように労働者教育や労働研究の分野にかかわりを持つようになったのか、その背景について簡単にふれます。私が労働運動に初めてかかわったのは、30年前、高校生だった私が、セザール・チャベス氏率いる全米農業労働者組合（UFWA）で働き始めた時でした。当時、多くの学生や若い活動家は農業労働者の運動が追求した社会正義に惹かれて運動に参加しましたが、私もその一人でした。なぜ地球上で一番裕福な国で、われわれが毎日食べる果物や野菜を植え、収穫する労働者が貧困賃金を支払われるのか。なぜ、農業労働者は掘っ立て小屋に住んで、農園で撒かれる農薬によって中毒にならなくてはいけないのか。私は、農業労働者運動への参加を通じて、集団行動がもつ力を学びました。教育もなく英語もしゃべれない移民労働者でも、団結して立ち

上がると非常に大きな力を発揮し、アメリカで最も強い権力をもつ大資本と勇敢に闘いました。

　私は、その後、全米サービス従業員労働組合（SEIU）の労働弁護士として働きました。SEIUは現在AFL-CIOの加盟組合のなかで最も大きな組合で、SEIUの元会長のジョン・スウィニー氏は現在AFL-CIOの会長です。私がSEIUのスタッフとして働いていた1980年代は、SEIUが革新的で創造的な組織化キャンペーンを実施した時期でした。そのなかには、映画『ブレッド・アンド・ローズ』で描かれた「ジャニターに正義を！」運動（Justice for Janitors Campaign）も含まれていました。また、介護労働者の組織化キャンペーンも80年代に開始され、12年後の1999年までに、7万4000人の介護労働者が組織されました。これは、過去50年のアメリカの労働組合組織化において最大規模の勝利でした。

## 2　労働研究教育センターについて

　12年前、私はUCLA労働研究教育センターの所長に就任しました。われわれの労働研究教育センターは、アメリカにある約50の労働研究教育センターの一つです。これらの労働研究教育センターは、大学と労働運動とを結びつけるのに非常に重要な役割を果たしました。また、大学の教育と研究の向上だけでなく、労働運動の強化にも貢献しました。労働研究教育センターの発展はアメリカ特有のものです。日本やヨーロッパの大部分の諸国には、アメリカの労働センターのネットワークに相当するものはありません

　1930年代のアメリカでは、全国労働関係法（National Labor Relations Act）の制定を契機に現代的な労働法体系の発展がありました。また、1947年に制定されたタフト・ハートレー法は組合活動を大幅に規制するもので、労働法体系に重要な影響をおよぼしました。1935年から50年にかけて、労働組合はアメリカの歴史上最も急速に、かつ広範に成長し、組合員数は8倍に増加しました。強大な労働組合も新たに結成され、30年代と40年代にアメリカの主要産業(自動車、鉄鋼、ゴム、鉱業など)すべてが初めて労働組合に組織化されました。さらに、その後公共部門の労働者の権利を拡大する法律も制定されました。

　このように労働運動と労使関係制度が発展するなかで、アメリカの主要な大学では、1940年代末より労使関係研究所が設立されました。これらの研究所は、労働運動の研究をしたりその発展を記録するだけでなく、労使関係分野に従事

する新しい世代の専門家を養成することも目的としました。カルフォルニア大学では、労使関係研究所がロサンゼルス校とバークレー校に1948年に設置されました。

1960年代、アメリカは社会運動の大きな波を経験しました。アフリカ系アメリカ人の権利を求めた公民権運動、ベトナム反戦運動、男性との同等の権利を求めた女性運動などの社会運動が出現し、アメリカの大学はこれらの運動の活動拠点になりました。このような文脈のなかで、多くの労働組合が大学、特に州立大学に対して、大学が持つ資源を組合や労働者にも開放するように強く要求するようになりました。州立大学の費用は労働者が支払った税金によってまかなわれているのだから、州立大学は経営側のニーズだけでなく組合や労働者のニーズにも応える義務と責任があると論じられたのです。アメリカの大学は将来の企業エリートを養成し、企業のための研究開発を行なうことで、経営側のニーズには非常によく対応しました。他方、歴史的にみて、労働組合や労働者のニーズにはほとんど対応することはありませんでした。

60年代の社会運動の高揚という背景で、約50の労働研究教育センターが労働組合の要求にもとづいて設置されました。労働研究教育センターは、労働組合組織率が比較的高い州の州立大学にベースをおきました。すなわち、労働研究教育センターは、組合が比較的強い地域で、最も活発で強い影響をもちました。例えば、カルフォルニア大学、コーネル大学、マサチューセッツ大学、ウィスコンシン大学、ミシガン大学、ミネソタ大学などです。これらの大学がある地域は歴史的に強い労働運動が存在していました。労働研究教育センターは設置当初から、労働組合に大学の資源を提供しました。センターは、労働運動についての研究を行なうだけでなく労働運動に関する教育も行ない、また労働組合と共同で組合幹部や活動家を養成するプログラムや学校を設置しました。

## 3 アメリカ労働運動の現状と問題点

次に、アメリカの労働運動が現在直面している課題にふれ、労働研究教育センターがどのようにそれらの課題に対応できるかについて話したいと思います。アメリカの労働組合はそのあり方を根本的に問われており、労働研究教育センターの重要性はこれまでになく大きくなっていると思います。アメリカの労働運動は全般的にみると、危機的状況にあります。組合組織率は1950年代と60年

代初めに約35パーセントでピークに達しましたが、現在は13パーセントにまで下落しています。民間部門の組合組織率は9パーセントで、10人の民間部門労働者のうち1人しか組合に加入していません。組合組織率の低下は、アメリカ経済の大きな変容の縮図ともいえます。アメリカ経済は、製造業中心の経済から、サービス、情報産業中心の経済へ転換しました。そして、経済構造の二極化が進み、労働者の生活水準は低下しました。企業は工場閉鎖をして資本を逃避させました。非常に高い利益をあげて業績が良好な企業も、利益をさらに増やすために国内の工場を閉鎖して第三世界諸国に移転しています。また、逆進的な税金政策により、富がより少ない人の手に集中し、同時に中産階級はより多くの税を搾り取られています。組合組織率の低下は、アメリカ政治の右傾化も意味しています。アメリカ経済の軍事化の傾向は、とくに近年強まっています。ジョージ・ブッシュはアメリカ国内および国際的な新自由主義の擁護者であり、AFL-CIOのスウィニー会長は彼を「私がこれまでみてきた大統領のなかで最悪の大統領」と呼んでいます。

　私たちは脱工業化の過程を経験し、組合組織率の低下を経験しました。同時に、私たちは新しい環境に対応するために必要な改革をなかなか行なおうとしない労働運動も体験しました。1995年にジョン・スウィニー氏がAFL-CIO会長に選ばれ、全国組織の執行部は歴史的な変化を遂げました。AFL-CIOの執行部は初めて徹底的な改革路線を提起し、そのなかには組織化のための予算の大幅な増加も含まれていました。アメリカの労働組合の総予算で組織化に使われていたのは、1995年ではたった3パーセントでした。残りの97パーセントの予算は、減少し続ける組合員のために使われていたのです。ジョン・スウィニー氏と彼の率いる執行部は、すべての構成組合が、これまでの予算割合の10倍にあたる30パーセントの予算を組織化に費やすべきであると主張しました。

　AFL-CIOの新しい執行部は、社会運動ユニオニズムの新しいスピリットを取り入れました。それまでのAFL-CIOの執行部は、アメリカ労働運動に何十年ものあいだ根をおろしたビジネス・ユニオニズムに甘んじていました。ビジネス・ユニオニズムのもとでは、労働組合は営利企業と似た方法で運営され、組合員はビジネスの顧客としてあつかわれていました。そして、組合の意思決定や組合員に対するサービス提供業務は、組合スタッフや幹部に任されていました。組合幹部は労働協約を経営者と交渉し、苦情処理手続きでは組合員側の代表を務めました。他方、組合は組織拡大や組合活動の幅を広げるという課題につい

て、同等な努力をしませんでした。ビジネス・ユニオニズムは現状維持的であり、組合員がそれなりの賃金やその他の手当を受け取っている限り、特に問題はないとしていました。

　1995年に選ばれた新しい執行部は、このような現状を否定しました。新しいリーダーたちは、ビジネス・ユニオニズムの現状はアメリカ労働運動の終焉の前兆であると主張し、社会運動ユニオニズムの必要性を強調しました。社会運動ユニオニズムは、組合幹部と一般組合員の間の力学や関係を変え、一般組合員がリーダーシップをとって組合を作り上げていくことを要求します。社会運動ユニオニズムは、労働組合の課題を再定義します。すなわち、職場の問題や組合員の経済的利害だけにもはや関心を払わず、正義なきイラク戦争など、より広い社会問題に関心を払います。また、拡大する経済不平等、新自由主義にもとづいた企業戦略などにも関心を払います。さらに、社会運動ユニオニズムは、共通課題を形成できる組合運動の同盟者（コミュニティ組織、移民、マイノリティー、女性組織、宗教グループなど）との連携を積極的に追求します。

　同時に、アメリカの労働運動内部で過去の方針に執着している人たちと、未来志向の方針を支持する人たちの間で激しい争いが起こっています。多くの組合幹部は、変化を非常に恐れています。これらの人たちは、組合の資源を組織化にシフトしても、組織拡大が失敗することを危惧しています。組織化への資源シフトにより組織拡大が成功した場合でも、新しく組織化された人たちは既存の組合幹部を組合役員として再選しないかもしれません。また、ビジネス・ユニオニズムの枠組みに満足している一般組合員も、組合の資源が彼ら・彼女らに対するサービス提供から組合外部の労働者の組織化にシフトされることを必ずしも支持しません。すなわち、組合運動が変革するプロセスは常に困難を伴っているのです。

## 4　労働運動変革推進で労働研究教育センターが果たす役割

### (1)　大衆教育

　組合運動の変革を促進するうえで、労働研究教育センターが重要な役割を果たす可能性があり、またいくつかの事例ではすでに果たしてきました。労働研究教育センターの二つの主要な役割は、調査研究と教育です。組合変革を促進するために、組合の方向性を変えて将来展望を組合員に受け入れてもらうために、

教育はなくてはならないものです。そして、教育は一般組合員だけでなく、組合幹部に対しても必要です。私たちのUCLA労働研究教育センターは、『Teaching for Change』（変革に向けての教育）という本を最近刊行しました。この本は、アメリカ労働運動における大衆教育に関しては初めての本です。この本で私たちは、組合変革において教育が中心的な役割を果たした事例をアメリカ中から集めました。この本が取り上げているキャンペーンの多くは、よく知られているものです。しかし、多くの人には知られていない側面、すなわちキャンペーンを作り上げて成功に導くために教育が果たした役割も明らかにしています。

　この本のカバーには、デイジー・カブレラというジャニター[1]の写真が載っています。彼女は25歳で3人の子供がいるシングル・マザーで、毎日ロサンゼルスのビルを清掃しています。彼女は、2000年にロサンゼルスを麻痺させたストライキのリーダーでもあります。デイジー・カブレラはある日目覚めて組合リーダーになろうと決めたわけではありません。ストライキに至る2年の間、大規模な大衆教育キャンペーンが組合によって実施されました。そして、私たちの労働研究教育センターも教材作りで組合と緊密に協力しました。ストライキの準備は、ロサンゼルスにおける清掃産業の徹底的な分析、ビル所有者・請負業者・ジャニターの関係の検証、多国籍企業や国際的な資本逃避の問題、企業が雇用者としての責任逃れをするために請負労働制度を悪用している問題への対応などを伴いました。さらに、ストライキに打って出る必要性をジャニターに教え込むことも伴いました。ジャニターへの教育は、集団的変革だけでなく、個人的な変革も伴いました。ストライキを指導したヒスパニックの移民女性労働者も、集団的および個人的な変革を経験しました。彼女たちは、自尊心をもって声を上げて抗議することが可能であることを発見しました。組合リーダーになった多くの女性労働者は劣悪な雇用関係と縁を切って上司と直接対決する自信をつけました。

　ロサンゼルスで3週間続いたストライキの結果、ジャニターは26％の賃上げと労働者とその家族への健康保険の適用を獲得しました。この勝利は移民女性労働者の手によって得られたものです。ストライキの間、清掃用具を握り締めて振りあげているデザインの真っ赤なTシャツを着ているジャニターを、ロサンゼルス中で見ることができました。人々は赤いTシャツを見ると、車に乗っている人は警笛を鳴らし、歩いている人は彼女らに手を振りました。そして、ストライキの間、赤いTシャツを着ているジャニターはロサンゼルスの市営バ

スに無料で乗車することができました。バスの運転手が協力したのは、もしジャニターがストライキに勝利したら、次に来る自分たちの労働協約交渉において有利な立場に立てることを知っていたからです。

以上が、組合変革における大衆教育の役割の一つの事例です。『Teaching for Change』にあるもう一つの事例は、WTOに抗議する1999年のシアトルでの5万人もの大規模な労働者デモについてです。このデモについても、1年あまりの準備期間中にシアトルの地方労働組合評議会（CLC）が、シアトル中の組合に対して草の根レベルの教育プログラムを実施しました。そして、それまでWTOやグローバリゼーションの問題に取り組まなかったシアトルの労働組合が、初めてこれらの問題についての勉強会を開くようになりました。このような大衆教育は、シアトルの労働運動の変革を支援したわけです。

(2) **参加型研究**

私たちの労働研究教育センターがかかわっているもう一つの課題は、参加型の研究の促進です。AFL-CIOが実施したキャンペーンの一つに、ユニオン・シティーというプログラムがあります。各都市の組合は、その都市の労働運動について分析することを要求されます。分析の課題は、どの組合が対象都市のなかで一番影響力があるのか、組合の組織率はどの程度か、そして各産業における組合の影響力などについてです。また、その都市の政治状況、誰が味方で誰が敵なのかなど労働運動がおかれている広い環境の分析も求められます。そして、組合とその環境の分析にもとづいて、組合はその都市での影響力を構築するアクションプランを作ることが要求されます。もし、組合がアクションプランを作成しなければ、組合は影響力を失う可能性があります。

私たちUCLAの労働研究教育センターは、組合やコミュニティのリーダーと参加型研究プロジェクトを立ち上げました。そして、低賃金の職業で働く労働者がどこに住んでいるのかがわかるロサンゼルスの地図を作成しました。地図で濃く描かれている地域は、低賃金労働者が高い割合で集中しているところです。私たちは、組合が低賃金の職業に対してどこに位置しているのか、これらの職業の組合組織率はどの程度なのか、主要産業で組合の影響力を強める可能性がどこにあるのか、などについて検討をしました。さらに、私たちはより広い環境に目を向け、社会変革を目指した組織化を行なっているすべての組合とコミュニティ組織の分析をしました。分析にもとづいて、組合組織化キャンペ

ーンとコミュニティに基盤をおいた労働者センターの活動について精密な計画を立てました。このような研究によって、労働組合は組合の強さや弱さ、誰が味方なのか、そして味方組織のコミュニティでの強さと弱さをより明確に把握できるようになりました。私たちの研究は、「ジャニターに正義を！」キャンペーン、7万4000人を組合に加入させた介護労働者組織化キャンペーン、コミュニティを基盤とした搾取工場（sweatshop）に反対するキャンペーン、そして移民労働者の権利を守るキャンペーンなどにも関心を向けました。

　私たちがロサンゼルスで行なった研究は、リビング・ウェイジ・キャンペーン（生活賃金運動）を実施するのにもとても役立ちました。経済的不平等のもと、大多数の貧困者は失業しておらず、週に40〜50時間働いています。しかし、賃金が最低賃金の場合、それだけ働いても貧困から絶対に抜け出せません。そのため、これらの人たちは家や家族のことで非常に困難な状況に陥っているだけでなく、ドメスティック・バイオレンス、家庭崩壊、アルコール中毒、薬物中毒などさまざまな社会問題に直面しています。また、彼ら・彼女らの子供たちは、学校で落ちこぼれたり、ギャングに入ったり、麻薬に手を染めたりするリスクが高くなります。そのため、リビング・ウェイジ・キャンペーンは、経済的公正を求め、社会に存在する著しい経済不平等を明らかにする積極的なキャンペーンとして戦略的意味をもちます。このキャンペーンは、世界中で最も富をもつ個人や企業が存在する一方で、貧困にあえぐ多くの人が存在するという私たちの社会の矛盾を暴きます。ロサンゼルスや他のアメリカの都市のリビング・ウェイジ・キャンペーンは、組合とコミュニティの味方を結び付けるという意味で重要なキャンペーンです。組合はリビング・ウェイジを勝ち取るため、コミュニティに基盤をもつ組織だけでなく、マイノリティー、宗教組織とも共闘しています。これは、社会運動ユニオニズムそのものを体現するものです。

### （3）　組合幹部・組合オルグ教育

　私たちの労働研究教育センターは、組合幹部教育にも力を入れています。大原社研の五十嵐仁先生はハーバード大学の労働組合プログラムに参加されたそうですが、これはアメリカで最も有名な労働組合幹部向けの教育プログラムです。ハーバードのプログラムは、私の良き友人であるエレン・バーナード氏によって運営されています。他のアメリカの労働研究教育センターも、様々なタイプの幹部教育プログラムを提供しています。このプログラムは、労働運動の

将来のリーダーを養成する重要な機会であるとともに、組合幹部どうしが議論や討議をする貴重な機会でもあります。組合幹部はプログラムに参加することでお互いから学び、「ベスト・プラクティス」を学ぶことができます。また、組織分析や財務管理など大学レベルの知識も学ぶことができます。さらに、組合幹部教育プログラムは、新しいアイデアを労働運動に吹き込み、組合革新を促進する機会もつくります。

　最後に、組織化の研修にふれたいと思います。労働運動での組織化への資源配分の拡大に伴い、オルガナイザー向けの研修に対する需要も拡大しました。この研修は、一般組合員、あるいはコミュニティ活動家や学生活動家などを組合オルグとしてリクルートして訓練する豊富な機会を提供します。また、女性、マイノリティー、若者をオルグとしてリクルートする特別な機会も提供します。アメリカの労働組合は老化している制度なので、組合員の中央値年齢（median age）は毎年上昇しています。そのため、組合が広く若い人に呼びかけてオルグを募集することは、労働運動の生き残りのために大変重要です。新しいオルグをリクルートして訓練する過程は、労働運動に新たなエネルギーを注ぎ込む機会を提供します。

　私たちのUCLA労働研究教育センターは、AFL-CIOの組織化研修所（OI）と積極的なパートナーシップを組んで、労働運動に新しいオルグを送り込むための様々な研修プログラムの運営に協力してきました。私たちは、3日間の集中研修プログラムを行なっています。このプログラムでは、一対一の組織化の訓練や、労働者にコンタクトして組合に勧誘する方法を学びます。参加者は実際に労働者の家を訪問して、組合に加入する必要性を説得します。また、組合に勧誘するために労働者を集めて開かれる会議を司会する方法を学び、参加者がオルグと労働者のロール・プレイを行なって、会議を実際に運営する訓練をします。さらに、組織化キャンペーンの最初から最後までの計画を作成し、各ステップで何をすべきなのかを学びます。参加者は、成功や失敗した組織化キャンペーンの事例研究を行ない、それぞれが成功あるいは失敗した理由を分析します。3日間のプログラムの最後に、参加者は組合のオルグになるとはどういうことなのかについて、より明確な理解を得られます。同時に、プログラムで教えるオルガナイザーも、参加者のなかで誰がいいオルグになるのか把握できます。3日間の集中研修プログラムを無事終了した参加者は、実際の組織化キャンペーンに送り込まれ、クラスで練習したことを現実の世界で試すことになります。

1992年に私たちは、アメリカ労働運動史上初めてのアジア系アメリカ人の組合員の組織である「アジア太平洋系アメリカ人労働者同盟」（APALA）を結成しました。92年には、1100万人のアジア系アメリカ人が住んでいたのにもかかわらず、アジア系アメリカ人のフルタイムの組合オルガナイザーは10人以下しかいませんでした。過去10年間で、私たちは100人以上の組合オルグをリクルートして養成しました。その結果、アジア系移民を対象に10カ国語でオルグ活動をする能力があるアジア系労働者が、初めてアメリカ労働運動で活躍するようになりました。そして、アメリカ労働運動史上初めて、アジア系労働者が主導する複数の組織化キャンペーンが展開されています。昨年、アジア系移民の労働条件に関する初めての政府公聴会が開催され、私たちは開催までに至る活動に協力しました。私たちの労働研究教育センターは、アジア系労働者のストーリーと彼ら・彼女らの組合を作る闘いについての本（邦訳、ケント・ウォン編、戸塚秀夫・山崎精一監訳『アメリカ労働運動のニューボイス　立ち上がるマイノリティー、女性たち』彩流社、2003年）を刊行しました。私が、新しい世代のオルグの声を取り上げたこの本について誇りに思っているのは、女性と非白人（people of color）がアメリカの労働組合において重要な役割を果たしているということです。この新しい世代のオルガナイザーたちは、組合を変革する闘いを行なっています。彼ら・彼女らは、利発で、能力があり、非常に困難な状況においても困難を克服して組合を結成するコミットメントを持った人たちです。そして、彼ら・彼女らは、経営者だけでなく組合内部の官僚的役員も相手にして闘っています。私たちは、これらのオルグや彼ら・彼女らが代表する世代がアメリカ労働運動の将来の希望であると考えています。

2003.11.11　第66回研究会・法政大学社会問題研究所国際交流講演会「米国における大学と労働組合、NPOとのコラボレーション」通訳：鈴木　玲
　（同講演会は、法政大学社会問題研究所と国際労働研究センターとの共催で開かれた。本書収録にあたり質疑応答の部分を削除した。）

---

❖訳注
1　Janitorはビルの清掃および管理を仕事とする労働者。

# 第5部　日米のつながり

# [13] 「日本的経営」とアメリカの労働運動

マイク・パーカー
荒谷　幸江／訳編

　みなさんこんにちは。本日、ここで、いまアメリカで起こっている状況についてお話できることは大変光栄なことです。さらにそれ以上に、日本で起きている闘いについても知り得る機会が持てることは私にとり大変意義のあることです。
　みなさんご存じのとおり、現在、アメリカでは政治的にも社会的にも右翼的な傾向が強まってきております。ある点では日本の右翼的傾向と似ていますが、違うところもあります。その一つは、アメリカの失業や経済の諸問題を日本のせいにするところにあります。日本がアメリカの要求に応えなければ関税を課すというクリントン政権の貿易政策は、大衆的な支持を得ています。
　アメリカの労働者が、自分たちの敵は日本またはその他の外国であると考えるかぎり、彼らは自分たちが直面している問題の真の原因を見失い、解決の可能性を難しくしてしまうでしょう。それゆえ、日米双方の労働運動の発展にとって、今日のような日米の労働者と研究者による情報の交換は非常に大切なのです。
　今日ここでお話したいと思うのは、非常に狭いけれどもとても重要な問題、

創立記念研究会でのマイク・パーカー
（1995 年 6 月）　　　　　提供：荒谷幸江

つまりアメリカの自動車工場にいわゆる日本的経営が導入されたことに対して、アメリカの労働者と労働組合がどのように対応しているか、ということです。特に三つの日系の移植自動車工場、NUMMI（トヨタ、GM 合弁）、MAZDA（マツダ、フォード合弁、今日では AAI と呼ばれる）、CAMI（GM、スズキ合弁）についてお話したいと思います。はじめの二つの工場には、UAW の組合があり、CAMI はカナダの自動車労組（CAW）によって組織化されています。ついでですが、ケンタッキー州のトヨタ、オハイオ州のホンダ、インディアナ州の富士・いすゞ、テネシー州の日産の工場は UAW が組織化を試みましたがすべて失敗した未組織の工場です。

## I 「日本的経営」はアメリカにうまく導入されたか

「日本的経営」はアメリカにうまく導入されたかという問題に対する答えは、それらの言葉の意味をどう定義するかにかかっています。

今日お話しする経営方式は、アメリカでは一般に「リーン生産方式」（ぜい肉をそぎ落した無駄のない生産）と呼ばれています。私たちレイバー・ノーツでは、これを「ストレスによる管理」と呼んでおります。「日本的経営」と呼ばない理由は三つあります。第一に、この生産システムに対する反対を組織していくなかで、すでにアメリカの労働者のなかに根強くある反日的な感情をさらに強めたくないからです。第二に、この経営方式が、すでにアメリカや他の国の経営者によって採用されているし、これからも採用されるということをアメリカの

労働者はきちんと認識する必要があると考えているからです。第三に、「日本的経営」という呼び方が、この経営方式に対して労働者が反対しなければならない核心をついていないと思うからです。

　アメリカの有力紙や著名な学会誌は、この「日本的経営」あるいは私たちがいうところの「ストレスによる管理」がアメリカにうまく導入され、効力を発揮していると伝えています。その見解が正しいかどうかを検討してみたいと思います。

　まずはじめに経営側についてどうなのかみてみましょう。長い間、アメリカの経営者は、「リーン生産方式」は日本の労働者にそなわっている特別な資質によるものだから、アメリカには導入できないだろうと考えていました。彼らの考えによれば、アメリカの労働者と違って日本の労働者は会社に忠実であり、勤勉であるというのです。しかも、それはしばしば文化的なものと説明されたのでアメリカの労働者には適用できないと考えていたのです。

　彼らの考えに大きな転機が訪れたのは、カルフォルニアにNUMMIの工場がつくられてからでした。この工場はトヨタとGMの合弁企業で、トヨタが一つの実験として経営に参加しました。工場は以前はGMの工場でしたが、労働者が非協力的で生産性が低いという理由で閉鎖されていました。トヨタの経営で工場を再開した時、労働者は元のGMの工場で働いていた人を採用しました。組合も承認され、戦闘的であると評価されていた元の執行部が承認されました。設備も同じものが使われました。そして、わずか2年のうちにGMの工場の中で最高の品質と生産性を達成するようになったのです。このことが、アメリカの他の産業においても、また組合のあるところにも「日本的経営」を導入することができるということを、アメリカの経営者に確信させたのです。

　しかし、「日本的経営」の導入という場合、その内容をもう少しはっきりさせる必要があると思います。いくつかの要素が含まれます。まず第一に、生産工程と部品供給会社両方における「ジャスト・イン・タイム」の制度です。第二は、資源（労働力、原料、時間、スペース）の削減とそのためのたゆまぬ努力（カイゼン）。第三は、よりフラットな管理構造、何層もの管理ピラミッドの中の監督者層部分を減らして管理機構（職制）を簡略化するということです。第四は、標準化された作業と柔軟性です。いわゆる多能工化によって一人の労働者が多くの職務をこなすようにするということです。第五は、チーム方式など仲間同士が圧力をかけあう方法です。その下では労働者同士が欠勤を減らし生産性を向上

させるために互いに圧力をかけあいます。最後に、部品供給会社との関係を強めることによって下請けの利用度を高めていくことです。

　これらの要素がアメリカの全産業で広く採用されてきており、多くの場合、それぞれが密接不可分につながっております。これらの要素の普及という意味において「日本的経営」は成功しているといえます。しかし、「日本的経営」と深くからんでいるとされる雇用保障や年功賃金などについては、それほど広く採用されていません。

　中核となる労働者の雇用を守るという雇用保障制度は、アメリカの雇用慣行において馴染みのあるものではなく経営者の強い抵抗にあいました。そのため、今日お話している日系の主要な移植自動車工場の協約では、経営側は正規従業員のレイオフにいく前に、管理者をレイオフすることや下請けに出していた仕事を呼び戻すという手段をとることを約束しているにすぎません。これまでのところ、主要な日系の自動車工場で中核的な労働者が解雇またはレイオフされた例はありません。また、年功、査定、ボーナスなどの日本的賃金体系も従来のアメリカの労働者のあいだに根強く存在する慣行のためにあまり取り入れられていません。これらについては、労働者からの抵抗も強く、大事な問題ですので後で詳しく述べたいと思います。

　「ストレスによる管理」は広く採用されているといいましたけれど、現在それに対する経営側の巻き返しというのもはじまっています。最近、経営側から「日本的経営」はすでに確立している一部の大量生産にしか適応しない、という主張もでてきています。そうしたアメリカの経営者の間で流行っているのは、「アジリティ」（機敏さ）と「リエンジニアリング」という二つの言葉です。彼らの主張によれば、現在の世界の中で企業が生き延びるためには急激な変革をとげなければならないが、それには日本的方式は漸進的すぎてなまぬるい、小さなカイゼンの積み重ねよりもむしろ根本からの再編（リデザイン）が求められている、というのです。現代社会においては、企業は労働者や供給下請け会社に対する企業の約束をかなぐり捨てることが必要だとも主張しています。したがって、経営側は中核的労働者に対する雇用保障や下請け制度の強化に対して強く抵抗するのです。

　次に説明するのは、「アジリティ」に関連した労働時間に関する政策です。これはGMがベルギーの自動車工場ではじめて導入した政策で、今日では多くの国々で採用されています。これは自動車以外の工場でも導入されており、しば

表1　新たに導入された勤務体制
(3組2交替)

|  | 月曜 | 火曜 | 水曜 | 木曜 | 金曜 | 土曜 | 日曜 |
|---|---|---|---|---|---|---|---|
| シフト1<br>AM6:00～PM4:30 | A | A | A | A | C | C |  |
| シフト2<br>PM4:30～AM3:00 | C | B | B | B | B |  | C |

しば3組2交替の勤務体制と呼ばれています。簡単にいえば、A、B、Cと三つの組があり、各々の組は1日10時間（うち30分は食事休憩）勤務につきます。たとえばAの組は午前6時から午後4時半、Bの組は午後4時半から午前3時までの2交替。Cの組は午前と午後の勤務が2日ずつ。いずれも週4日働くと3日休みになります（表1参照）。このような交替勤務が会社側にとってどういう利点があるのかというと、その答えは設備稼働率の上昇にあります。すなわち工場での1日20時間操業が可能になるのです。アメリカの経営者は設備稼働率の上昇に非常に大きな関心を払っております。80年代にフォードが高い生産性を示したのは、これまでの経営方式を変えたからではなく、この設備稼働率をGM、クライスラーなど他の工場よりもはるかに高めたことによって可能になったのです。この設備稼働率の上昇がなぜ重要かというと、いうまでもなく、高額なハイテク装置を導入したならその見返りを得るためにその装置をできるだけ長い時間使いたいということに尽きるわけです。また、設備稼働率の上昇は、清掃やメンテナンスなど価値を生まない労働時間に対して価値を生む労働時間の比率を高めることを意味します。

　この新しい交替勤務制度の導入によって、会社側は多少、労働者を増やす必要はあるが、超過勤務手当を支払うことなしに、工場の1日20時間操業が可能になるのです。新しい交替勤務制度の導入の利点は、まさにこの点にあります。また、週末でも週末手当も特別手当も支払うことなしに操業できるわけです。さらに不思議なことに、この交替勤務制度の導入によって労働者は以前よりも超過勤務をするようになったのです。労働者は、3日間の休みをもっているために残業をあてることが可能になったのです。

## II 「日本的経営」は労使対立を解消したか

　「日本的経営」は、いくつかの例外はあるけれども、うまく導入され、効力を発揮しているといえるかもしれませんが、「日本的経営」の導入によって労働者と経営者の対立が解決されたといえるでしょうか。
　「日本的経営」の導入が成功したと主張する人たちは、「日本的経営」の導入は労働者の経営参加をもたらし、それによって労使間の調和が生まれた、そしてこの「日本的経営」のもとの労働者は幸福であり、満足しており、この「日本的経営」を喜んで支持している、というふうに主張しています。
　これは非常に困難な問題を提起しております。というのは、労働者がどう感じているかをどうやって調べるかという方法論上の問題になるからです。多くの研究者は労働者が幸せかどうかを単に経営側に尋ねるだけで満足しているように思われます。労働者の調査を行なうことによって一つの結論に達している研究者もおります。しかし、これらの方法論上の問題は、意見調査方法が有効かどうかいえないことです。労働者が物事を変化させようとする力をどれだけもっているかによって反応の仕方が違うという点にあります。つまり、労働者が、別のやり方がある、たとえば自分たちが現行の生産システムを変える力を持っていると信じている時は自分たちの抱いている不満を表す傾向にありますが、いまのやり方が変化させようもないほど強力なものとみる場合にはそんなに悪くないといいます。労働者が無力感を持っているときには、ともすれば個人的観点でその調査に答えるという傾向があります。さらに、その調査が、どういう言葉遣いで行なわれるかによっても反応が違います。ひとびとは異なる環境の中では違う感情を持つということを理解することが大切なのです。
　したがって調査で必要なのは、何を言うかよりも、何をしているかをみることです。これは、経営側を調査するときも同じです。企業側の方は労働者よりももっとウソをつく傾向があるということを除いては。たとえば、トヨタの経営者はNUMMIの場合には、UAWとすばらしい関係を持っていると言っていますが、ケンタッキーにある工場ではUAWの組織化に強く反対しているわけです。レイバー・ノーツが発行した本の中にその例がたくさんありますし、今度日本語訳がでた最新の本、マイク・パーカー、ジェーン・スローター編著、戸塚秀夫監訳『米国自動車工場の変貌――「ストレスによる管理」と労働者』（緑

風出版、1995年)のなかにもあります。

　その本にのっていないことで、この結論を補強するような事実についてお話ししたいと思います。私たちの主張は、まず第一に、アメリカの労働組合で何が起きているかを知るためには、組合選挙の実情を見る必要がある、ということにあります。これは簡単なことではありません。なぜならそれは、アメリカの労働組合の構造の問題だからです。まずインターナショナル・ユニオンがあります。アメリカの労働組合でインターナショナル・ユニオンと呼ばれるのは全国本部です。インターナショナルと呼ばれているのはカナダにも組合員がいるからです。しかしその組織においても観点においても国際的ではありません。組織は、フォード、GM、クライスラー、農業機械、エアロスペース、下請けなどいくつかの部門に分かれています。それぞれの下にローカルと呼ばれる支部や合同支部がある。日本の組織と違って、組合の権限はインターナショナル・ユニオンに集中しており、企業部門やローカルには力がない。たとえば、職場には安全問題や付加給付、出勤問題など問題別に対応しているフルタイム専従の責任者がいますが、かれらはローカルから選出された代表ではなく全国本部から指名された代表です。

　そのことによって全国本部は職場レベルで力をもっているわけです。そのうえ、協約はほとんど全国本部と結ばれています。ローカルの組合は全国本部の許可なしにストライキに入れません。ローカルの組合の苦情も、解決できないとどんどん上にいきますが、上部のコミッティ（苦情処理委員会）のメンバーは全国本部から指名されています。

　したがって、ローカルの中の全国本部に対する反対派には、非常に大きな困難が待ち受けているわけです。さらに、会社側は、組合選挙で自分たちに都合のいい特定のグループの候補を支持しようとすると、いろいろな方法を使ってそのグループに対して支持を与えることが可能なのです。それゆえ、ローカルのなかで、反対派が、全国本部から支持され、しかも会社側からも支持された候補に勝利することは、非常に大きな意義があるのです。その勝利は反対派に対する組合員の支持の深さを示しているのです。別々の時期に行なわれたのですが、NUMMIとMAZDAの工場では組合の選挙で反対派が勝利をおさめました。昨年（94年）、NUMMIで選挙があり、非常に人気があり力も強かったジョージ・ナノという本部派の職場委員長が敗北しました。リチャード・アギュラーという戦闘的なことで知られた執行委員に負けたのです。

「ストレスによる管理」に対する労働者の抵抗のもう一つの例として、1994年夏に、NUMMIで協約改訂の際にストライキが行なわれました。NUMMIの歴史においてはじめてのことです。ストライキの意味は非常に大きいものでした。なぜなら多くの学者や研究者の間で、NUMMIのような労使協調路線の工場ではストライキはあり得ないであろうと思われていたからです。ところが実際は、ストライキが行なわれた時期というのは、労使の対立が非常に激しい時期でした。ストの直前に会社側は、労働者に対して「労働者には組合を脱退する権利がある、だから組合を脱退すればストライキ中でも働き続けられる」というビラをまきました。これまでのアメリカの労働慣行では考えられない攻撃的な行動です。会社側は、ストは組合の単なる脅しであり、ストをやらないだろうと考えていました。なぜなら、たとえストをやっても組合員はついていかないだろうとふんでいたからです。しかし、この考えは、会社側の大きな誤算でした。大部分の労働者はストライキをすることを支持しただけでなく、ストライキがあまりにも早く終わってしまったので怒ってしまいました。わずか1時間半のストライキで会社側は完全に屈服しました。1週間後、協約内容を説明する組合の会合が開かれましたが、そこに詰めかけた多くの労働者は、戦闘的だと言われたチェアマンや組合指導部に怒りをぶちまけました。ストがあまりにも早く終わりすぎて、シフトにまたがらなかったため、ストに参加できなかったということに対してです。なぜなら組合の要求はほぼ受け入れられたからです。むしろ労働者たちは会社への怒りをストやピケで表明する機会を持ちたいと望んでいたので怒ったのです。
　ストライキは起こらなかったけれども同じ様な集会がMAZDAでも開かれました。ここでは、ストをやらなかったことで、ローカルの指導部に対して労働者が怒りをあらわしたのです。1992年にカナダのCAMIでは5週間のストライキがありました。昨年春は、山猫スト（協約で決められた以外の、手続きを踏まないで行なわれるスト）が行なわれました。アメリカでもカナダでも今の労働法では、山猫ストは非常に危険な行為（ともすれば不法行為になる）であり、これをやった指導者は解雇されるし、職場への復帰が認められることは非常に困難なこととなっています。この山猫ストは、非常に重大な問題、すなわち会社側が進める下請け化をめぐって行なわれました。これは、アメリカとカナダの労働者が仕事のための闘いをどう考えているかということについての気持ちの変化をあらわしています。つまり、自らの雇用が保障されているにもかかわらず仕事

を求めて闘うという変化の表れです。これまで会社側は、現在働いている労働者の仕事を失くさないかぎり、自由に下請け化をすすめられるだろうと信じていたのです。労働者も組合も今ある仕事が十分に保障されていれば、さらに仕事を求めて闘わないだろうというのが、これまでの経営側の考えだったのです。CAMIのストライキは、将来の労働者のために中心的な仕事を守ること、さらに増加させることを求めた闘いでした。

## III 組合は「日本的経営」をどのように変化させてきたか

　次に、労働者と組合の闘いがアメリカにおける「日本的経営」の導入をどのように変化させてきたかをお話したいと思います。ここでみなさんに理解していただきたいのは、アメリカの労働者が闘っているのは、日本的経営一般ではなく、個々の具体的な問題についてであるということです。ですから、みなさんが、アメリカの労働者が日本的経営についてどう感じているかを知りたいなら、日本的経営一般についてどう感じているかではなく、日本的経営の具体的な側面についてどう感じているかを彼らに尋ねるべきなのです。

　第一は、アメリカではあまり注目されておりませんが、非常に大事だと思われるのは、私たちが連帯賃金構造とよんでいる問題です。アメリカでこれがあまり問題とならないのは、この問題が組合にも労働者の間にもあまりにも深く染み込んでいて、長期にわたって定着しているため、会社側がこの問題に真っ向から闘いを挑むのをためらっているためです。NUMMIの賃金のグラフを見てください（図1参照）。ライン労働者の賃金は、他の工場でもほぼ同じようになっています。グラフからおわかりのように、昨年結ばれた現行の協約では、ライン労働者の採用時の賃金は時給13ドル56セントです。そして、3年後に基準賃金（19.37ドル）に達します。その後は、その工場にいるかぎり勤続年数にかかわらず金額は同じで変わりません。NUMMIには二つのタイプの労働者がいます。生産ライン労働者と熟練労働者です。熟練労働者の基準賃金は22.47ドルです。

　この基準賃金に何種類かの追加手当が加えられます。追加手当の第一は、生計費手当です。これは契約が結ばれる段階では非常に低いのですが、インフレ条項がついていますので、インフレがすすむと次第に上がっていく仕組みです。1970年代のインフレの時代、生計費手当はかなり増えました。1980年代の不況で労働条件が切り下げられたにもかかわらず、自動車工場の労働者がなんとか

## 図1　連帯賃金構造（NUMMI）

基準賃金／（時給）

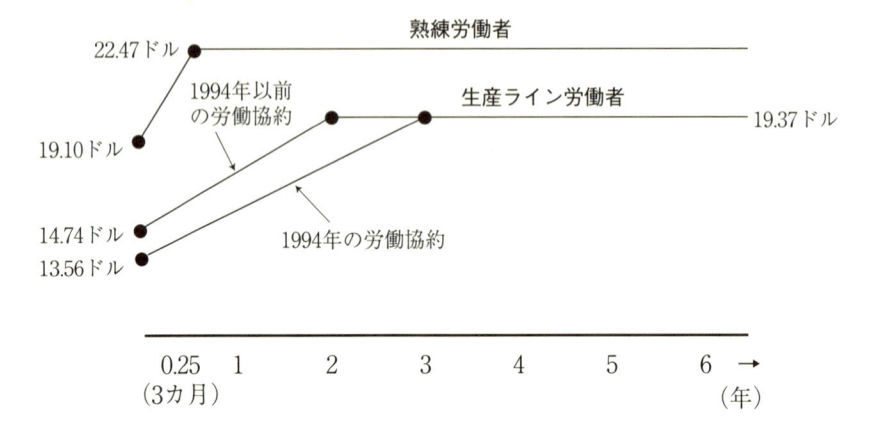

- 22.47ドル　熟練労働者
- 19.10ドル　1994年以前の労働協約
- 生産ライン労働者　19.37ドル
- 14.74ドル
- 13.56ドル　1994年の労働協約

0.25（3カ月）　1　2　3　4　5　6 →（年）

生き延びられたのはこの条項によるところが大きな理由です。また、チームリーダーに対しては1時間60セントの追加手当があります。午後の勤務に対しては基準賃金の5%、夜の勤務に対しては10%の追加手当があります。大部分の工場には様々な種類のボーナス制度がありまして、NUMMIでは 'Performance Improvement Plan' があります。品質水準をあげた場合には年間で最高400ドルまで、効率をあげた場合には700ドルまでが上乗せされます。これらの追加手当は、工場で働く全労働者に等しく適用されるのです。

　しかし、そのような追加手当をあわせても給料にしめる割合は小さく、給料の大部分は基準賃金です。この事実の重要性はアメリカではあまりはっきりとは自覚されておりません。アメリカの労働者には当然のことと受け取られておりますが、このような賃金構造を守っているということが、アメリカの労働者が「ストレスによる管理」に抵抗できる重要な要素の一つであると思います。たとえば、このことは、労働者が賃金のために監督者の評価を気にしなくてもいいということを意味します。監督者にとりいってもその経済的な見返りはほとんどないわけです。出勤率が良くても悪くても同じ賃金だし、昼休みを返上して働いたからといって休憩を取った人よりも給料が高くなるわけではないのです。残業の機会もワーク・ルールにしたがって提供されますから、個々の労働者の

賃金収入総額を経営者が勝手にコントロールするわけにもいきません。かくして、連帯賃金の改良を望む労働者は、よりよい協約を交渉するよう組合に求めなければなりません。そして全員が改良を望むときはじめて改良されるのです。

アメリカの多くの工場で、経営側は連帯賃金構造の切り崩しをすすめています。彼らは年功賃金や査定、ボーナスという制度を導入しようとしていますが、その導入の仕方は非常に慎重で、少しずつです。たとえば、NUMMIでは、以前の協約ではたった2年で完全な基準賃金に到達しましたが、いまは3年かかります。他の工場では、経営側は多能工化奨励加給「熟知への報酬」を導入しようとしましたが、賃金格差は、こなせる職務領域の幅に応じて1ドルくらいで、それほど大きくはありませんでした。

チームリーダーについての例を少しのべたいと思います。組合のある工場でのチームリーダーの役割についてかなりの議論が、ある場合には闘いが繰り広げられてきました。MAZDAとCAMIでは、チームリーダーは経営側から指名されるのではなく、選挙で選ばれるべきだ、という要求が労働者から起こりました。その場合、チームリーダーの役割が質的にまったく変わってしまうことがおわかりになると思います。経営側から指名される場合には、チームリーダーの仕事は職制を登って行く一段階としてみられ、またチームリーダーになった人は経営側の要求をチームで実行することが最優先すべき自分の職務であるとみなすでしょう。しかし選挙で選ばれた場合には、チームリーダーは生産目標についてよりも、チームのメンバーやメンバーの安全衛生などにより優先的に多くの関心を集中させるでしょう。

もし、実際に経営側と労働者の利害の調和というものがあるとすれば、チームリーダーが選挙で選ばれようと、指名で選ばれようと問題はないはずです。しかし、経営側が利害の調和が存在しないことを自覚したということは事実です。CAMIでは、チームリーダーを選挙で選ぶことを1年間試行することを会社側が承認しました。しかし、1年がたつやいなやその試みを続行しないことを言明し、即座に協議もなしにチームリーダーを指名するようになりました。

ストレスによる経営のもう一つの核心に迫る問題は、生産標準（作業標準を左右する諸要素）の管理についての問題です。MAZDAでは、1991年の協約では、モデルの混流についての協議をも含む生産標準に関して、組合側はかなりの発言力を持っていました。モデルの混流という問題は、一つのラインにいくつかの異なるモデルを流すことですが、モデルによって作業量が違ってきます。こ

の点につき、組合は混流させるモデルの制限に関して交渉する権利を勝ち取ったのです。たとえば、オートマチック車とマニュアル車の比較ではオートマチック車のほうが作業量が多いのですが、その場合、5台のうちオートマチック車を3台より多くしてはならないというようなことです。したがって、会社側は、市場の変化に対応して5台のうち4台以上をオートマチック車にしたいと望むときは、この規制にふれるため、特別な手続きをふまなければなりません。一つの方法としては、ライン上に空っぽのキャリアをいれて、それでライン上のオートマチック車とマニュアル車の比率を調節することです。さもなければラインの人員を増やさなければなりません。このように、生産標準の変更をたゆまぬカイゼンとして行なうのではなく、それについて組合と協議しなければならないということは、「ストレスによる管理」への大きな修正であり、打撃です。

　それ以外にも経営側の柔軟性に対する制限があります。これも組合が協約をめぐる闘いによって獲得したものです。そのなかには、ある職務が空席になった場合、そこに誰を置くかという配置の問題が含まれます。空席ができた場合、経営側がそこに配置する人を自由に選べるのではなくて、仕事の方が、先任権制度などの方法によってある人のところへ自動的に、経営側の干渉なしにいくのです。ある工場では、ジョブ・ローテーションが経営側の選択から労働者の権利へと変わってきています。一般的に、経営側はいつでも自由に労働者を配置することを好みますが、品質問題や生産性向上の要求に直面した場合には配転を制限しようとします。いくつかの工場では、労働者たちは、実践をとおして自分たちが望むときに配転する権利も確立してきています。

　また、重要なことですが、組合は、自分たちが会社から独立した存在であることを明らかにしてきています。たとえば、MAZDAでは最初、組合と会社の人事部が同じ事務所に入っていましたが、いまでは組合は別の事務所を所有して、人事部とはべつに、独自に労働者の不満を調査しています。さらに重要なことは、組合が、単に経営側からの協議条項に対応するのではなく、自らの戦略や考え方を持たなくてはならないと気づき始めたことです。

　最後に以下のことを述べてこの講演を終わりたいと思います。日系の移植自動車工場におけるアメリカの労働者たちの経験は、私たちに明るい展望を与えてくれています。これまでお話ししてきた四つの工場では、当初いわゆる企業別組合の変形のような形で組合が導入されました。多くの人が、それをアメリカ自動車産業における労働組合運動の終焉の始まりだと思っていました。しか

し、現実は、組合はストレスによる管理に条件をつけ、闘いを組織する力を持ち続けています。新しい状況の下で新たな創造的な闘いが繰り広げられています。ある意味で、日系自動車工場の組合は、いまのアメリカの労働組合のなかで最良の部類に含まれると思います。

　どうもありがとうございました。

　1995.6.3　設立記念研究会「チーム方式の理論と現実の諸パターン―最近の米国自動車工場の実態―」通訳：山崎精一
　（国際労働研究センター、APWSL日本委員会、労働運動研究者集団、自動車産別連絡会議、トラブルメーカーズハンドブック研究会による共催）

[14] ロサンゼルス・日系ホテルの労働争議
―現地調査をふまえて―

荒谷　幸江

## はじめに

　ロサンゼルスの中心部にある日系ホテルで、現地の労働組合との間で労働争議が起きている。現地の新聞やTV等が報じるところによれば、労働組合の団体交渉権を認めるかどうかをめぐってもめているこの争議は、組合とホテルの間の問題を超えて地域の政治家やコミュニティ団体、日本の本社や関連会社、取引銀行をもまきこんでエスカレートしている。双方の主張には大きな隔たりがあり、問題解決の糸口をなかなか見出せないでいる。

　筆者は、日本企業の海外進出先での事業展開に関心を抱いていたことから、今回の争議がこのような展開をたどっている理由はいったいどこにあるのかという疑問を抱いていた。

　幸いにも、1996年2月末から4月末にかけてのアメリカ滞在中に、労働組合側、ホテル側、地域コミュニティ団体の関係者から話を聞く機会に恵まれた。その時の記録を整理するなかで浮かび上がってきた今回の争議の概要とその社会背景について報告する。

## 一 労働争議の概観

### 1 争議の発端

　この労働争議は、1993年春に、職場の労働環境に不満を抱いた数人の従業員が、組織化を求めて労働組合に支援を求めたことが発端になっている。彼らが支援を求めたのは、全米ホテル・レストラン労働組合 (HERE)[1] のロサンゼルス支部、ローカル11である。争議が起きているのは、ロサンゼルス・ホテル・ニュー・オータニ[2]であり、その名前からわかるように日系のホテルである。争議の焦点である労働組合の団体交渉権の獲得は、日本の労働法が少数組合にも団体交渉権を認めているのに対し、アメリカの労働法では一定の職場や職種で労働者の過半数の支持がなければ組合の交渉権は認められないから、組合にとって交渉権の獲得は容易ではない。ただし、そうして認められた交渉権は、組合員だけでなく一定の職場や職種のすべての労働者を代表して会社側と交渉する権利となるから、組合の団体交渉権を認めるかどうかは経営側にとっても大問題である。

　組合が従業員からの支援要請を受けてホテルの組織化にのりだすと、ホテル側は、組織化を求める従業員に嫌がらせや脅迫をしたり、組合つぶしで名高い弁護士やコンサルタントを雇うなどの反撃にでた。1995年2月には、勤続16年以上の従業員3人を不正行為をはたらいたという理由で解雇した。組合側は、3人の解雇は、反組合キャンペーンにあたるとして、ホテル側に反組合的行為の停止を求めた。地元コミュニティの支援者を仲介にホテル側との対話を試みたが、その申入れが拒否されたため、問題を社会的に広げていく作戦にでた。すなわち、解雇された3人が勤続16年以上であり組合活動に積極的であったことから、3人の解雇は、組合活動に積極的であったからに他ならず、反組合キャンペーンにあたると主張し、反組合キャンペーンの停止と3人の職場復帰を求めて攻勢をかけた。

　これに対し、ホテル側は、以下の理由により反組合ではないと反論した。①ホテルでは、1977年のオープン当初よりエンジニアの組合（International Union of Operating Engineers, Local 501）を認めており、現在も存在する。②サービス部門に組合がないのは、1982年に労働関係法にもとづいて実施された組合認証選挙の結果であり、従業員が選んだ結果であって、決してホテル側の反組合的態度によるものではない。③3人の従業員の解雇は、数回にわたって本人及び他人の

タイムカードへの不正操作が発覚したため、就業規則に則って解雇の措置をとったものであり、組合に積極的云々という理由によるものではないというものである[3]。

組合側は、従業員に不正なタイムカード操作があった事実は認めるものの、悪質なものではないと反論している。たまたま居合わせた同僚のタイムカードを自分のカードと一緒にパンチした程度のものであり、従業員の間で日常的に行なわれている行為であるから、3人の解雇は組合活動に積極的だったことが理由であり、組合活動に積極的な従業員を不当に差別するものだと反論している。また、就業規則は英語で書かれており、英語を母国語としない従業員が中身を十分に理解しているとは言い難く、英語を母国語としない従業員が多数を占めることへの適切な対応がなされていないとして、ホテル側の不作為を批判している。さらに顧客である日系企業の関係者や日本人利用客向けには争議に関する説明を日本語でするなど、言語を使い分けることで情報を操作していると反論している。エンジニアの組合については、約300名近い従業員のなかのわずか15名の高給の熟練労働者を代表するにすぎず、これを理由にホテルが反組合でないと主張するのは当たらないと反論している。

## 2　組織化をめぐる攻防

ホテル側は今回の争議に対し、次のような基本的見解を示している。今回の争議はローカル11が団体交渉権を得るために起こしたでっち上げであり、従業員との間に問題は存在しない。ホテルは従業員を公正に扱っており、良好な職場環境が保たれている。大多数の従業員は組合を支持しておらず、ローカル11の組織化要求は従業員の声を代表するものではないという立場である。しかし、組合を認めるかどうかは、組合やホテルではなく従業員自身が決定すべき問題であるという立場から、公正な手続きによって決定されるべきであると主張し、NLRB監理下での選挙の実施を要求している。

それに対し組合側の要求は、1996年4月半ばの時点でもなお、ホテル内の反組合キャンペーンの停止と解雇された3人の職場復帰であって、公然と組合承認を求めているわけではない。NLRB監視下の選挙によって団体交渉権を獲得しようとするのは組合にとって好ましい方法ではないという状況判断がはたらいているようである。組合側は、悪質な組合つぶしが行なわれているいまのホテル内の状況では、従業員をとりまく環境が脅迫的なものとなっており、かりに選

挙が実施されても従業員の自由な意志にもとづく投票がなされないと主張している。また、たとえ選挙で勝利したとしても、実際に協約締結に持ち込むのは困難であるという判断もあるようである。組合関係者の話では、過去に行なわれた NLRB の選挙で組合が勝利しながら実際に協約締結に至らなかったケースは全体の 70% にも及ぶということであった[4]。

　法律の規定により、組合から正式な組合承認要求がなされない限り、雇用主が NLRB に選挙の申立てをしても選挙は実施されない[5]。現に、1994 年 8 月にホテル側から出された選挙請求は、この規定によって却下されている。この規定を利用して、組合は、ホテル側からの選挙の申入れに対して真っ向から対応することなく、あくまでホテルの反組合的行為の停止と 3 人の職場復帰を要求し、ホテルの反組合的姿勢や不道徳な行為に関する情報を広く内外に流し、社会の関心を高めることによってホテルに圧力をかけていく戦術にでている。

　この戦術は、1996 年 1 月 24 日以降、ホテルの利用停止を求めるボイコット・キャンペーン、ホテルの利害関係者を通して間接的に圧力をかけていくコーポレート・キャンペーンのかたちで勢いを増していた。また、市民的不服従デモや街頭劇場など奇抜な行動で社会の注目を集める作戦にもでていた。

　それに対してホテル側も反撃の手を強めていた。1996 年 2 月はちょうど、ホテルが、従業員の自宅付近で待ち伏せる組合の組織化活動によって従業員が被害を被っているとして組合を訴えていた裁判に上級裁判所から命令（Junction）が下ったところだった。その命令は、組合のオルガナイザー及び支援者がニュー・オータニ従業員を家庭訪問するのを禁止するもので、ホテルにとって有利な内容であり、反撃に拍車がかかっていた[6]。ホテル内部で従業員の尊厳を傷つける行為や解雇が起きているのかという、各方面から寄せられる批判や問い合わせに対して、ホテル側は、従業員の離職率の低さや勤続年数の長さ、賃金比較、組合を選挙できめることの正当性を説明した文書を内外に配布して、ホテル側の対応の正当性を示すとともに事態の収拾に努めていた[7]。それによれば、勤続 1 年以上のマイノリティー従業員 283 人のうち 62% が 5 年以上、31% が 10 年以上、23% が 15 年以上の勤続であり、これらは他社と比較して驚くほどの長さであるとしている。さらに管理者層 48 人のなかに 40 人のマイノリティーが存在するとも反論している。しかし、マイノリティーの雇用・失業状況を視野に入れれば、たとえ労働条件が悪くてもそこで働き続けなければならないことも十分予想され、これらの数値の高さのみをもって良好な労働条件・労働環境が保たれてい

る証拠とすることには無理があるだろうという声も聞かれた。その他にも、組合から執拗な接触を迫られて困惑しているという従業員の声や、選挙を求める従業員の氏名を掲載した新聞広告をだして、従業員自身が選挙を求めているのであり、ホテル側の主張こそが従業員の声を代表するものであることを社会に訴えていた[8]。

　以上がこれまでの争議の概略である。そこから次のことが言えるだろう。この争議の焦点は労働組合の団体交渉権を認めるかどうかにあり、それを認めるかどうかは、アメリカ労働関係法の下では、NLRB管理下の選挙での当該従業員の投票によって決定するのが公正な手続きとされている。しかし、この方法は、選挙の申立てが受理されてから実施されるまでに審査などで長い時間がかかることから、その間に経営側による票の切り崩しが予想され、組合としては、確実な勝算が見込めるだけの組織化が進んでいない限り避けたい方法である。また、たとえ選挙で勝利したとしても、実際に協約締結に持ち込むまでにかなりの困難が予想される状況では、できるだけ選挙によらない方法で団体交渉権を獲得したいというのが組合側の本音である。そこで組合は、団体交渉権を要求する以前の問題として、ホテル内の反組合的な環境を問題化し、あえて団体交渉権を要求せずに、当面の狙いをホテル内の反組合的行為を止めさせることに絞って、問題を社会の各方面に広め、ホテルを社会的に包囲していく戦術にでている。それに対し、ホテル側は、ホテルが決して反組合的ではなく、従業員に対する不道徳的な行為はなかったと反論するとともに、法律を根拠にNLRB管理下の選挙を要求する自らの正当性を訴えている。このように、争議の本来の焦点が組合の団体交渉権を認めるか否かにあるにもかかわらず、双方の戦術上のかけひきから、焦点にねじれの現象が起きており、焦点が噛み合わないまま当面はホテルが反組合かどうかをめぐって、親企業や株主、政治家、地元コミュニティ、人権団体をまきこんだ労使の激しい攻防が続いているというのが、いまの状況である。今回の争議が複雑化の一途をたどっている原因もこの点にあると思われる。

　1996年4月半ばの時点は、当面の焦点であるホテルが反組合かどうかについて、ひとつの裁定が下るのを待っている時期であった。帰国後、5月に入り、NLRBがホテル側に不当労働行為があったことを認める裁定を下したとの知らせが入った。NLRBは、1995年8月7日に組合側から提訴された訴状について、

受理から8カ月後の4月30日、ホテルが組合活動に積極的であったことを理由に3人を解雇したことを認めた。そのうえで、解雇は組合員に対する雇用や雇用条件、雇用期間に関する差別であり、法律で認められている従業員の権利の行使を妨害、制限、弾圧するものであるとしてホテルを告訴した[9]。この告訴をうけて裁判は9月に開かれることになっているが、ホテル側は、この裁判で敗訴しても上訴する考えであることをすでに公表しているという。解決の糸口が見出せないなかで、NLRBが下す裁定は、事態の推移にひとつの方向性を示すのではないかと期待されたが、実際には有利な裁定を得た側が自らを優位に立たせるために最大限に利用するだけで、事態は膠着状態のままである[10]。

　組合側は、依然として解雇された3人の職場復帰と賃金補償を求めていく構えをくずしていないが、新たな動きがあったようである。これまで公然と組合承認要求をしていなかったのに対し、ここに来てホテル側に対し中立協定の締結を申し入れ、カード・チェック方式で組合承認を要求する方針を公にしたことである[11]。組合側は、カード・チェック方式こそが、従業員が公正な環境のもとで自らの意思に忠実に組合を認めるかどうかを決定できる方法であり、またカード・チェック方式を受け入れることこそが、ホテルが反組合的でないことを証明することになると主張している。これに対するホテル側の正式な回答はまだでていないとのことであるが、双方が打開に向けて歩み出すことことを期待したい。

### 3　団体交渉権獲得の諸方法

　ここで、この争議を理解する手がかりに、現代アメリカにおける組合の団体交渉権獲得の方法について簡単に説明する。組合にとって最も手っ取り早いのは、組合本部からの組合承認要求に対して雇用主が前向きに応じ、組合を承認する場合の条件などについて非公式な折衝をはじめる方法である。デトロイト近郊に進出した自動車メーカーのマツダは、このやり方で全米自動車労組を交渉相手として承認したと聞いているが、非常にまれなケースである[12]。

　次は、従業員の組織化工作をすすめて交渉単位内の従業員の過半数以上から組合を自分たちの代表として支持する旨にサインした「授権カード」を集め、それを証拠に雇用主に組合を交渉代表として認めさせる方法である。この方法は、一般にカード・チェック方式と呼ばれる。組合が好んで採ろうとするのはこの方法である。実際、いくつかの組合ではこの方法で雇用主から交渉権を得ている場合もあるが、雇用主は、通常は拒否し、NLRB管理下での組合認証選挙によ

る交渉権獲得を強いる傾向にある。カード・チェック方式においては、公正な第三者を間に入れてサインが本人のものであるかどうか照合したり、公正なやり方で得たものかどうか審査してもらう場合もある。なお、カード・チェック方式による場合、労使間で互いに相手側の活動を妨害しないことを約束する中立協定を結ぶのが一般的なやり方とされているが、注11にもあるように、カード・チェック方式と中立協定をひとまとめとするかどうかについては、見解がいくつかあるようである。また、カード・チェック方式の正当性を問題視する見方もあると言われている。アメリカの経営者向けの労働法ハンドブックには、「交渉単位の過半数の従業員がある組合に代表権を与えるという『授権カード』にサインした場合には、選挙を経ることなしにその組合に『排他的交渉権』を与えることができる」、しかし「そうしなければならないということではない」と明記されていて、これを根拠にカード・チェック方式の正当性を疑問視する経営者もいるといわれている。

　最後に、NLRB管理下の組合認証選挙によって決定する方法について。組合が団体交渉権を獲得する方法で最も分かりやすく、公正な手続きとされているのは、NLRB監理のもと選挙によって決定する方法である。組合が交渉単位内の従業員の30％以上の「授権カード」を添えてNLRBに申し入れれば選挙の申請が認められる。雇用主も選挙を申請できるが、その場合、労働側から正式に組合承認を要求されていることが条件である。選挙の申立てが受理されれば、NLRBによる審査・手続きを経て実施にいたるわけであるが、実施までには通常6カ月ともいわれる長い期間を要する。1970年代後半以降は、従来かなり行なわれていたカード・チェック方式をおしのけて、選挙による決定に固執する経営者が増えてきたといわれる。この方法を採る場合、組合はまず、組織化しようとする従業員への告知の期間を通常60日から120日おき、この間に従業員の過半数の支持を得られるかどうかをみる。その際指標となるのは、従業員の職場に対する不満の度合いである。組織化がはじまれば通常、経営側が従業員に対して組合を承認することの不利を説いたり、組合は必要ないと思わせるために賃金や労働条件を上げたりするため、票の切り崩しがある。そのため通常は、少なくとも従業員の70〜80％から支持を得ることが組織化を成功に導くための目標ラインとなる。この数値は、実際には高い目標であり、それに達しない場合には、実施前に選挙の申立てを取り下げる場合もある。実際の投票では、従業員の過半数の支持が得られれば、組合はその職場を代表する組織として承認され、

経営側と協約締結のための交渉に入ることができる。ただし、経営側には、選挙の再審査を申請する権利が認められていて、この権利を利用して選挙の決定を2年後、場合によっては10年後にまで遅らせることができる。この間も選挙前と同様経営側による従業員の取り込みが予想されるから、組合が長期間にわたって従業員の支持を得続けることは難しい。そのため、組合側としては、なるたけ選挙によらない方法で団体交渉権を獲得しようとする。

## 二　組合の組織化戦略と社会背景

　ここでは、今回の争議が、組合とホテルという労使間の問題を超えて地域の政治家やコミュニティ団体、さらに日本の本社や関連会社、取引銀行をもまきこんで過熱している理由を、いくつかの角度から探ってみたい。

### 1　組合の組織化戦略

　今回の争議で組合は、NLRB監督下の組合認証選挙によってではなくカード・チェック方式によって労働者を代表していることを認めさせ、団体交渉権を獲得しようとしている。そうした組織化戦略の変更は、組合が採用する戦術にも変化をもたらしている。

　具体的には、従業員の組織化はもちろんのこと、地域やホテル利用客にホテル利用の停止を呼びかけるボイコット・キャンペーン、直接のターゲットであるホテルのみならず、その関連会社、取引銀行、株主にまで圧力をかけていくコーポレート・キャンペーン、コミュニティ団体や人権団体などさまざまな運動グループとの連携、国際労働組織を通しての労働組合への世界的な支援要請、地元政治家へのはたらきかけなどである。また、市民的不服従のデモや街頭劇場など行動の新奇さの点でも社会の注目を集めている。

　しかも、これらの戦術は、包括的であり、国際的である。たとえばボイコット・キャンペーンでは、収益の大きな割合を占めるバンケット（宴会）の顧客である地元の政治家や有力者だけにとどまらず、宿泊客の半数以上を占める日本人利用客にもリーフレットを配布したり、チェックイン・チェックアウト時にあわせてホテル玄関前でデモを行なうなどして、利用停止を呼びかけている。その呼びかけは各旅行会社や航空会社にも及んでいる。コーポレート・キャンペーンでは、ホテルの関連会社、取引銀行、株主に圧力をかけてホテルを社会

的に包囲していく作戦にでた。日本のニュー・オータニ経営陣にも交渉を求めるのと並行して、組合ルートでは、HEREが加盟する国際食品労連（IUF）を通じて世界中の傘下組織に回状を回して争議への支援要請を呼びかけた[13]。その要請を受け、日本の国際食品労連日本加盟労組連絡協議会（IUF-JCC）は日本のニュー・オータニ経営陣と接触し、交渉の道を探っている。1996年6月にはIUF本部が現地に派遣した事実調査団に、国際食品労連北米地域組織（IUF-NARO）とともに同行した[14]。さらに同年7月には、ローカル11のマリア・エレナ・デュラソ委員長が、人権擁護運動家ジェシー・ジャクソン氏の訪日に同行し、ニュー・オータニ本社との話し合いを求めた[15]。会談は実現しなかったが、日本企業や労働組合関係者、人権、女性団体に争議の実情を伝え、争議への支援を求めた。

　労働組合がこうした組織化戦略を採る背景には、何が考えられるだろうか。これまで述べてきたように、NLRBのシステムが官僚的で、時間がかかる傾向にあるだけでなく、組合の視点からすると経営側に有利に偏る傾向があることへの対応といった側面があることはいうまでもないが、経済のグローバル化にともなう企業経営の変化への対応という側面も見過ごせないといわれている。たとえばコーポレート・キャンペーンに代表される包括的戦術は、レーガン、ブッシュ政権期から最近10年くらいの間に全米の労働組合の戦略として広く採用されてきたといわれている。経済のグローバル化の中で、企業が生き残りをかけてすすめる海外移転や海外での事業展開、外注化や下請け化の進行がある。ホテル産業ではチェーン化の進行によって所有者が集中する傾向がある一方で、経営者の反組合的姿勢が強まってきているといわれている。そんな状況下では、経営側から一方的に労使関係を切られることも予想され、その企業だけを相手に直接闘っても相手そのものが存在しなくなってしまうこともありうる。こうした環境への対応として、ひとつの企業の労使関係という枠組みを超えて、社会のあらゆる角度からその企業に圧力をかけていく対企業戦略の手法が採られてきたということだ。しかし、今回の争議をとおして、それらに加えて何よりも組織化の対象が移民であったことが大きく関係しているのではないかと思われた。これについては後でふれるが、いずれにしても組合側が採用するこのような戦術は、1977年のホテル開業時、1982年の組合認証選挙といった過去2回の組織化の時とは大きく異なっており、今回の争議への社会の関心を集める大きな要因となっていることは明らかであると思われる。

## 2　ホテル・ニュー・オータニと地域社会の関係

　ロサンゼルス・ホテル・ニュー・オータニは、ニュー・オータニにとって初の海外進出であるだけでなく、日本のホテル業界全体にとって海外進出のパイオニア的存在であった。

　ホテルの開業は1977年である。ホテルはロサンゼルス市がすすめていたリトル・トーキョー周辺地区の再開発の拠点とされた。再開発事業を請け負ったのは、EWDC（East West Development Corporation）という開発業者であり、鹿島建設を筆頭株主に日系企業33社が名を連ねていた。ホテル・ニュー・オータニの土地・建物の所有者はEWDCである[16]。北米最大の日系人街であるリトル・トーキョーという土地柄を考慮してのことであろうが、EWDCがホテルの建設を打診したのは日本のホテル業界であった。しかし当時はまだ、日本のホテル業界の海外進出が盛んでなく、名乗りをあげるホテルがなかったことから交渉は難航した。

　地元住民との間にも様々な問題が浮上した。ホテル・ニュー・オータニが立つ場所には、もともとサンビルと呼ばれたビルがあり、日系やアジア系のコミュニティ団体が多数入っていた。市の再開発計画は、これらコミュニティ団体や周辺住民・小商店に立ち退きや移転を求めるものであったから、雇用や住宅の補償などの問題が浮上した。

　そもそも再開発計画をめぐって、市当局と住民との間には大きなずれがあったといわれている。住民側が生活水準の向上・安定とコミュニティ機能を持ち合わせた再開発を期待したのに対し、市側は大資本の導入による経済的利害を優先した。一部の日系人コミュニティ団体から再開発計画に異議を唱える運動が起こったと聞いている。他方、ホテルがリトル・トーキョーに進出してくる初の日系企業であり、パイオニア的存在だったことから、日系人社会の中にはホテルが再開発の核として、また日系人社会のシンボルとして発展してほしいという期待も強かったとも聞いている。ホテルを迎え入れる地元住民の受けとめ方には、期待と不安の両方が入り混じっていたといえるだろう。

　ホテル・ニュー・オータニは、市と日系人社会という二つの関係者の異なる期待を受けて、操業に入ったことになる。地元日系人コミュニティという地域的特殊性とそこから寄せられる期待を、ニュー・オータニ経営陣も十分認識していた。だからこそ開業後は、地域との関係を重視して、コミュニティ団体に会合場所としてホテルのスペースを提供したり、地域の行事や催しにも協力す

るなど様々なかたちで支援を行なってきたと述べている。

　しかし結果的に、再開発計画は、地元住民に対し、十分な住宅や雇用の機会を提供しなかった。居住スペースが大幅に縮小されたことで、住民は立ち退きを余儀なくされ、コミュニティの機能は分断されてしまった。また、ニュー・オータニは地域との関係を重視するという姿勢を示していたけれども、そこでいう地域とは、地域コミュニティというよりはむしろ日系企業社会ではなかったかという印象を地元住民の間に残す結果にもつながったという声も聞かれた。再開発計画に批判的だった運動の一部は、その後の大企業、特に日本企業の行動様式を監視する運動に引き継がれた。今回の争議で組合が手を結ぼうとしたのはそうした人々である。労働運動が地域の運動に目を向けることは、これまでにない出来事であった。

　当時の住民運動の流れをくむ人々は、ニュー・オータニが、移民を解雇したことに対して、働く人々の権利と企業の社会的責任を問う視点から組合と連携したと話していた。実際にはいくつかのコミュニティ・グループが連携して支援委員会を形成しているのだが、その根底には地域で働く人々を地域が支援しようという姿勢があると語っていた。また、日系企業の悪いイメージが広がれば地元の日系人社会にも悪影響を及ぼしかねないという不安もあると話していた。彼らがホテルを見る目には再開発の時と同じように期待と厳しさが入り混じっているように感じられた。

　また、1977年当時の運動を知る住民運動のリーダーの1人は、今回労働運動と連携した理由を組合側の変化に求めていた。その変化とは、現在のマリア・エレナ・デュラソ氏が委員長に就任して以降、組合が白人主義から脱却し、地域で働く移民の権利や企業の社会責任に目を向けはじめたことである。それ以前の労働運動が取り組んだのは組織化だけで、地域の問題やそこで起こっている運動には目を向けなかったという。それどころか地域の日系人、アジア系、アフリカ系アメリカ人などマイノリティーの運動に共感を示すことはなく、馬鹿にさえされたという感想を抱いていた。

　現在のローカル11の指導部もその指摘を認めたうえで、ローカル11が1980年代後半以降、白人主義からの脱却をめざして組織改革を行なってきたことを強調していた。現在の組合の会合では複数の言語が使用され、複数の言語を話すオルガナイザーが多数いた。マリア・エレナ・デュラソ委員長は、コミュニティ・グループと連携する難しさを認めながらも手を結ぼうとする理由を、コミ

ュニティのもつ政治的影響力においていた。コミュニティの支持を得ることは政治家の支持を得るのにプラスになるととらえていた。たとえば、今回の争議で、ホテルへの批判材料の一つにもなっている高額な医療保険料問題は、保険料を払えない人々は公共の健康管理システムに依存せざるをえず、結果的に市の財政問題に跳ね返るから、低所得者層に属する移民の多い地域では政治家の関心も強い。ある新聞がいっているように[17]、ロサンゼルス地域で公共の健康管理システムが財政的に崩壊しかかっている大きな理由の一つが、医療保険をもたない人々の増加にあるならば、負担能力がある大企業には従業員の保険料を負担させようとする道も選択肢としてでて来るはずであり、政治家の支援を取り付けられるかもしれないという期待があった。事実、組合が地域のコミュニティの運動と連携し、またロサンゼルス市議会の支持を取り付けていることは、これまで地元との政治的な繋がりを重視してきたホテル経営陣を大いに困惑させている[18]。ホテルの所有者である EDWC の筆頭株主である鹿島建設に圧力をかけることは、ニュー・オータニへの圧力となっているのみならず、鹿島建設が第二次大戦中に行なった強制連行に関して未決着の問題を抱えていることから、その被害者を支援するグループと連携することにつながり、運動に拡がりを持たせる結果にもつながっている[19]。

　地域のコミュニティがもつ政治的影響力や住民感情は今回の争議でも労使双方にとって無視できないものとなっていると言えるのではないだろうか。

## 3　ニュー・オータニの労使関係

　組合とホテル側との対立は、1977年のホテル開業時にまでさかのぼる。ニュー・オータニは、組合を認めない、いわゆるノン・ユニオンのホテルとしてオープンした。当時のロサンゼルス市内の大手ホテルのなかで、第一号のノン・ユニオンのホテルであった。ローカル11はオープン当時も組織化に動いている。ホテル側の話によれば、ホテル開業の6カ月ほど前に、ローカル11がユニオン・ホテル（組合を認めるホテル）での開業を迫り、協定書へのサインを求めてきたと言う。

　ホテル側には、組合が提示した協約のなかに許容できない条件がいくつかあった。特に問題だったのは、「職務の結合（ジョブ・コンビネーション）」[20]と、医療保険の問題[21]であった。ホテル側は、サービス業というホテルの業務を円滑にすすめるためにジョブ・コンビネーションと、会社側がすでに用意していた

健康保険の承認を求めて協定の修正を申し入れたが、合意にいたらず、その時点で組織化の話は自然的に流れてしまったと語った。

　この点について組合は、ホテルと異なる見解を示している。ホテル側は建設段階では「中立協定によるカード・チェック方式」での組合承認を約束していたのに、後になってカード・チェック方式の法的正当性を根拠にその約束を破棄してきた、という主張である。

　組合は、この地域の大手ホテルと「マスター・アグリーメント」を結んでおり、ニュー・オータニもこれを当然受け入れるものと思っていた。ノン・ユニオンでいくというホテル側の決定は、組合にとってまったく予想もしない事態であり、ホテル側の意表をついた行動になす術がなかったという。だが、ホテル側によれば、1980年ごろから2年間、ホテルの前でローカル11のメンバーを名乗る人々が、ニュー・オータニがノン・ユニオンであること、アンフェアーであることを知らせるインフォメーション・ピケをはったという。また、年に数回、デモなどの抗議行動を受けたと話していた。

　こうした組合の行動に対し、ホテル側は、当初は静観の姿勢をとりつづけた。これは組合が一方的に仕掛けてきた嫌がらせであり、社内からでた問題ではないから特に対応しなくてもいいだろうという思いがあったからだと述べた。

　ピケ開始から1年が経過した時点で、ホテル側に、弁護士を通じて話し合いの場をもたないかという提案が、組合の弁護士からあった。その内容は、1977年の時と同様、協約の承認を要請するものであり、協約の中身も変わりがなかったから、ホテル側としては話し合いの席につく意味を見出せなかった。この時点でもまた組織化の話は流れてしまった。

　しかし、1977年の時と異なり、この時は新聞等がホテルを批判する記事を掲載したという。ピケも続いていたので、周囲への影響を考えるとホテル側としてもいつまでも静観しているわけにもいかず、組合を認めるか否かは従業員の決定に委ねるとして、NLRB監視下での選挙を申し入れたと述べた。

　選挙は1982年2月24日に行なわれた。それ以前は、すべてカード・チェック方式によっていたから、ロサンゼルス市の大手ホテルのなかで、選挙によって組合の承認を得ようとするはじめての試みであった。選挙は、有効投票230票のうち、賛成票が24、反対票が206で、組合を認めない結果に終わった。ホテル側が飲食を提供したり、待遇を良くしたり、また組合ができることの不利を説いたりして従業員の支持が組合にいくのを阻止しようとしたのに対し、組合側

は十分な選挙対策を講じられなかったということを、組合関係者から聞いている。ここでも組合の組織化は失敗した。同時に、ニュー・オータニは、ロサンゼルス市の大手ホテルではじめて NLRB 監視下の組合認証選挙の結果ノン・ユニオンになったホテルとして知られるようになったということである。

これ以降、ロサンゼルス市のホテル業界では、経営者の間にノン・ユニオンでいけるという考えが広まり、シェラトン・グランデ・ホテル、インターコンチネンタル・ホテルなど大手ホテルでノン・ユニオン化が相次いだ。一方、新規ホテルの参入によって、ホテル業界の競争も激化していった。こうしたホテル業界の環境の変化は、ホテルの労働条件にも影響を及ぼし、結果的にニュー・オータニの従業員がローカル 11 に支援を求めることにつながっていったと推測される。

これらの経緯をふまえると、ニュー・オータニのノン・ユニオン化は、その後のロサンゼルスのホテル産業における労使関係を決定づける出来事となったといえる。ニュー・オータニがいわばノン・ユニオン・ホテルの象徴的存在であることを考えれば、今回の争議結果がその後のロサンゼルスのホテル産業の労使関係に与える影響ははかりしれない。ロサンゼルスのホテル各社と組合は 1998 年に協約改訂を控えている。労使双方が今回の争議をロサンゼルス市のホテル産業の将来を決める試金石と位置づけているのはそのためである。

くしくも今回の争議が本格化した 1995 年の 10 月に AFL-CIO でリーダーシップの交代があり、SEIU 出身のジョン・スウィニーが会長に就任し、国内の組織化をすすめる方針を打ち出した。その重点は、カルフォルニア、アリゾナからなるサンベルト地帯とよばれる移民やマイノリティーの多い地域であり、アメリカの労働運動全体でもサービス産業と移民を含めた組織化が大きくクローズアップされた。組合の今回の争議にかける強い姿勢は、そうしたアメリカの労働運動全体の流れと無関係ではない。アメリカの労働運動全体の後押しをうけることで、今回の闘いが持つ重要さを社会的にも労働運動的にも定義することが可能となり、勢いをつけていると見られる。そのことはホテル側も承知しており、それだけに今回の争議の重要性をはっきりと認識している。まさに、このニュー・オータニ組織化の戦略的意味の大きさが、一ホテルを超えて、業界あるいは市、さらには労働運動全体の関心を集めている原因といえるのではないだろうか。

## 4　ホテル産業をとりまく状況の変化

　1980年代の不況によるアメリカ経済の停滞とそれに伴う再編で、ロサンゼルスは深刻な雇用問題に直面した。かつて基軸産業だった機械、被服等の製造業が郊外、さらには海外へと移転し、空洞化が生じた。他方、企業間競争の激化は、リストラクチャーとその結果である下請け化、外注化をすすめ、雇用不安と失業率の上昇をもたらした。こうした変化は、民間企業だけでなく公共部門にも及んだ。公共予算の削減によって自治体業務の民間委託や下請け化が進み、公共部門の雇用が深刻化した。その影響は、移民やマイノリティーが多くをしめる低所得者層で特に大きかった。アメリカ経済の変化は、周辺諸国の経済や雇用に影響を与え、この時期、仕事を求めるメキシコからの移民が急増した。1991年の湾岸戦争、1992年に起きたロサンゼルスの暴動は、雇用や社会不安をより一層深刻にした（さらに1994年にはロサンゼルスを大地震が襲う）。

　これらの影響をうけて、ホテル産業をとりまく条件はかならずしも良好でなかったといわれている。そういう時期に、ロサンゼルス市は、市の基軸産業が製造業からサービス業に移ったことを認めたうえで、観光政策の強化を市の重点政策として打ち出した。

　組合側は、市の産業政策の変化をサービス業における組織化拡大のチャンスととらえた。従来、ロサンゼルスでは、製造業に比べてサービス業の組合の影響力が弱いといわれていたからである。ロサンゼルスのホテルの従業員の賃金は、組合が強い影響力を持つサンフランシスコやニューヨークのホテルの賃金と比較すると、約半額かそれ以下であった[22]。そこで、組合側は市の産業政策に賛成の意向を示し、観光政策を市の重点産業として育成していくからには、そこで働く人々の労働条件を向上させることが大切であるとの立場からノン・ユニオンのホテルを対象に未組織の人々の組織化に力を入れるようになった。組合側は、市は観光産業とくにダウンタウンや空港付近のホテルに税金控除や補助金、土地価格の点で恩恵を与えているのだから、労働者の生活水準の向上にも一定の役割を果たすべきであるとして、市長や議会、観光局にも問題を投げかけていった。他方、新規にオープンするホテルには、中立協定を申し入れて、選挙ではなくカード・チェック方式で組織化を試みるようになっていった。移民の組織化にも重点をおいた。ホテルやレストラン等、サービス業で働く人々の間では、ヒスパニックを先頭にアジア系、アフリカ系の労働者のしめる割合が多くなっていたからである。

1993年ごろから、組織化の標的は、次第にダウンタウンの大手ノン・ユニオン・ホテルに絞られていった。ロサンゼルスでサービス産業の組合が強くはないといっても、ダウンタウンではホテルの55％がユニオン・ホテルであり、組合に加入している労働者も多く、支持を集めやすかったからである。組合のないホテルの従業員であっても、コミュニティに帰ればユニオン・ホテルの従業員との接触があり、組合や組合の協約がどういうものかを知る機会に恵まれていた。さらに通常それらのホテルには市が補助金をつぎ込んでいることから、政治家に圧力をかけることでホテルに間接的に圧力をかけることも期待できた。こうして組織化の標的は、シェラトン・グランデ、インターコンチネンタル、ニュー・オータニ、チェッカーズ、ハリウッド・ホリディインの5社に絞られていったとのことである。

　この流れのなかで、1993年春に、ニュー・オータニの数人の従業員が組合に支援を求めてきたことは、巻き返しをはかろうとする絶好の契機となった。しかも優秀なリーダーとなりうる資質を兼ね備えた従業員がいたことは組合にとって願ってもない好材料であった。最終的に、組織化の標的は、ニュー・オータニ1社に絞られていったのである。

　このような組合側の戦略的意図を別にしても、実際に従業員や関係者から聞いた話からは、ホテル業界のノン・ユニオン化とホテル業界の競争の激化に歩調を合わせるかのようにホテル内の労働条件・労働環境が低下していき、そのことへの不安や不満が従業員の間で高まっていた様子がうかがえる。たとえば、ニュー・オータニでは1977年のオープン当時も1982年の選挙の時も従業員は組合を支持しなかったが、今回は支持にまわっているものが多いということである。ある従業員は、開業当初は付加給付も賃金水準もユニオン・ホテルと同程度であったから組合を必要としなかったと証言しているし、そのことを組合も認めている。しかし、1982年の選挙以降、ニュー・オータニでは、無料の医療保険や有給の昼休みがなくなり[23]、賃上げも小幅に抑えられるなど[24]労働条件が低下する一方で、恣意的な解雇が増えて雇用保障がなくなり、労務管理も厳しくなっていったという。今回の組織化に動いた従業員たちが、その理由のひとつに職場の労働環境への不満をあげているのはうえで述べた通りである。このことから、少なくとも1982年頃までは従業員もホテルの労働条件・労働環境にある程度満足していたが、1982年の選挙を境にそれに変化が起きているといえるのではないだろうか。今回の争議で労使が一歩も引かずに対峙する背景を理

解するには、こうした企業経営の変化とそれが労働者に及ぼしている影響にまで踏み込むことが求められると思うが、今後の課題としたい。

## 三　今回の争議から見えてきたこと

　今回の争議を追うなかで、労働組合の組織化戦略の変化の背景にアメリカ労働運動の新しい動きがあることが見えてきた。アメリカ労働運動がサービス産業における組織化、移民の組織化に重点を移してきているという事実である。ここではとりわけ移民の組織化に関連して、次の二つを述べておきたい。
　一つは、労働運動が地域との関わりを重視しはじめたことである。この姿勢は、労働運動が労働問題以外の問題にも目を向けはじめたことと深く関係していると思われる。今回も、争議の発端こそヒスパニック従業員の解雇という労働問題であったが、闘いの過程で問題の範囲は、労働者の尊厳、企業の社会的責任、社会的公正といった、従来の労使関係が扱ってきた労働問題や労働者の権利よりも広範囲の問題にまで広がっていった。というのは、移民が抱える問題はどれひとつを取ってもさまざまな問題が絡んでおり、そこから労働問題だけを切り離すことはできなかった。それどころか、労働問題を解決するためにも社会の各方面と連携することが求められたと考えられるからである。そのことが労働運動を、労働運動以外の社会運動や地元コミュニティの運動との接点を持つ方法に向かわせたのではないかと思われる。こうした変化は、労働運動が移民を組織化対象にした時点で、踏み込まなければならない道だったといえるのではないだろうか。このことは、日本の労働運動や日本における外国人労働者の組織化を考える際に多くの示唆を与えてくれているように思う。
　二つめは、労働運動と移民の関係についてである。うえで述べたような方向性は、今回の争議だけでなくアメリカ労働運動全体にみられる動きであり、労働運動と移民の関係が新たな局面に入りつつあることを示しているのではないかということである。移民問題は労働運動にかぎらずアメリカの社会全体にとって避けることの出来ない問題であり、あらゆる側面でそれへの対応を求められてきたし、今後もそれが予想される。関連する運動も多々ある。特に、カルフォルニア州は、移民が多く、移民の権利を擁護する様々な運動がある。しかし、これまでのところ、かつての公民権運動に匹敵するような運動には至っていないといわれている。労働運動は、労働運動が移民の権利主張のための一つ

のチャネルになることを示すことで、移民の組織化をすすめ、労働運動の社会的影響力を高めようとしているのではないだろうか。その道ははじまったばかりであり、その行方はまだわからない。

## おわりに

　今回の争議が起きていたのは、北米最大の日系人コミュニティであった。そこに暮らす日系人の方々とのインタビューをとおして、彼らが、日本に暮らす日本人以上に日本人としてのアイデンティティーを意識せざるを得ない環境におかれていることに気づかされた。ある物事が日本に関係するものであれば、それは良くも悪くも、また好むと好まざるとにかかわらず彼らに降りかかってくるということである。それだけに日本という国や日本の企業の行ないに向けられるまなざしは複雑である。そんな複雑な心情を窺い知って、これまでそうした日系人の心情に思いをはせることがあっただろうかと自分に問うとともに、自分自身を見つめなおすことにもなった。今回の争議を追うなかで、はからずも移民として生きてきた日系人の方々と出会い、話を聞く機会に恵まれ、そうした方々の心情の一端にふれることができたのは誠に貴重な体験であった。協力してくださった方々すべてに心より感謝を申し上げたい。

1996年10月発表
　（本書への収録にあたり、『労働法律旬報』に掲載されたもとの原稿を一部修正した。）

### ❖注

1　HEREはサービス産業で働く労働者30万人以上を代表し、カナダとアメリカに175の支部をもつ。組合員の職種はメイド、コック、ウェイター、バーテンダー、クラークなど。職場はホテル、モーテル、カジノ、レストラン、カフェテリア、クラブ、居酒屋、食堂車、空港、スタジアムその他である。1891年にAFLから許可を得て設立されたが、今はAFL-CIOに加盟。
2　部屋数は436室。従業員数は1995年10月の時点でマイノリティー従業員が283名。そのうち70%はラティーノとよばれるメキシコ、中央アメリカからの移民であり、約25%がアジア人及びアジア系アメリカ人、残りが白人とアフリカ系アメリカ人である。ホテルの従業員は24人種、32国籍、40言語をもつ人々で構成されているという。

3 ホテルの就業規則には、本人以外のタイムカードの操作は即刻解雇という記載がある（ニュー・オータニ・スタッフハンドブック、P.9）。
4 UNION TALK という題の組合側のビラに、The Wilson Center for Public Research, Inc. の調べとして載っている。サンフランシスコのオルガナイザーからも同様の話をきいている。
5 Labor Management Relations Act, Section 9(c)
6 組合側の上告によって、この命令の実施は延期されている。
7 'An Analysis of the Local 11 Situation' と題する 1996.3.10 付けのホテル側の声明
8 羅府新報、1996.3.28
9 Charge Case No. 21-CA-30841
10 NLRBへの不法労働行為申立ては、組合側からは7件、ホテル側からは5件ある。組合側からの申立ての内容は、不当労働行為に当たるとして訴えた3人の解雇の他に、a) 従業員の組合活動をビデオに収録したこと、およびセキュリティー・ガードを配置して監視したことに対して、b) 利用客にリーフレットを配布中の従業員に対して身体的暴行を加えたこと、およびリーフレットの配布を妨害したことに対して、c) 組合による従業員への家庭訪問を不法労働行為にあたるとして提訴したホテル側の提訴に対する異議申立て、d) 一度認めた従業員の休暇を取り消したのは、組合活動に参加したことへの脅迫、あるいは差別にあたるというもの、などである。このうち、a) と b) の1部は和解、残りは保留あるいは調査中である。ホテル側からの申立ての内容は、a) ローカル11を名乗る人から従業員に対して、組合支持を求める度を超えた手法での懇願や嫌がらせがあったことに対して（2件）、b) 選挙の請求などである。a) のうち1件は、NLRBの地方機関で証拠不十分として却下された後、中央機関に上訴されたが受理されなかった。もう1件は、本文中で述べたように、ローカル11による従業員の自宅付近での見張りや家庭訪問は法律違反であるとして停止命令が下り、組合が上訴中である。b) も本文中で述べたように、組合からの正式な組合承認要求がないため却下されている。
11 カード・チェック方式とは交渉単位内の従業員の過半数が組合への授権カードに署名した場合には、その組合を交渉代表として認めさせる方法のこと。中立協定については、言葉そのものが制定法にはみられないが、以下の、数年前にアメリカのインターコンチネンタルホテルで起きた労働争議の関連資料に基づいた戸塚秀夫の解釈は、カード・チェック方式と中立協定の関係を理解するのに役立つと思われるので参照されたい。「中立協定とよばれるものは、労働組合が組織化の対象とする事業所の経営者との間で締結するところの、組織化過程に関する労使

間の協定である。経営側は、組合の組織化キャンペーンを妨害せず、組合側に従業員の氏名、アドレスを提供し、事業所内の一定の場所で従業員に接近する便宜を与える、これに対して、組合側は、従業員に『同意書』へのサインを強制しない、スト、ピケ、ボイコットなどの争議行為を組織しない、という約束を盛り込むのが普通である。ただし、ホテル業界では、中立協定の方式をとる場合、『同意書』が過半数に達した場合に NLRB 監理下の選挙なしに組合を承認する、という了解が含まれている、と HERE は説明している。これに対して、カード・チェック方式を当然に含むとはいえない、というのが数年前のインターコンチネンタルの労働弁護士側の主張であった。」

12 戸塚秀夫からの私信。

13 国際食品労連（IUF）の正式名称は、国際食品・農業・ホテル・レストラン・ケータリング・たばこ関連産業労働組合連合会（International Union of Food, Agricultural, Hotel, Restaurant, Catering, Tabacoo and Allied Workers' Association）。世界107国、322組織、約260万人で構成される国際産別組織（ITS）のひとつ。本部をスイス、ジュネーブにおく。国際食品労連日本加盟労組連絡協議会（IUF-JCC）は、日本の IUF 加盟組織に対し参加が義務づけられた国内連絡協議会で10組織、約16万人から構成されている。

14 IUF-JCC のご好意により、事実調査団の調査報告書が IUF ブレティンに正式に掲載される前に見ることができた。その報告者は、ニュー・オータニに反組合キャンペーンの事実が存在することを認めている。そして、それは、労働組合権の侵害であり、従業員、地元コミュニティにも悪影響を及ぼしかねないとの認識から、今後、ニュー・オータニの経営側に事態の重要性を充分に認識してもらうとともに、労組との対話を実現するように一層強くはたらきかけていくことの必要性が盛り込まれていた。事実調査団も、調査期間中に数回、ロサンゼルス・ニュー・オータニの経営陣との接触を試みたが、実現しなかったとのことである。なお、報告書は、国際労働研究センターの英文ブレティン No.2 と日本語ブレティン No.2（ともに1996年11月刊）にも掲載されている。

15 ジェシー・ジャクソン師は、「虹の連合」の会長として、約10日間の日程で日本及びインドネシアへの代表団の派遣を企画し、その団長として訪日した。訪日の目的は、アメリカの日系企業で起きているマイノリティーや女性従業員をめぐる労使紛争の解決にむけた橋渡しを行ない、日米の友好的関係を築くことであった。1996年7月13日〜18日の滞在期間中に、三菱自動車やニュー・オータニを含む日系企業の経営陣、日本の自動車メーカー各社と話し合いを持った。しかし、ニュー・オータニを含め各社との会談において、経営側から前向きな対応は引き出せなかった、というコメントを残している（朝日新聞、1996.7.19）。ロー

カル 11 の委員長マリア・エレナ・デュラソ氏は、1996 年 7 月の HERE 全国大会でヒスパニック系アメリカ人女性としてはじめて執行委員会の委員に選出された経歴からジャクソン師の代表団に加わった。「虹の連合」は、1986 年に創設された、全米的な社会正義のための組織。公的権限の付与、教育、富の公平な分配を唱えている。ジャクソン師は、これまでに 2 度大統領選に出馬している。

16 ホテル側の話によれば、ニュー・オータニは、所有者である EWDC とマネジメント契約を結び、その運営・経営をまかされるかわりに収益の一部をリース代として支払う関係にある。ホテルの経営方式には、①同一資本ないし企業が自らホテルを所有、経営、運営する「所有直営」方式、②ホテルを経営・運営する企業が土地・建物を所有主体から賃貸借契約によって借りることによって経営・運営主体となる「リース」方式、③チェーンを主宰する企業が経営・運営主体に商標と運営のノウハウを提供してチェーン化をすすめる「フランチャイズ」方式、④チェーンを主宰する企業が経営主体から業務委託契約によって運営を受託して運営主体となる「マネジメント・コントラクト」などがある（岡本伸行、『列島ホテル戦争』、1991 年、日経新聞社、P.176）とされるが、ここでいう「マネジメント契約」は④の「マネジメント・コントラクト」ではなく②の「リース」方式にあたるように思われる。

17 ロサンゼルス・タイムズ、1996、2、3

18 ロサンゼルスの市議会議員 15 人のうち 11 人が組合への支援を表明している。ロサンゼルス市に建設が予定されている「日系米国博物館」の理事会は、総額 2200 万ドルからなる建設計画に鹿島建設を入れないことを決定した（週刊労働ニュース、1996.7.22）。

19 全米補償賠償連合（NCRR）は、1978 年に日系アメリカ人によって設立された組織であり、合衆国政府に対して第二次世界大戦中の日系人の強制的キャンプ収容に対する賠償を求めて運動してきた。今回の争議では、第二次大戦中に鹿島建設によって強制連行され重労働に従事されられた中国人が、会社側にその謝罪と未払い賃金の保障を求めている花岡裁判への支援を行なっていることとの関連で労働運動と連携し、鹿島の戦争責任を企業責任の視点から追及している。

20 ローカル 11 の労働協約にジョブ・コンビネーションに関する規定があるので、ホテル側がここで何を問題にしたのかは正確にはわからないが、関連するその他の情報から、協約で規定された以上のジョブ・コンビネーションへの承認を求めたのではないかと推測される。その場合、組合との間で、その範囲や、協約で規定された以外の仕事を受け持つ場合の追加賃金などをめぐって紛争することがあり得ると考えられるからである。参考までに、ローカル 11 の労働協約では、規定された職務の結合に対して一つの賃金規定がされている。たとえば、Bell-

Elevator Combination $5.35 という具合である。このようなジョブ・コンビネーションがあるのは、ベル・サービス部門の 10 の職務、ハウスキーピング部門の 16 の職務である。それ以外に、ランチタイムと「応援の期間」に二つ以上の職務を遂行する義務があることがわかる。

　また、ニュー・オータニの組合支持の資材部門のマネジャーの話によれば、ニュー・オータニでは同一賃金での配転は存在するということであった。その通知は、現在は 1 カ月前にあるが、以前は違った。配転も昇進もスーパーバイザーの恣意によるところが大きいと話していた。彼が、以前、職種の変更をともなう配転を不平をいわずに受け入れたのは、賃金が同じであったことに加えていろいろな仕事を学びたかったからだ、と答えてくれた。また、同じ仕事でも日系人とそれ以外の従業員との間には、賃金に差があったようだ、とも話していた。

21　組合側の情報によれば、ユニオン・ホテルでは雇用主であるホテルが家族の分も含めて従業員の保険料を全額支払っているのに対し、ニュー・オータニでは医療保険を希望する場合、従業員は月に 100 ドル以上の保険料を支払わなければならない。ホテル側リーフレットでは、ニュー・オータニの従業員は、受けるサービス額の 25 ～ 30％を支払うとある。この額が月に 100 ドル以上に相当するのかどうかは定かでない。ユニオン・ホテルの雇用主の負担率が 100％かどうかは「マスター・アグリーメント」から明らかにすることはできなかった。ホテル側は、健康保険について次のように述べている。アメリカの雇用主は従業員とその家族に対して最低でも保険料の一部を支払わなければならない。ニュー・オータニでは、カルフォルニアでも最良の部類にはいる保険提供者（プロバイダー）であるパシフィック・ケアの二つのプランから選択できる制度を適用している。従業員はその導入を歓迎し、享受するサービスの素晴らしさを喜んでいる。それに対し、ローカル 11 のプランは、従業員に選択の余地はなく、サービスや消費者の満足度評価においていつも底辺に位置する。

　従業員がホテルの総支配人に宛てた公開状には、ホテルのオープン当初は存在した無料の医療保険が奪い取られていったという記載があるから、当初は無料で医療保険が適用されていたが、ある時点で変更されたということかもしれない。

22　ロサンゼルス・タイムズ、1994、3、24

23　前述の IUF 事実調査団報告書によれば、有給昼休みは 3 年前に消滅した。それまでは、ユニオン・ホテルの「マスター・アグリーメント」の規定（Section 10）と同様 30 分の有給昼休みがあった。

24　組合からの情報によれば、年 0.06 ～ 0.15％の増加にとどまっているとのことである。

[15] 国際連帯から労働運動の変革を考察する
―来日した BSF と HERE のケーススタディからその可能性を探る―

渡辺　勉・山崎精一

一　はじめに

　1995 年 7 月から 12 月にかけて、米国の二つの労組が相次いで来日した。そのひとつは全米ゴム労組（URW）である。傘下の日系企業ブリヂストン・ファイヤストン（BSF）での協約改訂をきっかけにストライキに突入した組合員が、リプレイスメント（permanent replacement・恒久的人員入れ換え）[1] されたことに抗議し、親企業であるブリヂストン（BSJ）と直接交渉で事態の打開をはかるため来日した。もうひとつは、全米ホテル・レストラン労働組合（HERE）である。傘下のローカル 11 がはじめたロサンゼルス・ホテル・ニュー・オータニ（HNO-LA）での組合組織化をめぐり、親企業のホテル・ニュー・オータニ（HNO-J）が「カード・チェック方式」による組合承認を認めるよう、かつ組合支持の従業員への不当解雇を撤回し、嫌がらせを即時中止するよう子会社を指導することを求めて来日した。
　これら二つの労組は、1995 年から 96 年（HERE の場合は 97 年 4 月まで）にかけて数度にわたり来日し、親企業との公式・非公式の折衝、また関係省庁への要請行動を行なった。BSF の争議は、1996 年 12 月、とりあえず 1994 年度の協約改訂

について合意し終結を見たが、次回協約の改訂交渉が1999年に予定されており、その交渉で再度闘争へ突入する可能性は皆無とはいえない。HNO-LA の組織化をめぐる争議は、98年8月段階でも依然として継続中である。同7月、組合支持の従業員の解雇事件に関して、全米労働関係局（NLRB）本部は、かつて同局地方支局が発行した救済請求状（Complaint）を却下し、解雇は不当労働行為にあたらないという命令を下した。この結果、事態は膠着状態を迎えており、現地での抗議行動に力点をおいた自力更生的な闘いの時期を潜り抜けることとなるだろう。

本稿は、二つの争議が日本の労働組合に与えた影響と、その支援行動に取り組む過程で発生した新しい国際連帯の構造を分析することにある。少々大げさな表現だが、この二つの争議の過程で生み出された（現に生み出されつつある）支援連帯の構造が、戦後50数年にわたる従来の労組間の国際連帯の構造（とりわけ日本の労組の）を一変させたといっても過言ではない。

## 二　二つの争議が日本の労働運動に提起した三つの問題

（1）日米両国のナショナル・センターが、BSF ならびに HNO-LA 争議への取り組みに関して協議を持ち、本格的に支援連帯活動に取り組んだことは注目すべきことである。恐らく日本の戦後労働史のなかでも特筆すべき出来事ではないか。かつて日本の労組から世界へ争議をめぐって支援連帯の呼びかけを発したこと自体がそう頻繁にあったわけではないが、60年安保闘争と並行して取り組まれた三井三池闘争に対する世界各国の反応は、当時日本の労働戦線が分裂していたにもかかわらず、国際炭坑鉱山労働者連盟（MIF）をはじめ、多くの国から支援を受けた。1950年代後半から1970年代前半にかけて、公務員の団結権・争議権をめぐって ILO の場で多くの国の労組から長期間にわたり支援を受けてきた。この間、国際場裏で日本の労働戦線の分裂があからさまになっていたにもかかわらず、各国の労組からの支援連帯は実に大きなものであった。

これら BSF と HERE の二つの争議はいずれもアメリカ側から持ち込まれたものである。両国のナショナル・センター間の最重要課題としてこの二つが位置づけられたことによって、従来の国際連帯とは次元を異にする構造が出現した。

（2）これらの支援連帯活動には、日米両国の多くの非政府民間団体（NGO）が関わりを持ち、各々の国の内部で労組と NGO との新しい連携が模索されはじめた。とりわけ日本においては、労組側に NGO に対するある種の忌避が感じられ

たが、これらの争議の支援活動を共同して取り組むなかで、少しずつ垣根が低くなってきている。持ち込まれる支援要請のルートが、アメリカの労組から日本のNGOを経由して、あるいはアメリカのNGOから日本のNGOへの連絡で、NGO相互の支援連帯行動が労組間のそれよりも先に起こっている現実を、労組側は無視することができなくなっている。また日本のNGOが持ち込まれた要請を組合に回して（労組主導の形をとるにしても）、共同で取り組むようになってきている。とりわけ、日本の労組に対する不信感が底流に存在する場合、NGOとの連絡を通じて感触を探り、その後に公式な組合間の連絡に移行するという手順は、今後も踏まれることになるだろう。

　(3)　分裂状態にある日本のナショナル・センター間で直接的な対話の兆しが、この間部分的に開始された。だが、まだ本格的な共同行動に両者が歩を進めるには時間がかかるだろう。だが、これら二つの争議が垣間見せたものは、非公式ながら半ば公然とした連携がはじまりうることを示したものであった。それは海外からの支援要請が、分裂状態にある日本の労働戦線の双方になされたことによってもたらされた。そしてナショナル・センターと争議に関わったNGOとの双方に関係を持つ国際産別組織（ITS）の日本加盟組合協議会が、その仲立ちをした結果、その関係が緩やかにはじまった。異なったナショナル・センター間の対話と連携が国際連帯を媒介として可能なこと、この触媒としてITSの役割と比重が極めて大きいことを再認識させた。

　当然のことながら、ITSとNGOとの関係も新しい段階へと入ることになる。当面の動きでいえば、事態は一進一退の動きを繰り返すことになるが、海外から持ち込まれた争議をめぐって共同して対処するケースは増えてくるだろう。本稿が取り扱う二つのケースと同時進行的に、韓国からも支援を求める代表団が来日し、IMF-JCと日本のNGOとの共同作業で事態に対処するということも起こっている。もちろん、その取り組み自体が対立を孕んだものであったが、しかし、各所で起こる対立は共同行動の前兆だともいえよう。双方の距離が意外に近いことの証明でもあるからだ。各々のITSが、触媒としての自らの役割を自覚的に追求する時代が到来している。

## 三　来日に至る前史

　二つの争議／組織化の支援要請が日本の労働組合へもたらされたのは、いず

れも1994〜95年にかけてであり、当時、AFL-CIOとしてこれらを一括して連合との協議の議題にのせるという体制にはなっていなかった。各々の組合・争議団が日本の関係団体に個別に連絡をとっていた段階にある。

## 1　BSF争議団来日に至る経過

BSFがいつ連合に支援要請を行なったのか、その時期を特定することは難しい。この争議に関する一番古い文書は、URWのケネス・コス委員長がAFL-CIOと連合との定期会議（1994年9月）の場での挨拶のなかで、BSFのローカルが争議突入のやむなきに至ったその背景を説明しているものだが、この挨拶に争議支援の起源を求めることは難しい。連合側はコス委員長の挨拶を、争議支援を求めたものとの認識には立っていなかった。たしかに、コス委員長は直接争議支援の要請を行なってはいない。URWもストライキ突入（1994年7月12日）直後で、まだ自力で争議解決は可能との判断に立っていた。

1995年1月4日に、BSFはストライキに参加している従業員を解雇し、代替従業員を正規採用に切り替える旨発表した。URWとゴム労連との連絡も、このころから頻繁になっていった。リプレイスメントに対して国際化学エネルギー一般労連（ICEF）も全世界の加盟組織へBSF争議支援の訴えをだしている。日本でもそれを受けて国際化学エネルギー一般労連・日本加盟組合協議会（ICEF-JAF）が、傘下のゴム労連と緊密に連携をとり国際連絡の窓口となり、また連合と連絡をとりながら対応を協議する体制へと向かっている。1995年7月のURW／USWA合併後は、日本のIMF-JCと多国籍企業対策労組会議（TCM）も協議に加わり、連合、ICEF-JAF、IMF-JC、TCMの4者間での協議体制が成立している。ゴム労連と日本のブリヂストン労組は、ICEF-JAF加盟単産／単組の一員だが、関係組織として連合の主催する会議の場には、概ね出席している。この4者協議が急速に緊密さを増し、頻繁に開かれるようになるのは、1995年5月以降のことである。

5月22日、URWは一方的にストライキ解除を宣言し、就労方針を掲げて局面打開を図る。ストライキの長期化にともないURWの財政問題は深刻化し、USWAとの組織統合へと向かう。その間、USWAの闘いを一貫して支持し、闘争体制作りに共同して励んでいたのが、AFL-CIOの独立部局である産業別労働組合部門（IUD）[2]であった。IUDは従来の連合とAFL-CIO国際局の公的ルートを使わずに、独自に日本の非連合系ナショナル・センターである全労協関係[3]に接

近をはかることになった。全労協関係とIUD／USWAの接触は、同年6月段階で日米両国のNGOがどうすればBSF支援の日本でのネットワークが作れるか、その相談を始めていたが、その動きに支えられてIUDのリアン・エインズワース氏が来日して、日本のNGOや全労協との提携へと発展していった。

## 2　HERE代表の来日に至る経過

　HNO-LAと日本とのコンタクトは、1993年、HNO-LAに先駆けてHEREが取り組んでいたサンフランシスコ・インターコンチネンタル・ホテルの組織化の時期にさかのぼる。このときは組織化が不成功に終わったことで、ネットワークを作るまでに至っていない。だが、HEREのローカル11が、ほぼ同じ時期に、HNO-LAの組織化に取り組みはじめている。この組織化の過程には、日米両国の労組と日米両国のNGOがスタートの段階から深くかかわっている。ロサンゼルスでは、日系アメリカ人たちが中心となってホテル・ニュー・オータニ従業員支援委員会が1993年8月に組織され、今日まで支援活動の中心で運動を支えている。ロサンゼルスのリトル・トウキョウ地区には、多くの日系人・アジア人が居住しており、その人たちの多くは、地域再開発の直接の被害者でもあった。同地区の再開発を中心で担っていたのが鹿島建設であり、同社は同時にHNO-LAの実質的なオーナーでもあった。第二次世界大戦中の米国政府による日系人立ち退きと強制収容所への移送に対して、謝罪と賠償を要求して30数年間闘い続けていた全米補償賠償連合（NCRR）が中心となり、リトル・トウキョウの再開発が貧しい市民の生活の場を奪っていることに抗議し、鹿島相手に闘いを続けていた。HNO-LAの組織化闘争は、初期の段階から、現地では労組と多くの市民団体との共同行動でスタートしていたのだ。

　1994年半ばにHEREからHNO-LAの支援要請が日本に行なわれているが、初めは四つの労組・団体・グループへ、後にはもうひとつが加わった。労組ルートは、日本での抗議行動が本格化する1996年前半まで、IUF-JCCを窓口に、ホテル労連、観光労連などに開かれていったが、まだ連合が前面に登場するには至っていない。第二のグループは中国人強制連行を考える会（「考える会」）であった。同グループは第二次世界大戦中に日本に強制連行された中国人への謝罪と戦後補償を求めて、鹿島建設を相手取り抗議行動と裁判を日本で継続してきた団体であった。「考える会」はすでに1995年前半の段階で、ロサンゼルスの日系人グループが鹿島を相手に闘っているという情報を入手して交流をはじめて

地域支援委員会と日本からの訪問団との交流（1997年4月）　　　　提供：荒谷幸江

いた。ロサンゼルスのグループから「考える会」に、アメリカの公文書舘から入手した花岡鉱山での鹿島の中国人強制連行の記録が送られ、日本での裁判闘争に大きな支援となった。「考える会」はロサンゼルス現地の民衆運動ならびにHEREとの結びつきがもっとも強かったグループである。第三の団体はアジア・太平洋労働者連帯会議（APWSL）[4]日本委員会と国際労働研究センター（CTLS）である。前者は、1981年にアジアのグラスルーツの労働者を中心に作られた組織で、草の根の労働者交流を目的に、実践的な支援活動に力を入れてきた団体である。日本委員会は1990年に多くの草の根の活動家が集まって結成されている。後者は1995年に研究者と労働運動活動家との交流と研究の場として発足した機関であり、労働者の国際連帯の内実を豊かに作り上げてゆくための調査・研究を行なっている研究グループである。第四は、日米双方に運動の拠点を持ちながら、かつ両国のナショナル・センターとも友好関係を持続していた日本太平洋資料ネットワーク（JPRN）である。HEREがインターコンチネンタルの組織化で日本の労組と直接連絡を取ろうとした際に、日本の労働組合とHEREの橋

渡し役が JPRN であった。

　HNO-LA 支援のための国際的な連携が大きく前進したのは、1995 年 12 月のことであった。BSF の争議団が 1995 年 8 ～ 9 月に来日し、東京での本社抗議行動が大きな盛り上がりを見せたことに触発されての来日だった。来日したのは HERE の上級調査部員と NCRR のメンバーの 2 人であった。2 人は IUF-JCC の案内で、連合、ホテル労連、観光労連などを歴訪し、一方で「考える会」や APWSL、CTLS や JPRN と連絡をとって支援ネットワークの枠組作りを始めている。全労協系の労組とも初めて接触しているが、これは 9 月に行なわれた BSF の東京行動に関する情報をすでに IUD 経由で入手していたことによる。なお、HNO-LA の組織化過程ならびにその問題点に関しては、荒谷幸江の論文[5]を参照されたい。

## 四　日本側の労組・諸団体の対応とその問題点

### 1　USWA ／ BSF 争議団の来日と非連合系労組の対応

　1995 年 1 月 4 日、BSF はストライキ参加者を解雇して、恒久的に人員を入れ替える旨発表した。このことによって事態は急速な展開をとげる。米国政府はライシュ労働長官が直ちに企業側に会談の申し入れを行なったが、会社側の会見拒否にあっている。1 月 20 日にはライシュ労働長官と BSF 小野社長との会談がセットされたが、物別れに終わっている。またクリントン大統領も同 1 月 18 日に、恒久的代替要員を BSF が雇用したことを非難する声明を発表、同 3 月には、「恒久的代替要員を雇用した企業を、連邦政府の資材調達先から排除する」との大統領令に署名した。ストライキ参加者のうち事務部門の 800 人がストライキを解除して 1 月早々に就労したが、会社側は生産部門の 3200 人に関してはすでに新規採用しているので、職場復帰を拒否した。AFL-CIO は 2 月 21 日、執行評議会を開催し、恒久的代替職員の雇用を行なった BSF 社をはじめ、この間同様の争議潰しを行なっているキャタピラー社、ステイリー社などを厳しく非難し、AFL-CIO の組織をあげて闘いを取り組む声明を発表した。

　連合はこのアメリカでの事態の進行に関して、2 月上旬に情報の収集を開始、近々 URW もしくは AFL-CIO から申し込まれるであろう争議支援に対する連合内部の体制整備を内々にはじめた。正式の申入れがあるまでは連合から AFL-CIO に問い合わせは行なわない、マスコミ等からの問い合わせに関しても正式

な申込みがあるまで連合からは特段の情報提供は行なわない、アメリカからの申込みに対応できるよう準備だけは怠りなく進めておくことを確認している。

　同４月、IUD は BSF 争議への全面的支援のため積極的に行動を起こすことを確認し、最初にトルコで開催された ICEF 主催の世界ゴム労組会議へ URW と共同して代表団を派遣し、ブリヂストンに対する世界的な包囲網を構築するための行動に踏み出した。５月 31 日付けで、IUD は URW とともに BSF 争議に全力をあげて取り組む旨の表明を関係組織に送付した。６月、URW は日米両国政府も署名した「OECD 多国籍企業ガイドラインの労使関係」規定、とりわけ「受入国の労使関係を尊重すること、および多国籍企業は受入国の類似の企業で行なわれている労働条件および労使関係より不利でない条件を保障すべきである」に BSF 社が違反しているとして、米国国務省に然るべき手続きを取るよう訴えを起こしている。

　７月 10 日には、IMF は、URW と USWA とが合併したことを受け、全世界の傘下組織に対して積極的な支援活動に取り組むよう通達を発送している。USWA と日本の労組との具体的な支援をめぐる接触は、1995 年７月、USWA と IUD の双方の意向を代表して AFL-CIO・IUD 職員リアン・エインズワース氏が来日したことで本格化した。エインズワース氏の来日の目的は、全労協をはじめとする諸グループ・団体に本社への抗議行動を依頼するためであった。７月 11 日、全労協を中心としたグループがエインズワース氏から、この９月上旬、組合員の家族を含めた USWA の代表団を日本に派遣したい、その受け入れと抗議行動に協力してほしいとの申入れを受けた。７月 17 日、全労協は、外国人総行動や韓国スミダ闘争に関係した労組や活動家に集まってもらい、USWA の意向を聞きながら、また権利春闘や全労協側の意見も伝えながら、「支援する会」を結成することを確認、支援行動の持ち方について検討している。

　７月 18 日、ワシントンの日本大使館前で USWA が 400 人のデモを挙行したが、その際、デモ参加者が「エノラゲイをもう一度」「日本に原爆をもう一度」のプラカードを掲げていたと、７月 18 日付けの朝日、毎日（共同通信配信）が報じた。７月 17 日の「支援する会」の会議に出席したメンバーの総意として、急遽エインズワース氏に事実確認の連絡を入れることになった。もし、プラカードのスローガンが事実書かれていたとすれば、日本の労働者との連帯は困難である旨を伝えた。BSF の労働者が来日した折に原爆投下の是非を討論することが、新しい労働者連帯を生み出すきっかけになるのではないかという期待もあり、受

け入れ窓口は何時でも明けておくことをあわせて連絡した。エインズワース氏からは、事実調査をしたが、そのようなプラカードが当日掲げられていたという事実を確認することはできなかったとの返事があった。と同時に、来日する代表団がその件で日本の労働者と真面目に討論する機会を持ちたいとの提案がなされていた。「支援する会」は来日する代表団のスケジュールに広島訪問を入れ、原爆資料館の見学も組んでいる。

## 2 USWA／BSF 争議団の来日と連合の対応

7月18日の新聞報道ではじめてエインズワース氏の来日を知り、ならびに9月上旬にUSWA代表団が来日する計画であることを知らされた連合は、7月19日に開催されたTCM代表者会議で、正確な情報把握を早急に行なうことを確認している。この段階で連合系労組のうち、IUDもしくはUSWAから9月上旬の代表団来日について、打診を受けていた組織はどこもなかったが、IMF-JCにはファックスのみが送付されてきていた。

7月27日に開催されたTCM運営委員会では、BSF争議の背景、URWによるOECDへの提訴内容、URWとUSWA両組織連名の村山首相宛の書簡などが、資料として配付され、AFL-CIOとの連絡を急いでとることを確認した。8月3日には、連合事務局長の主催で関係労組会議が招集されている。出席団体は、連合国際局、TCM、ICEF-JAF、ゴム労連、BSJ労組、鉄鋼労連。そこで来日する代表団の受け入れを連合が中心に取り組む線でAFL-CIOと調整することを再度確認している。その後、8月中旬になり日本での受け入れ団体が全労協であるとの情報が、進出企業問題を考える会や労働省筋から連合に入った。

8月22日、河内山ICEF-JAF会長の呼びかけで、JAF加盟組合の会談が行なわれ、代表団の受け入れには前向きに対処することを確認。8月25日、連合国際局・田中政策局次長が連合の事務局長代理としてAFL-CIO国際局とIUD宛てに、全労協は連合と対立している組織であるから、連合が代表団を受け入れるとの書簡を送付し、エインズワース氏の上司で、IUD会長付き執行補佐のジョー・ユーライン氏に電話でコンタクトを取り、全労協の説明をして窓口を連合にするよう説得にあたった。8月30日、ユーライン氏から、連合からの8月25日付け手紙への回答が送られてきた。「USWAは日本の支援グループとの連携を切断することはできないと回答してきたので、これを前提として連合の協力を求める」との内容が記載されていた。

連合は7月19日の段階で、AFL-CIOのグレイ国際局長に連絡をしてIUDのエインズワース氏来日の経緯を問いただしているが、連合の方もIUDがそもそもどういう機関であるのか、その知識も正確ではなかった。AFL-CIOの国際局がUSWAとIUDの動きをまったく知らなかったことも、連合の混乱を加速させた要因のひとつとなっている。AFL-CIO、アジア・アメリカ自由労働協会（AAFLI）と緊密な連携を保持してきた同盟の流れを継承している連合国際局とすれば、AFL-CIOの今回の対応は実に礼を失した振舞いであるとの判断にたち、AFL-CIOへの強硬な抗議の申入れとなった。IUDのユーライン氏は、AFL-CIOの国際局とIUDは機関上の指示命令の関係にないこと、今回の代表団の派遣はUSWAとIUDの決定に基づくものであると説明し、連合の了解を求めている。

連合は8月30日付けで、AFL-CIOのドナヒュー会長宛に、以下の点の釈明を求める書簡を送っている。①今回の代表団（USWAとIUDで構成）の日本への派遣に関して、現在までその日程、宿泊先の連絡もないこと。7月に開催されたAFL-CIOと連合の定期協議でBSFの争議を共同で取り組むことを確認した経過から、連合にまず連絡があってしかるべきだという判断に立っている。②今回の代表団を日本で受け入れるのは、連合と敵対的関係にある全労協であることを連合はユーライン氏に説明し、代表団は連合が受け入れる旨表明してきたが、ユーライン氏は「USWAのトップ役員が日本の支援団体との連携を打ち切るわけにはいかないと主張している」と回答している。これは連合の立場を困難に陥れるものであり、かつ私たちを侮辱するものである。3）AFL-CIOと友好関係にある労働組合との連帯を求めず、敵対している団体との連帯を求めるとすれば、この代表団派遣の誠実さと有効性を疑わざるをえない。このような状況下で来日されるのであれば、連合として協力できないことを明確に表明しなければならない、と述べている。

## 3　なぜ連合国際局の読み違いが起こったのか

USWAの代表団が来日するにあたり、事前に連合に連絡をとらずに、全労協に足を運んだことをどう考えてみるべきだろうか。それに代表団の来日が確定して以降、再三にわたり連合を通してコトを運んでくれるようにとの申入れに対し、IUDの独自性を楯に最後まで全労協との行動にこだわった背景には、AFL-CIO側にどのような選択があったのだろうか。もしAFL-CIO側（この際は、USWAとIUDであるが）が連合に対する不信感を抱いていなかったとすれば、今

日までの両ナショナル・センターの交流の歴史を見れば、無条件に連合にまず連絡を取ったはずだ。AFL-CIO の国際局は、連合から申し入れられるまで、IUD の独自の動きを掴んでいなかった。グレイ国際局長は連合の申入れに同感の意を表していた。連合を通じて事を運んだ場合、現地行動（デモ）は潰される、AFL-CIO 国際局を通じて連絡すれば、時間ばかりかかって何も具体的な進展を遂げないとの判断が、IUD のなかにあったに相違ない[6]。

また ICEF 主催の世界ゴム会議などでの日本側出席者の非協力的な態度を見聞きするにつけ、また BSJ 労組が一貫して積極的な争議支援を行なっていなかったことなどが、連合経由で事を運ぶことへの消極的対応を USWA や IUD に強く植え付けたに違いない。

代表団来日後、9 月 4 日に、USWA のオスカー・サンチェス氏、IUD のリアン・エインズワース氏と連合側との最初の会談が持たれた。その会談には、IMF-JC、ICEF-JAF、鉄鋼労連の代表も加わっている。日本側からは再三にわたり、日米の運動形態の違いを説明し、デモなどの直接行動が日本では必ずしも問題の解決にはならないことを力説し、USWA と日本の鉄鋼労連が過去に行なった「日本方式」による成果の獲得の方が効果的であったと説得を試みている。「日本方式」なるものがどんなものなのか伺い知れないが、デモなどの抗議行動ではなく、平和的な労使協議による解決を意味していると思われる。そのような説得がどれほど力を持ちえたかは疑問のあるところである。そもそもこのような説明が、今日まで不信感を醸成した原因のひとつではなかろうか。連合が「日本方式」の説明で事足れりとする立場をとり続けるかぎり、同じような齟齬は今後も起こりうることを自覚しなければならないだろう。

連合との会談に臨んだのは来日した USWA の代表団のうちの 2 名だけで、残りの全員は 9 月 4 日、BS 本社前での抗議行動に参加した。当日抗議行動とデモへの参加者は 800 名にのぼっている。翌日も街頭行動や外国人記者クラブなどでの記者会見、また各組合をまわり、9 月 9 日に広島に入っている。広島では原爆資料館を訪れている。9 月 10 ～ 11 日、代表団は二手に分かれ、組合員は九州久留米の BS 工場を訪れ、抗議行動を国労九州闘争団と一緒に行なっている。その後団長のサンチェス氏は全労協大会に出席するため、広島から熱海に向かい、9 月 12 日、代表団は再度 BS 本社前で抗議行動を組織して、帰国の途についた。代表のサンチェス氏とゴム部会担当のゴードン氏は、代表団の帰国後も東京にとどまり、9 月 14 日に連合との最後の会談を行なっている。この会談では前段

に連合との話し合いがもたれ、今後の連絡と協力について双方から率直な意見の交換が行なわれ、関係修復が確認されている。後半では IMF-JC と ICEF-JAF が加わり、支援についての具体的な話合いが行なわれた模様である。

　10月から翌年にかけて USWA がもっとも力を入れていたのは、BS の海外子会社のある国でのキャンペーンであり、そのネットワーク作りに IMF や ICEM[7] の協力を得て取り組んでいた。オルグ団が世界各地に跳び、現地の BS 労働者との連帯を固めて反撃を組織しはじめた。東京に次いで11月にはヨーロッパに向けて代表団が出発し、ベルギー、スペイン、イタリアでは大規模なデモが繰り広げられた。翌年3月には、BSF の本社があるテネシー州ナッシュビルで、世界各地から集まった14カ国24人の代表、USWA の組合員1300人が出席して、第1回ブリヂストン世界会議が開催された。1996年5月には、アメリカ一のカーレース・インディ500 をターゲットに反 BS キャンペーン、ボイコットが繰り広げられ、全米各地の BSF の販売店（そのなかには最大の量販店であるシーアーズ・ローバック社も含まれていた）の前で、USWA の組合員と支援の労働者のプラカードとブラック・フラッグが乱舞した。

　1995年10月から翌年にかけても、USWA は頻繁に代表を日本に派遣し、連合ならびに非連合系双方の労働組合とコンタクトをとり、反 BS キャンペーンへの取り組みを模索している。連合は、USWA が9月以降も全労協系の労組と連絡を取りあっていることに不快の念を表明し、場合によっては支援を見直すことも考えられうるとの見解を表明するに至っている。だが、この苛立ちも年末から翌年にかけて薄らぎ、より積極的な支援体制を作り上げる方向へと移行しはじめる。その最大の理由は、① IMF や ICEM の世界的な支援ネットワークが整備され、連合もそのネットワークを強烈に意識せざるをえなくなってきたこと。② NLRB の判決が BSF にとって予想を超える厳しいものであり、USWA に勝利の確信がようやく張り始めてきたことを、連合も情報収集の過程で正確に把握しはじめたからであった。

　連合の BSF 争議に関する情報は USWA や ICEM、IMF などのルートと BSJ 労組経由で入ってくる会社側の情報と二方向からもたらされていたが、争議開始時点では USWA から送られてくるニュースなどよりも、BSJ から BSJ 労組、ゴム労連を経由して連合に上げられる情報を、重視していたと思われる。本来ならもっとも強力に BSJ に圧力を加える格好の地位にいた連合が、他の国に大きく水をあけられる結果となったひとつの原因がここにあるといっては言い過ぎ

だろうか。

### 4 USWA／BSF の勝利と連合系労組の連帯

1995年11月21日、BSF社が1995年1月に行なった恒久的代替要員の採用は、ストライキに突入した組合員の団結を解体させるための虚偽の雇用契約にあたるとして、NLRBは不当労働行為の判決を下した。この結果、1995年1月以降のストライキは、使用者による不法行為に対する「不当労働行為ストライキ」ということになり、1月以降のストライキ中の労働者の賃金、またストライキ中止（1995年5月）後も復職させていないすべての労働者への支払いをも命令した。この判決が連合に与えた衝撃はきわめて大きかった。連合は直ちに記者会見を行ない、以下の3点を明らかにした。①BSF社は泥沼化している争議を早急に収拾し、これ以上の裁判闘争を行なわないこと。②NLRBの命令にしたがって失職中のすべての職員を即時復職させること。③組合が受け入れ可能な「公正な協約」の早期妥結に向けて、団体交渉を促進することをBSF社に要請する。このNLRBの判決の直前に、連合は現地調査団の派遣を実現している。ただし、この調査団の構成は連合本部役員のみであった。ICEM-JAFはちょうど同じ時期にワシントンでICEF世界会議があり、代表団がアメリカまで足を運んでいたが、現地まで足を延ばしていない。同年9月、全労協と国労争議団を中心とした現地派遣団は、USWAの招待でBSFの各ローカルを訪問し、デトロイトではレーバーデイの行進に参加している。

1996年7月12日、連合は、ICEM-JAF、IMF-JC、TCMとの共催でBSF支援連帯集会を開催した。同集会では、①BSFSが50年の長きにわたって続いてきたパタンセッター方式[8]を一方的に廃止したことは、両国政府が署名した「OECD多国籍企業ガイドラインの労使関係」規定に反すること。②BSF社が交渉を前にして反労働組合のコンサルタントを雇い入れ、組合が争議へ突入せざるをえない状況を意図的に作り上げたこと。③ストライキ中の労働者を恒久的に入れ替えをして、労働者が職場復帰できない状況を作り上げたこと。④1996年1月、ストライキ中も継続してきた交渉を、突然受け入れがたい提案を持ちだして交渉を決裂に追い込んだこと。⑤NLRBの命令をBSFは拒絶して、解決を故意に遅らせていること、を批判して団体交渉を軸に早急に解決にあたるようBSF社ならびに親会社のBSJに要請している。また、鉄鋼労連も同日、USWAへの連帯声明を発表している[9]。同年12月初頭、連合は日本鋼管との会談に出席するた

め来日していた、USWAのベッカー委員長とBSJの海崎社長との2者会談をセットして解決の気運を作り上げる努力を行ない、同時にBSF社に争議を解決するよう働きかけを行なっている。この両代表の会談で双方が歩み寄り、解決協定書のサインへと至った。1996年12月末に組合員投票にかけられた解決案は多数の支持で承認され、長期にわたって職場から放りだされていた組合員の職場復帰が実現した。

## 5　HEREの来日とIUF-JCCの役割

　1995年9月のBSJ本社前での直接抗議行動は、日本よりもアメリカで大きな波紋を巻き起こした。同10月、HEREのローカル11はIUDのリアン・エインズワースから詳しく東京での行動や支援戦線の報告を受けていた。近々、HEREもHNO-LAの組織化で親企業を攻める具体的な対策を模索中だった。HEREは直ちに国際食品労連日本加盟組合協議会（IUF-JCC）をはじめ、CTLSや「考える会」に連絡を取り、訪日の日程調整を行なっている。HEREから連絡を受けた日本側の諸団体相互の連絡網はまだできていない。同12月、来日するにあたり2人の代表は、HEREのエドワード・ハンレー委員長の連合宛の書簡に加え、AFL-CIOのジョン・スウィニー会長の親書をもらい受け、連合を訪問している。USWAの場合と比較して、連合の対応は極めて柔らかだったという。

　HEREが連合との関係をスムーズに運べたのは、IUF-JCCの積極的なサポートが大きかったといえる。組織化争議を持ち込んだHEREの立場を理解して、東京でのサポートを実にきめ細かくIUF-JCCはこなしていた。もし、BSFの時も、IMF-JCやICEF-JAFが、IUF-JCCのしたサポートの何分の一でもできていたなら、先にふれたような紛争は回避できたのではないか。では、なぜIUF-JCCにはそのことが可能だったのだろうか。仮説の域を出ないが、次の3点だけをとりあえず指摘しておきたい。

(1)　IMF-JCなどをみれば一目瞭然だが、鉄の新日鉄、自動車のトヨタ、電機の日立といった世界的巨大企業労組出身者が組織運営の中軸に位置しているが、IUF-JCCには中小労組的な体質がある。組織構成上のプリミティブな平等、民主主義があるといってもいいのではないか。

(2)　アジアでの体験を全世界に一般化することはできないが、アジアで筆者たちがつきあった国際産別としてのIUFは、多くの国で進歩的な運動を担っていた。筆者たちがアジア各国を歴訪していたときの各国の政治状況は、

決して安易に民主的な言動を吐露することが可能な状況ではなかった。そのような状況にあって、IUF は国際連帯をもっとも必要としている人々と緊密な距離を保とうとしていた組織だったといってもよい。JCC はそのいい影響を強く受けているといえるのではないか。

(3) HNO-J が未組織だったことが、今回 IUF-JCC の HNO-LA 争議支援にプラスに働いたと言えるだろう。海外で争議を起こした企業に、もし日本に組合があれば、その組合もしくは産別を通じて企業に働きかけて、あるいは圧力をかけて争議解決に当たることも可能だろうが、もしその組合なり産別が企業べったりで争議に反発しているような場合には、逆の目がでることだってありうる。企業が産別や国際組織を逆に説得にかかるような場合は、組合があることがかえってマイナスに働くこともある。BSF の場合は、どう贔屓目(ひいきめ)に見ても BSJ 労組はいつも企業向きで、決して争議をしている BSF 労働者の方には向いていなかった。組織されていなければ、企業との窓口を開いていくのに大変手間暇はかかるが、産別なり国際産別が足枷をはめられるということは起こりえない。もし BSJ 労組がもう少し企業からの自立性が大きかったら、ゴム労連も USWA や ICEF の方針に沿って動けたであろうし、連合ももう少し手の打ちようがあったに相違ない。

HNO-LA は会社の設立以来、一貫して組合の承認を拒んできた。1982 年、HERE が組合承認を求めて、NLRB の監視下で無記名投票に臨んだことがあった。そのときは HERE は従業員の過半数の支持を獲得できず、組織化は不成功に終わっている。1994 年 9 月に会社側から組合承認申請[10]がなされているが、背景にはこの 1982 年の組合側の失敗を再度この時点で繰り返させようという狙いがあった。

1982 年の再現を狙った会社側と、もっと攻勢的な戦術で HNO-LA を追い込んでいこうとする HERE の間には何ら妥協の余地はなかった。組合の主張する「カード・チェック方式」による組合承認手続きは、この間の資本による組合潰しに真っ向から立ち向かう闘う組織化戦術として、新たに登場したスウィニー執行部によって支持され、資本の攻撃に対抗する「もっとも有効な戦術」として高い評価を勝ちえていた。「カード・チェック方式」は、組合と企業とが、「中立協定」をまず結び、組合がその協定で合意した手続きに沿って従業員を組合に勧誘する方式で、50％プラス 1 の授権カードを組合が集めたとき、組合は交渉権を得ることになる。「中立協定」を合意するまではそれなりの時間がかかるが、その

協定さえクリアすれば、組合が過半数を獲得することも、企業側が数多くの対抗的妨害も行ないにくくなるというメリットがある。だが、HNO-LA は、NLRB は「カード・チェック方式」を義務づけていないこと、無記名投票での自由な全従業員による投票こそ従業員の民主的な判断であるとの立場にこだわり続けていた。

さらに HNO-LA は、会社は決して反組合ではない、現にホテルの開業以来、もう一つの組合である、エンジニア労組（International Union of Operating Engineers, Local 501, AFL-CIO）を承認し、良好な労使関係を築いてきたと主張している。ここにも交渉単位制の問題が伏在している。エンジニア労組は、ホテル内の施設保全系統を担っている職能組合で、組合員の範囲はあくまでも少数の技術職に特定されている。一般従業員を組織化することはありえないし、自らの交渉範囲を限定することで利害の防衛を図ってきた組合である。この組合の承認をもって HNO-LA が反組合でないとする会社側の主張は、牽強付会以外の何ものでもなかろう。

## 6　アメリカの組合と NGO のネットワーク

ロサンゼルスでの HNO-LA 支援戦線は、多くの市民団体を巻き込んで広がっていったが、それらの団体のいくつかは、AFL-CIO の外局として登録されている、APALA などが含まれていた。多様化し複雑化してきている社会の隅々に、労働組合が多くの市民団体と共同で影響力を及ぼしていこうとする意気込みがそこには感じられる。労働組合の外にあって黒人・有色人種の地位向上に努力してきた全米有色人種地位向上委員会（NAACP）や女性の地位の向上とセクシャル・ハラスメントの是正を求めて闘ってきた全米女性機構（NOW）のような巨大組織から、数人のコミュニティ・グループまで、その組織の大小にかかわらず AFL-CIO、ならびにその地域組織と各産別は、それらの NGO と豊かなネットワークを編み上げてきた。アメリカには NGO や NPO 活動を法的に助成する仕組みがあり、そのことも多くの NGO が個別に、あるいは連合して積極的に社会的矛盾と格闘することを容易にしている。

日本では、労組が他の NGO と力をあわせて大きな運動を構築しようとはしていない。連合系、非連合系を問わず、他の NGO と一緒に事にあたることへの消極さ、もっとはっきりいえば、ある種の偏見と軽視が感じられる。女性、環境、人権、安全衛生、外国人、医療・薬害、老人福祉、教育等などに取り組んでい

る労働 NGO も年々増加してきている。シングル・イシューを組織原則として発足している NGO の持つ知識はきわめて高い。各々のイシューをめぐる国際的なネットワークも労組のそれよりもはるかに精度が高く、各国の政府や国際機関に働きかける影響力も大きい。組合がその能力の助けをかりれば、そのネットワークにアクセスすることが可能なはずだ。

　1995 年 12 月、2 人の代表が来日した際にも、連合は NCRR の代表とは会うことを拒んだし（その後も 3 度来日しているが、ただの一度も会談したことはない）、戦後補償を求めて闘っている「考える会」に協力しているという話も耳にしていない。戦後補償の問題は、すでにいくつかの単産が取り組んでいる問題でもあるし、いわゆる「女性基金」（この基金の是非は別にして）には、連合もそれなりのコミットをしているはずなのだが。日米労組の NGO に対する対応の「落差」は、NGO との付き合いをどこまで拡大するかといった問題ではない。労組がどのような社会を構想するか、その際にどのような民衆の連合が可能か、といった社会のデザインに関わってくる問題でもある。

## 7　ボイコットと調査活動

　1996 年 1 月、HERE は、全世界の HNO の経営するすべてのホテルのボイコットを行なうことを決定した。この決定は、AFL-CIO の拡大執行評議会でも、他の単産でも、ロサンゼルス地域の AFL-CIO でも、多くの NGO でも支持された。HERE はこのボイコットを IUF でも採択させ全世界的な運動へと広げていく方針をとった。日本の労働組合にとって個別企業を対象としたボイコットには馴染みがなかったが、IUF-JCC はこのボイコット戦術を支持（組織化されているシンガポールと北京はボイコットの対象としないとの修正意見を付して）、JCC 加盟組合でその実行を確認している。またロサンゼルスでは、HERE と支援グループがホテルの前で週に 1 回の割合でピケを張っている。この行動には、組合支持の従業員のほかにコミュニティの人々が大勢かけつけている。3 月のピケでは、座り込みの際に 57 名の組合員・支持者が「非暴力市民的不服従」の座り込みで逮捕されている。1996 年 4 月、HNO-LA が 95 年 2 月に 3 名の従業員を解雇した件で、NLRB は HNO-LA に救済請求状を布告した（起訴―送検した）。5 月、HERE は「カード・チェック方式」下の選挙を実施する際に、HNO-LA は従業員に脅迫的な行為を加えないことを約束する「反脅迫協定」の締結を要求した。現地でのボイコットも激しさを増し、ピケも週 5 回とほぼ連日となる。

ホテルニューオータニ前でのピケに参加する日本からの訪問団（1997年4月）
提供：荒谷幸江

　1996年6月、IUFは本部、北米地域、そして日本代表からなる「現地調査団」を組織している。3名の「現地調査団」は精力的にロサンゼルス地域の各分野の人々とも会合を持ち、調査報告書をまとめあげ、以下の点をIUFに勧告している。「HNO-LA争議の核心は、基本的な組合権の問題である。HNO-LAの経営陣の従業員に対する待遇、特に経営者の組織化活動に対する行為をこのまま放任し、継続させるべきではない」として、①HNO-LAの経営陣による従業員への劣悪な待遇を世界中に知らせること。②ボイコット運動に対して世界規模の支持を得るためのステップを順を追って踏むこと。③HNO-LAの従業員と日本の労働者との継続した連帯を推進すること、を勧告している。このIUFの現地調査団の構成は、今後の日本の労働組合が国際連帯活動――とりわけ現地調査団を派遣する場合――を行なう際、きわめて示唆に富んだ経験を提供してくれている。争議の現場に足を運ぶことで、組合の目で争議の実態を把握すること、現地の地域住民や関連団体との交流のなかから新しい連帯の道を模索することである。この調査団の構成に関しては後述する。

## 8　HERE支援戦線の新しい陣形

　1996年11月、HEREは新たに日本に代表団を派遣した。解雇された3人の内の2人、NCRRの代表、それにHEREのデュラソ委員長とスタッフである。この時の訪日の目的は、本格化したボイコット運動を東京で組織することと、支援戦線の拡大にあった。HNO-Jの社前には100名を超える支援の労働者とNGOの面々が結集して連日抗議行動を組織した。この段階にいたり、支援戦線の枠組みはBSFのときの枠組みから大きく変貌を遂げている。11月の行動を組織する段階からIUF-JCC、全労協系労組、CTLS、APWSL、「考える会」が同一のテーブルについて論議することになった。IUF-JCCが非連合系労組と同席することについて、連合は格別これを問題とはしなかった。

　同一のテーブルについた諸団体の会議（現在にいたるもこの会議の名称はない）は、以下のことを相互に確認した。

　①HEREからの要請がありしだい会議は開催される、その連絡はIUF-JCCとCTLSが行なう。②IUF-JCCは連合、ホテル労連、観光労連など連合加盟組合への情報の提供、取りまとめを主として行ない、HNO-Jへの接触を継続して取り組む。③「考える会」、全労協系労組、APWSL等はHNO-Jや鹿島へのビラまき、抗議行動をHEREからの要請がありしだい随時取り組む、という確認だった。お互いに分担した役割を担うことを主眼とし、行動への留保を確認した。BSF争議への取り組みの際には考えられなかった事態の出現である。労働戦線の分裂が、争議支援の取り組みにいたるまで分裂していたのを、とりあえず一歩だけ前に踏み出すことに成功した。

　AFL-CIOは例年春の執行評議会を温暖の保養地、フロリダ州バルハーバーで開催するのをならわしとしてきたが、1997年2月の会議の場所を急遽ロサンゼルスに変更した。争議現場で執行評議会を開催して、会議終了後には、全米の労組指導者全員がHNO-LAまでデモ行進した。スウィニー執行部の闘う姿を内外にアピールする形となった。同月、東京でも連合の鷺尾事務局長、貝原国際局長らがHNO-Jを訪れ、AFL-CIOとHEREが主張する「カード・チェック方式」による組合結成を受け入れるよう説得にあたっている。4月には、AFL-CIOと連合の定期協議が東京で開催され、スウィニー会長がHNO-Jと交渉を持つにいたっている。この日米労組トップの申入れにもかかわらず、HNO-Jは子会社のHNO-LAを説得する気配さえ見せていない。だが、HNO-LAの内部では、わ

ずかながら新しい変化が起きはじめている。

　1993年8月以来、HEREの外部からの工作とピケに支えられていた組織化運動が、ホテルのなかで働いている人々による公然たる組織化運動へと転換する兆しが見えはじめたことである。1996年11月、東京行動から戻ったメンバーが中心となり、HNO-LAの総支配人・吉本憲司氏に面会を求め、集団で話し合いを要求した。会議室に用意された20脚の椅子に座りきれない従業員が、吉本氏との懇談に臨んだ。組合支持の従業員からは「吉本氏がマリア・エレナ・デュラソ委員長に直接会ってほしい。組合と話しあうことで従業員の問題を解決してほしい」と口々に申し入れた。外からの攻撃にはまったく揺らぐ気配を見せなかったHNO-LAも、今度は内部からの攻撃に晒されることになった。その行動の中心に立ったのが、東京行動で日本の地を踏んだ一般組合員たちだったということを強調しておきたい。ここに国際連帯が生みだした一般組合員の自立と能動的関わりを見て取ることができる。一般従業員たちが、自力で組合結成に取り組むとき、組織化運動に新たな変化が起きはじめるのではなかろうか。吉本氏との会談を自分たちで組織したHNO-LAの従業員が、自分たちで職場の工作を持続的に進めるならば、50％＋1人を獲得するのはそう遠くはないだろう。

　連合は傘下の単産や国際労働財団（JILAF）などの関係諸組織も含めて、HNO系列の全ホテルを使用しないことを組織として確認した。ボイコット運動の難しさは、惰性に流れ、だんだんと効果が薄れてくることだ。連合とHEREとで、年に1～2度山場をつくって、誰にも明らかになるようHNO-LAを人の目に晒す大衆行動を組織する必要がある。それに連合は総力を結集して、東京や全国各地のHNOの組織化に着手すべきだろう。未組織を組織化することで、要請されている国際連帯に応えるのが、新しい連帯ではなかろうか。

　組織化での新しい国際連帯のモデルを共同で作り上げる絶好のチャンスだろう。HEREのHNO-LA組織化争議は、当分解決しそうにもない。HEREにとって3人の解雇が不当労働行為にあたらないというNLRBの決定が下りたのも少なからぬ打撃となったようだ。だが、NLRBのもとでの承認選挙のように、ある一定期間内に決着をつけなければならないという組織化と違って、「カード・チェック方式」は、会社が「中立協定」の締結を受諾するまで攻め続けることができる。「カード・チェック協定」を受諾させるまでの時間は、今後も長くかかるだろう。時間は充分にある。職場の労働者があきらめずに同僚の工作を続けるなかで、表からの攻撃に呼応する内からの連帯の歓声が遠からず聞こえてくるだろう。

## 五　二つの争議への連帯活動から労働運動の変革の可能性を探る

　以上、二つの争議の実態と日米労組の関わりを分析してきた。そのなかからいくつかの問題点が浮かび上がってきた。最後に、それらの問題点を、はじめに掲げた三つの仮説と結び付けながら、説き明かしてみたい。

### 1　国際活動の原則と行動規範

　この二つの争議に関わった各団体は国際活動の原則と国際連帯の行動規範が問われた。当然のことだが国際活動の原則という場合、それは国際的規範（水準）であることが求められる。日本の労組内部でだけ通用する符丁であってはならないということだ。二重規範や符丁では、国際的に共通の立場に立って論議を深めていくことにはならない。「日本方式」で対処することの同意を相手に求めることが間違いだとは思わないが、その「日本方式」なるものが、符丁でない国際的に通用する規範として相手が充分に理解しているかどうかが問題となってくるだろう。

　国際連帯の行動規範は、過去に行なってきた連帯活動・支援活動の事例を詳細に検討するところからはじまる。日米、日韓労組の間で過去に取り組まれた争議支援の事例を忌憚なく論議することができたら、国際連帯の水準は一挙に引き上げられることになるのではないか。

### 2　何のために国際連帯活動に取り組むのか

　今回の BSF 支援闘争の過程で連合が AFL-CIO に「全労協は敵対組織」だから、それと AFL-CIO が連絡を取るのは連合に対する利敵行為だと主張していたが、この争議が終了した今の段階でどうなったのだろうか。HNO-LA の方は今でも IUF-JCC を間に挟んでブリッジ方式で共同行動が進められているが、せめて海外から日本の複数の組織に持ち込まれた争議支援だけでも、共同で取り組むことを双方で合意できないだろうか。持ち込む側は、日本の現状を知ったうえでなおかつ複数の団体に持ち込むにはそれなりの切羽詰まった判断に基づいてなされたものだろう。IUD がとったやり方は連合を苛立たせたが、何ゆえにそうまでして全労協と連絡を取ろうとしたのか、連合系の労組に自省はなかったのだろうか。日系多国籍企業の海外展開につれて、今までにない形での支援要請が

舞い込むことは避けられない。今回の事例から教訓を導きだしてもいい段階に到達してはいないだろうか。

問われているのは、「何のために国際連帯をするのか」ということである。国際連帯のもっとも根底にある思想は、連帯を通じて自分たちの依拠していた運動の構造を大きく変革することが可能だという志と希望ではなかろうか。自国の労働運動を変革しようとする志がなければ、お助け運動にはなっても、真の国際連帯にはならない。狭い同業組合的利害から発想していれば、「利用されるだけ」といった批判・愚痴に行き着くのは当然だ。だが、大切な仕事を分かち合っているという誇りを持てば、お互いの間に共感が生み出されてくるのではあるまいか。

### 3　ITSの日本加盟組織は国際連帯の役割を担えるか

今回の二つの争議を眺めたとき、ITS日本加盟協議組織の関わりが二つに分かれた。IUF-JCCの果たした役割はそのなかでも一頭地を抜いて肯定的なものだった。連合系と非連合系をブリッジさせ、不必要な対立を避ける緩衝材となり、また労組とNGOと同席の場をも提供した。有効な触媒さえあれば、異なった団体の間でも充分共同行動が可能なことを、実地に証明してくれた。BSFの場合のIMF-JCCやICEM-JAFの動きは必ずしも生産的ではなかった。その主たる要因は、そのITS日本加盟組織が傘下の企業別組合に誘引される度合いにかかっている。このことはITSも同様に、国際活動の原則と国際連帯の行動規範を組織内部で確立させることが求められていることを意味している。ITSのそもそもの役割と機能が国際活動にあるのだから、その公準を確立できなければ、それは組織の自殺行為に等しい。ある意味ではナショナル・センターよりももっと早急に議論することが求められているのかも知れない。

### 4　争議の現場に足を運ぶ——現地調査団の組織のされ方

有効な現地調査団を組織することが、何よりも大切ではないだろうか。BSFの場合、ストライキから16カ月経ってはじめて現地調査の代表が現地に入った。それも連合だけで、同時期に現地アメリカに滞在していたICEF-JAFの代表は争議現地に足を延ばしていない。

争議の現場に足を運ぶことを、国際連帯の行動規範の最初に掲げることだろう。代表団の構成に関してはHNO-LAの現地調査団を組織したIUFのやりかた

がバランスがとれていて望ましい。調査団は、IUF本部（ジュネーブ）、IUF加盟のUFCW（北米）、そしてIUF-JCCの事務局長（日本）の3人で構成されていた。現地調査団を国際レベルで組織するのであれば、このようなバランスとなるだろう。訪問の後に調査団レポートが書かれることになるだろうが[11]、その調査団の構成がそのレポートの国際的規範（水準）を反映するものとなるはずだから。

UNITEが、無権利な労働環境の下で低賃金・長時間労働を強いられている労働者たちの権利擁護をめざして繰り広げてきた搾取工場反対キャンペーン（sweatshop campaign）では、第三者機関を入れたモニタリングによって、現地調査の客観性と説得性を高めることを行なっていたが、そのような現地調査団の編成も検討されることが必要となるだろう。

## 5　組織化は国際連帯に馴染むか

かつて渡辺がデトロイトに滞在中にUAWの幹部から、「JAWは日系進出企業の組織化に非協力的だ」という批判をしばしば耳にしたことがあった。もし、今後、UAWからトヨタ・ケンタッキーや日産スマーナの組織化協力を申し入れられた場合、連合、JAW、TCM、IMF-JCはどのような対応をとるのだろうか。今回HEREの件で連合が組織化に取り組めたのは、HNO-Jに組合がなかったからだという意見を覆す論理を、いま求められているように思う。日本に乗り入れをしている米国航空会社の東京で雇用されている従業員が、雇用保障を打ちきられることに不安を感じ組合結成をした際に、アメリカの本社労組に支援を要請したが、態度は実に冷ややかだったという。この場合、AFL-CIOはどのようにして傘下の単産／単組を組織化支援の方向へ引き寄せていくのだろうか。組織化での国際連帯は、争議などと違って必ずしも容易ではなかった。過去にどれほどの実例があるだろうか。争議は従来の労使関係・労働条件の一方的破棄、解雇、人員整理、工場閉鎖、不当労働行為、人権侵害、国際条約違反などが明らかな場合は、支援連帯の大義（cause）は国際的規範（水準）として明らかであり、誰でも支援活動に取り組むことができる。HEREの場合も、組合支持の組合員の解雇が組織化に先駆けて起こっており、そのことが不当な解雇を伴った組織化という側面をもたらしていた。

今後おびただしい数の組織化支援の要請が第三世界から舞い込んできた場合、どう対処するのかが問われてくることになるだろう。グローバリゼーションとリージョナリゼーションの進行につれて、多国籍企業の第三世界への進出が急

増し、その一部は組織化回避のために低賃金と組合回避（union free）を求め逃亡企業（run-a-way company）となって世界を駆け巡ることになる。現にナイキやリーバイス等の企業がそれである。それらの国々で組織化がはじまり、支援要請に至る場合、それはスタートの時点から争議含みとなって登場するだろう。

　この争議で、AFL-CIO と HERE の要請を受けて、連合は本格的に組織化を国際連帯の緊要なイシューとして選択した。喜ばしいことである。組織化を共通の課題として取り組むことは、解雇事件や人権侵害などと違ってそう容易なことではない。今回のケースから双方のナショナル・センターが組織化を共通の課題として取り組む、その準備作業を開始できれば、両国の労働運動の水準は大いに引き上げられるのではなかろうか。

　本稿を記載するにあたり、連合国際局、全労協、IUF-JCC の多くの資料を閲覧する機会をいただいた。また、USWA は忙しいなか、筆者たちとのインタビューの機会を提供して下さり、IUD は度重なる E メールでの問い合わせに応えてくれた。これらの各組織に心からの感謝を申し上げたい。

1998 年 10 月発表
（本書への収録にあたり、『労働法律旬報』に掲載された原稿の一部を削除した。）

---

## ❖注

1　Permanent Replacement　ストライキに際して、資本の側が従業員を新たに雇用する Replacement それ自体は、法律違反ではない。だが、「経営者の行なった不当労働行為への抗議・対抗を目的とするストライキ（「不当労働行為ストライキ」と呼ばれている）に加わっている従業員に関しては、たとえ恒久的代替要員を雇用していても、これを拒否できず、代替者を解雇してでも、ストライキ参加者を復帰させなければならない（したがって実際上、不当労働行為ストライキの場合には、スト期間中に限った臨時的な代替者使用のみが可能ということになる）」。「当初は経済的ストライキとしてはじまったストの場合でも、途中で使用者が団体交渉拒否やスト参加者の解雇などの不当労働行為を犯し、それゆえにストが長引いたときには、不当労働行為ストライキへの転換が認められる」。他方「経済的ストライキにおいては、恒久的代替者が雇用された場合、スト参加者は代替者を押しのけて元の職場に復帰することができない」（『アメリカ労働法』中窪裕也　弘文堂　1994、PP142 ～ 143）。

恒久的代替要員の雇用が猛威を振るいはじめたのは、1980年の全米航空管制官労組（PATCO）のストライキに対するレーガン政権の対応に端を発する。1983年コンチネンタル航空、89年イースタン航空、90年グレイハウンド・バス、92年キャタピラー、ステイリーと続いてきた。NLRBによるBSFへの命令は、その流れのなかにあって労働側の久々の勝利となった。

2　Industrial Union Department（IUD）はAFL-CIOの発足時に結成された組織で、初代会長はウォルター・ルーサー（UAW）委員長である。AFL-CIOの8部門のうち最大部門で、53組合500万人が加盟している。加盟単産は必ずしもCIO系の単産に限られない（Roberts' Dictionary of Industrial Relations-4th Edition by Harold Roberts, The Bureau of National Affairs, 1994）。

　1955年、組織統合して出来上がったAFL-CIOは、CIOのリーダーだったウォルター・ルーサーには耐えられないものだった。多くの未組織労働者を組織してゆこうという情熱がミーニーたちAFLの旧来の指導者にはまったく感じられなかったのである。そこで、ルーサーはIUDを足掛かりとして組織化運動を展開するが、悉くミーニーたちの冷ややかな非協力的対応に遭遇する。1968年、UAWがAFL-CIOから離脱したことにより、IUDは存続の危機に立ち至るが、USWAの委員長のI. W. アベルが後任となり新しくIUDの運動を模索してゆく。組織化と歩調を合わせて職業病・安全衛生法（OSHA）の立法化などの運動を展開する。1970〜80年代のもっとも困難な時期をIUDが生き延びたのも、USWAのリーダーシップに寄るところが大きい。

3　正式には「アメリカ・ブリヂストン・ファイヤストン労働者の争議に支援連帯する会（略称BSFに支援連帯する会）」である。同会の構成は、「権利春闘」や「権利総行動」に結集している全労協系の労組・活動家が中心となって作ったアド・ホックな会であって、恒常的な性格の会ではなかった。とりあえずの連絡先は、全労協のなかに置かれた。

4　APWSLの歴史に関しては、1981年から89年まで同組織のコーディネーターの地位にあった渡辺勉の論文『アジア太平洋労働者連帯会議結成前後』労働法律旬報No.1381を参照されたい。

5　荒谷幸江『ロサンゼルス・日系ホテルの労働争議について』、労働法律旬報No.1393。本書[14]に収録。

6　IUDがAFL-CIO国際局と緊密な連携のもとで日本への代表団派遣を行なわなかったことに対して、ジョー・ユーライン氏は渡辺へのEメールで次のように答えている。「IUDという組織は、今回のような争議のとき、AFL-CIOのなかで援助に立ち向かえる唯一の部局であり、戦略的作戦チーム（strategic campaign team）をもっているのです。国際的レベルで発生する組織化や団体交渉議題に

ついてのイニシアティブもとることになります。AFL-CIO の国際局は、IUD の行なってきたようなバックグラウンドも方向づけも経験も持ちあわせてはいないのです。AFL-CIO 国際局は、連合と『外交的な友愛関係』の維持をはかってきました。IUD（と USWA）にとっての優先順位は、闘争に勝利するために必要なことは何でもすることなのです。IUD の歴史は相対的に保守的なナショナル・センターのなかにあって、進歩的な対抗力として機能してきました」。

　IUD が今回のスウィニー登場の実質的な実践部隊（shadow cabinet）だったのではないかとの質問に対しては、「IUD が選挙の前面に出て選挙活動をしたということはありませんでした。しかし、IUD の路線と労働運動の活動スタイルは、スウィニーの選挙戦を闘っていた『ニューボイス』と近かったことは事実です。スウィニーも書記長のトラムカも IUD 執行評議委員会の メンバーでしたから」。
from Joe Uehlein, INTERNET: Juehlein@aol.com. 1998 July 24.

7　ICEF は 1995 年 12 月に Miners International Federation（MIF）と組織統合して ICEM と名称が変更になった。
8　労働協約の決定内容が同一産業内の他の交渉に対してモデルとなるように、通常その産業の主要企業と組合との間で交わされる基本的団体交渉のこと。
9　Statement of International Solidarity of Japan Federation of Steelworkers' Unions - Tekkororen to Support the Workers Who Are Staging at the Labor Dispute at Bridgestone-Firestone, by Tekkororen July 12, 1996.
10　組合の認証申請（petition for certification）は、労使双方のどちらからも行なうことができる。組合が行なう場合は、使用者との団体交渉権を求めての申請となるが、使用者が対抗して行なう申請は、従業員の組合結成の意図を挫く目的でなされるのが一般的である。
11　この調査団レポートは、国際労働研究センターの英文ブレティン No.2 と日本語ブレティン No.2（ともに 1996 年 11 月刊）に掲載されている。

# [16] 深まる国際争議支援の経験
―二つの食品関連労組の来日から―

山崎　精一・飯田　勝泰

　2004年にアメリカから二つの争議組合が支援と連帯を求めて来日した。共に食品関連の組合で、一つはニューヨークの老舗のレストラン「グランドセントラル・オイスターバー」の労働者、もう一つはワシントン州シアトル近郊のパスコにあるアメリカ最大の食肉加工会社タイソン・フーズ社のパスコ工場の労働者たちであった。組合の所属は前者はHEREローカル100、後者はチームスターズ労組ローカル556であった。この二つの来日争議組合の受け入れの経過をふり返り、その特徴を整理してみたい。

## オイスターバー争議報告

　2004年3月に品川駅に東海道新幹線の新駅が誕生し、これに合わせて港南口の再開発が行なわれ、その最後に駅ビル・アトレ品川が完成した。ここにニューヨークのグランドセントラル駅で創業90年の老舗レストラン「オイスターバー」がフランチャイズで出店することとなった。ところが、本店では従業員100名中72人を組織するHEREローカル100が協約交渉を巡って争議となり、2003

年12月5日からストライキに突入していた。争点は新規採用スタッフの賃金切り下げ、ウェイター給与の切り下げ、新規スタッフの健康保険の自己負担、年金制度の改悪などである。組合は連日ピケを張っているが、非組合員やスト代替要員を雇って店は営業を続けていた。

オイスターバーは日本人観光客にも有名であり、利用者の4割は日本人である。そこで会社はWDIという日本の会社とフランチャイズを結び、海外で初めての店を3月3日にアトレ品川に出すことにしたのである。この開店にオーナーと実質的な経営者で争議を引き起こした張本人である総支配人が来日するため、組合もオイスターバーのボイコットと争議支援を訴えるためにストライキ中の当該2名を含む4名の訪日団を送りこんできた。

レストランを組織しているHEREは、国際産別としてはIUFにも加盟しているため、訪日団受け入れの要請はIUFを通じて「IUF日本加盟労組連絡協議会(IUF-JCC)」に来ており、さらにそこから産別のサービス連合、フード連合などにも伝わっていた。また、HEREは、IUF以外の様々な組合・団体にも連絡を取り、香港のアジア・モニター資料センター(AMRC)を経由して国際労働研究センターとフィリピントヨタ労組を支援する会に働きかけがあった。その連絡が来日の10日足らず前で、しかも様々な団体に手当たり次第に連絡している状況で受け入れ態勢を作るのは非常に困難であった。

国際労働研究センターを代表して高須裕彦さんが受け入れの調整に当たった。日本側フランチャイズ先のWDI社へ要請や圧力をかけること、特に、品川店ボイコットや品川駅前での宣伝行動の是非を巡ってIUF-JCCとHEREの意向のずれが埋まらないまま来日を迎えてしまった。

### 応援する会の結成と3月3日の宣伝行動

来日後の3月2日夜、翌日の開店を前にして、全統一労組事務所で来日行動を支援する労組・団体の代表が集まり、訪日団からの話をよく聞き、日本側の受け入れ態勢の問題点を整理し、相互に理解しあった。その上で、ニューヨークのオイスターバーのボイコットを呼びかけること、来日しているオーナーや総支配人へ申入れを行なうこと、日本のフランチャイズ先であるWDI社へは責任者との面会を求め、争議解決へ向けて、オーナーや総支配人へ働きかけを行なうよう要請をすることを目的として、「HEREローカル100ニューヨークオイス

品川駅頭での宣伝行動。タキシード姿の二人がオイスターバーの労働者。
2004年3月　　　　　　　　　　　　　　　　　　　　　　　　提供：高須裕彦

ターバーの労働者を応援する会」を結成し、翌日の行動を決定した。その場でビラを作り、行動を呼びかけ、マスコミに連絡し、レイバーネットにページを作り掲載するなど、見事な協力と熟練にアメリカ側はびっくりすると同時に、ようやく自分たちと同じ活動家と出会えたと喜んでいた。

　翌日、早朝から訪日団と応援する会でWDI社前での宣伝行動と要請を行ない、午後はIUF-JCCが準備して厚生労働省記者クラブで記者会見を実施した。夕方5時に、訪日団と全統一、神奈川シティユニオン、全国一般南部、闘う国労闘争団、レイバーネットなどの60名が結集し、オイスターバーのある品川駅港南口、アトレ品川前のコンコースで当該とともに宣伝行動を展開した。その後、オイスターバーへ乗り込んで、ニューヨーク本店の総支配人への追及行動を行なった。出てきたWDI社広報課長に総支配人を出すよう強く迫り、同時に争議の解決を日本側として本店に申し入れるよう要請した。この日の行動は翌日の朝日新聞でも大きく取り上げられ、マスコミ対策としても成功であった。

　この日の行動を巡ってもIUF-JCC加盟組合からビラの連絡先が全統一労組に

なっていたこと、HEREは日本の受け入れ窓口をどこだと考えているのかなど指摘があり、今後、IUF-JCCとしてこの争議を支援することの是非について議論が起こった。しかし、関係者の努力で、最終的には日本の第一の受け入れ窓口をIUF-JCCとすることを再確認して収まった。

　訪日団は6日間の来日を終え、3月6日に帰国した。

　その後、3月26日には争議が解決し、全員が職場復帰したというニュースが届いた。解決内容は、経営が提案していた新規採用者の賃金引き下げ、健康保険の自己負担を撤回させ、一定の賃金引き上げを勝ち取るものであった。来日行動の後、急に経営側が解決に向けて動き出したそうで、HEREは、来日行動、特に品川駅前宣伝行動が早期解決の大きな力となったと判断していた。

## タイソン・フーズの食肉労働者の来日

　2004年7月、米国産牛肉の輸入再開をめぐる日米政府協議が山場を迎えるなか、世界最大の食肉加工会社であるタイソン・フーズ社の労働組合の代表者が日本にやってきた。

　7月19日、来日したのは、チームスターズ労組ローカル556のメルキアデス・ペレイラ委員長とラファエル・アギラー組合員の2名。たった5日間の日本滞在中、農林水産省での記者会見、消費者団体や労働組合との交流、芝浦と場の見学、街頭キャンペーン行動、米国食肉加工労働者を囲む集いなど、過密なスケジュールをこなした。

　タイソン社は世界最大の牛肉、豚肉、鶏肉の生産会社である。2002年の売り上げは245億ドル。ワシントン州のマブトンで米国初のBSE感染牛が発見されるまで、車で1時間ほどの場所にあるパスコの工場は日本向けの牛肉を生産する基幹工場だった。ここで生産される牛肉の15〜20％が日本に輸出されていた。

　組合の調査によると、パスコ工場は全国でも最も非衛生的な食肉加工工場としてランクされているという。工場内では労働安全衛生規則が守られず、2002年には500人以上の労働者が労働災害にあい、重傷災害の被災率が同等規模の工場の全国平均の3倍近くにのぼっている。また、人道的なと畜解体の規則に違反しており、牛がまだ生きている間にと畜解体工程に送られている。タイソン社はこうした事実を否定し、BSEの全頭検査も必要ないとして反対している。

　タイソン社は全米に100以上の工場を持つが、労働組合がある工場はたった9

つにすぎない。パスコ工場には、チームスターズ労組ローカル556があり、1500名の労働者を組織している。組合員の90％以上がメキシコ系の移民労働者であり、ベトナム、ラオス等のアジア系移民も働いている。

ところで、ローカル556では、6年前にチームスターズの改革派が執行部を握った。それまで本部の役員は会社と交渉するだけで工場に来たことはなかった。あまりに劣悪な工場の職場環境、過酷な労働条件に怒った現場の組合員が自主的な山猫ストに立ち上がったのをきっかけに、チームスターズの改革派がローカルの執行部を握った。

米国で初めてBSE感染牛が発見されてから、米国産牛肉は日本に輸出できなくなった。その影響で、パスコ工場の組合員は労働時間と賃金が減らされた。輸出再開のためには、日本の消費者がタイソン社の牛肉の安全性に信頼をもつことが必要不可欠である。ローカル556は、様々な消費者団体と連合して、タイソン社が職場を安全にし、安全な牛肉を提供するよう求めるキャンペーン「Safe Jobs, Safe food!」キャンペーン運動を始めた。6月14日、組合は全ての食肉加工業者がBSE検査を行なうよう農務省に要求するとともに、タイソン社がBSE全頭検査への反対をやめ、消費者の期待に添う安全な食品を確保するよう求めるよう決議をあげた。これに対し、タイソン社は組合否認の攻撃を強めている。5月から始まった労働協約改定交渉では、組合費のチェックオフを破棄し、組合員に組合脱退工作を行なっている。

以上のようなバックグラウンドのなか、ローカル556はペレイラとアギラー両氏を日本に送ることを決定したのである。来日の連絡は日本の労働組合には届かず、国際労働研究センターとAPWSL日本委員会に届いた。来日の直前になって受け入れのための相談会が開かれた。東京労働安全衛生センター・レイバーネット日本などの労働NGOがその中で大きな役割を果たしたことがその特徴であった。

## 成果の多かった来日行動

来日したペレイラ委員長とアギラー組合員の目的は、タイソン社の工場でと畜解体に従事する労働者の立場から、現場の実態を日本の政府関係者、消費者、労働者に伝えることにあった。7月20日午後2時、農林水産省の記者クラブで2人は記者会見に臨んだ。彼らの動きを事前に察知したタイソン社は、姑息にも記

者クラブに「タイソンフーズはBSE検査に関するチームスターズ556の見解に合意しません」という声明文を配布した。

　ペレイラとアギラーは準備した声明を読み上げ、農林水産大臣宛の書簡を公表した。ペレイラは「私たちは、科学者でもありませんし、BSEの専門家でもありません。しかし、私たちは、タイソン社については専門家です。私たちの組合員は、タイソン社が日本に牛肉を輸出したいと考えているその工場の中で、毎日、働いているのです」と述べた。アギラーはパスコ工場での食品の安全、労働者の安全、人道的なと畜解体の規則が守られていないことについて、具体的な証言を行なった。農林水産大臣宛の書簡では、工場の実態を詳細に記述し、労働者との直接の対話を呼びかけ、日本政府代表をパスコ工場に招待すると提案した。夕刻、早稲田にある日本消費者連盟の事務局を訪問し、水原博子事務局長と懇談した。水原さんはローカル556のキャンペーンに理解をしめし、BSEの検査と米国産牛肉の輸入再開に関する日消連の立場も聞くことができた。

　7月21日は、早朝から品川区の芝浦と場と食肉資料館を見学し、全芝浦と場労組との交流を持った。芝浦と場の職場環境やと畜解体作業などを見て、彼らは驚きを隠さなかった。ラインのスピードが桁違いに緩やかだ。パスコでは1時間300頭以上の処理頭数を芝浦では1日でやっている。作業者の判断でラインを止めることができ、チームによる組作業が行なわれている。日米のあまりの格差に、アギラーは「芝浦と場は天国のようだった」と語っていた。

　7月22日は、正午に有楽町で街頭キャンペーン行動を行なった。急な行動だったが、全統一労組、神奈川シティユニオン、全国一般東京南部、中小労組政策ネットワーク、下町ユニオン、東京争議団などの仲間が駆けつけ、ビラまきと牛の着ぐるみでのパフォーマンスを行なった。その夜、渋谷勤労福祉会館での「Safe Jobs, Safe food！—米国食肉加工労働者を囲む集い」には50名を超す人々が参加し、2人の発言を交えて活発な議論を行なった。日消連や農民組合から、米国の食肉加工の労働組合として、BSEの全頭検査を支持し、「食と職の安全」を訴えた勇気ある行動に支持が表明された。メディア関係者からはパスコ工場でのと畜解体ラインでの作業の実状について質問が寄せられた。両氏からBSE感染牛をチェックできるだけの衛生管理が行なわれていないリアルな現場の実態を聞くことができた。組合関係者からは、今回の来日行動がチームスターズ本部の支持を受けず、地元の消費者団体との連携を重視したキャンペーン戦略を採っていることに関心が寄せられた。

7月23日にはチームスターズ労組ローカル556来日行動反省会・お別れ会が開催された。当該のお2人と、日本の受け入れ側の10人が参加した。わずか5日間の日本滞在だったが、盛りだくさんだった日程・行動をふり返り、日米双方からの反省点を出し合おうという企画であった。

ところが当該からは何も反省することなどない、満点以上の成果だった、という話であった。チームスターズ本部からの支援がないので、ナショナル・センターや国際産別を通じての国際的なつながりがなく、組合費のチェックオフが止められお金もなく、不安ながらもとにかく来日してみた。来てみると小さいながらも支援の組織ができており、同じ仕事をしている日本の仲間たちとも出会え、消費者団体とも話し合い、マスコミにも取り上げられた。期待していた以上の成果であり、日本側の受け入れに感謝したいということであった。

日本側には消費者団体との連絡が当初うまく行かなかったり、いろいろと細かい反省点があった。しかし、今回来日したのが職場にいる草の根の改革派の活動家だということもあり、直ぐに通じ合うものがあり、国際交流連帯にありがちなもどかしさを感じなかった。この反省会に出席した日本側10人の内、5人が在日外国人であったことも今回の受け入れ態勢の特徴を示していた。スペイン語と英語の通訳もうまくいったし、何よりも日本の受け入れ側の中心として米国側とやりとりしたのが、滞日中の米国の組合運動活動家であったことが成功の要因だったことは間違いない。以前のホテル・ニュー・オータニやブリヂストン・ファイヤストンの来日の時から比べると国際連帯の深まりを感じた反省会・お別れ会であった。

## 帰国後

ローカル556帰国後もその支援の取り組みは継続され、9月17日、2004年けんり総行動の一環として、タイソンフーズの日本支社（タイソン・インターナショナル・サービスセンター）に対する要請行動が取り組まれた。7月、チームスターズローカル556が来日した際、タイソンフーズ日本支社が米国本社の声明文を発表したことに対し、改めてその内容をただし、現地での協約交渉を進展させる支援行動として計画された。当日は、日本支社が入居する赤坂のビル前に約50名が集結。タイソン社の不当労働行為を糾弾し、真摯な交渉を求めてシュプレヒコールをあげるなか、けんり総行動実行委員会、東京労働安全衛生センター、

国際労働研究センター、日本消費者連盟、米国組合民主主義協会、フォーラム平和・人権・環境の代表が俵隆通支社長に要請書を提出した。日本支社としては要請を本部に伝えることしかできないとの回答に終始。後日、日本の関係者にタイソン社のジョン・タイソン社長から、「組合の主張は誤っており、会社はパスコの労働者と食肉の安全に万全を期している」とのレターが届けられた。

### 組合承認取消し

　タイソン社とローカル556との間の協約改訂交渉は前進しないまま、焦点は組合承認取消し選挙に移りつつあった。米国ではNLRBの監督下で組合承認選挙が行なわれる。また、労使双方から組合の承認を取消す選挙も申請することができる。2004年の4月にはパスコ工場で組合承認取消し選挙が実施され、激しい選挙の結果、ローカル556は辛うじてこの選挙に勝ち、排他的交渉権を維持することができた。

　ところが2004年12月に会社側の不服申立てをNLRBが受け入れ、再選挙が決定され、2月9日から11日までの3日間が投票日とされた。会社側は従業員全員の自宅にビラやビデオを送り届け、職場では全員強制参加集会を開いて、ローカル556を攻撃し、組合承認を取り消すよう強制した。このような組合潰しの常習的な手法の他にも組合の内部矛盾を利用した組合攻撃も行なわれたことが特異的であった。会社側は、チームスターズ労組本部がローカル556の改革派指導部を支持していないことを攻撃材料として利用したのである。さらにローカル556の来日行動により日本への輸出再開が困難になり、操業時間短縮と400人の一時解雇が引き起こされた、と攻撃した。

　チームスターズ労組のホッファ指導部はこのような会社側の攻撃にさらされているローカル556に対して積極的な支援を行なわなかった。しかし、多くのチームスターズ労組のローカルがローカル556の闘いを支援し、90のローカルからカンパが集まり、組合承認取消し選挙の取り組みにオルグを派遣したローカルもあった。ローカル556は組合承認の継続のために職場内での大衆的な取り組みを展開し、地域でも10万人の支持署名を集めた。選挙運動の最終局面では組合承認取消しに賛成しないと、会社は工場を閉鎖するといううわさが流された。

　選挙の結果、1500人の労働者中、1276人が投票し、承認取消し賛成が690、反対が586で僅差で可決された。28年にわたってパスコ工場の労働者を代表し

てきたローカル556は交渉権を失った。

## 二つの争議支援経験の比較

　来日したこの二つの米国争議組合は両方とも食品関係の労働組合ということが共通していた。しかし、先に来日したオイスターバーの方は、HERE本部の承認を得た来日であり、国際産別のIUFを通じて日本の産別にも連絡が入っていた。一方のタイソン・フーズの場合はチームスターズ労組本部は守旧派が指導権を持っており、改革派のローカル556の来日を承認していない。したがってIUFを通じての連絡もなかった。

　ところが、オイスターバーの場合も10年ほど前に来日したホテル・ニュー・オータニやブリヂストン・ファイヤストンの労働者たちと同様に争議行為の延長で来日したのであり、街頭宣伝行動や会社追及行動を求めていた。この当該の要求を受け入れて共に行動しようとする「応援する会」との共闘が来日してからできあがった。「応援する会」を担っているのはブリヂストン・ファイヤストン支援、ホテル・ニュー・オータニ支援を担ってきたのと基本的には同じ組合・団体であり、この間の受け入れの経験が充分に生かされていた。これに対してHEREの側は同じ組合のホテル・ニュー・オータニでの経験がほとんど伝わっていないために、当初多くの困難が生じた。資本のグローバル化に反対する国際的な運動の広がりを反映して、アメリカ側の組合はナショナル・センターや国際産別以外のルートから様々な労働NGOにも接触してきた。しかし、日本の労働組合の現状についての理解は全く不十分であった。争議解決という差し迫った目的のために国際連帯のあらゆる可能性を求めることは当然のこととは言え、相手側の労働運動のことも理解し配慮することも必要である。この点では10年前のホテル・ニュー・オータニとブリヂストン・ファイヤストンの来日の時と同じ課題が問われている。

　一方日本側も10年前と同じ問題が残されている。それはナショナル・センターの違いを理由に国際連帯での共同行動を拒もうとする姿勢である。今回は国際連帯の窓口は国際産別組織、具体的な行動は応援する会、と役割分担し、その間で調整するという、ホテル・ニュー・オータニで生み出された支援の構造が引き継がれ、発展することで解決された。

　一方のチームスターズ労組はこれまでに来日行動の経験はないが、オイスタ

ーバーの勝利解決の情報などが様々な経路から伝わっていた。また日本に滞在中の組合民主主義協会のマット・ノイズさんが日本側受け入れの中心的役割を果たしたことが受け入れがうまくいった大きな要因であった。既成の労働組合の受け入れ態勢はなかったものの、来日前に不十分ながらも受け入れのための労働組合や労働団体の集まりが持たれ、消費者団体との連絡も図られた。

　来日したのは当該だけの2名であった。メキシコからの移住労働者で、スペイン語で話す現場労働者たちであった。これまでのアメリカからの訪日団には当該労働者が含まれていたが、必ず専従のオルグや調査担当が同行し、この人たちが全てを仕切っていた。しかし、今回は現場労働者のみの来日であり、草の根の職場労働者との交流が初めてできたという印象であった。宿泊もホテルではなくホームステイであったことも象徴的であった。慌しい日程であったため、チームスターズ労組本部守旧派との闘いの経過など組合改革のくわしい経過を聞くことができなかったのが残念であった。

　改革派の組合であったが、日本の主流派の組合との共闘を拒んでいたわけではない。日本の食品関連組合であるフード連合を訪れ、協力を要請した。その結果、フード連合は直ちにタイソン社長宛てに労使協議を要請する以下のような手紙を送った。「早期にアメリカ、そして貴社からの食肉の輸入が再開されることを願う消費者でもある私たちとしては、さらにチームスターズ労組ローカル556のメンバーと同じように自らの働く企業の健全な発展を願う私たちとしては、貴社が、チームスターズ労組ローカル556を敵対するものとせず、労使協議をおこない、彼らの職場からの声に耳を傾けて食品と職場の安全を確保し、企業の社会的責任の充実に意をくだいて頂けるようにここに要請するものです」。国際産別の働きかけがない中で当該労働者からの要請を受けてこのような国際連帯の行動を取ったことは高く評価される。

　米国産牛肉の輸入再開問題で日米政府間協議が行なわれた時期を捉えての来日の判断が良く、マスコミからの注目も高く、効果的な宣伝が行なえた。また食品の安全性を訴えたため、消費者団体、農民団体などからも協力が得られた。何よりも労働の安全と食の安全の両方をスローガンに掲げることにより、力強い呼びかけとなり、広い共感を得ることができた。しかし、米国側では会社とチームスターズ労組本部両方からの攻撃により、組合承認取消し選挙に運動の焦点が絞られてしまい、来日行動の成果を生かして食品の安全を訴える側面が弱くなったように思える。争議支援を求めて海を渡った目的とその成果を、日

米双方の側が捉えなおすことが求められているのではないだろうか？

　日本の受け入れ側としては、アメリカの労働運動の再生を担っている移民労働者の姿にふれることができたことに意義があった。またローカル556の組合承認取消しという残念な結果を通じてアメリカの労働運動が抱える困難性と、それを乗り越えようとする改革運動の実態にもふれることができた。今回の受け入れ態勢の構築にレイバーネット日本が大きく貢献したことを最後に指摘しておきたい。両方の来日争議について専用のページが作成され、支援行動を広げるのに大きな役割を果たした。

　オイスターバーの争議は非常に短い取り組みであったが、日本での連帯行動が争議解決に直結した。タイソン・フーズの場合は、日本での連帯の広がりが当該の労働者に大きな自信と励ましを与えたが、世界最大の食品生産会社とチームスターズ労組本部という二つの相手を前に組合承認を取り消される、という一時的後退を強いられている。職場の安全と同時に自らが生産する食品の安全性をも問題として広く地域に訴えようとした改革派のローカル556の闘いは継続されているし、その勝利のためにはまた新たな国際連帯の試みが問われている。


（本書収録にあたり、2004年9月に発行されたAPWSL（アジア太平洋労働者連帯会議）日本委員会の機関誌「リンクス」39号に掲載された記事に加筆した。）

# 第6部 アメリカ労働運動から学ぶ

# [17] 生活賃金運動と日本の課題について考える

小畑　精武

## 1　アメリカの生活賃金運動

### (1) アメリカの生活賃金運動の特徴

　まず第一に、格差拡大に対する「社会的正義」を実現する運動としての社会性、第二に、労働者が8時間働いたら生活が出来る賃金をよこせという当たり前だが、日本では忘れられてきた「労働者は人間である」という生活の視点、第三は、教会や民族団体など地域市民とCLCなどの協力（NPOの形成）により地域政治、地域経済を変えていく地域連帯性、第四に、政治的力関係が中央（ワシントン）では弱いなかで、全国最賃を展望しつつも、直ちにその引き上げを求めるのではなく、身近な地域から条例を制定し自治体が委託契約や補助金を出す企業に対して生活賃金を実現していく、分権型、政策提言・実現型の運動スタイル、第五は、不安定・低賃金労働者の組織化運動との連携、そして、第六はこうした市民・地域団体と労働組合をつなぐ運動組織としてのNPOの活動があります。

## (2) 地域市民運動、NPO の大きな役割

　生活賃金運動で感じることは、「市民」の力の大きさであり、フットワークの軽さ、良さです。1994 年、最初にリビング・ウェイジ条例が制定されたボルティモア市は、古くからの港町でもあり、ワシントン DC の北部にあります。教会の食事支援に並んでいた労働者が、8 時間も働いていると聞いてビックリした教会関係者や地域運動団体、地域の AFSCME などによる地域市民運動として始まったそうです。

　ロサンゼルスでも、LAANE という約 50 団体による市民団体が運動の中心にあり、なぜ生活賃金がロサンゼルスで必要かを分析した「The Other LA」を発行しています。

　昨年（2000 年）訪問したカルフォルニア州のサンノゼ、オークランドやバークレイでも同じように地域経済を分析した冊子が出されていました。

　レーガン以降、新自由主義政策、規制緩和がすすみ、その後に新しい経済、IT への産業構造の変化で、好景気にわいたのですが、実は、そのなかで安定した雇用関係が崩壊し、所得の配分においても大きな格差が生じ、地域社会が崩壊してきたことへの危機感が、生活賃金運動の背景にあると思います。

　労働者とその家族の生活の基盤である地域社会の再生にとって、自治体が果たす役割は大きいものがあります。

　サンノゼ市議会はリビング・ウェイジ条例の採択決議で、「すべての労働者が貧困生活をおくらずに済む賃金を支給されることは、サンノゼ市民全体の健康と幸福に寄与する」と謳っています。

　アメリカでは、自治体は社会のモデルであるべきという考え方が、市民の共通理解としてあります。これまでも、アフリカンの雇用、女性の参加や男女均等待遇などでは、自治体がモデルになるべきであると、アファーマティブ・アクションがすすめられてきました。

　州の法律や自治体条例化への市民イニシアティブも盛んです。様々なリビング・ウェイジ条例に対する反対論が企業側からあるにもかかわらず、「社会的正義・公正さ」を自治体から実現しようと訴えるリビング・ウェイジ条例運動は、さらに他都市へ、サンタモニカのように地域産業へ、州最賃の改善へと、着実に広がっています。

　ステファニー・ルース[1] さんのその後の情報によれば、50 といわれていたリビ

ング・ウェイジ条例は、現在では、64市、郡に広がっています。大学でも、この春にハーバードの大学生が大学で働く労働者と下請け労働者の生活賃金（時給10.25ドル＋健康給付）を求めて、3週間の座り込み（シットイン）を行ないました。結果は、学生の要求は通らなかったものの、大学は、問題解決のための特別対策委員会を設置する、これ以上の下請け化をしないことになったそうです。この座り込みは、全国に生活賃金運動に対する大きな関心を引き起こし、多くのマスコミが取り上げ、『ビジネスウィーク』（5月28日号）には好意的な記事が掲載されています。

観光地として有名なカルフォルニア州サンタモニカ市では、2001年5月23日、2年間の闘いの末に、ホテル大資本の100万ドルをつぎ込んだ生活賃金条例反対運動を打ち破り、最も新しい有意義な条例を、市議会は5対1で可決しました。サンタモニカ市条例は、市と契約関係にある企業だけでなく、市の観光地区で売り上げが500万ドル以上の企業に適用され、2500人が対象となるそうです。時給は10.5ドル＋1.75ドル（健康保険給付手当）で2002年7月1日から実施されます。

さらに、生活賃金運動は、アメリカのみならず、カナダやイギリスにも広がりつつあると、ステファニーさんは伝えています。

賃金のみならず、不安定な雇用に対して、「雇用継続」を保障する自治体条例も、ロサンゼルスやサンノゼではつくられ、自治体委託労働者に適用されています。これも、日本ではないことで、これからの課題です。

(3) 地域労働運動の再生

こうした生活賃金運動は、AFL-CIOの新しい労働運動とも、深く結びつき、2月のステファニーさんの報告（本書[8]）にあるように、生活賃金運動に取り組む中で、地域のCLCの変革がすすんでいます。AFL-CIOは、スウィニー会長になって、「ユニオン・シティー」運動を提唱してきました。そこには、生活賃金という言葉そのものは直接出て来ませんが、「ユニオン・シティー」が目標とする組織化推進、地域経済の発展、地域政治への積極的参加、組合員労働者の権利と生活の確立などを実現していく格好のモデルとして、生活賃金運動は各地で展開されているといえます。ただし、約600のCLCが全米にあるなかで、「ユニオン・シティー」に取り組んでいるところは150ほどですから、まだまだ、道半ばというところでしょう。

## 2 日本での生活賃金運動の検討

### (1) 運動の理念と主体

　アメリカでの生活賃金運動は、以上のように、最初は地域市民運動が問題を提起し、新しい AFL-CIO の地域労働組合運動との連携により、条例化を各地で実現してきました。格差の拡大や貧困の増加に対する「社会的正義」の実現をめざす運動の理念も明確です。アメリカ的な条件を無視して、アメリカと同じリビング・ウェイジ条例を、すぐに日本で実現できるかというと、否、といわざるをえません。しかし、雇用形態の多様化により、不安定雇用労働者が増大し、賃金破壊がすすみ、現在と将来の生活に不安を感じる低賃金労働者が増加しつつあります。雇用の安定・保障とともに、日本での「生活できる賃金」運動の必要性は増し、具体化が迫られていると思います。

　日本における生活賃金運動は、アメリカと異なり、労働組合が生活賃金運動を提起することから始まると思います。その際に、日本における最低賃金運動の総括と展望、春闘および労働運動そのものの総括と改革と、また、労働運動と連帯する市民運動づくりが不可欠に思います。同時に、生活賃金はどのレベルが基準となるか、さらに、自治体条例の法的位置の問題などの検討も不可欠です。

　しかし、こうした議論が尽くされなければ、生活賃金の運動は進まないというものではないと思います。何よりも現実の賃金破壊がすすみ、生活が出来ない賃金が広がっている状況下で、「生活賃金の視点」を取り込み、実践を開始していくことだと思います。

　連合では、賃金闘争を中心とする春闘の改革議論が行なわれ、「格差是正」の運動もすすめられ、2001 年春闘で、連合の中小労組でのシンポジウムでステファニーさんが、中央集会（東京）と連合大阪でアメリカの生活賃金運動を紹介されたことは、その出発点として意義あるものでした。連合が 01 春闘で打ち出したパートの 10 円賃上げも、次には、生活に必要な賃金はいくらかが問われてくるでしょう。能力主義、成果主義賃金や、高学歴労働者の増加のなかで、「標準労働者」の定義と賃金モデルも問われています。

　賃金の最低基準を重視する春闘改革とともに、連合発足以降、後退していた地域労働運動の再構築が生活賃金運動にとっては、不可欠です。なぜなら、全

国最賃を正面突破していくことは、アメリカ同様、日本でも困難に思われるからです。これまでも、60年代、70年代に、地域最低賃金運動が展開されてきた歴史があります。地域での運動では、地域に働き生活する労働者の「生活賃金」が地域社会の生活を維持改善していく上で必要なことを、地域労働組合はもちろんのこと、広く市民に理解してもらうことが不可欠です。地域での多数派形成なくして、地域生活賃金の条例化はありえません。

重要なのは、能力主義賃金や成果主義賃金に対し、普通の労働者が生活できる賃金（標準、最低）の視点を、改めて産業別組合、単位組合、地方連合、コミュニティ・ユニオンなど様々なユニオンで明確にすることだと思います。大企業正社員のみでなく、関連企業、関連産業、地域の中小企業、さらに、すべての雇用形態の労働者に広げていく運動が不可欠です。

(2) 生活賃金の水準

日本でも、パートはじめ不安定雇用・低賃金労働者が増加するなかで、賃金格差は広がっています。連合の2001年春闘白書によると、1000人以上の大企業の35歳標準労働者の所定内賃金はここ数年横ばい状態にあり、99年33万2100円であるのに対して、10～99人の中小企業では低下し、99年30万8000円となっています。

日本の最低賃金は、労働者生活に必要な最低生活賃金はいくらかという視点が弱く、前年比いくら引き上げるかにとどまり、2000年は各県毎の地域最賃の平均が5256円で、前年比0.82％アップで、平均賃上げ1.5％の約半分しか上がらない状況に陥っています。物価がアメリカより高い日本の最賃は、アメリカの生活賃金よりはるかに低い現状にあるわけです。

貧困ラインといわれる生活保護基準については、アメリカは4人家族で年間約1万7000ドル（約210万円）に対し、日本の生活保護基準は、標準家庭（86年以降「33歳男、29歳女、4歳子の3人家族」）で19万5245円となっています（1級地-2、税、社保、医療費は含まず）。人事院標準生計費では、3人世帯（32歳）25万8056円（税、社会保険込み）となっています。これに対して、日本の最低賃金は、時間額の最も高い東京都最賃が日額5559円（時間額703円）で、21日をかけても11万6739円、年間2000時間働いても140万6000円にしかなりません。この日額は厚生労働省の1人世帯の保護基準12万2416円（18歳、税、社保、医療費は含まず）にも達しないのです。

日本の賃金は、4人家族を標準家族とし、年功賃金により低い初任給から徐々に上がっていくカーブになっていました。また、若年1人世帯から、2人、3人など、いくつかの基準値があるなかで、いくらが生活賃金として妥当か、検討すべき課題があります。アメリカでも、生活保護基準（貧困ライン）は4人家族です。現在、子持ちのシングル・ペアレンツ（単身親）が増加しているなかでも、4人家族での貧困ラインから生活賃金が割り出されているようです。

　日本の現行最低賃金は1人世帯の最低生活費にも達していません。初任給は1人世帯賃金です。大人の1人世帯は増えているとはいえ、社会の原則からして、子どものことを考えるならば、1人世帯賃金は標準的生活賃金にはなりえません。ならば、「家族が生活できる最低賃金」を考えていくことが必要になります。家族を標準といわれる夫婦と子ども2人の4人世帯で考えるのか、単身親（シングル・ペアレント）の大人1人、子ども1人で考えるのかで異なりますが、賃金のあり方も検討される必要が増しています。この場合も、「同一価値労働、同一賃金」「均等待遇」もあわせて考慮されなければなりません。

### (3) 職場、地域から始める

　生活賃金運動の出発は、現段階で労使交渉の場を有している場（企業）で、生活賃金を要求し、実現していく交渉・運動からでしょう。

　日本の多くの労働組合は、企業別労働組合が基本で、大企業から中小企業への下請け構造が典型的です。また、社内には、パート、派遣、請負（委託）労働者などが増加しています。こうした構造のなかで、企業内の正社員、本工は相対的比重を低下させ、企業別労働組合は、中心企業の正社員のみの労働組合になり、関係する企業内労働市場での交渉力を低下させています。また、パートはじめ不安定雇用労働者の賃金相場形成の力は、現状においては、残念ながら労働組合にはほとんどありません。労働組合の力が及ばない地域労働市場のなかで、需給関係により「自然」に決まっています。

　こうした労働力の二重構造市場ともいえるなかで、生活賃金への道は二つあると思います。一つは、企業別労働組合の交渉力をその企業内全域に広げることです。社内のパートであれ、請負委託労働者であれ、関連企業、下請け、孫請け企業の労働者、パートであれ、ある企業に関係するすべての労働者の生活を最低保証する賃金＝セーフティネットとしての生活賃金を確立していく、労働協約の取り組みが考えられます。産別労組は、その産業の生活賃金（標準、最

低）を明確にして、組合のあるなしにかかわらず、全産業的な運動と生活賃金の確立をはかることが必要でしょう。

　もう一つは、地域において、地域労働市場で左右されるパートなどの賃金、とりわけ子持ちで独立して生活を営む女性労働者の賃金を調査し、「最低賃金を生活できる最低賃金へ引き上げる」運動です。そして、「〇〇地域から〇〇万円以下の賃金をなくす」新たな地域生活最賃運動の展開が必要になるでしょう。

　社会的影響を考えた時、両者をつなぐ環として、自治体の場をモデルとして生活賃金を実現していくことは、大きな意義があると思います。

### (4)　地域のモデルとしての自治体生活賃金

　ILO94号（公契約における労働条項）条約は、生活賃金運動そのものではありませんが、労働組合が勝ち取ってきた労働条件を公契約における公正労働基準として積極的に実現していこうとするものです。しかし、この条約を日本はまだ批准していません。ようやく連合は2000年から重点批准条約にしました。全建総連、全港湾や自治労などの単産も批准を求めています。だが現在の政治状況では、法定最低賃金の生活賃金にむけた大幅引き上げが困難なように、このILO94号条約の批准も簡単ではありません。

　したがって、自治労は、分権自治の時代にふさわしく地域自治体からILO94号条約の趣旨を活かす取り組みをめざしてきました。自治体内部では、現在30万人を越える臨時・非常勤・パートが働き、統計数値すらない委託労働者が、不安定な雇用と低賃金のもと、多数働いています。自治労は、2001春闘で、自治体最賃月額15万3400円（日額7700円、時間額970円）を要求基準として提起しました。この水準は、国家公務員賃金の高卒初任給基準ですが、この水準すら守られない臨時・非常勤・パートや委託労働者がいます。

　自治体が直接雇用する臨時・非常勤・パートについては、自治体単組の最賃の取り組みもあって、かなり守られてきましたが、「均等待遇」の観点から見ると、勤続加算がない、一時金、退職金がないなどの問題があり、有期雇用による雇止めの不安も抱えています。委託労働者については、そこに労働組合がある場合でも最賃要求基準以下の月額13万円程度の医療事務や庁舎清掃労働者が見受けられます。

　こうした低賃金を生み出しているのは、一つは労働組合の交渉力の弱さですが、制度的には、現行入札・委託契約制度が人件費を基準にしていない問題が

あります。サービス提供の業務委託（労務請負）は、「人件費」が委託費の70%も占めるのに、物件費扱いされています。物件費は、最低制限価格がない競争入札が原則適用となり、最低賃金違反の「1円入札」が可能となるのです。さらに、規制緩和のもとに、随意契約から競争入札が増加し、入札価格が低下したり、入札企業が毎年のように替わり、そのしわ寄せは委託労働者の低賃金と不安定雇用となっているのです。

　自治労では、こうした問題を調査研究し、公正な労働基準の確立をめざし、入札・委託契約制度研究会を2000年発足させ、10月に中間報告を提出しました。そこでは、価格のみを重視し、公正労働、環境、人権などを無視してきたこれまでの入札委託契約制度の問題点を指摘し、「落札者を決める基準を、従来の価格重視から多様な社会的価値を含めた基準に変更する必要がある」と提起しています。そして「自治体はより良い地域社会づくりをすすめる責任を負っている。言い換えれば、自治体にはさまざまな社会的価値を実現する責任がある」ことを明確にして、生活賃金を含む公正労働基準を環境や男女共同参画などとともに、入札や委託契約に盛り込むことを提言しています。

　今後、こうした入札・委託契約制度の改革への取り組みや、生活賃金を自治体から実現していくには、自治労、連合はじめ地域の労働組合、議員、市民による地域運動としてすすめられることが必要でしょう。そして、そのために、何よりも生活賃金を必要とする労働者の組合づくりをすすめていくことが不可欠です。

　最後に、グローバル化に対しても、同様な国際的「公正労働、労働組合の自由、生活賃金」の視点が必要になっていることを痛感しています。

2001.9　国際労働研究センター会報 No.41 に掲載

---

**❖注**

1　氏については、本書執筆者紹介を参照されたい。氏は2001年2月に国際労働研究センターの招きで来日、その時の講演記録が本書[8]に収録されている。

# [18] アメリカ労働運動の活性化
―社会運動ユニオニズムの模索―

戸塚秀夫

## はじめに

　1970年代後半から80年代にかけて、発達した資本主義国における労働組合運動はほぼ一様に後退を重ねてきたが、90年代に入ってそれに歯止めがかかりはじめているのではないか、というのが数年来の筆者のおおざっぱな仮説である[1]。1995年のAFL-CIO大会で異例の選挙によって最高指導部の交代をかちとったニューボイスと称する改革派の主張に接し、その監訳作業にたずさわるなかで[2]、少なくともアメリカについては、かなりの確度で労働組合運動の活性化を想定して間違いないと考えるようになった。

　もちろん、1950年代半ばに35％にまで達していた労働組合組織率が、1970年代末には15％を切り、民間部門では9％台にまで低下してしまった退勢をどこまで挽回できるか、楽観はできない。また、改革派のリードする運動の実態については、別途立ち入った調査が必要だと考えている。だが、現在までに手にしえた文献・資料類をとおして、筆者は次のような仮説を抱く。それは、いまアメリカでおきている労働組合運動の活性化は、従来型の組合運動が勢いを盛り

返しているというものではなく、新しいユニオニズムの追求、新しい組合運動の思想と実験がひろがりはじめている、という観点でとらえるべきものではないか、ということである。

以下、そのような仮説を抱く根拠について私見を述べることにする。この一連のアメリカでの動向から何を学び取るべきか。読者のコメントをききたいところである。

## 1　運動の後退原因の捉え方

すでにふれた組合組織率の低下だけでなく、労働争議件数自体の減少は、1980年代に入ってから、多くの論者によって注目され、その原因をめぐってさまざまな議論がおこなわれてきたが、先にふれた改革派の論者たちの議論は、その原因を従来の組合運動のあり方、進め方、その思想体質にまで立ち入って検討しようとしている点に、大きな特徴があるように思われる。

周知のように、1970年代から80年代に進むにつれて、激化する国際・国内競争のなかで、すでに組合に組織された基幹産業の諸企業でも、組合側の影響力を削ぐ「譲歩交渉」がひろがったのであるが[3]、80年代には、その初頭に強行されたレーガン政権の航空管制官争議への弾圧に象徴されるような、組合つぶしの傾向が顕著になってきた。当然、労働側からは、タカ派の経営者の跳梁、新自由主義を追求する政権の反組合的行政への批判の声があいついだが、やがて、議論は80年代から90年代にかけて展開した産業構造、雇用構造の変化を客観的な背景要因として取り上げる方向にすすんでいった。相対的に組合の組織率も高く、平均賃金も高い「財の生産」に従事する労働者が減少し、組合組織率も平均賃金も相対的に低い「サービスの生産」に従事する労働者が増加してきたこと。女性パートタイマー、人材派遣労働者、個人請負業者その他不安定就業者を含む、多用な雇用形態の労働者が増加してきたことなど[4]、最近の事態は、労働側に新しいアプローチを迫っていることが自覚されてきたのである。

筆者は次の二つの文献に注目した。一つは、『アメリカ労働法の約束を取り戻す』と題する論文集[5]。1993年10月にコーネル大学とAFL-CIOの共催で行なわれた労働法改革を志向する会議に提出された学者、運動家たちのペーパーの集成である。そこでは、従業員の過半数が選択する労働組合と使用者側との誠実な団体交渉によって賃金その他の労働条件の契約を形成する、という本来の約

束事が、使用者側のさまざまな不当労働行為、悪辣な反組合キャンペーンによって崩されており、本来それをとり締まるはずの労働法による規制が「弱すぎる」実態が強調されている。と同時に、より深刻なこととして、アメリカ労働法が前提として想定してきた産業経営と雇用の実態が大きく変化し、テーラーシステムや、フォードシステム下の工場に集積される労働者の比重が低下してきた現状では、ワグナー法の想定する組合認証手続きは「時代遅れ」だと強調されている。いずれにしても、アメリカ労働法の掲げた目標を今日に生かすためには、全般的な労働法改革が必要である、というのが多くの寄稿者たちの意見であった。

いま一つの文献は、『勝つための組織化』と題する論文集[6]。AFL-CIOの最高指導部の交代が実現した直後、1996年4月に、コーネル大学とAFL-CIOの共催で行なわれた労働組合の組織化についての会議に提出されたペーパーの集成である。会議の組織者たちによれば、労働組合の組織率の低下に関するこれまでの議論の多くは、NLRB管轄下の組合認証選挙動向の推移に焦点をおき、労働者の投票行動のマクロ的な分析に集中するものであった。組織化に取り組む労働組合の戦略・戦術の決定的な重要性、その戦略・戦術が周囲の諸要因、組織化の対象となる交渉単位の労働力構成、使用者側の特徴や戦術などといかに影響しあっているか、といった点についての立ち入った考察が軽視されてこなかったか。そうした反省にたって、この会議では、従来の組合組織化プロセスでの諸問題、さらには、NLRB枠外でのコミュニティに基盤をもつ組織化キャンペーンの事例などが、学者、運動家の共同作業として考察されている。

以上から明らかなように、労働組合の組織化の低落原因に関する議論は、組合の周辺ないし背景にある客観的な諸要因の分析から、組合自体の戦略・戦術の適否を問う、主体的な諸要因の分析へとすすんできたのである。これはちょうど、はじめにふれた改革派、ニューボイスのめざしていた方向に合致するものであった。

## 2　新しい労働思想が目指しているもの

改革派ニューボイスには、従来の「ビジネス・ユニオニズム」を越えて、「新しいユニオニズム」を開拓しよう、という意気込みがあるように思われる。そこに注目することによって、この人々が志向しているところが見えてくるのでは

ないか。

　まず、ビジネス・ユニオニズム。筆者の知るところでは、この言葉がはじめて使われたのは20世紀初頭のアメリカであった。AFLの会長S・ゴンパースが提唱したアメリカ版クラフトユニオニズム。つまり、熟練および品性の高い労働者を結集し、その労働力を労働市場で高く売るビジネスに専念するのが組合本来の仕事であり、資本主義体制の廃棄や全労働者階級の解放の主張は追求すべきユニオニズムとは異質である、とする。ビジネス・ユニオニズムは、地味ではあっても高い組合費の徴収によって組合員への高い賃金と手厚い共済給付を確実にする「純粋にして単純な」ものでなければならない、というのであった。

　だが、今日、批判されているビジネス・ユニオニズムはこれと同義ではない。ここでは、「AFL-CIOのビジネス・ユニオニズム」という表現が出てくる。つまり、アメリカ労使関係の基礎法であるワグナー法体制に援護されてきた産業別組合をも含む、すべての組合の組合運営に浸透している特定の思想傾向がビジネス・ユニオニズムとして批判されていること、この点に注目することが重要であろう。

　その特定の思想傾向とは何か。一つは、組合運営は組合役員のビジネスだという意識。AFL系のローカル・ユニオンの専従役員には、ビジネス・エイジェントという肩書きを持つものが多い。伝統的に、その主要な任務は組合員の仕事口の確保のために、自分が雇われている組合の「縄張り」を守ることにある、とされてきた。すべてをビジネス・エイジェントにまかせて、一般の組合員は組合運営に深く関与しない姿勢。それがいま、ビジネス・ユニオニズムの生んだ組合民主主義の欠如として批判されている。

　いま一つは、数年ごとの労働協約改訂交渉を別にすれば、組合のビジネスとして最も大事なのは、組合員へのサービスの提供である、とする意識。日常的な苦情処理にどれほど誠実に取り組んでもらえるか。組合費を納入した組合員は、当然、そういう目で組合を見る。だが、組合の組織率が極端に低下してしまった現在、未組織労働者の組織化に手をつけずにこうしたスタンスだけで組合の将来はひらかれるか。ここから、組合運営の「サービス・モデル」から「組織化モデル」への転換こそが必要だ、という主張が生まれることになる。

　では、ニューボイスの人々が主張する新しいユニオニズムの中身は何か。もともとユニオニズムは、その範囲、方法は一様ではないにしても、労働市場が労働者相互の安売り競争の場にならないようなコントロールの確立をめざす。

労働組合を観察した多くの先人たちが、コモンルールの確立にこそ組合の存在理由がある、と指摘したのはそのためである。ニューボイスの人々の主張にも、その志向は受け継がれている。ある論者は、クラフトユニオンの歴史を再検討しながら、「レイバーマーケット・ユニオニズム」の再確立をめざそう、それを「コミュニティ・ユニオニズム」と結びつけよう、とよびかけている[7]。だが、そのためにも、ここまで後退を余儀なくされた労働組合運動の活性化をはかるためには、新しいアイディア、新しい実験に乗り出す知恵と勇気が求められる、というのがニューボイスの人々の共通の立場である。

　さまざまな表現で新しいユニオニズムの提唱が行なわれているが、筆者はそれを、社会運動ユニオニズムの模索ととらえてはどうか、と考えている。

　まず、改革派が組合運動の目標として掲げている言説について。AFL-CIOの最高指導部の選挙キャンペーンで第一に掲げたプログラムは、組織化こそが最重要課題である、ということであった。その場合、「組織化は単なる経済的取引のための手段ではなく、人権のための運動として再定義されている[8]」。それは当然、職場ごとの組織化をこえて大衆運動を創造していく、という戦略につながっていく。組合員の苦情処理に専念するだけでなく、組合員自身が、「未組織の組織化」に積極的に関与する体制をつくりあげていくこと、それがいま手にすべき目標として掲げられている。ニューボイスの綱領が、「AFL-CIOは、単なる構成諸組織の連合ではなく、活気にあふれた社会運動の支柱でなければならない」と述べているのも[9]、ビジネス・ユニオニズムをこえた新しい抱負の表現とうけとめる。

　だが、そのためには、これまでの組合のありかた自体、組合運営自体を大幅に改革しなければならない。決して容易ではないであろうが、改革派の人々は、コーカス（独自グループ）形成の自由を含む組合民主主義の確立、女性、マイノリティー、移民たちの組合内発言権の強化、多様な出自の組合員の積極的な包括、などが不可欠であることを訴えている。また、組合が「社会運動の支柱」となるためには、さまざまな社会問題にとりくんでいるNGO、活動家たちとの連携が不可欠である、と意識されている。ここで構想されているのは、ネットワークをひろげていく運動組織論であるように思われる。

　さらに、行動戦術として、従来の組合運動でたびたび行使されてきた合法的なストライキ、説得ピケなどだけでなく、これまで社会運動が行使してきたさまざまな直接行動、非暴力抵抗の諸戦術も駆使して、社会的な関心をひきつけ

市民的不服従で座り込む UNITE-HERE のホテル・レストラン産業担当委員長、ジョン・ウィルヘルムとローカル 11 委員長のマリヤ・エレナ・デュラソ　　　　提供：高須裕彦

ようとしていることが注目される。公民権運動、ベトナム反戦運動、大学での学生反乱、女性解放運動など、当時の AFL-CIO の指導部が一線を画した社会運動の諸経験の再評価も進んでいるように思われる。以上が、筆者がアメリカの労働運動の最近の活性化を社会運動ユニオニズムの模索ととらえてはどうか、と考える理由である。

## 3　新しい運動思想を生み出しているもの

このような運動思想は、決してアメリカ労働運動の外から持ち込まれたものではない。また、一過性の流行のたぐいでもない。これを生み出し育んでいる土壌がある。それは、1980 年代以降、新自由主義の嵐のなかで、数々の敗北を重ねながらも抵抗を組織してきたローカル・レベルでの活動家たちの営為にある、というのが筆者の解釈である。

1997 年に刊行された J・ブレッカーの新版『ストライキ！』の最終章は、多

くの闘争事例を紹介しながら、近年におけるアメリカ労働運動の陣形の変化を明らかにしている。もともとこの著者は、1972年の初版では、アメリカにおける労働者の大衆的反乱を抑圧するなかで労働組合は社会制度として発展してきたという観点で、血に彩られたマッセン・ストライキの歴史を描き出していた。それはまさに、資本主義体制との強調をはかるビジネス・ユニオニズム批判の歴史書であった、といってよい[10]。

　だが、「世紀末におけるアメリカの労働」と題する新版の最終章では、次の二点が強調されている。一つは、1970年代に入ってから、国内外の条件変化のなかで、アメリカ資本主義体制はビジネス・ユニオニズムとも協調することが困難になり、労働組合自体への攻撃が組織化されていること、いま一つは、この攻撃に対して組合は全体として譲歩と後退を余儀なくされているが、ローカル・レベルでは、大衆的な反撃が繰り返されており、組合の存否が問われている現在では、組合の全国指導部もこれを簡単に切り捨てられないこと。このようなとらえ方からすると、1995年のAFL-CIOの最高指導部の交代劇は決して単なるハプニングではなく、改革派ニューボイスの主張にはローカルの闘う活動家たちの声が結集していたのではないか、という仮説がかたまってくる。

　おそらく、アメリカ労働運動の現状を正確にとらえるためには、右のような仮説の正否を実証的に確かめることが必要であろう。だが、すでに次の二つの文献は相当の裏付け資料を提供しているように思う。一つは、ストライキ支援、対企業キャンペーン、工場閉鎖反対、地域経済の再建などの運動のなかで、組合とコミュニティとの連合が草の根レベルで出現している事実に注意を促し、従来の上からの連合形成あるいは政党主導の連合形成とは異なる、新しい社会運動の力学が新自由主義推進勢力に対抗して働いているという構図を描いている作品[11]。いま一つは、あくまで職場の闘いとそこでの組織化を基礎にすえたうえで組合の民主化や、ほかの組合、コミュニティに働きかけていく戦略をとる職場活動家たちの闘争経験を収集しながら、ストライキや職場抵抗の諸形態、移民や女性の組織化、未組織の組織化など、当面する実践的課題への取り組み方にまで立ち入っている作品[12]。これらはともに、総体としては後退を続けてきたアメリカ労働運動内部で、反撃へ向けての豊かな経験が積まれてきたことを示している。その運動最前線に立つ活動家たちの声が、アメリカにおける新しいユニオニズムの流れを形成しているのではないか、というのが筆者の現在の理解なのである。

以上の理解が的外れでないとすれば、さらに踏み込んで、このような新しいユニオニズムの流れを支えているイデオロギー、法規範意識にまで論を進める必要があろう。ここでは、この新しい流れがアメリカ労使関係の基礎法、ワグナー法体制のもとで、それに沿ってひろがっているわけではなく、むしろ、その枠の外で、公民権法、雇用差別禁止法など、市民的諸権利の法に援護され、また、その拡充を促しながら展開していること、だが、その諸権利の実施、拡充には労働者の集団的行動が不可欠であったこと、その意味では、市民権と労働組合権の結びつきが改めて問われているように思われること、などを記すにとどめる[13]。

## おわりに

　以上デッサンしたような筆者の仮説は、この新しい組合運動の諸実験についての実証的な考察をとおして吟味されるべきものであろう。若干手をつけてはみたが、紙幅の制約もあり未完成であるので、すべて割愛する。
　ただ、AFL-CIO の新指導部の社会運動ユニオニズムへの傾斜の積極的な意義を認めたうえで、なお、すでにいくつかの難問に直面しているという事態にはふれておくべきであろう。一つは、国際関係である。AFL-CIO が冷戦期の国際政策から転換するという言説はすでに伝わっているが、9.11以降のブッシュの対テロ戦争に対するスタンスには危惧が残る。戦争反対の市民運動との連携はどうなるのか。経済のグローバル化をめぐっても諸社会運動との連携はどうなるのか。いま一つは、最重要課題と掲げる組織化の方針をめぐる傘下全国組合内における不協和音。必要なのは戦闘的ビジネス・ユニオニズムであるという意見との調整をどう進めるのか。金と人材を集中的に投入する組織化方針の成果いかんが問われることとなろう。
　最後に、日本での議論への若干の希望。結局、社会運動ユニオニズムの普遍性、日本での可能性いかんを議論することになろうが、その際、すでに新しい実験に乗り出している組合活動家たちの経験を共有化し評価し合うという民主的な作風を尊重してほしいということ。いま一つは、アメリカの新しいユニオニズムの潮流のなかで、研究者と活動家との協働が大きな役割を果たしている事実をいかに受け止めるかということ。長いあいだ大学で禄をを食んできた者として、他人事のように語ることは許されないが、ここでも日本におけるレイ

バー・スタディズ、レイバー・エデュケイション全体の反省が求められるように思われる。

2002年10月3日執筆
（2002,5,11　第54回研究会「アメリカ労働運動の活性化を如何に捉えるか」での報告に基づく。）

---

### ❖注

1　全体的な見取り図は、戸塚秀夫・徳永重良編著『現代日本の労働問題（増補版）』（ミネルヴァ書房、2001年）第1章第4節にデッサンしてある。
2　グレゴリー・マンツィオス編　戸塚秀夫監訳『新世紀の労働運動——アメリカの実験』（緑風出版、2001年）。
3　M・パーカー、J・スローター編　戸塚秀夫監訳『米国自動車工場の変貌——「ストレスによる管理」と労働者』（緑風出版、1995年）。
4　仲野組子　『アメリカの非正規雇用——リストラ先進国の実態』青木書店、2000年。
5　S.Friedman, R.W.Hurd, R.A.Oswald & R.L.Seeber (ed), *Restoring the Promise of American Labor Law,* ILR Press, 1994.
6　K.Bronfenbrenner, S.Friedman, R.W.Hurd, R.A.Oswald & R.L.Seeber, *Organizing to Win — New Research on Union Strategies,* ILR Press, 1998.
7　G・マンツィオス編　前掲書第7章参照。
8　同書　43頁。
9　同書　45頁。
10　J.ブレッヒャー著、戸塚秀夫、桜井弘子共訳　『ストライキ！—アメリカの大衆ラディカリズム—』（晶文社、1980年）。
11　J.Brecher & T.Costello(ed), *Building Bridges — The Emerging Grassroots Coalition of Labor and Community,* Monthly Review Press, 1990.
12　D.L.Botz, *A Troublemaker's Handbook — How to Fight Back Where You Work — and Win!* A Labor Notes Book 1991.
13　筆者は、N.Lichtenstein, *State of the Union — A Century of American Labor,* Princeton University Press, 2002 を読むなかで、この問題領域の重要性を自覚することができた。労働史の真の魅力は、この作品のように視野をひろげ、接近方法を重層化した場合にのみ浮上してくるのであろう。

# [19] 労働組合・労働運動における平等／均等待遇
―アメリカ合衆国のペイ・エクィティ運動の事例から―

居城　舜子

## はじめに

　2002年7月以降、厚生労働省から「パートタイム研究会報告」や「男女賃金格差問題に関する研究会報告」が相次いで公表され、「改正雇用機会均等法」の見直しもはじまっている。遅すぎるという批判を免れることはできないものの、厚生労働省にも、雇用形態やコース制にもとづく性差別的な処遇、とりわけ賃金を是正しようとする姿勢が現われはじめている。

　また、芝信用金庫、住友生命などの裁判においても、昇進昇格に関する男女差別に関して、和解判決が成立するなど、司法の領域においても若干ではあるが、前進をみている。雇用の流動化が進行しているなかで、労働の領域においては、男女の平等／均等待遇が今世紀初頭の最重要課題となりつつある。

　しかし、平等／均等待遇の是正が、なぜ緩慢にしか進展しないのだろうか？日本の企業において、伝統的な家族を基礎とした年功賃金等の雇用慣行が、強く機能していることがその最大の要因である。また、労働組合や労働運動サイドにもそうした慣行が組み込まれており、平等待遇への本格的な取り組みが遅

れていることも要因となっている。「民間大企業の組合は、……企業の差別構造・管理組織・経営戦略を『転写』しており、その交渉力に限界がある」[1]という指摘があるが、性差別の「転写」に関しては、企業規模に関わりなく生じており、克服されなければならない。今日、女性労働者のこのようなジェンダーとしての要求と、労働組合・労働運動との関係史や、両者の今後の可能性に関して、実践的にも理論的にも重要な検討課題となっている。

本稿においては、アメリカ合衆国のフェミニズム運動と労働運動・労働組合の関係を概略し、次いで、両者をはじめて統合した運動と称され、また今日の日本の「均等待遇」の先駆をなすアメリカ合衆国のペイ・エクィティ運動（以下PEと略す）について検討する。さらに、今後の両者の課題や労働運動の再生とジェンダーについて、近年試みられている「労働運動の再生」と関わって検討したい。

## 1　伝統的な労働組合・労働運動における女性労働者と平等／均等待遇

女性労働者は、男性労働者と同様に階級的要求や課題を有しているとともに、社会的に形成されたジェンダーとしての独自な要求や課題を有している。女性労働者と労働組合・労働運動との関係は、このジェンダーによる要求や課題が、労働組合・労働運動において実現される可能性と関わっている。

多くのフェミニスト研究によると、ジェンダーによる要求の実現可能な条件と方途とは、労働組合において女性組合員の組織率が高まること、さらに、女性が労働組合において、指導的なポストの確保や、広く運動のリーダーシップをとることである。また、最近の指摘では、労働組合が、既存の労働組織に内包されているジェンダー・ハイアラーキーの変革を志向しなければならないことも、付加されている。

歴史的に検討すると、女性労働者が労働組合・労働運動において、ジェンダー要求を実現するには、長い期間を要している。

ミルクマン（Ruth Milkman）[2]によると、アメリカ合衆国の労働組合の発展は、4波に分けられる。

第1波の、19世紀後半から20世紀前半の熟練工を中心とした「クラフト・ユニオニズム」期においては、女性組合員はきわめて少数であり、男性労働者のスキルや賃金を脅かす存在として、組合から排除されていた。組合は、当時の歴史的・社会的状況を反映して、熟練工を主力とした男性中心的性格を有してい

た。そうした特徴は、建設や機械工を主力とする組合において、1990年代まで残存している。

第2波の1910年代の半熟練工や非熟練工が主力をなす「ニュー・ユニオニズム」においては、女性組合員が増加（1910年には女性労働者中3.8%、1920年には7.9%）するが、組合指導者のほとんどが男性であった。女性組合員は「弱者」で保護すべき対象であり、男性と対等なパートナーとみなされてはいなかった。現在でも、繊維・衣料関連の組合は、このような特色を継承している。

第3波の1920年代以降の「インダストリアル・ユニオニズム」の時期においては、女性労働者の組織率も横ばいから増加に転じた。CIO（産業別労働組合会議）傘下の組合の多くは、女性労働者の増加や、同時期に女性の参政権が獲得されたことなどを背景に、階級的な団結を維持・拡大する意図から、男女の違いを強調する伝統的な態度を変更して、性、肌の色、信条の差別に明確に反対し、男女平等を推進するスタンスを採用した。

ただし、UAWの女性部（UAW's Women's Bureau 1944年に設置）が、戦後、同一職務における男女別立て賃金などの性差別的な賃金制度や長期勤続者に有利な先任権制度等に強力に反対したが、UAWは、戦後においてもなお、男性の標準賃金を守ることに固執し、結婚退職制等を容認している。このような事実は、これらの組合の男女平等に対する姿勢の限界を示している。それは、この時期の多くの組合指導部が、排他的に男性で占められていたことと無縁ではない。

## 2　女性労働者とフェミニストとの連合、平等／均等待遇の社会的受容

第4波の1960年代から1980年代においては、その前半期に、公民権運動、フェミニズム運動、ベトナム反戦運動などの社会運動が台頭し、平等待遇などのジェンダーによる要求や課題が社会的に認識・受容されはじめる。他方、労働組合の組織率、とりわけ男性の組織率が逓減し続けた。

フェミニズム運動の進展と労働組合の衰退が同時進行するという事実が示すように、フェミニズム運動が提起した平等思想は、労働組合や労働運動に即座に浸透したわけではなかった。フェミニストによれば、労働組合は、前述のように、歴史的に女性労働者を差別・排除していた事実があるし、何よりも、社会における差別を転写し内包する他の組織と同様な社会的な制度のひとつであり、バイアスを有している。他方、労働組合や労働運動サイドでは、防戦を余儀

なくされた事情もあって、組合員の労働条件の改善にのみ運動が収斂し、また、公正や正義をもとめる社会運動に無関心であったために、フェミニズムの主張に共鳴することがなかった。さらに、ミルクマンによる[3]と、フェミニズム運動の主要な担い手が、キャリアウーマンの要求やアファーマティブ・アクションなどの個人主義的差別是正策を重視する大卒などの中産階級出身であるという階級的出自の違いが、労働組合や労働運動に受容されない要因にもなっていた。

しかし、水面下では、女性労働者とフェミニストのパートナーシップを形成する動きが現われはじめていた。

男女同一賃金法（Equal Pay Act 1963年。以下 EPA と略）や雇用の差別を禁止した公民権法第7編の成立（1964年）やその実効化にむけて、組合の女性部や多様な女性組織が連合しながら取り組んだ。例えば、第2波フェミニズム運動の代表的組織である NOW（1966年に設立）は、EEOC の機能を強化するために創設されたが、創設当初、UAW 女性部の女性労働者が、NOW の事務的仕事のすべてを担当していた[4]。このようにフェミニストと女性組合員は接点をもち、協力する体制を整えていた。しかし、男性組合員らは、これらの反性差別法が、労働組合の団体交渉権に抵触することを懸念していた。

女性組合員と中産階級のフェミニストとの連合（coalition）は、公民権運動の勢いも借りてはいるが、過去、再三にわたって議会に提出しても成立しなかった反性差別法を通過させ、さらに、その実効性を強化させた。従来、フェミニストの主要な勝利とみなされてきたこれらの法的措置は、「女性組合員のサポートなくして不可能であった」[5]。

一方、労働組合・労働運動において、ナスバウム（Karen Nussbaum）が述べているように、「1970年代当時、女性労働者が、労働組合の男性の世界に入り、リーダーシップを発揮することは困難であった。」[6] そこで、女性労働者は、労働組合や労働運動にフェミニズムの視点を導入し、彼女たちの利害を実現するために、1970年代初め、CLUW（労働組合女性連合 Coalition for Labor Union Women 1974年設立）と「9トゥ5」（9 to 5 1973年設立）などのフェミニストによる労働組織を創設した。

CLUW は、既存の労働組合運動のなかで女性の地位と指導力の強化を目的とした組織である。一方、「9トゥ5」は、ニューレフトにルーツをもつナスバウムら若い活動家集団によって、サービス産業の女性事務労働者を対象として設立された。その戦略は、CLUW とは対照的に、労働組合の外で、既存の労働組合

がなしえなかった未組織女性労働者を「9トゥ5」に組織化し、その意識を向上（consciousness raising）させ、事務労働の尊厳を得ることを系統的に行なっていた。

これらふたつのタイプの組織が伝統的な労働組合の内外からその変革と再生に貢献する。

## 3　公共部門のPE運動——労働組合・労働運動における平等／均等待遇の受容

### (1)　PE戦略とその運動の特徴

1980年代に入って、既婚女性の就労化が進み、女性の年齢別労働力率が、男性と同様に台形型に移行した。しかし、男女の賃金格差は、依然として60％前後で推移していた[7]。また、連邦の最低賃金が抑制されていたこともあり、1973年以来実質賃金が低下し、女性労働者やシングルマザー等の貧困化、女性間の階級格差が顕著になっていた。そこで、同時期にPE戦略が検討され、使用者側の抵抗が少なかったこともあって、それは、全米の公共部門において広範囲に採用されていった。このPE運動は、第4波の労働組合・労働運動の中心をなしている。

PE戦略とは、職務が分離している女性職（女性の比率が70％以上の職務）の低賃金を技能、努力、責任、労働条件をファクターとする性に中立な職務評価方法を通じて点数（価値）をつけ、それと同一ないし比較しうる点数の男性職務の賃金に調整し、女性職の賃金の上昇を目指す方策である。

PE戦略は、職務が異なる場合にも職務評価という尺度を使用して、比較可能な職務の賃金の平等／均等原則の適用を求めているので、EPAの延長上にある考え方である。しかし、女性が多数を占める職務の低賃金が、ジェンダー化された（ジェンダー・ハイアラーキーが組み込まれた）労働組織から生じる、という認識にもとづいており、ジェンダーに中立的な職務評価によって、労働組織を組み替えることを要求しており、ラディカルな可能性を含んだ戦略である。

PE等の性差別的賃金を解消する運動は、「短期的にみると労働者階級の男性と女性の利害は同一ではない」[8]というフェミニズムの主張にもとづいて、ジェンダーの要求や課題を掲げた運動である。

しかし一方で、女性職で働く女性労働者は、賃金水準からみると低賃金層に属しているので、伝統的な低賃金男性の課題と共通な基盤を有しており、その運動は労働組合や労働運動の延長上に位置する。

したがって「PE はジェンダーの課題と階級の課題」[9]であり、低賃金女性に「階級とジェンダーの二重の認識」[10]をさせる運動である。

このような要求や課題の特質から、PE 運動は、労働組合・労働運動を基礎にしつつ、フェミニズム運動と連携しながら展開する可能性を有した運動である。また、フェミニズム運動は、公正をもとめる社会運動であるために、それと連携する PE 運動も社会運動化する可能性を有している。

ただし、「PE 運動は、階級の利害とジェンダーの利害が対抗し、交錯する基盤を提供」[11]しているために、「軋轢」[12]も生じやすい運動でもある。

(2) PE 運動における女性労働者と労働組合

PE 運動の担い手は、公共部門における女性事務労働者や准専門職（司書、ソーシャルワーカー、看護婦など）の女性労働者と彼女らが多数を占める組合である。

PE を優先課題として掲げ、運動を牽引する組合の多くは、女性職を交渉単位として組織された組合である。女性組合員の比率が高く、指導者や役員等に女性が多いという特徴を有している。それらは、1960 年代に登場する AFSCME や SEIU などの新興の労働組合である。たとえば、AFSCME の場合、1982 年にローカルの代表の 33％、幹部役員の 45％は女性であった。

女性議員、地域の NOW や CLUW、公民権組織などの多様な組織が、各地においてこれを支援する。PE に関する地域連合が結成され、自治体や議会に政治的な圧力をかけて、PE の実施、その内容や財源等の決定に大きな影響を及ぼす。スタインバーグ（Ronie Steinberg）による[13]と、この圧力が PE 運動の成否をわける。

しかし、PE の実行のプロセスのさまざまな局面で、同じ労働者階級でありながら男女の利害の対立、同じ女性でありながら階級の違いによる利害の対立が生じる。事例によると、消防、警察、土木技師など男性職を代表する組合や男性組合員が多く、男性が主導している組合は、男性の職務の格下げや賃下げの可能性、組合の団交権の侵害などを懸念して、概して PE に消極的ないし反対の意見を表明する。

1980 年代には、すでに女性が自治体のトップに就任している地域もあるが、女性であれば PE 戦略に同調するとは限らず、その階級的な立場から、女性労働者の PE 要求に圧力をかける。

さらに、職務評価法について検討・提案するタスクフォースのメンバーには、

地域の利害関係者や専門家などが選出されるが、多様なスタンスのそれらメンバーを論破し、有利な提案を導き出さなければならない。

このような対抗・交錯関係のなかで、性に中立的な職務評価方法の確保は困難をきわめ、得られた結果は十分とはいえないが、PEにより賃金の調整を実施した州は、1989年には、20州、実施した州の賃上げ率は5～8％などの成果を獲得している[14]。

### (3) PE 運動の意義

PE運動は、伝統的な組合がかつて包括できなかった事務職やサービス職務の、しかも女性労働者を対象に広範囲な運動を展開した。その結果、労働運動が後退を余儀なくされている1980年代に、公共部門は、唯一、組織率を上昇（12.5％）させている[15]。

さらに、PE運動は、「はじめて組合に女性の問題を持ち込み、それを階級の問題として設定した」[16]労働運動であり、それを組合の優先課題にした運動である。

PE運動は、広範囲な社会のジェンダー関係の変化を促す社会運動を背景として登場しているが、労働組合は、このような変化を促していること、そして、PEに共鳴する地域のフェミニストの組織と継続的に連合しながら展開している点において特徴的である。

また、PEを実現する手段として、裁判や立法化など多様な方法が追求されており、既存の組合との最大の争点であった団体交渉による解決方法に、必ずしも固執していない。

このように、PE運動を推進した労働組合は、組合のメンバー構成や人員配置ばかりか、運動の課題、それを実現する方法などに関して、旧来の伝統的な労働組合・労働運動とは異なっている。紙幅の都合で紹介できなかったが、組合文化なども新しいアイディアが取り入れられている。

ミルクマンによると、組合の中心的な課題に「ジェンダー・イシュー」を掲げてダイナミックに運動した点で、「労働運動の広範囲な変化の先駆をなすものである」。

## 4 PE 運動とアメリカ労働運動の「再生」

現在、AFL-CIOは、ダイナミックな組織化戦略を軸にその再生を試みている。

なかでも、女性労働者の包括が重視され、ニードルマン（Ruth Needleman）によると[17]、そのためには、既存の労働組合の「組織の構造や階層性、方法、組合文化」等について「構造的」な改革が必要とされている。例えば、組合指導部に女性を積極的に配置すること、CLUW などの独自グループを承認する多様性を包括した組織をめざすこと、組合の外の組織やグループとの多様な関係を維持し発展させること、さらには、職場や団交に拘泥しない解決の方法の容認などである。ミルクマンが予見したように、PE 運動の経験が大きく反映されている。

　その改革はまだ途上であり、結果を論評する時期ではないが、労働組合の既存の組織構造や階層性を温存したまま、女性組合員の増加や幹部役員の女性比率を高めても、女性の利害を代表する十分条件とはならないことに留意すべきである。労働組合の中央集権的で階層序列化した組織構造や意思決定システムに性差別性が組み込まれているからである。

　アメリカの労働組合・労働運動は、ジェンダー・イシューに取り組み、再生へのさまざまなチャレンジを行なっているが、日本の労働組合・労働運動においても、組織や制度が異なるとはいえ、女性労働者が急増している折、早晩、ジェンダー・イシューを軸に運動を展開し、その再生をする場面に直面するのではないか、と推測される。その場合に、ジェンダーによる要求と労働組合・労働運動の関係について、アメリカの PE 運動の経験に学ぶべきことは多い。

2002.5.11　第 54 回研究会「アメリカ労働運動の活性化を如何に捉えるか」

---

❖注

1　上井喜彦 2001 年「日本の労働組合は交渉しているか」上井喜彦・野村正實編『日本企業　理論と現実』（ミネルヴァ書房、2001 年、131 頁）
2　Ruth Milkman 1993 *Union Responses to Work force Feminization in the U.S.*, edited by Jane Jenson and Rianne Mohon, *In the Challenge of Restructuring: North American Labor Movements Respond*, Temple University Press, Philadelphia 1993 pp. 228-229. ただし、ミルクマンのこの分類は、この論文を執筆した 1993 年当時のものである。現時点では、移民労働者やリビング・ウェイジの運動、AFL-CIO の労働運動再生の試みを考慮すると、分類は変化するものと思われる。
3　Ruth Milkman,1985 *Women Workers, Feminism and the Labor Movement since 1960's Women, Work and Protest :A Century of the U.S. Women's Labor History*

edited by Ruth Milkman Routledg and Kegan Paul New York pp.302-303.

4 Carol Kate,1989 *Working Class Feminism and Feminist Union : Title7, the UAW and NOW.* Labor Studies Journal No.14. p.28. ただし、女性組合員とフェミニストとの連合、さらには、PE運動の詳細については、以下の拙稿を参照されたい。居城舜子「アメリカ合衆国のペイ・エクイティ運動の意義 -- 労働運動フェミニズムの反発と受容」女性労働問題研究会編『女性労働研究』38号（2000年）。

5 Carol Kate, 1989 op. ,cit. p.29.

6 Karen Nussbaum 1998 *Women in Labor Always the Bridesmaid? Not Your Father's Union Movement Inside the AFL-CIO* edited by Jo-Ann Mort Verso p.56.

7 U.S.DOL Alexis M. Herman, Secretary 1998 *Equal Pay A Thirty-Five Year Perspective* Women's Bureau p.23. この詳細は、居城舜子 2000年「アメリカ合衆国における女性労働者の賃金をめぐる課題 − 同一賃金法成立 35 周年記念レポートから − 」常葉学園短期大学紀要 31号（2000 年）を参照されたい。

8 Joan Acker 1987 *Sex Bias in the Job Evaluation; Comparable Worth Issue* edited by C. Bose and G. *Spitze Ingredients for Womens Policy* SUNY Press p.185.

9 Joan Acker 1989 *Doing Comparable Worth;Gender,Class and Pay Equity* Temple University Press p.20.

10 リンダ・ブルム／森ます美・居城舜子他訳　『フェミニズムと労働の間』御茶の水書房、1996年 248頁。

11 Joan Acker 1987 op.,cit.p.185.

12 Margaret Hallock 1993 *Unions and the Gender Wage Gap* edited by Dorothy Sue Cobble, *Women and Unions--Forging a Partners* hip ILR Press p.37.

13 Ronie Steinberg 1993 *Roundtable on Pay Equity and Affirmative Action Women and Union* edited by Dorothy Sue Cobble, ibid.,p.57.

14 森ます美「ペイ・エクイティ＝コンパラブル・ワース運動の評価と到達点」　女性労働問題研究会編『女性労働研究』28号（1995年）14頁。

15 秋元樹『アメリカ労働運動の新潮流──80年代から21世紀をみる』（日本経済新聞社、1992年）35頁。

16 Joan Acker 1989 op.,cit.p.225.

17 グレゴリー・マンツィオス編／戸塚秀夫監訳『新世紀の労働運動』（緑風出版、2001年）183頁。

# [20] アメリカ労働運動をどうとらえるか

田端　博邦

## 1　はじめに

　本書［18］戸塚秀夫「アメリカ労働運動の活性化——社会運動ユニオニズムの模索」、本書[19]居城舜子「労働組合・労働運動における平等／均等待遇——アメリカ合衆国のペイ・エクィティ運動の事例から—」についてコメントするのが小論の課題である。もともとアメリカを専門にしていない筆者にとっては手に余る課題であるが、国際労働研究センターの定例研究会での両氏の報告についてコメントする機会があったので、若干の感想をまとめてみたい。

## 2　新しい労働運動の意味

　先に述べたような事情によって、アメリカの労働運動について両氏の論文以上に具体的な事実を紹介したり、分析したりすることはできない。筆者が関心をもつのは、もっぱらアメリカの事例がより一般的な観点からみてどのような意味をもちうるかという点にある。

まず、第一に、アメリカの事例は、労働運動においてなにか新しいことが起きていることを示している。もちろん、労働運動の歴史はつねに新しい展開を積み重ねてきたから、単に新しいことが起きているということだけでは重要な問題ではない。どのような新しいことかが、問題である。

戸塚氏が取り上げる、その新しいものとは、「ビジネス・ユニオニズム」から「新しいユニオニズム」(戸塚氏によれば、「社会運動ユニオニズム」)への変化である。これは、重要な変化であると言わなければならない。その内容についてはのちにふれることにする。居城氏が取り上げるのは、そうした労働運動の大きな変化の一局面であり、変化の動因にもなったフェミニズムの運動、均等待遇を求める運動である。伝統的な「ビジネス・ユニオニズム」の衰退化傾向とこれに代わる新しい社会運動の中心部分が、ここに示されている。

世界的に労働運動の退潮や危機が叫ばれて久しい。日本の労働組合の組織率も年々低下し、若者の組合離れは、いまでは話題にのぼらないほどに日常的な現実になっている。伝統的な(ここでは限定しておく)労働組合は、わずかな例外を除けば世界的に長い停滞期に落ち込んでいる。すでにさまざまな解釈がその要因をめぐって議論されてきたが、伝統的な労働組合が適応しえないなにか新しい事態が生まれていることは明らかである。それが明らかであるとすれば、伝統的な労働運動の退潮によって労働運動一般が衰退するのか、それともこれに代わる、なにか新しいかたちの労働運動——それは当然、新しい現実に対応したものとなるであろう——が生まれるのか、という問題が提起されることになる。この問題についてこれまでどのような議論がなされてきたか十分に勉強をしていないので不確かだが、多くの場合、伝統的な労働運動の退潮を労働運動一般の衰退と理解するペシミズムがこれまで支配的であったろう。アメリカの「新しいユニオニズム」は、実は、新しい型の労働運動が生まれつつあるのではないかという視点を提供しているように思われる。

では、「新しいユニオニズム」または「社会運動ユニオニズム」の新しさとは何であろうか。両氏の論文を手がかりに考えてみたい。

## 3 「ビジネス・ユニオニズム」とその退潮

新しい労働運動の新しさを理解するための第一歩は、古いユニオニズム、「ビジネス・ユニオニズム」が何であるかを理解することである。これについては戸

塚氏の論文がかなり詳細に論じているので繰り返さないが、筆者の観点からすれば、それは、労働市場における労働力の売り手である労働者が、労働組合を組織して、団体交渉を通じて高い賃金水準を獲得するための運動である。賃金以外の労働条件や雇用ももちろん問題になるが、賃金がそのコアである。

　「ビジネス・ユニオニズム」をこのように見るとすれば、それは、労働運動の「黄金時代」であった戦後高度成長期の世界の労働運動の支配的潮流と重なる。団体交渉の制度化と交渉による賃金上昇は、労働組合の求心力を強めると同時に資本主義の成長を促した。アメリカについてとくに言われる「ビジネス・ユニオニズム」とは、この時代の世界の労働運動を典型的な形で示すものであったといえるのである。戸塚氏が指摘する譲歩交渉、ワグナー法のシステムの不全など「ビジネス・ユニオニズム」の衰弱は、世界的な労働運動の退潮と一致する。高度成長システムが崩壊し、完全雇用が失われたとき、賃金をめぐる強い交渉力を維持することはできなくなったのである。

　しかし、この「ビジネス・ユニオニズム」の衰退期――こう言っておこう――に入って、アメリカのビジネス・ユニオニズムの固有の特質がアメリカ特有の展開をもたらすことになる。ヨーロッパ――とくに大陸――の労働組合と比較した場合に、アメリカの労働運動はいくつかの独自の特徴をもっている。

　アメリカのユニオニズムは、ヨーロッパの社会民主主義的労働運動、社会主義的労働運動と比較すると、すぐれて経済的領域に、労働市場の取引に特化した運動として形成されてきた。もともとの「ビジネス・ユニオニズム」の由来である。労働組合の組織と運動においても、団体交渉の技術に優れたマネージャーが組合指導者となり、その成果を組合員に配分するという「サービス・ユニオニズム」が形成されたのである。ランク・アンド・ファイルの組合員（一般組合員）の生の声――これは労働と生活に関連して多様であろう――よりは、高い賃金の獲得というビジネスの委託が重視されることになる。「新しいユニオニズム」で問題化している組合民主主義のあり方もこれと関連する。

　第二に、これと関連して、アメリカの労働運動は、独自の政党や政権をもたず、労働法や社会保障などの国家的法律の形成についても関心をもたなかった。いわば、労働者の生活を守る手段は、労働市場における団体交渉に特化して、それ以外の社会的法律的な諸制度による生活の危機に対するバッファー（緩衝物）を著しく欠くことになったのである。ヨーロッパの場合には、団体交渉の成果自体が組合員以外にまで広がるという協約制度や法律的制度による最低賃金、

労働時間制、有給休暇、失業保険、最低生活保障などの制度が労働組合の組織範囲を超えて広く社会的に適用されている。労働組合は、労働市場における交渉主体であるだけでなく、社会や政治経済システムのあり方を問題にする運動主体であったのである。アメリカの「ビジネス・ユニオニズム」と対比する意味でいえば、ヨーロッパの労働運動は政治的な発言力をもった「社会的ユニオニズム」と形容することができる。

　労働組合の社会的法的諸制度へのコミットメントの有無は、「黄金時代」後の労働運動と労働市場のあり方に少なからず差異を生み出すことになった。労働組合組織率の低下傾向の速度はアメリカでより速く、所得格差もアメリカでより早く拡大している。労働組合の交渉力の低下は、アメリカにおいてより多く社会的保護を奪われた労働者を労働市場に生み出すことになったといえる。

　このような「ビジネス・ユニオニズム」の性格が、アメリカにおけるユニオニズムの限界と危機を顕在化させ、これに代わる新しいユニオニズムの台頭をもたらすことになったといえよう。ヨーロッパには、これとおなじような動きは少なくともこれまではみられない。アメリカにおける新しいユニオニズムは、したがって、伝統的なビジネス・ユニオニズムの解決しえなかった問題に、伝統的な方法とは異なる方法でアプローチするものになるはずである。

## 4　「新しいユニオニズム」

　「黄金時代」後のアメリカ社会は、実質賃金の低下と失業の拡大、所得格差の拡大と広範な低賃金層の形成という社会的に許容しがたい状態を生み出すことになった。それは、ビジネス・ユニオニズムの内と外の双方に新しい矛盾を生み出すことになったのである。戸塚論文が引用する『新世紀の労働運動――アメリカの実験』（グレゴリー・マンツィオス編、戸塚秀夫監訳、緑風出版、2001年）にはそのような状態が描かれている。筆者の解釈によれば、伝統的な労働運動は、その内部においてランク・アンド・ファイルの組合員の生活と雇用をよく守りきれなくなると同時に、組合の外に膨大な、おそらく組合員よりも生活水準の低い低賃金層を放置するという状況に陥ったのである。使用者側の反組合政策によって組合員の急減もすすんだ。

　このような状態のなかで、伝統的な労働組合の組織的危機と同時に労働組合としての社会的な正統性の危機が訪れたのである。1995年のAFL-CIOの指導部

の交代は、ある意味で必然的なものであった。おそらく AFL-CIO の変革には、三つほどの契機が主要な要因として働いたのではないか。

　ひとつは、組合内のランク・アンド・ファイルの不満である。「職場にコミュニティを築く」（エレン・バーナード、前掲書第1章）という徹底した組合民主主義の希求は、こうした変革の要因とつながっている。これは、組合組織の面におけるビジネス・ユニオニズムの批判、その克服の志向を意味する。

　もうひとつは、組合の外の社会的な労働問題である。この問題に取り組んだのは伝統的な労働組合の組織ではなく、組合下部の活動家、市民、宗教者などであった。スウェットショップ、生活賃金などをめぐる運動は、伝統的なユニオニズムの枠をはずれて、地域の草の根の運動として形成され、発展した。労働組合のランク・アンド・ファイルの組合員、活動家集団のほかに、教会、市民の運動化（社会運動家）、学生などがこれには加わっていたという。また、運動のスタイルも、当然のことながら、労働市場における団体交渉とは異なる、抗議行動や地方議会に対する働きかけである。そこには、労働運動と社会運動との新しい融合が生まれたといってよいであろう。当然のことながら、そこでは、ビジネス・ユニオニズムにおけるように組合員についてだけの利益の追求ではなく、社会運動におけるような非営利的・利他的な社会的正義、社会的公共性がめざされることになる。スウィニーを選出させたグループ、ニューボイスは、旧来の指導部を「アメリカの労働運動は、国内の未組織労働者の大多数と無関係になりつつある」と批判したという（前掲書39頁）。

　三つめは、より労働組合組織に固有の組織的危機である。それは第一義的には組合自身の、組合指導部の問題であった。「思い切った変化をしなければ組合が消滅してしまう」というのが伝統的な組合官僚の意識でもあった（前掲書40頁）。新指導部のスウィニーが『新世紀の労働運動』に寄せた「あとがき」で、「労働組合の課題——、すなわち未組織労働者の組織化」（前掲書317頁）としているように、AFL-CIO の「新しい労働運動」の最重点とされているのは組織化なのである。

　これら三つのファクターによって誕生した「新しいユニオニズム」は、したがって、女性、有色人種の労働者、移民労働者など、旧来のビジネス・ユニオニズムから阻害されてきたマイノリティーのひとびと、未組織の労働者（数の上では多数）を組織し、それゆえに団体交渉よりは広い運動手段を採用し、社会的な正義や公正をめざす運動として形成されることになる。「新しいユニオニズム」に

よって組織率が画期的に向上したわけではないようであるが、労働運動の質は明らかに新しいものに転換しつつあるといいうる。それは、戸塚氏によれば「社会運動ユニオニズムの模索」であり、ジェレミー・ブレッカーによれば「労働運動が活性化するには、社会運動ユニオニズムへの変化が必要である」(前掲書48頁) という過程である。

　これをまたヨーロッパとの比較でみれば、アメリカ社会における社会運動の役割という新たな問題が浮上する。アメリカのビジネス・ユニオニズムのカバーする範囲の狭さは、多数の労働者をワグナー法的団体交渉システムの世界から排除してきた。ワグナー法的システム自体もいまでは危機にあるが、それがカバーしてきた範囲が実は非常に限定的なものだったのである。そして、この労働組合と労働法が保護する領域の外では、ほとんど無規則の市場の論理と人種的・性的差別が広がっていた。よく知られる医療保険制度のように、社会保障もすべてのひとびとをカバーするようにはつくられてこなかった。人道にかかわる、あるいは人権にかかわる問題が、労働の世界に広がる要因が存在しているのである。

　このような社会において人道的・人権問題を解決する主要な社会的な仕組みは、教会による慈善、教会や住民が組織する自発的運動(市民運動、社会運動)であった。消費者運動に示されるように、アメリカ社会はもともと個人を基礎とする市民運動の強い社会であった。それは、アメリカ社会の構成原理(憲法、コンスティチューション)にも合致する。つまり、ビジネス・ユニオニズムのもとにおいては、組織労働者の利益を擁護する労働組合、組織・未組織の労働者のウェルフェアを支える企業福祉、いずれからも排除された人々に対する宗教的・市民的慈善と社会運動という棲み分けができていたと想定しうる。ポスト「黄金時代」は、前二者の機能を低下させ、三番目の機能と役割を高めることになる。地域コミュニティにおける経済・福祉の施策のなかで、多くの社会的活動家が生まれたともいわれてきた。労働運動と社会運動との連携、労働運動の自己革新は、このような文脈において生まれたと見ることができるであろう。労働運動と社会運動との連携は、労働運動を狭い経済、労働市場の領域からより広い社会的政治的世界に引き出すことになろう。

　『新世紀の労働運動』が「政党と政治」に二章をあて、戸塚氏が「市民権と労働組合権の新しい結びつきが改めて問われている」と指摘する点は、二重の意味でこうした事情を反映している。ひとつは、社会運動・市民運動の基礎になっ

ている市民権的な法と労働組合に関する法とが、運動のレベルにおける交錯によって、密接な関連を有することになるという点である。狭いユニオニズムのためにアメリカの労働法はそのカバーする領域が狭く、公民権法や雇用差別禁止法などのように市民権的な権利が労働の世界でも大きな役割を果たしてきた。民族的差別と経済的貧困がオーバーラップしてきたという現実も、両者の関連を強めた。市民権がまさに労働運動にとっての権利なのである。もう一つは、未組織労働者を含む幅広い労働者の賃金や労働条件の公正を実現するためには、使用者との団体交渉だけではなく、地方公共団体の条例や法律が必要であり、そのための政治的な行動が必要になるということである。それは、アメリカ的な文脈における、その意味でヨーロッパ的な労働運動とは異なる形態における、労働運動の政治化・社会化を意味するといってよいであろう。

　もっとも「新しいユニオニズム」は、戸塚氏が指摘するように、完全に伝統的なユニオニズムと別のものになっているわけではない。ヨーロッパの組合でもそうであるように、労働組合の基本的な機能は、賃金・労働条件、雇用などの組合員の直接的な利益を擁護することである。「戦闘的ビジネス・ユニオニズム」によって労働運動の再起を展望するという議論にも、十分な説得力がある。アメリカの労働運動が「社会運動ユニオニズム」の方向に発展するとしたら、ビジネス・ユニオニズムのもっていた機能との統一がどのようになされるのか、重要な論点である。「新しいユニオニズム」が構成要素としてもっている組合民主主義、すなわち草の根の労働運動の民主主義が両者を結びつける環となるのかもしれない。おそらく、立場を異にする活動家が末端の職場で議論を闘わすことが解決への道なのである。『新世紀の労働運動』の解題で、戸塚氏は組織内「独自グループ」（コーカス caucus）の重要性を強調されている。コーカスは、末端の「職場の民主主義」（これをエレン・バーナードはコミュニティとみなす。前掲書24頁）と同じではないが、職場の民主主義と上層の指導部とを結ぶパイプとしての機能を果たすとすれば95年の変革のような変化を生み出しうるのである。

## 5　労働運動とジェンダー

　居城氏の論文は、「フェミニズム運動の進展と労働組合の衰退が同時進行する」という重要な事実を指摘している。しかしまた同時に、EEOC の機能を強化するために設立された NOW の実務は、UAW 女性部の女性労働者によって支えられ

ていたという事実も指摘されている。また、CLUW や「9 トゥ 5」などの女性労働組織が伝統的な労働組合の枠のなかで、これを批判しながら形成されてきたという点も重要である。

　ジェンダーの視点を導入してみれば、伝統的労働組合「ビジネス・ユニオニズム」は、男性労働者を中心とする、男性労働者の利益擁護を目的とする団体であったということになる。女性労働者は、そのような労働組合において疎外され、あるいは多くは労働組合の組織外におかれたのである。こうした観点からみれば、労働運動の停滞・衰退とは、男性労働者の組織としての労働運動のそれであった。「黄金時代」においてはおそらく、男性稼得労働者の組織としての労働組合が男性稼得家族の生活を支えるという労働市場・家族構造が主流をなしていたのである。ビジネス・ユニオニズムは、そのような主流の社会関係を代表する労働組合であった。周辺の社会は、無視または軽視され、アメリカの場合には公民権法問題としてそれは噴出したのである。

　ビジネス・ユニオニズムは、そのような主流の社会構造・家族構造が崩壊することによって危機に陥ることになる。「ビジネス・ユニオニズム」は、実質賃金の低下、失業の増加、非正規雇用・低賃金雇用の拡大による中流的家族（男性稼得家族）縮小のなかでもはや存立の基盤を失うことになる。前述したようなビジネス・ユニオニズムの衰退のプロセスは、家族とジェンダーの構造における変化を含んでいたということになろう。しかも、この時期に同時にジェンダー・イコーリティへのうねりが生じていた。「新しいユニオニズム」は、ジェンダー・イコーリティを包み込んだ、あるいはこれを基礎としたユニオニズムになることになる。居城氏は、フェミニズムと労働運動内部の女性運動が「伝統的な労働組合の内外からその変革と再生に貢献する」と指摘する。95 年の変革後の AFL-CIO は、「参加と多様性」を重要な柱の一つとして、新たに「働く女性部局」を設置した（前掲書 321 頁）。

　このようなアメリカにおける女性労働者の役割は、より一般的な視点から見た場合にどのような位置づけを与えうるであろうか。ここでもヨーロッパとの比較でみてみたい。ヨーロッパでも男性稼得家族が支配的であり（北欧は別として）、労働運動も男性労働者中心のものであった。また、ジェンダー・イコーリティの問題は、むしろアメリカの刺激によって意識された面が強い。しかし、ヨーロッパでは、労働組合も社会もより安定的な制度のなかにこれを取り込むことに成功してきたといえる。女性の雇用率は、アメリカの方がヨーロッパより高

いが、男女の賃金格差はヨーロッパの方が低い。つまり、アメリカの労働市場は女性により広く開放されているにもかかわらず、これも市場の論理によって女性の賃金水準はより低い水準におかれているのである。最低賃金制がよく機能していないこと、パート、派遣などの非正規雇用——しばしばジェンダー差別を内包している——などについての法的な平等規制が存在しないことが、ヨーロッパとのこうした差異を生み出している。アメリカでは、女性はより困難な地位におかれているといえる。ヨーロッパでは、労働組合自身がパートタイマーの均等待遇に関するEUレベルの労使協定を結んだことに示されるように、組織内の変革を経験せずにジェンダー・フレンドリーな対応をしてきている。

　もっとも、ヨーロッパにおいても組合内の女性役員の地位などを含めて、差別の問題が解決されているというには程遠い現状にある。どこにおいてもこの問題は、形成・解決途上の問題と言いうる。労働運動に即していえば、アメリカの「ビジネス・ユニオニズム」が先述したように狭い限定された運動になっていたために、ジェンダー問題は新しくかつより先鋭な問題としてあらわれたということができるであろう。

　最後に、ジェンダー・フリーを大きな課題として引き受けた「新しいユニオニズム」が、労働運動としてどのような新しいものになるのか、考えておきたい。居城論文は、「労働組合の中央主権的で階層序列化した組織構造や意思決定システム」を問題にしている。「新しいユニオニズム」が組織化の対象として女性を重視し、組織としての多様性をめざしたが、それは労働組合の組織構造を根本的に変えることになりうるかもしれないというテーマを示している。先に上げた組合民主主義とともに、たしかにこれはひとつの大きな実験である。労働運動がこうした挑戦に成功するとすれば、労働組合があるべき社会の姿を先取りして実現することになる。未知の大きなテーマであるといえる。

2003年4月発表
（2002.5.11　第54回研究会「アメリカ労働運動の活性化を如何に捉えるか」での報告［本書18、19］についてのコメント）

# [21] ロサンゼルスの新しい労働運動とその社会的基盤

高須　裕彦・青野　恵美子

## はじめに

　私たちは2004年春から7カ月半、「カルフォルニア大学ロサンゼルス校労働調査教育センター」Center for Labor Research and Education, UCLA（以下、「UCLA レイバー・センター」）を拠点に、改革派と呼ばれる労働組合や労働者センター、コミュニティの社会運動組織、労働メディアや文化運動組織などを訪ね、アメリカの新しい労働運動を体験し、学んできた。私たちの問題関心は、日本での労働運動実践経験をふまえて、「アメリカの新しい労働運動、特に改革派や移民たちの労働運動から、日本の労働運動に活かせるヒントを得たい」というものだった。
　多くのことを学ばせてくれたアメリカについて書きたいことは山とある。しかし、本書のなかでも、ケント・ウォンがロサンゼルスの新しい労働運動について論じているし、私たちも他のかたちで発表している[1]。したがって本稿では、重複をできるだけ避けるために、その対象を、ロサンゼルスを中心とするカルフォルニアの「新しい労働運動」を支える「社会的基盤」に限定する。ここでいう「社会的基盤」とは、「新しい労働運動を生み出し、支えている社会組織と社

会運動並びに、それらと労働運動との相互連関によって形成された全体」と定義しておく。

本稿では、まず、議論の前提となる「新しい労働運動とは何か」を簡潔に整理する。その上で私たちが接近した対象のなかから「新しい労働運動を支える社会的基盤」に該当する組織や運動を取り上げ、その内容と相互の連関を明らかにする。最後にそこから私たちが学ぶものを論じる。

## 1　新しい労働運動とは何か

カルフォルニアでは60年代から70年代、シーザー・チャベス率いる移民労働者たちの全米農業労働者組合（UFWA）の運動が大きく前進し、移民たちの悲惨な労働・生活条件を労働組合の力で変えていくことに成功する。この運動を伏線にしながら、産業構造の大転換と経営側の組合攻撃、従来の保守的な労働運動の後退と労働者たちの草の根からの抵抗、60年代から70年代の様々な社会運動の高揚とその活動家たちの労働運動への進出、そして中南米・アジアからの移民の急増などを背景に、80年代から90年代に「新しい労働運動」が出現する。

新しい労働運動は、SEIUやHEREなどの改革派労働組合の運動に代表される。これらの組合は各地域で新たな組織化戦略をつくり出しながら、移民やマイノリティー労働者たちの組織化に成功してきた。大きな成功例はロサンゼルスの在宅介護労働者7万4000人の組織化（高須2005a）やケン・ローチ監督の映画『ブレッド＆ローズ』で有名なビル清掃労働者の組織化（ジャニターに正義を！Justice for Janitorsキャンペーン）（マンツィオス2001、P213-217。Arellano 2002）である。

これらの新しい労働運動は、「社会運動ユニオニズム」を掲げ、旧来の保守的な労働運動の枠組みを越え、自らを社会運動の一つとして再認識し、活動の領域を拡げ、新しい運動の方法を編み出した。

活動領域については、組合内部の既存組合員に対するサービスから、組合の外の社会へ、コミュニティへと拡げた。労働運動の再生のためには未組織労働者の大規模な組織化が必要であると主張し、あらゆる資源を投入して戦略的に組織化を進める。さらに、労働者にとっての公正な経済社会をめざして、生活賃金キャンペーンや地域再開発などへの取り組みを行なってきた。

そして、運動の方法は、団体交渉やストライキだけでなく、自らの主張と要求の正当性を社会へアピールし、実現していくために様々な社会運動の手法を

UCLAレイバーセンターでの青野恵美子・高須裕彦　　　　　　　　　提供：高須裕彦

取り入れた。そして大学のレイバー・センターやコミュニティの諸組織、宗教組織との「連合」(Coalition) を形成する。また、戦闘的な街頭行動や公民権運動などで使われた非暴力の市民的不服従行動を活用し、メディアを使って世論に働きかけた。政治家や地方議会、自治体に対しても圧力をかけていく。新しい労働運動は、低賃金や貧困の解消を社会変革の道筋に位置づけ、地域社会へ政治的社会的影響力を強め、組織化を成功させ、生活賃金条例を勝ち取るなど成果をあげてきた。

　これら総体を「新しい労働運動」ととらえたい。それを前提に、その社会的基盤は何か、以下、私たちが接近した対象を取り上げながら考えていきたい。

## 2　新しい労働運動の社会的基盤は何か

### 1枚の地図「コミュニティ組織と労働をつなぐ」

　新しい労働運動は、何を基盤に生み出されてきたのだろうか。それを生み出し、支えてきた社会的な基盤、すなわち人や組織、運動とは何か。この問題関心

を持っているときに「発見」[2]したのが1枚のロサンゼルスの地図である。表題は「CONNECTING L.A.'s COMMUNITY ORGANIZATION & LABOR TOWARDS A SOCIAL & ECONOMIC JUSTICE LANDSCAPE」(ロサンゼルスのコミュニティ組織と労働を社会的経済的公正領域に向かってつなぐ) と書かれている[3]。

地図には低賃金労働者がどこにどれだけ住んでいるか、同時に、コミュニティの様々な社会運動組織がどこに所在しているかが示されている。残りの半分は「MAKING CONNECTIONS」(関係をつくる) という表題がついている。私たち労働者は、親であり、借家人であり、消費者でもあり、同時に様々な団体に所属している。様々な顔を持ちながら生活し働いている。低賃金で働いていることと移民であることを、私たちの生活や今現在社会で起きていること、貧困や失業、地域の再開発をつなげてとらえてみる。そして、それらの課題を取り組む様々な組織がコミュニティに存在し、私たちとつながっている……と展開されていく。

地図の裏面には、80年代から現在までにロサンゼルス地域で取り組まれた様々なキャンペーンが描かれている。地域の仕事や生活にかかわるキャンペーンや、移民労働者と日雇労働者の権利キャンペーン、移民の組織化を進める労働者センター、青年の組織化、劣悪作業所反対キャンペーン、ビル清掃労働者や在宅介護労働者の組合組織化などが示される。

この地図を眺めていると、多様な顔を持った労働者が生活と労働の諸課題に取り組む社会運動諸組織とつながり、その関係を基礎としながらダイナミックに新しい労働運動が展開していることが浮かび上がってくる。そして、「関係をつなぐ」というキーワードの大切さが意識される。

**新しい労働運動の5つの社会的基盤**

新しい労働運動の社会的基盤は、これらの諸組織や運動と、相互の有機的な「つながり」である。私たちの体験と調査の範囲で、そのすべてを明らかにすることはできない。短期の滞在で、かつ外国人である私たちに、コミュニティを構成する様々な組織とその諸関係を調査することは困難であった。その限界点を前提に、労働組合に比較的近いところや私たちが接近した対象を中心に整理すると、以下の諸組織や運動が浮かび上がってくる。

それは、(1)労働組合と政治、コミュニティをつなぐ「ロサンゼルス郡労働総同盟」、(2)経済的社会的公正を求め、労働運動と宗教者、地域住民、社会運動をつなぐ「新しい経済を求めるロサンゼルス同盟」、(3)労働運動と移民労働者をつな

ぐ労働者センター、(4)大学と労働運動・コミュニティをつなぐレイバー・センター（労働調査教育センター）、(5)労働運動と人々をつなぐメディア・表現活動である。以下順番に、それぞれの組織や運動とその諸関係についてふれていきたい。

### (1)「ロサンゼルス郡労働総同盟（LACFL）」——労働運動と政治・コミュニティとをつなぐ

「ロサンゼルス郡労働総同盟」Los Angeles County Federation of Labor, AFL-CIO（LACFL）[4] は、ロサンゼルス郡内の AFL-CIO 加盟全国組合のローカル・ユニオン（支部組合）が加盟する連合組織である。345 のローカルが加盟し、組合員数は 80 万人を超え、全米各地域にある CLC [5] のなかでも大きなうちの一つである。専従スタッフは約 20 名であり、各地の CLC 改革のなかで、失敗経験や弱点[6] を持ちつつも成功した例としてあげられている（Gapasin 2001）。

従来は保守的な白人男性たちが LACFL の指導部を握ってきた。しかし、90 年代に入るとロサンゼルスの新しい労働運動の台頭を反映して、指導部の顔ぶれは次第に変わっていく。1996 年、HERE 出身で中南米系のミゲル・コントレラス（Miguel Contreras）[7] が選挙で守旧派を押さえて、ヨーロッパ系白人以外の有色人種、そして中南米系からはじめて財務書記長に選出され、その傾向は一段と明確になった。

他方、60 年代から 70 年代に育ったラディカルズ［Radicals 新左翼を含む急進派、当時の学生運動や社会運動を経験した人々。全米農業労働者組合（UFWA）を支援した人々とも重複する］は、80 年代に労働組合やコミュニティの運動組織に入っていく。それらの活動家たちがローカル・ユニオンレベルで労働運動の改革にかかわり、しだいに影響力を拡げてきていた（Gapasin 2001）。

コントレラスは、これらの人々や彼が労働運動の出発点で属していた UFWA のネットワークを活用し、AFL-CIO が進める「ユニオン・シティー」キャンペーンなどと連携しつつ、LACFL の改革を大きく進める。選挙の時だけ民主党政治家を支援するために稼働する機関から、ロサンゼルスの様々な社会運動とつながりながら地域の様々な政治的社会的課題を取り組む組織へ変えていった。

現在の活動内容は、選挙への取り組み（連邦レベルから州、郡、市まで）や、地域の雇用や労働にかかわる様々な問題、生活賃金条例制定、移民労働者の権利、州や郡、市レベルの行政にかかわる様々な問題、社会福祉、学校教育、地域開

発などへの取り組み、ウォルマート出店阻止の闘い、ローカル・ユニオンの進める未組織労働者組織化キャンペーンや労働協約改訂闘争、ストライキへの支援など広範囲にわたっている。これらの課題に取り組むなかで、コミュニティの社会運動諸組織とつながり「連合」を形成し、社会的影響力を高めてきた。また、調査や教育面では UCLA レイバー・センターと連携している。

地方政治に対して、LACFL は相当の影響力をつくり出してきた。有権者名簿を整備し、技術的にも効率的なシステムを開発し、選挙の時には LACFL の電話センターはフル稼働する。とりわけ、移民やマイノリティーたちの票の掘り起こしについては効果を発揮している。結果として、州、郡、市レベルに労働側の影響力を行使できるようになった。さらに、州議会や市議会に LACFL のなかから直接議員を出すことにも成功している。しかし、シュワルツネッカーが民主党デイビス州知事をリコールして登場して以降、知事とは全面対決している。

このように LACFL は、労働組合同士や労働運動と政治、労働運動とコミュニティの社会運動組織とを橋渡ししてつなぎ、労働運動の政治的社会的影響力をつくり出していくうえで重要な役割をはたしてきた。日本で、連合結成以降の地域労働運動の衰退を見るとき、改革の成功例として学ぶべき対象である。

(2)「新しい経済をもとめるロサンゼルス同盟（LAANE）」——労働運動と宗教者、地域住民、社会運動をつなぐ

LAANE[8] は、労働組合と宗教組織、コミュニティの住民や様々な社会運動組織をつなぎ、「連合」をつくり出す組織である。「関係をつくる」典型例である。

LAANE は 1993 年、HERE ローカル 11 が中心となり、数十万のロサンゼルス住民の貧困生活の改善を求めて結成された。LAANE の理事会は、HERE や SEIU などの組合役員と活動家、コミュニティの社会運動組織の役員、宗教者などで構成されている。ケント・ウォンも理事の 1 人で、大学の研究者たちを LAANE の調査活動につなぐうえで重要な役割をはたしている。約 20 名の専従スタッフを抱えている。

LAANE の主要な活動は、労働者や住民の立場からの調査や政策立案と、それらを実現するためにコミュニティの様々な組織との連合を形成し、キャンペーンを行なうことである。コミュニティのなかで経済的公正を実現することと、労働組合を組織化する権利をどう具体化し、確立していくかに焦点をあてている。

**全米でモデルとなる生活賃金条例を勝ち取る**

　LAANE は、ロサンゼルス市の生活賃金条例を中心に数多くの成果を勝ち取ってきた。

　最初に勝ち取ったものは、1995 年に成立させた「業務委託業者労働者保持（雇用継続）条例」(Service Contractor Worker Retention Ordinance) である。これは、ロサンゼルス市の業務委託先企業が変わるとき、新しい企業が、前の委託先企業に雇用され、同じ委託業務に従事してきた労働者の雇用を少なくとも 90 日間は継続することと、理由があるときにのみ労働者を解雇できることを規定した画期的な条例である。業務委託先企業だけではなく、市から土地や施設を賃借する企業や、市から営業認可を受ける企業、市から補助金を受ける企業にも適用された（指摘しないが以下の条例の対象もすべて同じである）。

　LAANE は、この条例を活用してロサンゼルス空港での市の食品営業許可のプロセスに介入して、使用者たちを中立化させ、労働者の組織化する権利を尊重させた。また、委託業者が変わっても労働者の雇用を継続させることによって、運動の核となる労働者や活動家たちを守り続けることができた。これらによって、SEIU や HERE は空港での組織化を成功させた。

　1997 年、ロサンゼルス市で「生活賃金条例」キャンペーンを展開し、制定させた。条例の制定は全米で三番目だが、全米ではじめて健康保険と、市に条例違反申告をした労働者に対する使用者の報復を禁止する条項を含んだ条例である。適用対象企業に、健康保険がある場合は、時給 7.25 ドル（条例制定当時、2005 年 5 月現在 8.78 ドル）以上、健康保険のない場合は 8.50 ドル（当時、現在 10.03 ドル）以上の賃金支給を義務づけた。対象労働者は 1 万人以上となった。

　そして、2000 年には、「委託業者業務履行能力条例」(Contractor Responsibility Ordinance) が成立し、市業務の委託を求める企業に、委託業務を履行する能力や資格があることの報告が義務付けられた。このなかに、労働関係法令を含む法令遵守が含まれた。法令違反が見つかり資格がないと判断されるとリストに掲載され、5 年間、市からの業務委託が禁止される。労働者の法的権利を確保するうえで重要な条例となった。

　こうして LAANE は、生活賃金並びに関連条例を勝ち取っていく。適用範囲と賃金水準の高さや雇用維持など全米のなかではモデルとなる先進的な内容だ。また、生活賃金は毎年引き上げられている。州最低賃金は 6.75 ドル（2005 年 5 月現在）なので、賃金の底上げを相当図っていると見るべきである。そして、

LAANEによる施行状況のフォローも徹底している。業務委託の状況や市がかかわる地域開発を調査し、施行状況の監視をする一方、対象となる労働者に生活賃金条例下での労働者の権利教育も行ない、現場からのチェック体制をつくっている。

### 連合の建設　宗教者とのつながり

LAANEはこれらの条例を勝ち取るために、HEREやSEIUなどの労働組合とロサンゼルス地域の様々な社会運動組織との連合を建設する。そのなかで注目すべき点は、宗教者や宗教組織とのつながりである。「経済的公正を求める聖職者・平信徒連合」（Clergy and Laity United for Economic Justice CLUE）が重要な役割をはたしている。CLUEは、キリスト教各派だけでなく、イスラム教やユダヤ教、仏教などの宗派を越えた組織で、LAANEと同じ場所に事務所を構え、LAANEの活動にかかわりながら組織を発展させてきた。生活賃金キャンペーンをはじめ、2000年4月のビル清掃労働者のストライキや2003年秋から冬のスーパーマーケット労働者のストライキ、ウォルマート出店反対運動、2004年からのホテル労働者の協約闘争を積極的に支援している。

LAANEはロサンゼルス・カトリック大司教区との関係もいい。毎年9月のレイバーデーには、ロサンゼルス都心部の大聖堂で労働者のためのミサが開催されている。

宗教者の参加は、労働者たちに確信を持たせ、政治家を動かし、地域住民を味方につけ、経営側に反撃しにくくさせる。その意味で大変重要な役割をはたしている。

### 再開発に対し地域の労働者・住民の利益を確保する

LAANEは「（地域住民に）説明責任をもつ開発プロジェクト」（Accountable Development Project）キャンペーンを進めている。ロサンゼルス各地で進む五つの地域再開発プロジェクトに、地域の社会運動組織や労働組合とともに介入し、開発業者から法的拘束力のある「地域社会利益協定」（Community Benefits Agreement）を勝ち取ることに成功した。その内容は、低所得者の購入できる住宅の提供や、保育センターと青年センターの設置、近隣改善基金の設置に加え、開発によって新たに雇用される労働者に関して、生活賃金を支給すること、地元から雇用を行なうこと、組合組織化中に使用者に中立を維持させ、組合認証

選挙ではなくカード・チェックによって過半数支持を確認して組合の交渉権を承認させることなどである。

その有名な成功例は、「公正な経済をもとめる戦略行動」(Strategic Action for a Just Economy SAJE)[9]とともに進めた「経済的公正をもとめるフィゲロア回廊連合」(Figueroa Corridor Coalition for Economic Justice)の取り組みである(Hass 2002)。問題となったのはロサンゼルス都心部の南部から南カルフォルニア大学までのフォゲロア通り周辺の巨大開発である。市の補助金も投入されたが、住宅移転や環境破壊など周辺住民に様々な悪影響を与える開発であった。LANNEやSAJEは地域住民を組織し、同時に既存の住民組織や労働組合、宗教者、学生、環境保護団体など様々な社会運動組織を結びつけて「フィゲロア回廊連合」を形成し、ロサンゼルス市と開発業者に圧力をかける。市の開発認可の遅れと地域住民の開発反対の声に直面した開発業者は、「回廊連合」との交渉に応じた。その結果として、開発業者と「地域社会利益協定」締結を勝ち取ることができた。

### 巨大スーパーの「ウォルマート」出店を阻止する

2004年4月、LAANEはCLUEやLACFLなどと、ロサンゼルス市内のイングルウッドへの巨大スーパー「ウォルマート」[10]出店阻止に成功した。ウォルマートは数百万ドルをかけて地域住民を懐柔し、住民投票で出店を認めさせようとした。CLUEに集まる聖職者たちが積極的に活動し、教会を基礎とする出店反対の連合を形成した。LAANEは調査活動によって、ウォルマート進出の問題点を明らかにした。LACFLは市議会へ圧力をかけ、2003年秋から続いていたスーパーマーケット労働者のスト支援と結びつけた1万人の地域デモを組織した。こうして、2004年4月の住民投票では61％が「NO」を投票し、ウォルマート出店阻止に成功した。

このようにLAANEは数々の成果をあげてきた。重要なことは、調査をし、労働者や住民にとって何が問題であるかを明らかにし、労働組合と密接に関係しつつ（常に組織化を意識して！）、コミュニティに連合を組織したことである。そこでは宗教者が重要な役割を演じている。不公正社会であるアメリカにおいて、地域から労働者にとって公正な経済社会をめざして、少しずつではあるが運動は拡がっている。

他方、日本に目を向けるとこのような組織があるだろうか。戸塚秀夫によれば80年代に大分県佐伯市や北海道室蘭市で産業空洞化が進んだときに、労働運

動が自治体と連携しながら地域再生を探ろうとした経験があり(戸塚・兵藤1995)、政党系列下でいくつか取り組みがあるのではないかという。しかし、東京ではなかなか見えてこない。労働運動の基盤や裾野を拡げていくうえで、私たちは大きな弱点を抱えていると認識すべきである。地域から労働運動総体の再生を考えるときに、いかにして地域経済を再生させるか、その場合に経済的社会的公正さをどのように実現するか、労働者の権利や組織化をいかに進めるか、地域の様々な組織や運動との連携をいかにつくるか、を視野に入れながら、運動や組織を意識的につくり出していくことが大切ではないか。

(3) 労働者センター ──労働運動と移民労働者をつなぐ

### 労働者センターとは何か

「労働センター」(Worker Center)[11] は、80年代から90年代に新しい労働運動が形成されていく時期と軌を一にして生まれた、労働運動と移民労働者をつなぐ新しい組織である。移民労働者たちの多い東西の海岸地域から内陸地域へと拡がり、現在、全米各地に135の労働者センターが存在している[12]。

全米の労働者センター調査を行なっているジャニス・ファイン(Janice Fine)は「労働者センター」を「低賃金労働者を支援するために、サービス、権利擁護(advocacy)、組織化を組み合わせて活動する、コミュニティに基礎をおく、コミュニティ主導[13]の組織」と定義している(Fine 2005)。私たちの言葉で表現すれば、在留資格を問わず移民労働者を主たる対象に、労働相談と問題の解決、劣悪な労働条件の改善、法的権利擁護、生活条件の改善と支援、教育、組織化などの活動を進める、移民コミュニティと密接なつながりをもった組織である。アメリカ労働法上の労働組合ではないが、労働運動の一翼を担うNPO(非営利組織)である。日本のコミュニティ・ユニオンと大変よく似た機能をもつ組織とも言える。

### 労働者センターの対象

その対象は主に移民労働者たちで、彼らは同時に、既存の労働組合が組織してこなかった労働者や組織化が非常に困難な労働者である。また、労働組合が今後組織しようと考えている労働者である場合もある。対象の性格によって二つのタイプの労働者センターがある。全体の56%が特定の産業や職種(全体の38%は単一の産業)を対象とするタイプで、残りは産業と無関係で、人種や民族、

女性、青年など労働者の属性を対象とするタイプである（Fine 2005）。対象となる産業や職種は、移民たちが働く様々な低賃金の仕事である。例えば、日雇労働者や、建設労働者、庭師、農業労働者、ビル清掃労働者、家事労働者、在宅介護労働者、レストラン労働者、スーパーマーケット・食料雑貨店労働者、縫製被服労働者、タクシー運転手、自転車便労働者、配達労働者などである。

**労働組合との関係**

　労働組合との関係は多様であるが、多くのセンターはコミュニティから自立的に生まれ、労働組合と日常的関係をもっていない。他方、数は少ないが労働組合の直接の呼びかけや支援でできた労働者センターもある（例えば、UNITEが設置したニューヨーク・ブルックリンの「サンセットパーク労働者センター」）。出自に関係なく現時点での労働組合との関係もまた様々である。労働組合と積極的に連携しているところは、労働者センターが労働者の組織化へ向けた最初の受け皿として機能している。労働者たちのたまり場として、労働組合に対する意識を変え、団結することの大切さを気づかせてくれる場である。組合側が労働者センターを競合組織とみなして敵対関係になったり、労働者センターも既存組合を保守派のビジネス・ユニオニズムとして遠ざけたりして、関係がうまく持ちえていないところもある。それは、日本のコミュニティ・ユニオンと単産・大企業労組との関係に似ている。ロサンゼルスでは労働者センターとSEIUやHEREとの関係の存在[14]は見えるが、日常的継続的な協力関係とは言えず、もっと協力関係をつくるべきだと議論がされていた（UCLAレイバー・センターの研究会）。

**労働者センターの機能——労働相談から労働条件改善の枠組みづくり、教育、組織化へ**

　労働者センターの機能は、以下の三つに整理される（Fine 2005）。(1)サービス提供（賃金未払いや労働法違反、労働災害、いやがらせなど職場の様々な問題に対する労働相談とその解決や解決の援助、健康・安全衛生教育と医療、銀行口座の開設などを含む生活上の諸問題や在留資格などの相談と解決、労働者としての権利教育や英語教育）、(2)権利擁護活動（劣悪な労働実態の調査と暴露、労働条件改善のキャンペーン、監督行政との連携による労働法違反の是正、使用者に対する法的訴訟、移民政策改善や立法・法改正キャンペーン）、(3)組織化活動（組織建設とリーダー育成）である。

このなかから労働相談、労働条件改善キャンペーン、教育、組織化を中心に私たちが接近した対象から見えてきたものを紹介したい。

　労働相談は、解雇相談がほとんどないのが日本との大きな違いである。解雇に対する法規制が差別を理由とするものなどを除いてほとんどないからである。多いのは賃金・残業代の未払いである。労災や嫌がらせ、セクハラなどの相談もある。解決方法をアドバイスすることからはじまって、未払い賃金の支払いなどを求める通告書の送付、電話での申し入れや交渉、直接交渉などを行なっている。しかし、これで解決しない場合は、州の労働監督機関への申告や裁判の申立てを行なう。同時平行で悪質経営者への抗議行動やボイコット運動なども組織している。

　低賃金で劣悪な労働条件を改善していくために、一方で、悪質経営者に対しては見せしめ的に争議をやることもある。他方、開明的な経営者たちとは協議し、一企業や地域のある産業に適用される労働基準の合意を定めていく。それを労働協約に近いものとして合意書[15]をつくったり、個別労働者の契約に入れたり、もう少し緩やかな行動規範として定めて、コミュニティから監視していくなど、様々な試みが模索されはじめている。

　教育は、労働者の権利や、労働法にはじまり、労働者に団結の必要性を気づかせるもの、リーダーシップ開発、自分たちの働く産業や地域の構造を理解させるもの、グローバリズムや政治経済動向、セクシャル・ハラスメントなど様々である。日本のコミュニティ・ユニオンなどと比較すると驚くほど教育に力を入れている。教育手法は一方的な講義はなく、参加型の「民衆教育」が中心である。体を動かし、議論をしながら気づかせ、意識化し、理解していく方法である（高須2005b）。英語教育やパソコン教育も行なわれている。

　組織化は、労働者センターへ直接組織する場合と、労働者センターとは別に「Association」という会員組織をつくり、そこに組織されている場合がある。別組織の場合は、労働者たちが自ら運営する自治的組織をめざしている。労働者センターは、専従スタッフたちが労働者たちの相談にのり、支援していくところだから、依存関係をどうしても引きずってしまう。労働者たちの自発的な参加を促していくには、別組織の会員組織がふさわしいのかもしれない。

## ロサンゼルスの労働者センター

　ロサンゼルスには、四つの労働者センターがある。以下、KIWAを中心に簡単

に紹介しておきたい。これらのセンターは「多民族移民労働者組織化ネットワーク」Multi-Ethnic Immigrant Workers Organizing Network（MIWON）を構成し、共通の課題への取り組み、争議支援、5月1日のメーデーを一緒に取り組んでいる。

### コリアン移民労働者擁護団体（KIWA）

「コリアン移民労働者擁護団体」(Korean Immigrant Workers Advocates KIWA)[16]は、ロサンゼルス暴動発生の直前の92年3月に設立された中南米系やコリアン系労働者を対象とする老舗の労働者センターである。労働相談とその解決、診療所と連携した健康や労災・職業病相談、労働条件改善キャンペーンと労働者を意識化する教育に力を入れながら、組織化へ活動領域を拡げてきた。

労働相談のなかで、レストランの最低賃金違反が多いので、KIWAは97年からレストラン使用者に州最低賃金を遵守させる「コリアタウン・レストラン労働者公正キャンペーン」（Koreatown Restaurant Workers Justice Campaign）に着手した。労働者への教育、最賃違反の是正活動（個別使用者への要求、監督機関への申告）などを進めた。コリアタウンの全レストランのうち州最低賃金を遵守している比率が97年に2％程度であったが、キャンペーンの結果、2000年には半数を超えたとKIWAは推計している。さらに「コリアタウン・レストラン労働者の会」（Restaurant Workers Association of Koreatown）を結成して組織化を進めている（会員約400名）。次に、コリアタウンの六つのコリア系スーパーマーケット労働者（約600名）を対象とした「マーケット労働者公正キャンペーン」(Market Workers Justice Campaign) に着手した。KIWAは、UFCWローカル770に組織化を要請するが、UFCWは関心を示さない。そこで、KIWAは、やむなく「移民労働者組合」（Immigrant Workers Union）を結成して、自ら組織化に乗りだした。スーパーの一つ「アッシーマーケット」で、2002年3月に、NLRB管理下で組合認証選挙を行なう。しかし、経営側は猛烈な反撃を開始、UFCWは協力どころか妨害をはじめた。投票結果は賛否同数（各67票）で、組織化は頓挫する。さらに経営は、同年8月1日に、社会保障（Social Security）番号があわない（就労資格のない移民労働者に社会保障番号はない）ことを口実に組合支持の56名の労働者を解雇した。現在も労働者たちは、職場復帰を求めて闘いを続けている。

他方、3年にわたるマーケット労働者キャンペーンとアッシーマーケット争議は、組織化や争議を回避したいという消極的なものであるが、他のスーパーの

KIWA のダニー・パクさんを中心に日本からの訪問者たち 2003 年 8 月 提供：高須裕彦

経営者へ強い影響を与えている。各使用者との公式・非公式のコミュニケーションが行なわれ、事実上、KIWA が労働者を代表して、労働条件交渉を進めている。賃金水準も最低賃金（6.75 ドル）レベルから 8 ドル前後（良いところは 9.50 ドル）まであがっている。さらに経営者に「行動規範」を提示し、それをコミュニティから監視しながら一定水準の労働条件を確保させる仕組みをつくろうと模索をはじめている。

**他の労働者センター**

「人道的移民権利連合」(Coalition for Humane immigrant Right of Los Angeles CHIRLA)[17] は、「南カルフォルニア民衆教育協会」(Institute of Popular Education of Southern California IDEPSCA)[18] と共同で、中南米系移民を中心とする日雇労働者センターをロサンゼルス市内 5 カ所で、市から委託を受けて運営している（Bacon 2002）。このセンターは、日雇仕事の斡旋や待機場所としての機能を持ち、英語やパソコン教育、権利教育などを行なっている。

「フィリピン労働者センター」(Pilipino Workers' Center PWC)[19] は 97 年に結成

され、フィリピン系労働者を対象に、教育、文化活動、労働相談活動を行なっている。「フィリピン労働者の会」(Association of Filipino Workers) を設置して、労働者を約400名組織している。

「衣服労働者センター」(Garment Worker Center GWC) は劣悪作業所反対キャンペーンを行なっているNGO「劣悪作業所監視」(Sweat Shop Watch)[20]がもとになって、2001年に結成された。ロサンゼルス地域の縫製衣服産業で働く約10万人の未組織の下請縫製労働者（主として中南米系やアジア系労働者）を対象に労働相談を行なっている。将来の組織化を視野に教育に大変力を入れていて、毎週土曜日に参加型ワークショップを開催している。

### 労働者センターの可能性

労働者センターは財政基盤も脆弱[21]で、分散し孤立する小さな組織[22]であり、未だ発展過程にある。しかし、それぞれのセンターの若く元気の良いスタッフたち[23]にインタビューをしてみると、活動は大変であるけれど、みんな将来への展望や希望を持ってがんばっているのが見えてきた。対象労働者の労働条件を改善するために、受け身の労働相談を超えて、将来へ向けた組織化や労働条件改善の戦略を描こうと努力している。そして、既存の労働組合と比べて、移民コミュニティとの強いつながりを持っている。

労働者センターは、移民だけでなく黒人を含めた低賃金労働者全体を対象に拡がっていく、あるいは既存の労使関係の枠組みにはまらない世界の労働者へ拡がっていく可能性を持った組織である。小さいがゆえに小回りがきき、様々な実験が可能である。そういった可能性を拡げていけば、労働運動の裾野を拡げ、その社会的基盤を拡大し、近い将来組織化へもつながっていくのではなかろうか。長期的には主流の労働運動へ影響を与えていく、そういう未来の可能性を持った組織である。

労働者センターが試みようとしている労働条件引き上げの戦略、労働者の意識化を図る教育、コミュニティとの強いつながりなど、日本のコミュニティ・ユニオンとして学ぶべき点が多い。

### (4) 大学のレイバー・センター――大学と労働運動・コミュニティをつなぐ

大学のレイバー・センター（労働調査教育センター）は大学と労働運動やコミュニティをつなぐ役割をはたしており、新しい労働運動のなかで重要な位置に

ある。

　レイバー・センターとは何か。ここでは「大学にベースを置き、労働運動側にたって運動と提携しつつ労働教育を行なう機関やプログラム」と定義しておく。大学のレイバー・センターの多くは50年代から60年代、公民権運動などの社会運動の盛り上がりを背景に、労働者、労働組合のための調査教育機関が大学にあって当然ではないか、と労働組合が公立大学の設置者（州や市）に要求して設立させていったものである。

　Byrd & Nissen 2003（労働教育実態報告）によれば、全米各地の大学にベースをおく44の労働教育機関が対象としてリストアップされ、調査されている。財政確保の困難さ、アカデミック化の圧力[学位取得コースへのシフト、スタッフにしめる博士号取得者の割合（44%）の増加]がある一方、組合活動経験を有するスタッフが過半数を超えていること（58.5%）、依然として地域の労働組合と提携した組合員向けコースが大きな比重を占めていることなどがわかる。この報告は、レイバー・センターのタイプ分けを行なっていないが、各労働教育機関の実態を明らかにした表（Byrd & Nissen 2003、P122-165）を見ると、二つのタイプが浮かんでくる。それは、調査研究と大学院を含めた学位取得教育に重点をおく「アカデミック型」と労働者や組合員を対象とした教育に重点をおく「労働教育型」である。労働教育型は調査研究機能のないところもある。私たちが滞在していた「UCLAレイバー・センター」は、いずれにもあてはまらず、むしろ、より労働運動に近いところから積極的に労働運動の変革をめざして総合的にアプローチする「運動型」と定義すべきではないかと考える。後に紹介する「ロサンゼルス職業技術大学レイバー・センター」は明らかに労働教育型のレイバー・センターである。

## UCLAレイバー・センター——労働運動と大学をつなぎ、大学の資源を提供する

　UCLAレイバー・センターの正式名称は「カルフォルニア大学ロサンゼルス校労働調査教育センター」（Center for Labor Research and Education, UCLA）[24]である。1964年にカルフォルニア労働総同盟の要求に応え、バークレー校レイバー・センターと同時に設立された。1991年、ケント・ウォンが所長になり、レイバー・センターはロサンゼルスの産業構造の変化や新しい労働運動の台頭を反映して、サービス産業や移民・マイノリティー労働者たちの組織化と運動に焦点をあて

て活動してきた。

　スタッフたちの多くは労働組合や労働者センターなどでの活動経験をもち、労働運動の変革を促進していく組織者としての役割意識をもっている。それゆえ、労働運動や社会運動に対してさまざまな問題提起を行ない、必要とあれば組織やネットワークをつくり、積極的に関わりながら活動を続けている。彼らはレイバー・センターを、労働運動と大学をつなぎ、労働運動のために大学の資源（教育・財政・教員・研究成果・施設）を提供する橋と位置づけている。

　2000年に、デイビス州知事（民主党）はレイバー・センター予算を倍増した[25]。2002年に、労働組合や社会運動組織の事務所が集中するダウンタウン西部に、コミュニティや労働運動と大学をつなぐ拠点として「ダウンタウン・レイバー・センター」を開設し、活動領域を飛躍的に拡大した。それ故に、デイビス知事をリコールして就任したシュワルツネッカー州知事（共和党）は、予算カット提案を繰り返し行なっている。2004年度予算については撤回させたが、知事は05年度も執拗に同じ予算カットの提案をしており、今後も予断は許さない。

### UCLAレイバー・センターの活動内容

　主な活動内容は、教育や調査研究、問題提起型のイベントの開催や運動へのかかわり、国際連帯などである。

　教育については、労働副専攻の学生向けの授業や、労働組合の役員・スタッフやマイノリティー・女性活動家向けリーダーシップ開発のための短期集中教育コース、各組合の組合員教育の支援などを行なっている。興味深かったのは、夏休みに開催される6週間の「サマー・インターンシップ・プログラム」である。これは、学生が労働組合や労働者センター、NPOなどの活動に参加しながら学ぶ体験学習である。

　レイバー・センターが行なう調査研究の目的・問題意識は明確である。労働運動のために必要な調査研究を行ない、その結果を実際の運動に利用・活用できるかたちにして発表することだ。この点は日本の労働研究の実態とは明らかに違う。その成果は、移民のオルグや活動家たちの個人史をまとめた *Voices from the Front Lines*、*Voices for Justice*（邦訳はウォン 2003）や、民衆教育の歴史と実践事例をまとめた *Teaching for Change: Popular Education and the Labor Movement*（変革のための教育：民衆教育と労働運動、Wongら 2002）にまとめられ、活用されている。ユニークな試みはすでにふれたロサンゼルスの地図をつくった「コ

ミュニティ研究者プログラム」である。組合や社会運動組織のスタッフや活動家たちを対象とし、実践的課題をテーマにした半年間の共同研究プログラムで、運動に活用できるアウトプットを出している。

新たな課題を提起するイベントの開催や、各運動体や組織のネットワークづくりも積極的に行なっている。2004年7月に開催された「ウォルマート」をテーマとする討論集会は、UCLA環境研究所と共催で開催された。環境保護団体や、労働組合、労働者センター、LAANEなどがはじめて一堂に会して議論する場となり、ただちに南カルフォルニアにおけるウォルマート対策のネットワークづくりにつながった。ケント・ウォンはUALE[26]とAPALA[27]の結成に際して重要な役割を演じ、両方の創立会長を務めた。地域においてもLAANEやSAJEの理事や議長も務めている。これらの組織結成と運営にかかわり、大学の研究者と地域運動をつなげる上でも重要な役割を担ってきた。

国際連帯についても例外ではない。中南米、カナダ、アジア、太平洋地域の大学や労働組合などとの交流を積極的に行なっている。AFL-CIOが禁止する中国やベトナムとの交流も積極的に行なっている。

以上がUCLAレイバー・センターの活動内容である。大学の資源を労働運動やコミュニティに提供する橋の役割を担うレイバー・センターは、労働運動を変革するための組織者でもある。これが「運動型」と定義したゆえんである。

## ロサンゼルス職業技術大学レイバー・センター——労働組合のための実務教育

「ロサンゼルス職業技術大学レイバー・センター」(Labor Center, Los Angeles Trade-Technical College)[28]は、様々な職業技術専門教育を行なっているカレッジのなかに、1978年に開設されている。このレイバー・センターはUCLAレイバー・センターとはまったく異なり、調査研究は行なっていない。労働関係の授業の開講に特化したセンターである。制度上対象は一般に開かれているが、労働組合の役員やスタッフ、組合員を対象としてカリキュラムが設定されている。実際、学生の多くは、高校を卒業したばかりの学生ではなく、30代、40代の非専従職場委員や現場の活動家たちである。LACFLや各組合は、組合員に学生募集案内を流したり、組合員が参加しやすいよう組合会館を教室として提供したりして、協力をしている。講師は、専任はレイバー・センターの所長だけで、他は非常勤である。組合のスタッフや、弁護士、UCLAなどの研究者で、改革派

潮流に属する人が多い。授業科目は、団体交渉、労働法、労働経済、苦情処理・仲裁、組織化戦略、組合経営、安全衛生、組合リーダー、交渉技術、政治行動の組織化、女性労働者、セクシャル・ハラスメント、宣伝活動、労災保険などで、実際の組合活動に役に立つ大変実務的な内容である。授業は平日夜間や土日に設定されている。授業は科目ごとに受講できるが、単位認定されて、規定を満たせば教養学準学士号が取れるようになっている。他大学と単位互換もされている。学位を取りたい人は、働きながら自分のペースで勉強できる仕組みとなっている。労働運動の実践や実務に役に立つ一定の量の労働教育を学位取得とつなげながら制度的に供給する場として機能している。

二つのレイバー・センター事例をみてきた。センターは、労働運動に役に立つ調査研究、労働運動を支え、変革をめざす問題提起や取り組み、学生や労働者に対する労働教育など、新しい労働運動の社会的基盤の一つとして重要な機能をはたしている。ロサンゼルスでは学生運動を経験した若い人たちや労働専攻の大学院生たちが労働組合で働いている。組合と労働研究者との共同調査やアクション・リサーチなども積極的に行なわれている。これらの人材を供給しているのが大学のレイバー・センターでもある。

レイバー・センターは日本にはまったく存在しない教育研究機関であるが、日本での必要性や可能性について考え、議論していきたい対象である。

(5) 労働者のメディア・表現活動——労働運動と人々をつなぐ

第四権力と言われるメディアの社会的影響力は大変大きい。アメリカでは寡占化されたテレビの三大ネットワークを中心とする「企業メディア」が強いシェアと影響力を持ち、一方的情報を流し続けている。それは、9.11以後とりわけ顕著となっている。メディアを通じた煽動で、ブッシュはアフガン戦争からイラク戦争を引き起こし、大統領に再選された。メディアの役割の一端は、青野が制作したビデオ『Peace Not War——9.11直後のニューヨーク』（ビデオ塾2002a）や『戦争に沈黙しない人々——9.11から1年後のニューヨーク』（ビデオ塾2002b）でも明らかにしてきた。

他方、新しい労働運動は、自らの要求と闘いの正当性を社会的にアピールし、政治やコミュニティへ働きかけ、政治的社会的影響力を強めてきた。労働運動と人々をつなぐために重要な役割をはたすのがメディアである。しかし、企業メディアが大きな影響力を持つ社会では、メディアをどう活用するか、メディ

アをどうつくりだすかが、運動の死活にかかわる戦略的課題となる。

そこで、本項では、まず労働組合が行なう映像制作やマス・メディアの活用に触れる。次に、草の根の労働者たちによるメディア制作や表現活動を紹介していきたい。

**労働組合が取り組む映像制作**

新しい戦略をつくりだし組織化に成功したSEIUやHEREは、どのように組合員の心をとらえたのか。ロサンゼルスでは移民を組織化の対象にしているために、言葉や文化の違いもある。ロサンゼルス滞在中、私たちはSEIUやHEREの集会や大会に参加する機会に恵まれたが、そこでは必ず20分ほどのビデオ上映があった。組合が独自に制作した作品で、内容は歴史や全国大会、キャンペーン報告などである。

なかでも印象に残ったのは、SEIUが制作したビデオ『JUSTICE FOR JUNITORS』（ビル清掃労働者に正義を・1990年）の一場面である。そこにはデモに参加していたビル清掃労働者と市民が、警察官に棍棒で殴られ逃げまどう姿が映し出されていた。この映像はその後、全米の「ビル清掃労働者に正義を」のキャンペーンの映像とともに、SEIU本部のビデオ制作部が上記の作品として14分にまとめた。ビデオは15年たった今も、人々にあの暴行シーンを蘇えらせ、はじめて観る人の心をとらえる。この印象的なシーンはケン・ローチ監督の映画『ブレッド＆ローズ』（2000年）のなかでも使われている。世界的な知名度をもつ監督の目にとまり、結果として広く世界に移民たちのビル清掃労働者の運動を伝えることになったのである。

SEIUが映像制作をする目的は、外に向けて運動を広げることだけではない。組合員に向けた教育でもある。約10万人の在宅介護労働者を組織するSEIUローカル434Bを訪ね、そこが制作した数本のビデオを観たとき、どれも組合員を意識して制作されていることに気づいた。在宅介護という仕事柄、労働者は点在しコミュニケーションをとることが難しい。そこで組合は日常活動を映像で記録して、15分前後の作品にまとめ、DVDで組合員に配布する。介護労働者の多くが英語を理解しない移民であることが、映像制作を一層促しているように思う。

**ビデオ『Golden Lands, Working Hands』（黄金の大地と働き手）ができるまで**

労働運動の将来を担う学生向けに制作された映像作品がある。ビデオ『Golden

Lands, Working Hands』は20世紀のカルフォルニア労働運動史をまとめた3時間の大作である。視聴対象者は組合員や高校・大学の学生で、授業で使いやすいように全体の作品が10パートに分かれている。この作品の制作を企画したのは「カルフォルニア教員連合」(The California Federation of Teachers CFT)[29]の「学校における労働委員会」(Labor in the Schools Committee)である。同委員会はCFTに15年前につくられた。その目的は、小・中・高校の先生たちに、労働運動についてどのように教えるかを助けることだ。これまでに労働運動に関する情報の提供や、教員をトレーニングするためのワークショップや教材の開発をしてきた。小学生向けに制作された絵本では、農場労働者や動物を主人公にして、物語をとおして労働組合の存在意義を子どもたちが理解できるように工夫されている。同委員会の仕事は、組織化のずっと以前の、息の長い仕事である。

　ビデオの完成には8年の年月を要した。ディレクターとして並々ならぬ努力を傾けたのが同委員会のメンバーで、CFTのコミュニケーション・ディレクターを務めるフレッド・グラス(Fred Glass)である。彼はビデオの制作に理解と協力を得るために、カルフォルニアのすべての組合に手紙を送り、8年の月日をかけて400をこえる組合から制作費25万ドル(約2600万円)を集めた。また公共放送(Public Broadcasting System)のテレビ局で働く映像の専門家たちからは技術と時間の提供を受けた。「労働ビデオが民間財団から支援を得ることはアメリカでは本当に稀なこと」とフレッドはいう。

　完成後は、財団からの助成金を得て、カルフォルニアのすべての公立高校にビデオを無料で配布した。その1年後、UCLAレイバー・センターが調査したところ、20％の高校で実際にビデオを活用しているという回答を得た。これは決して低い数字ではない、とフレッドはいう。圧倒的多数の労働者が組合にコンタクトしていない現実のなかで、同ビデオは学生たちに労働運動の存在を知らせる貴重な教材といえるだろう。

### マス・メディアの活用

　新しい労働運動は、自らの正当性を社会的にアピールし、人々へ伝えていくために、マス・メディアを積極的に活用している。

　私たちは、2004年8月に行なわれたホテル労働者による「市民的不服従」の行動をビデオ撮影することができた(ビデオ塾2005)。このとき、逮捕されていく労働者らを複数のテレビ・カメラも追っていた。この様子は夜のニュース番

組で報道され、多くの市民がホテル労働者の行動を知ることになる。また『ロサンゼルス・タイムズ』は翌日の朝刊で大きく報道した。労働運動を社会的に広くアピールするうえで、マス・メディアの役割は大きい。ホテル労働者を組織するHEREはそのことを十分に理解して、メディア各社に事前に連絡して取材を要請していたのである。しかし、組合がマス・メディアの関心をつなぎ止めることは容易なことではない。持続性に欠け、何事にも飽きっぽいという欠点を、とくにテレビ・メディアはもっている。また、派手な行動には興味を示しても、地味でこつこつと積み上げるような運動への関心は低いといえる。

今回のホテル労働者の闘争のようすを報道したのはマス・メディアだけではない。「KPFK」[30]というコミュニティの市民ラジオ局は、毎日のニュースや労働専門番組のなかでホテル労働者をゲスト出演させるなど、きめ細かな報道を続けた。KPFKは1959年に開局された市民ラジオ局で、市民たちの出資と参加によって運営されている。1949年に開局されたKPFA（サンフランシスコ）やWBAI（ニューヨーク）、KPFT（ヒューストン）、WPFW（ワシントンDC）と提携して、アメリカのマス・メディアによる偏向報道に対抗する市民メディアとして活動している。

**労働者がメディアをつくる**

私たちはサンフランシスコの市民ラジオ局KPFAで、労働番組を自ら制作する労働者グループと会った。昼間はそれぞれ仕事をもつ。番組の収録が近づくとメンバーが集まって内容について議論した。ラジオ局のスタッフに情報を提供して番組をつくってもらうのではなく、労働者の視点を生かして番組を自ら制作するのである。そこには自らが表現する自立した強い労働者の姿がある。

中心メンバーであるスティーブ・ゼルツァー（Steve Zeltzer）には二つの顔がある。昼間は公務員として働く労働者、もうひとつが労働ジャーナリストである。彼は1983年、サンフランシスコのコミュニティ・テレビで「Labor On The Job」（職場の労働組合）という月2回の1時間番組をスタートさせた。「ほとんどのアメリカの労働者はテレビから情報を取っている。労働者の考え方はメディアによってつくられる」と彼はいう。これまでに、労働情報をインターネットで配信する「レイバーネット」[31]や、労働者の祭典「レイバーフェスタ」なども企画・実行してきた。こうした試みはアメリカを越え、日本や韓国、ドイツなどへも拡がり、労働者によるグローバルなつながりを可能としている。現在は、サテ

ライトを使った24時間のレイバーチャンネルのスタートをめざしている。

　草の根から生まれたスティーブたちの活動は、組合やコミュニティの人々に支えられて、ゆるやかなネットワークをつくっている。新しい労働運動にとって、マス・メディアや市民メディアと連携しながら、テレビやラジオ、インターネットをつかって、社会的に広くアピールする努力は重要である。

### 労働者参加型の表現活動

　草の根の労働者たちが自らの活動を写真や映像、絵、演劇、音楽によって表現するという、労働者参加型の表現活動がある。残念ながらロサンゼルスで出会うことはできなかったが、ニューヨークには「Bread and Roses Cultural Project」[32]（パンとバラ文化プロジェクト、1979年設立）という団体があって、訪ねることができた。設立したのは、病院労働者を組織していた「District 1199」（1199地区、89年にSEIUに加入してSEIU District 1199になる）の組合誌の編集をしていたモウ・フォーナー（Moe Foner）である。彼は労働運動を多くの人に理解してもらい広げるためには、「文化を創る」ことが必要であると呼びかけた。

　1199は1959年5月、当時最も劣悪な仕事とされていた病院の労働者を組織化しようと、組合承認を求めて46日間におよぶストライキを行なった。労働者の多くは黒人や中南米系の女性たちである。1199の運動には当時から社会的な拡がりをみることができる。ピケには多くの俳優やアーティストらが参加し、メディアを使って世論に訴えた。さらに1199は労働運動の枠を飛び出して、組合員がもとめる社会問題にもコミットしていく。1963年のワシントンでの公民権運動のマーチに、組合として初めて参加を表明したのである。

　モウ・フォーナーは1959年のストライキの後、「Bread and Roses」という言葉に注目した。1912年にマサチューセッツでおきた繊維労働者によるストライキのなかから生まれたこの言葉には、パンのためだけでなく、人生で美しいもののために闘う、という意味が込められている。モウ・フォーナーは職場である病院で昼休みを利用して、演劇やコンサート、映画を積極的に企画した。プロのアーティストを呼ぶこともあったが、次第に組合員のなかにアーティストを見いだしていく。

　「Bread and Roses Cultural Project」が現在取り組んでいるプロジェクトの一つに、「Unseen America」（見えざるアメリカ）と名付けた写真プロジェクトがある。これは、労働者や学生、ホームレスのための写真講座および展覧会である。ニ

ューヨーク州立大学の協力を得て、クラスの費用は1人10ドルである。受講者にカメラを貸し出し、生徒は自由に撮影する。ある労働者は仕事中の仲間の写真をとった。そこにはタイトルどおり「見えざるアメリカ」が映し出されている、と感じた。

　草の根の労働者たちによる表現活動は、サンフランシスコで出会った「メディアをつくる」スティーブたちの活動と重なって見えた。両者はともに、労働者自らが表現し、労働運動の主役として誇りをもって社会に働きかける。だからこそ、受け手の心をとらえることができるのだと思う。そして、労働者たちは表現力とメディアを手にすることで、自立した強い労働者にエンパワーメントされる。

## 3　私たちが学ぶもの

　以上のとおり、ロサンゼルスを中心に新しい労働運動の社会的基盤を明らかにしてきた。そこから何を学ぶか。私たちが直面する日本の労働運動の現状と課題を想起しつつ考えてみた。以下、それを4点に整理して本稿を終わりたい。

### 労働運動を活性化させる社会的基盤をどうつくり、拡げるか

　第一は、労働運動の活性化と社会的基盤についてである。どうすれば労働運動の活性化を図れるのか。ロサンゼルスの新しい労働運動は明確に回答を示している。LACFLや経済的公正さを追求するLAANEは、労働組合と宗教者やコミュニティの社会運動諸組織をつなげ、「連合」を建設し、政治的社会的影響力を強めてきた。その「連合」は、移民労働者たちの組織化を成功させ、生活賃金条例を勝ち取り、地域再開発に介入して「地域社会利益協定」を勝ち取りながら、低賃金労働者の生活と労働を改善していく道筋をつくっていく。労働者センターは移民コミュニティを基礎に活動し、移民労働者の組織化と労働条件の改善を進めていく。大学のレイバー・センターは大学と労働運動、コミュニティをつなぎ、労働運動のための教育と調査研究、人材を供給する。同時に、労働組合や労働者の教育活動やメディア活動、表現活動も重要な役割をはたしてきた。これらがつながることによって労働運動の社会的基盤は拡がり、労働運動総体の活性化がはかられてきた。

　現在の日本の労働運動は、社会やある特定地域において労働運動の政治的社会的影響力をどう拡げていくかについての戦略をまったく持っていない。この

点は日本の労働運動の重大な弱点だと認識すべきだろう。労働運動を支える社会的基盤をどう拡げるか。まず、労働組合が課題を共有できる様々な社会運動とつながりをつくる。ゆるやかなネットワークや関係をつくることが第一歩であるだろう。一朝一夕にはできないが、労働運動自身がそれを重要な戦略として意識化することからはじまるのではないか。

**レイバー・センターの重要性、日本での可能性を探ろう**

　第二は、大学にベースをおく労働教育・研究機関としてのレイバー・センターの重要性についてである。日本において、今後の労働運動をになう人材や労働運動のための教育や調査研究を担える人材をどう育成するのかが緊急の課題である。運動も研究も閉塞感を深めているときにこそ、立場の違う多様な人たちとの交流がまず重要ではないか。大学という中立的な場をその交流の場として活用できないだろうか。その延長線上に大学にベースをおく「レイバー・センター」を構想してみてはどうか。必要とされる内容や機能、具体化の可能性を議論することからはじめて、部分的でも具体化できるものは実現していくことが重要ではないか。

**労働者のエンパワーメントと表現活動**

　第三は、草の根の労働者たちのエンパワーメントについてである。労働者たちを意識化し、闘いの正当性や要求の社会性を確信させる教育は、「民衆教育」手法を使って参加型や課題提起型の方法で行なわれている。労働者の知恵や経験を引き出し、それを闘いへの確信と団結に結びつけていく。そして闘いのなかで、「市民的不服従」などの方法で労働者が自らを社会的に表現していく。さらには、写真や映像、テレビ、ラジオ、インターネットをつかって自分たちの課題を労働者自身が表現して発信していくことが積極的に行なわれている。

　労働者自身が自分たちの表現方法を獲得することこそ、労働者が本当にエンパワーメントする（強くなる）ことだ。この点は日本の労働運動の弱点である。私たちのやってきた労働教育や表現活動のあり方を見直し、草の根の労働者の参加を積極的に引き出して行くことが大切だ。そして、インターネットを活用すれば、様々な表現を容易に配信できる。インターネット・テレビも可能だ。これらを活用して、市民や労働者のための「独立メディア」をつくりだしていくことも積極的に構想してみてはどうだろうか。

**労働運動再生へ向けて**

　第四は、労働運動内部の矛盾と再生へ向けた論争である。労働者が自らを意識化し、エンパワーメントされたとき、SEIU や HERE などの指導部との関係はどうなっていくのだろうか。戦略を立案する優秀なスタッフたちと、現場の意識化された戦闘的な労働者たちのベクトルを同じくすれば、戦闘性が高まり、組織は強くなる。しかし、両者が対立したとき、残念ながら深刻な事態を招く。SEIU では混乱を上から押さえるために信託管理をいくつかのローカルで行なっている。しかし、これでは草の根の労働者のエネルギーを押しつぶし、労働運動は衰退してしまうだろう。大切なのは組合内部に民主主義を確立し、それによって組合員たちの要求とエネルギーを引き出すことではないだろうか。

　AFL-CIO の改革論争のなかで、SEIU などは、ローカルの統合や、産別整理と統合によって資源を集中し、組織化を徹底的に行なうと主張している。しかし、本当にこれで労働組合が強くなるのか、草の根のエネルギーを引き出せるのか、民主主義はどこにいくのか危惧するところである。

　このような内部の矛盾をはらみつつも、崖っぷちから反撃するために、労働運動の再生に関する本が多数出版され、研究者や草の根の活動家からトップリーダーに至るまで、様々な問題提起をし、侃々諤々の議論をしている。そして議論を実践に移している。

　他方、論争すら起こらない日本の労働運動の現状はさらに深刻で絶望的ですらある。労働運動の再生へ向けて、潮流や立場を越えて研究者、活動家が一同に会して交流する。戦略や方法について議論する。どんどん試してみる。できるところから実践する。モデルケースをつくる。いま、まさにこれが求められているのではないか。

2005 年 6 月 7 日執筆

---

### ❖参考文献

グレゴリー・マンツィオス編、戸塚秀夫監訳（2001）『新世紀の労働運動——アメリカの実験』、緑風出版。

ケント・ウォン編著、戸塚秀夫ら監訳（2003）『アメリカ労働運動のニューボイス　立ち上がるマイノリティー、女性たち』彩流社。

高須裕彦・青野恵美子（2004）「ロサンゼルスから」連載『労働情報』649 号から 660 号。

高須裕彦・青野恵美子（2005）「アメリカ労働運動から学ぶもの」『労働情報』662・663号。

高須裕彦（2005a）「ロサンゼルスの在宅介護労働者の組織化」（上・下）『労働法律旬報』No.1598-2005年4月下旬号・No.1600-2005年5月下旬号。

高須裕彦(2005b)「アメリカにおけるマイノリティーの労働運動と民衆教育」『社会教育』2005年6月号。

高須裕彦(2005c)「アメリカの社会運動ユニオズム」『大原社会問題研究所雑誌』562, 563号。2005年9、10月号。

戸塚秀夫・兵藤釗編（1995）『地域社会と労働組合』、日本経済評論社。

Arellano, Stephanie (2002), "*Year 2000 Justice for Janitors Campaign: Reflection of a Union Organizer*" (Wong ら 2002 所収).

Bacon, David (2002), "*Paolo Freire Hits L.A.'s Mean Streets: Organizing Day Laborers*" (Wong ら 2002 所収).

Byrd, Barbara and Nissen, Bruce (2003), *Report on the State of Labor Education in the United States,* Center for Labor Research and Education, Institute of Industrial Relations, University of California. 以下から入手可能。http://laborcenter.berkeley.edu/publications/stateoflabor.shtml

Fine, Janice (2005), *Worker Centers: Organizing Communities at the Edge of the Dream, Funders' Executive Summary*, April 2005, Neighborhood Funders Group. 以下から入手可能。http://www.nfg.org/publications/index.htm 2005年秋に詳細報告がCornel University Press と Economic Policy Institute から出版される予定である。

Frank, Larry and Wong, Kent (2004), "DYNAMIC POLITICAL MOBILIZATION: THE LOS ANGELES COUNTY FEDERATION OF LABOR", in *Working USA*, Volume 8, Issue 2, December 2004. 以下から入手可能 http://www.blackwell-synergy.com/links/doi/10.1111/j.1743-4580.2004.00010.x/

Gapasin, Fernando E. (2001), The Los Angeles County Federation of Labor: A Model of Transformation or Traditional Unionism? in *Central Labor Councils and the Revival of American Unionism* eds by Immanuel Ness and Stuart Eimer, M. E. Sharpe inc, Armonk, New York.

Hass, Gild (2002), "*Economic Justice in the Los Angeles Figueroa Corridor*" (Wong ら 2002 所収).

Wong, Kent. et al.(ed) (2002), *Teaching for Change- Popular Education and the Labor Movement*, UCLA Center for Labor Research and Education, Los Angeles, California and George Meany Center for Labor Studies – The National Labor College, Silver Spring, Maryland.

### ❖ 参考ビデオ

ビデオ塾（2005）『市民的不服従　ロサンゼルス　ホテル労働者の闘い』
ビデオ塾（2002a）『Peace Not War——9.11直後のニューヨーク』
ビデオ塾（2002b）『戦争に沈黙しない人々——9.11から1年後のニューヨーク』
以下を参照。http://www.jca.apc.org/video-juku/

### ❖ 注

1　私たちが現地で体験し、観察した様々なできごとはメール通信「ロサンゼルスから」に掲載した。以下を参照。http://www.jca.apc.org/apwsljp/report/losangels/lamokuji.htm.ビデオ作品は、ビデオ塾2005。雑誌に発表したものは高須・青野2004、高須・青野2005、高須2005a、高須2005b、高須2005c。
2　ケント・ウォンや戸塚秀夫からも示唆を受けた。
3　2002年の「コミュニティ研究者プログラム」（Community Scholars Program）で作られた。これは、UCLAレイバー・センターが公共問題学部都市計画科と共同で毎年開催している労働組合や地域の社会運動組織のスタッフ・活動家を対象とした半年間の共同研究プログラムである。
4　本項の記述は、Frank & Wong (2004)、Gapasin (2001)、ウエッブサイト http://www.launionaflcio.org/、ウォンらからの聞き取り、LACFL事務所見学、代議員大会や会議の傍聴にもとづく。
5　通常、郡や大きな自治体ごとに設置されている。日本で言えば、旧地区労や連合地協にあたる組織である。人口1000万人のロサンゼルス郡の場合は規模が大きく、連合東京や旧東京地評に近い。また、州段階にも組織がある。カルフォルニアは、California Labor Federation。
6　私たちに見えた弱点は、傘下は依然として保守的な労働組合であり、決して全体として改革が進んでいるわけではないという点だ。傍聴した代議員大会（2004年9月30日）は、スライドや映像が使われ、演出が工夫されていて、今後の課題が何かをわかりやすく提起するもので興味深かった。しかし、午前中、会場にあふれていた1000名の代議員の8割方が午後には帰ってしまった。閑散とした会場で、ホテル労働者たちが今後予想されるストライキやロックアウトへの支援を呼びかけていた。5時からホテル労働者支援のデモが予定されていたので、驚くばかりであった。ケント・ウォンらから、「主流はビジネス・ユニオニズムで、多くが動員できていて、夕方まで引っ張るのが難しい」と聞かされた。指導部を掌握しても草の根の組合員意識を変えるのはなかなか難しい。改革派がリーダーシップを取ったAFL-CIOの一端が見えた。

7　ミゲル・コントレラスは、1952 年生まれ。カルフォルニアの農業労働者の家庭に育ち、UFW のオルグとして活躍し、1977 年に、HERE のスタッフになった。HERE ローカル 11 でマリア・エレナ・デュラソが委員長選挙に立候補して、ローカル 11 が混乱した時に、コントレラスは HERE 本部から信託管理を行なうために派遣された。そこでデュラソらの改革運動を支えた（ウォン 2003）。その後、デュラソと結婚した。しかし、2005 年 5 月 6 日、心臓発作で急死された (52 歳)。志半ばの突然の死であったと思われる。ご冥福をお祈りしたい。

8　本項の記述は LAANE のウエッブサイト http://www.laane.org/ と Frank & Wong 2004、Gapasin 2001、私たちの観察をもとにした。

9　SAJE は、「フィゲロア回廊連合」を組織していく過程で重要な役割をはたした大変ユニークな組織。民衆教育手法を使って、この地域の多数を占める中南米系住民を「回廊連合」の運動に組織化した。1996 年に設立。労働者階級の経済力を引き上げる経済的公正を求め、民衆教育を行なうセンターである。ケント・ウォンが理事会の議長を務めている。ウエッブサイトは http://www.saje.net/

10　ウォルマートは、安さを売り物に全米に拡大しつつある巨大スーパー。カルフォルニアへの本格的進出はこれからである。カルフォルニアの既存スーパーマーケットの経営は、その進出に対抗するために、2003 年秋、労働者の健康保険自己負担分の引き上げを提案した。それに対して、UFCW はストライキに突入していた（2005 年 2 月まで 141 日間続き、組合側の事実上の敗北に終わる）。ウォルマートは組合否認を続け、組合側も組織化に成功していない。

11　本項の記述は、ファインの調査報告（Fine 2005）とロサンゼルスやニューヨークで訪ねた労働者センターに対する調査、各センターのウエッブサイト、UCLA レイバー・センター主催カルフォルニア州内労働者センター交流集会（2004 年 10 月 8 日〜9 日）への参加（そこでファインに出会った）にもとづく。

12　労働者センター分布地図は、http://www.labornotes.org/pdf/workercentermap-aug03.pdf

13　「コミュニティ主導」の意味は、コミュニティの中の人々によって運営されていることをさしている。具体的には、移民コミュニティのリーダーや活動家たちが労働者センターの運営委員会などに関与していることを意味する。

14　ロサンゼルスでは、労働者センターが中心となって主催した移民労働者の権利拡充をもとめる集会やメーデーに SEIU や HERE から組合員が参加していた。労働者センターが HERE のホテル労働者の協約闘争への支持と反組合ホテルのボイコット運動への支持表明を出していた。

15　ニューヨークで訪ねた「レストラン機会センター」Restaurant Opportunity Center（ROC）は、個別企業と合意書を作成して、労働法の遵守、差別の禁止、休

暇などの確認、合意書の掲示などを勝ち取っている。ウエッブサイトは http://www.rocny.org/

16 ウエッブサイトは http://www.kiwa.org/
17 ウエッブサイトは http:// www.chirla.org
18 ウエッブサイトは http://www.idepsca.org/
19 ウエッブサイトは http://www.pwcsc.org/
20 ウエッブサイトは http://www.sweatshopwatch.org/
21 財政のほとんどを民間財団の助成金、行政の補助金に依存している (Fine 2005)。また、日本のコミュニティ・ユニオンと違って解決したときに解決カンパは取っていないようだ。KIWA では最初の相談時に 20 ドルを払う以外は、一切取っていない。
22 日本のコミュニティ・ユニオンよりは少し大きな組織ではあるが、多くは専従者 10 名未満、半数以上は 5 名以下である（ファインによる）。KIWA の場合は、2004 年現在で、専従スタッフは 9 名（4 名男性、5 名女性）で、さらに移民労働者組合で 1 名（男性）、レストラン労働者の会で 2 名（男女各 1 名）の専従を抱えている。
23 訪問した労働者センターの専従スタッフの多くが 20 代から 30 代で、女性が過半数をしめ、みんな元気がよかった。移民 1 世から 1.5 世（生まれは出身国で育ちがアメリカ）が多い。多くが英語、スペイン語と出身国の言語を話す。現場の労働者から専従になった人もいるが、大学で学生運動を経験して、社会問題を意識化し、スタッフになった人たちが多い。
24 ウエッブサイトは http://www.labor.ucla.edu/
25 スタッフの数も 5 名から増員された。2005 年 5 月現在、11 名。
26 それまで別々に存在していた労働組合の教育担当者の組織（Workers Education Local 189）と大学の労働教育担当者の組織 University and College Labor Educators Association (UCLEA) が、2000 年に統合されて設立された。ウエッブサイトは http://www.uale.org/
27 ウエッブサイトは http://www.apalanet.org/
28 ウエッブサイトは http://www.lattc.edu/dept/tlas/home.htm
29 ウエッブサイトは http://www.cft.org/
30 ウエッブサイトは http://www.kpfk.org/
31 ウエッブサイトは http://www.labornet.org/
32 ウエッブサイトは http://www.bread-and-roses.com/。この事例だけカルフォルニアではないが、新しい労働運動を支える基盤を考えていく上で、草の根の労働者の表現活動は重要なので、ここで触れておく。

# あとがき

山崎　精一

　本書の刊行は国際労働研究センターの10周年記念事業の一つとして企画された。2004年3月に開催された同センターの運営委員会でこの企画が承認され、戸塚秀夫、荒谷幸江と私の3人が編集担当となった。実はこの企画を思いついたのは私で、役割として進行管理も引き受けることとなった。当初は編集作業はそんなに難しいものとは考えていなかった。本書に収められた21本の文章原稿の内、ほとんどは既に活字になっており、書き下ろしは[1][10][21]の3本のみである。しかも[10][21]についても研究会での報告が2004年11月と12月に予定されており、その報告を基に年内にも原稿は仕上がるだろうと考えていた。2005年早々には原稿を出版社に入れるという約束をしたのである。

　ところが、実際には半年以上遅れてしまった。既存の18本の原稿は10年間にわたり、それぞれ違う人によって書かれたものであり、用語の統一、校正などに時間がかかった。また内容の見直しを行ない、[14][15][16]は修正、短縮、加筆された。

　また書き下ろしの3本も予定通りにはいかなかった。[1]は全部の原稿が出来上がってから書くという取り決めであった。[10]は日本に在住しながらアメリカの労働運動に関わり続けているマット・ノイズ氏が分裂に向かって激動しつつあったAFL-CIO内部の論争をインターネットで追いながらの執筆作業となった。情勢が変わる度に書き直し、最終的に2005年5月までかかってしまった。

　原稿が半年も遅れてしまったのは偏に私の見通しの甘さによる。しかし、そのおかげでAFL-CIOの分裂をふまえて本書を世に送ることができることになった。7月25日のAFL-CIOの50周年にあたる大会で、SEIUとチームスターズ労組がAFL-CIOを脱退した。「勝利のための変革連合」（CWC）に参加する他

の全国労組も続いて脱退する方向だという。ちょうど10年前の1995年の大会でSEIUのスウィニー委員長を先頭とするニューボイス派が改革の旗を掲げてAFL-CIO会長選挙に勝利した。それから10年、アメリカ労働運動の変革を推し進めてきたニューボイス連合は分岐し、ついにナショナル・センターの分裂にまで至ってしまった。これを改革運動の破綻と見るか、新たな前進の一歩と見るか、評価を巡って活発な論争が展開されるであろう。その際の基本的な視点、座標軸を本書は提供していると思う。

国際労働研究センターはニューボイスの運動を「新しい運動潮流」として注目し、社会運動ユニオニズムの模索としてとらえ、その改革の方向性を期待をもって見つめてきた。しかし、同時にその持っている限界、問題点についても当初から指摘してきた。そのことは[3]を読んでいただければ明らかだろうし、[10]は今回のAFL-CIOの分裂の根源を指し示していると考える。

国際労働研究センターの10年の歩みはニューボイスの誕生から分岐までの歴史と重なっている。本書は国際労働研究センターのアメリカ労働運動の研究の軌跡、とりわけ草の根の労働者同士の交流・調査・研究の歩みを跡付けたものである。しかし、それは同時にアメリカ労働運動の変革の10年の歩みを記録したものにもなっていると考える。

国際労働研究センターの創立からセンターを引っ張ってこられた戸塚秀夫、荒谷幸江の両共同代表は10周年を前に退かれ、それぞれアドバイザーと運営委員に就任された。国際労働研究センターは若い世代の研究者と労働運動の実践家を中心とする運営体制に移り、次の10年に向けて歩み出そうとしている。これを機に、これまでの10年の成果をまとめ、新たな歩みに向けての出発点となるものとして本書を作りたい、というのが私の想いであった。

本書は緑風出版の国際労働問題叢書の第三冊目として出版される。労働運動の本が売れないこの時代にこのようなシリーズを出し続けて頂いていることに感謝したい。また本書の原稿が遅れ続けたにもかかわらず辛抱づよく待っていただいたことを緑風出版の高須次郎氏に改めて感謝申し上げたい。

2005年7月31日

# 国際労働研究センター研究会一覧
（グレー箇所は本書収録の講演。テーマ、報告者の順に記載）

略字：通訳→通
コメンテーター→C
パネラー→P
司会→司

### <1995年>

| | |
|---|---|
| 設立記念研究会 1995.6.3 | チーム方式の理論と現実の諸パターン―最近の米国自動車工場の実態<br>マイク・パーカー<br>通：山崎精一 |
| 第1回 1995.10.8 | 開発戦略と民衆<br>武藤一羊、林陽子 |
| 第2回 1995.12.6 | 日本の労働・女性NGOの国際活動について<br>広木道子、渡辺勉 |

### <1996年>

| | |
|---|---|
| 第3回 1996.2.24 | アジアの社会憲章・社会条項について<br>鈴木則之、戸塚秀夫 |
| 第4回 1996.3.23 | NAFTAとその後―カナダの労働・社会運動の立場から<br>ジョン・プライス、<br>C：佐口和郎 |
| 臨時 1996.4.20 | NAFTAとその後―アメリカの労働・社会運動の立場から<br>ロビン・アレクサンダー<br>通：山崎精一 |
| 第5回 1996.7.6 | 東南アジアの労働事情―地域研究からのメッセージ<br>末廣昭、吉村真子 |
| 第6回 1996.9.13 | 日本の海外事業経験は「日本的経営スタイル」に何をもたらすか<br>仁田道夫<br>C：上井喜彦 |
| 第7回 1996.11.30 | 中国社会主義誌上経済の実態―企業レベルからの改革の方向性をめぐって<br>李捷生、松崎義 |

### <1997年>

| | |
|---|---|
| 第8回 1997.2.15 | 粕谷信次編『21世紀への日本と東アジアの挑戦』をまとめて<br>粕谷信次 |
| 第9回 1997.3.15 | 発展途上国における最近の労働法の動向―フィリピンの事例に即して<br>神尾真知子<br>C：中西徹 |
| 第10回 1997.4.5 | 韓国の労働法改正と労働組合運動の新たな動き<br>金元重<br>C：仁科健一 |
| 第11回 | NAFTAとその後：経済のグロ |

| | | | | |
|---|---|---|---|---|
| | 1997.5.30 | ーバル化と国際連帯―アメリカ労働・社会労働の新たな動き<br>ジェレミー・ブレッカー<br>通：山崎精一 | | 1998.3.28 | 戸塚秀夫、秋本陽子 |
| 第12回<br>1997.6.28 | 港湾における国際的な合理化と労働組合運動の課題<br>伊藤彰信 | 第20回<br>1998.5.9 | 労働組合の国際協力活動―日・米・欧の比較<br>ヒュー・ウィリアムソン<br>通：山崎精一 |
| 第13回<br>1997.9.6 | リバプール港湾労働者を囲んで<br>テリー・サザーズ、ボブ・リッチー<br>通：山崎精一 | 第21回<br>1998.5.13 | アジアの経済危機とアジア・欧州の労働組合の連帯の可能性<br>ヒュー・ウィリアムソン<br>通：加地永都子 |
| 第14回<br>1997.9.8 | ニュージーランドにおける労働分野の規制緩和について<br>ジェーン・ケルシー<br>通：山崎精一 | 第22回<br>1998.7.11 | 第三世界の環境を破壊する日本の資源浪費<br>菅井益郎、黒田洋一 |
| 第15回<br>1997.10.4 | ILOにおける社会条項・児童労働に関する議論<br>伊藤祐禎、C：山田陽一 | 臨時<br>1998.7.25 | EU通貨統合とイタリア労働運動<br>エンリコ・チェコッティ<br>通：小寺京子 |
| 第16回<br>1997.11.29 | 今日のILOの構造と機能―労働基準設定と開発・技術協めぐって<br>井上啓一 | 第23回<br>1998.9.26 | IMFと労働問題―タイと韓国<br>末廣昭、金元重 |
| 第17回<br>1997.12.13 | 国際産別組織の回顧と展望<br>初岡昌一郎<br>C：小島正剛 | 第24回<br>1998.10.24 | アメリカ労働運動再生の見通し<br>ネルソン・リヒテンシュタイン<br>通：山崎精一 |
| ＜1998年＞ | | 第25回<br>1998.11.14 | 経済危機の中のタイの労働運動<br>バンディット・タナチャイセータウット<br>通：浅見靖仁 |
| 第18回<br>1998.1.24 | TUCのニュー・ユニオニズム戦略<br>ジョン・サーモン<br>通：戸塚秀夫 | | |
| 臨時<br>1998.3.17 | タイの経済危機と労働運動の現状<br>スティ・プラサートセット<br>通：浅見靖仁 | 第26回<br>1998.12.19 | アジア経済と世界経済―成長から通貨金融危機への移行を考える<br>平川均<br>C：田端博邦 |
| 第19回 | カナダ・国際民衆会議報告 | ＜1999年＞ | |
| | | 第27回<br>1999.2.13 | インドネシアにおけるトヨタ―トヨタ生産システムの技術 |

| | | | |
|---|---|---|---|
| | 移転に関する研究<br>中村圭介<br>C：水野広祐 | 1999.11.14 | の対応<br>バート・ティーロン<br>通：山崎精一 |
| 第28回<br>1999.2.27 | 韓国における労使関係の新しい実験—労使政委員会の成果と今後の課題<br>ユン・ジノ<br>通：金元重 | 臨時<br>1999.12.9 | 経済のグローバル化とアジアの女性労働者<br>マリア・リー、エリザベス・タン<br>通：伊庭みか子 |
| 第29回<br>1999.3.20 | 今日のイギリス自動車産業における労働組合と政治の動向—ボクソール工場の事例調査にもとづいて<br>ポール・スチュアート<br>通：山崎精一 | 第35回<br>1999.12.11 | 「日本における外国人労働者の組織化調査」—中間報告<br>小川浩一<br>C：村山敏 |
| 臨時<br>1999.3.26 | EU統合の現段階とヨーロッパ労働運動の課題・対応<br>ジェル・ヴィセル<br>通：野田健太郎 | ＜2000年＞ | |
| | | 臨時<br>2000.1.15 | アメリカ労働運動の「New Voice」を考える—組織化と国際戦略をめぐって<br>山崎精一（APWSL日本委員会） |
| 第30回<br>1999.5.22 | アメリカにおける労働法改革の挫折と国内・国際問題についての新しい組合運動のビジョン<br>マーチン・ハルペルン<br>通：野田健太郎 | 第36回<br>2000.2.5 | アジアの児童労働問題について<br>谷勝英（東北福祉大学）<br>C：粕谷信次（法政大学） |
| 第31回<br>1999.6.26 | 国際連帯の構造—どこまで見えてきたか<br>渡辺勉他 | 第37回<br>2000.3.18 | 全日本海員組合の国際活動—FOC（便宜置籍船）キャンペーンを中心に<br>山下昭治（全日本海員組合） |
| 第32回<br>1999.7.17 | 南米からの出稼ぎ労働者の現状<br>アンジェロ・A・イシ、棚原恵子 | 第38回<br>2000.4.8 | リフレクティブ・プロダクション（ウデバラ生産方式）と技能の学習方法—工場労働再編成の新たな選択肢<br>レナルト・ニルソン<br>通：伊庭みか子 |
| 第33回<br>1999.9.18 | 日本における国際連帯の構造を発展させるために—リバプール港湾労働者の闘いの現場を訪れて<br>戸塚秀夫、伊藤彰信 | 第39回<br>2000.5.13 | 大学をベースにした労働教育プログラムの構造と機能<br>アンディ・バンクス（AFL-CIOジョージ・ミーニー・センター） |
| 第34回 | EU統合とヨーロッパ労働運動 | | |

| | | |
|---|---|---|
| | 通：山崎精一 | 究センター）<br>司：渡辺勉 |
| 第40回<br>2000.6.3 | 労働運動再生の試み―日英の国際比較<br>ジョン・サルモン（カーディフ大学）<br>通：伊庭みか子 | 第44回<br>2000.11.11 | 国際金融機関の検討―開発経済学の展開との関連で<br>絵所秀紀（法政大学）<br>C：平川均（名古屋大学） |
| 臨時<br>2000.6.12 | 非正規雇用の加入にいかに取り組むか―米国での経験に関して<br>エミー・ディーン（AFL-CIOサウスベイ地評責任者）<br>通：三枝麻由美 | 臨時<br>2000.11.21 | イギリスの間接差別判例に学ぶ<br>アリス・レナード（機会均等委員会法律助言部部長）<br>日本で女性差別の是正をどう進めるか<br>イレーヌ・L・ドネリー（マンチェスター雇用審判所審判長）<br>C：中野麻美（弁護士）<br>通：山崎精一 |
| 臨時<br>2000.7.1 | シアトルの反乱とその後―アメリカ労働界内部の議論<br>ロン・レアー<br>通：レイコ・ネウストプニー | | |
| 第41回<br>2000.7.15 | 日本の民間大企業の世界戦略と生産システムの変化―自動車産業の事例<br>藤田栄史（名古屋市立大学） | | |
| 臨時<br>2000.10.5 | アメリカにおける労働者教育―北米における事例にふれて<br>エレン・バーナード（Harvard Trade Union Program）<br>通：浅見靖仁 | ＜2001年＞ | |
| | | 第45回<br>2001.2.10 | 生活賃金キャンペーンの諸類型―条例のモニター、施行をめぐって<br>ステファニー・ルース（マサチューセッツ州立大学労働センター）<br>通：山崎精一 |
| 第42回<br>2000.10.7 | 労働組合民主主義について<br>エレン・バーナード（Harvard Trade Union Program）<br>マイク・パーカー（Labor Notes）<br>通：山崎精一 | 第46回<br>2001.2.17 | 生活賃金キャンペーンと労働組合・コミュニティ―労働運動の再構築にむけて<br>ステファニー・ルース（マサチューセッツ州立大学労働センター）<br>通：山崎精一 |
| 第43回<br>2000.10.21 | パネルディスカッション―日本の労働者教育を考える<br>P：菅井義夫（ゼンセン同盟副会長）、伊藤民樹（自治労組織部）、高橋均（連合組織局）、戸塚秀夫（国際労働研 | 臨時<br>2001.3.3 | パネル・ディスカッション―外国人研修制度・技能実習制度の問題と課題<br>P：蜂谷隆（ジャーナリスト）、鳥居一平（全統一労組）、 |

| | | | |
|---|---|---|---|
| | 旗手明（外国人研修生問題ネットワーク） | | 第2部：ニューヨーク保健医療関係労働者組織化（Local 1199）のビデオ上映 |
| 第47回 2001.5.26 | 民主化過程のインドネシアにおける労働組合—企業別組合、産別組合一般組合の調査中間報告 水野広祐（京都大学東南アジア研究センター） | 第52回 2002.2.16 | グローバリゼーション下の産業再編と地域労働市場—親会社の経営戦略が引き起こす周辺部労働者間競争 丹野清人（日本学術振興会特別研究員） C：山本潔（東京大学名誉教授） |
| 第48回 2001.6.23 | 分権化／参加民主主義と維持可能な発展—ウェールズとタイを訪ねて 粕谷信次（法政大学経済学部） | 第53回 2002.3.22 | ネパールの児童労働問題について考える—カーペット産業における児童労働問題への取り組みから 荒谷幸江（国際労働研究センター） 広木道子（CAW-JAPAN） |
| 臨時 2001.7.9 | 米国労働史における新動向—人種、資本、グローバル経済 ジュディス・スタイン（ニューヨーク市立大学教授） 通：木下順 | 第54回 2002.5.11 | アメリカ労働運動の活性化を如何に捉えるか 戸塚秀夫（国際労働研究センター） 居城舜子（常葉学園短期大学） |
| 第49回 2001.10.5 | 労働法の変容—規制緩和を中心に—：日本 武井寛（国学院大学） 中野麻美（弁護士） | 臨時 2002.6.29 | アメリカの株式ブームとその行方 川上忠雄（法政大学経済学部） C＆司：増田寿男（法政大学経済学部） |
| 第50回 2001.11.16 | 労働法の変容—規制緩和を中心に：欧米 田端博邦（東京大学社会科学研究所） C：ヘルムート・デーメス（デュイスブルク大学） | 第55回 2002.7.17 | 米国の労働者教育の現状—労働教育協会（UALE）に参加して ジョン・マクラフリン（国際労働研究センター・アドバイザー） |
| 第51回 2001.12.15 | リビング・ウェイジ・キャンペーンの日本での可能性をめぐって 吉村臨兵（奈良産業大学） C：佐口和郎（東京大学） | 第56回 2002.9.28 | タイ住民運動の現状報告—プラチュアップ火発反対運動を事例として |

＜2002年＞

| | | | |
|---|---|---|---|
| 臨時 2002.1.12 | 第1部：ビデオがとらえた "NO WAR 9.11 in NY" 青野恵美子（映像製作者） | | |

| | | | |
|---|---|---|---|
| | 久世宣孝（チュラロンコーン大学）<br>C：末廣昭（東京大学）、浅見靖仁（一橋大学） | | クティブ・ネットワーク・ジャパン事務局長）<br>菅野正純（労働者協同組合連合会理事長） |
| 第57回<br>2002.10.26 | インドネシアにおける労使紛争処理制度と労使関係<br>水野広祐（京都大学東南アジア研究センター） | 第61回<br>2003.4.19 | 歴史としての戦後日本とアメリカ─労働組合運動の展開をめぐって<br>アンドルー・ゴードン（ハーバード大学） |
| 第58回<br>2002.11.7 | 労働安全衛生センターの活動の軌跡と課題<br>古谷杉郎（全国労働安全衛生センター連絡会議）<br>C：伊藤彰信（全日本港湾労働組合）、中村一弘（全統一中央執行委員）、藤岡一昭（八王子職員組合・自治労） | 第62回<br>2003.6.7 | いま戦後日本の産業別組合運動を如何にふりかえるか─鉄鋼労連とともに生きた半生をベースにして<br>千葉利雄（元鉄鋼労連副委員長） |
| | | 第63回<br>2003.6.7 | 日本における住民運動の現段階─反原発運動を中心として<br>菅井益郎（国学院大学） |
| <2003年> | | 第64回<br>2003.10.4 | ジェンダーからみた労働運動と女性労働者運動のオルタナティブ<br>酒井和子（均等待遇アクション2003事務局）<br>C：伊藤みどり（女性ユニオン東京執行委員長） |
| 臨時<br>2003.1.16 | 9.11以後の世界：ニューヨークとアフガン現地取材を聞く<br>報告1：「戦争に沈黙しない人々：9.11から1年後のニューヨーク」上映とトーク　青野恵美子（映像製作者）<br>報告2：「アフガニスタンの現状と国際戦犯民衆法廷」　前田朗（東京造形大学教授） | | |
| | | 臨時<br>2003.10.18 | アメリカ労働運動の新しい声とロサンゼルス訪問報告─Kent Wong来日プレ企画<br>アメリカ労働運動のニューボイス：戸塚秀夫（国際労働研究センター）<br>ビデオ上映：翻訳書に出て来る活動家たちへのインタビュー、APALA総会など<br>産別組合の組織化方針とWorkers Centerの活動について：高須裕彦（全国一般なんぶ） |
| 第59回<br>2003.2.15 | コミュニティ・ユニオン運動の到達点と展望<br>小畑精武（自治労本部オルガナイザー）<br>C：高井晃（全国コミュニティ・ユニオン連合会事務局長） | | |
| 第60回<br>2003.3.29 | ディーセント・ワーク（ILO）と日本におけるワーカーズ・コープ運動の現状と問題点<br>金忠紘子（ワーカーズ・コレ | | |

| | | |
|---|---|---|
| | | APALAとケント・ウォンさんについて：山崎精一（AP-WSL）<br>司：野田健太郎 |
| 第65回<br>2003.11.9 | アメリカの非典型労働者および移民労働者の組織化の現状と問題点<br>ケント・ウォン（カルフォルニア大学ロサンゼルス校）<br>通：山崎精一・野田健太郎 | |
| 第66回<br>2003.11.11 | 米国における大学と労働組合、NPOとのコラボレーション<br>ケント・ウォン（カルフォルニア大学ロサンゼルス校）<br>通：鈴木玲 | |
| 第67回<br>2003.11.13 | アメリカの非典型労働者および移民労働者の組織化の現状と問題点<br>ケント・ウォン（カルフォルニア大学ロサンゼルス校）<br>通：喜多幡佳秀 | |
| 第68回<br>2003.12.4 | 櫨武鉉政権の労使関係政策と韓国労働運動の現状<br>金元重（千葉商科大学教授） | |

＜2004年＞

| | | |
|---|---|---|
| 第69回<br>2004.1.24 | 民衆教育と組合民主主義（1）<br>マット・ノイズ（組合民主主義協会、クィーンズ・カレッジ）<br>通：山崎精一、ルイス・カーレット | |
| 第70回<br>2004.2.21 | 民衆教育と組合民主主義（2）<br>マット・ノイズ（組合民主主義協会、クィーンズ・カレッジ）<br>通：山崎精一、野田健太郎 | |
| 第71回<br>2004.3.18 | 非正規雇用の増大にいかに取り組むべきか―シリコンバレーの実態調査をふまえて<br>アラン・ハイド（アメリカ・ラトガーズ大学法学部教授）<br>通：木下順、鈴木玲、ルイス・カーレット | |
| 第72回<br>2004.5.15 | 日本の労働運動の再生をめざして―連合の取り組みと連合評価委員会報告<br>高橋均（連合副事務局長）<br>C：大澤真理（東京大学社会科学研究所） | |
| 第73回<br>2004.7.3 | 戦後日本の労働調査の軌跡と今後の課題<br>山本潔（東大名誉教授）<br>C：下山房雄（九大名誉教授）、石田光男（同志社大学） | |
| 第74回<br>2004.10.9 | 韓国の民主労組運動を支えた労働者教育<br>金元重（千葉商科大学） | |
| 第75回<br>2004.11.20 | アメリカにおける社会運動ユニオニズムの現実<br>マット・ノイズ（AUD組合民主主義協会ウェブマスター）<br>通：ルイス・カーレット、ベン・デービス | |
| 第76回<br>2004.12.11 | アメリカ労働運動から学ぶもの<br>青野恵美子（映像制作者）<br>高須裕彦（国際労働研究センター運営委員） | |

＜2005年＞

| | |
|---|---|
| 第77回<br>2005.1.29 | 女性労働者の組織化とエンパワーメント―アメリカでの体験から |

| | | |
|---|---|---|
| | | 酒井和子（均等待遇アクション21）
伊藤みどり（女性ユニオン東京） |
| 第78回
2005.3.26 | 韓国労働者教育と労働運動の現状
金元重（千葉商科大学） | |
| 第79回
2005.4.23 | カルフォルニア州における在宅介護労働者の組織化
高須裕彦（国際労働研究センター）、青野恵美子（映像制作者）
C：森田龍雄（自治労産別建設センター、特別執行委員） | |
| 第80回
2005.6.4 | 自治体契約のもとの不安定労働者―雇用安定と生活賃金を求めて
稲田順一（自治労・公共サービス民間労組協議会議長）
青木衆一（自治労・埼玉県本部オルグ、公共民間協事務局次長）
平間英基（自治労・日神サービス労組委員長）
C：小畑精武（自治労・産別建設センター）
司：田端博邦 | |

# 初出一覧

[1]　国際労働研究センター十年：一つの軌跡——新しい運動潮流にひきつけられて　戸塚秀夫
　　書き下ろし

[2]　アメリカ労働運動の展望　ネルソン・リヒテンシュタイン／山崎 精一、荒谷幸江編
　　『労働法律旬報』1999 年　1458、1459 号

[3]　米国における労働運動の危機と新しい国内・外交政策の模索　マーチン・ハルペルン／戸塚秀夫訳
　　『労働法律旬報』1473、1474、1475 号　2000 年

[4]　グローバリゼーションと国際連帯　ジェレミー・ブレッカー／荒谷幸江訳
　　国際労働研究センター日本語ブレティン No.3　1997 年

[5]　国際連帯の課題——NAFTA とその後　ロビン・アレクサンダー／戸塚秀夫訳（原題　NAFTA とその後）
国際労働研究センター日本語ブレティン No.3　1997 年

[6]　経済のグローバル化に対する民衆側の運動戦略論　戸塚秀夫
『労働法律旬報』1432 号　1998 年

[7]　UPS 争議と国際戦略——非正規雇用労働者の組織化をめぐって
　　アンディ・バンクス　山崎精一編訳（原題　非正規雇用労働者の組織化と国際戦略）
　　「経済のグローバル化に挑む」セミナー「経済のグローバル化と労働」講演録
　　APWSL（アジア太平洋労働者連帯会議）日本委員会　2000 年 2 月

[8]　アメリカにおける生活賃金運動　ステファニー・ルース／荒谷幸江編
　　『労働法律旬報』1522、1524、1526 号　2002 年

[9]　アメリカの非典型労働者および移民労働者の組織化の現状と問題点　ケント・ウォン／荒谷幸江編
　　『労働法律旬報』1578、1580、1582 号　2004 年

[10]　ビジネス・ユニオニズムとその危機——米国の社会運動ユニオニズムと労働運動指導部の考察　マット・ノイズ／山崎精一訳
　　書き下ろし

[11]　アメリカにおける労働教育の歴史と現状　アンディ・バンクス／渡辺勉編
　　（原題　アメリカにおける労働教育）
　　『労働法律旬報』1495-1496、1497、1500 号　2001 年

[12]　大学と労働組合、NPO とのコラボレーションはどのように可能か
　　——アメリカにおける現状と課題から探る　ケント・ウォン／鈴木玲編訳
　　法政大学大原社会問題研究所ワーキング・ペーパー　18 号　2004 年

[13]　「日本的経営」とアメリカの労働運動　マイク・パーカー／荒谷幸江編訳
　　国際労働研究センター日本語ブレティン No.1　1996 年

[14]　ロサンゼルス・日系ホテルの労働争議——現地調査をふまえて　荒谷幸江
　　（原題　ロサンゼルス・日系ホテルの労働争議について）
　　『労働法律旬報』1393 号　1996 年

[15]　国際連帯から労働運動の変革を考察する——来日した BSF と HERE のケーススタディからその可能性を探る　渡辺勉・山崎精一
　　『労働法律旬報』1442、1443、1444、1445 号　1998 年

[16]　深まる国際争議支援の経験——二つの食品関連労組の来日から　山崎精一・飯田　勝泰
　　（原題　アメリカから二つの食品関連労組が来日—深まる国際連帯の経験）
　　リンクス 39 号 APWSL（アジア太平洋労働者連帯会議）日本委員会 2004 年 9 月

[17]　生活賃金運動と日本の課題について考える　小畑精武
　　国際労働研究センター会報 No.4　2001 年

［18］　アメリカ労働運動の活性化——社会運動ユニオニズムの模索　戸塚秀夫
　　（原題　アメリカ労働運動をどうとらえるか）
　　『労働法律旬報』1546 号　2003 年

［19］　労働組合・労働運動における平等／均等待遇—アメリカ合衆国のペイ・エクィティ運動の事例から　居城舜子
　　『労働法律旬報』1548 号　2003 年

［20］　アメリカ労働運動をどうとらえるか　田端博邦
　　（原題　コメント　アメリカ労働運動をどうとらえるか）
　　『労働法律旬報』1550 号　2003 年

［21］　ロサンゼルスの新しい労働運動とその社会的基盤
　　高須裕彦、青野恵美子
　　書き下ろし

# 組織略称一覧

| 略号 | 日本語名 | 英語名 |
|---|---|---|
| AAFLI | アジア・アメリカ自由労働協会 | Asian American Free Labor Institute |
| ACORN | 今すぐ改革を求める地域団体協会 | Association of Community Organizations for Reform Now |
| AFL | アメリカ労働総同盟 | American Federation of Labor |
| AFL-CIO | アメリカ労働総同盟・産業別労働組合会議 | American Federation of Labor - Congress of Industial Organizations |
| AFSCME | アメリカ州郡自治体従業員組合連合 | American Federation of State,County and Municipal Employees |
| AIFLD | アジア自由労働発展協会 | American Institute of Free Labor Development |
| APALA | アジア太平洋系アメリカ人労働者連合 | Asian Pacific American Labor Alliance |
| APWSL | アジア太平洋労働者連帯会議 | Asian Pacific Workers' Solidariy Links |
| AUD | 組合民主主義協会 | Association for Union Democracy |
| CIO | 産業別労働組合会議 | Congress of Industrial Organizations |
| CLC | 地方労働組合評議会 | Central Labor Council |
| CLUW | 労働組合女性連合 | Coalition of Labor Union Women |
| CWA | 全米通信労働組合 | Communication Workers of America |
| EEOC | 雇用機会均等委員会 | Equal Employment Opportunities Commission |
| HERE | 全米ホテル・レストラン労働組合 | Hotel Employees and Restaurant Employees International Union |
| IAM | 国際機械工労組 | International Association of Machinists and Aerospace Workers |
| ICEF | 国際化学エネルギー一般労連 | International Federation of Chemical, Energy and General Workers' Unions |
| ICFTU | 国際自由労連 | International Confederation of Free Trade Unions |
| ILGWU | 全米婦人服労働者組合 | International Ladies and Garment Workers Union |
| ILO | 国際労働機関 | International Labor Organization |
| ILWU | 全米港湾倉庫労働者組合 | International Longshoremen's and Warehousemen's Union |

| | | |
|---|---|---|
| IMF | 国際通貨基金 | International Monetary Fund |
| IMF | 国際金属労連 | International Metalworkers Federation |
| IMF-JC | 全日本金属産業協議会、金属労協 | International Metalworkers Federation Japan Council |
| ITS | 国際産別組織 | International Trade Secretariats |
| IUD | 産業別労働組合部門 | Industrial Union Department |
| IUF | 国際食品労連 | International Food and Allied Workers' Association |
| IWW | 世界産業労働者組合 | Industrial Workers of the World |
| KIWA | コリアン移民労働者擁護団体 | Korean Immigrant Workers Advocates |
| LAANE | 新しい経済を求めるロサンゼルス連合 | Los Angels Alliance for New Economy |
| LCLAA | ラテンアメリカ人地位向上労働者評議会 | Labor Council for Latin American Advancement |
| NAACP | 全米有色人種地位向上委員会 | National Association for the Advancement of Colored People |
| NAFTA | 北米自由貿易協定 | North America Free Trade Agreement |
| NLRB | 全米労働関係局 | National Labor Relations Board |
| NOW | 全米女性機構 | National Organization for Women |
| NUP | 新しい統一に向けた連携 | New Unity Partnership |
| OI | 組織化研修所 | Organizing Institute |
| SEIU | 全米サービス従業員労働組合 | Service Employees International Union |
| TDU | チームスターズ民主化同盟 | Teamsters for a Democratic Union |
| UALE | 全米労働教育協会 | United Association of Labor Education |
| UAW | 全米自動車労組 | United Auto Workers |
| UCLA | カルフォルニア大学ロサンゼルス校 | Univesity of California Los Angeles |
| UCLEA | 全米大学労働教育協会 | University & College Labor Education Association |
| UE | 全米電機ラジオ機械工労組 | United Electrical, Radio and Machine Workers of America |
| UFCW | 全米食品商業労働者組合 | United Food and Commercial Workers of America |
| UFWA | 全米農業労働者組合 | United Farm Workers of America |
| UMWA | 全米鉱山労働組合 | United Mine Workers of America |
| UNITE | 全米縫製繊維産業労働組合 | Union of Needletrades, Industrial and Textile Employees |
| USWA | 全米鉄鋼労働組合 | United Steel Workers of America |
| WFTU | 世界労連 | World Federation of Trade Unions |

| | | |
|---|---|---|
| カーペンターズ | 全米大工労組 | United Brotherhood of Carpenters and Joiners of America |
| チームスターズ | 全米チームスターズ労組 | International Brotherhood of Teamsters |
| レイバラーズ | 北米レイバラーズ労組 | Laborers' International Union of North America |

# 人名索引

## あ
アンディ・スターン , スターン , Andy Stern, Andrew L. Stern 168, 173, 174, 175, 176, 180, 182, 187, 190, 192

## く
グレゴリー・マンツィオス , マンツィオス , Gregory Mantsios 17, 23, 309, 318, 322, 329, 353

## け
ケント・ウォン , ウォン , Kent Wong 21, 22, 23, 25, 167, 168, 169, 170, 178, 188, 190, 192, 328, 333, 343, 344, 345, 353, 355, 356, 365, 366, 369

## さ
サミュエル・ゴンパーズ , ゴンパーズ , Samuel Gompers 39, 181, 189

## し
ジェイムズ・ホッファ , ホッファ , James P. Hoffa 5, 61, 287

ジェレミー・ブレッカー , ブレッカー , Jeremy Brecher 5, 16, 17, 19, 24, 25, 97, 101, 171, 172, 173, 174, 179, 180, 182, 184, 306, 324, 361, 368

ジャニス・ファイン , ファイン , Janice Fine 165, 337, 356, 357

ジョージ・ブッシュ , ブッシュ , Geroge W, Bush 66, 145, 161, 191, 210, 308, 346

ジョージ・ミーニー , ミーニー , George Meany 30, 46, 48, 56, 189, 278

ジョン・スウィニー , スウィニー , John J. Sweeney 7, 16, 18, 30, 31, 32, 34, 38, 39, 50, 51, 52, 54, 56, 57, 58, 59, 62, 63, 66, 157, 159, 163, 170, 171, 173, 174, 176, 178, 180, 191, 192, 245, 267, 268, 272, 279, 295, 323, 359

ジョン・ダンロップ , ダンロップ , John Dunlop 33, 49, 54

ジョン・ルイス , ルイス , John L. Lewis 32, 33, 39, 40, 42

## す
ステファニー・ルース , ルース , Stepha-

nie Luce 6, 21, 25, 134, 152, 294, 363, 369

### せ
セザール・チャベス , チャベス , Cesar Chavez 138, 198, 204, 207, 329

### と
戸塚秀夫 4, 5, 6, 9, 41, 84, 146, 188, 197, 250, 251, 309, 319, 322, 336, 354, 355, 358, 359, 360, 361, 362, 363, 364, 365, 368, 370

トム・ドナヒュー , ドナヒュー , Tom Donahue 30, 263

### ね
ネルソン・リヒテンシュタイン , リヒテンシュタイン 4, 18, 24, 361, 368

### は
バーバラ・シェイラー , シェイラー , Barbara Shailor 30, 59, 60

ハーマン・ベンソン , ベンソン , Herman Benson 184, 185, 186, 187, 193

### ひ
ビル・クリントン , クリントン , Bill Clinton 5, 33, 34, 36, 40, 49, 54, 65, 94, 98, 219, 260

### ふ
ブッシュ大統領 , George Herbert Walker Bush 49, 66, 240

フランクリン・ルーズベルト , ルーズベルト , Franklin D. Roosevelt 33, 35, 40, 45, 46, 200

### ま
マイク・パーカー , パーカー , Mike Parker 8, 13, 14, 15, 23, 309, 360, 363, 369

マット・ノイズ , ノイズ , Matt Noyes 7, 21, 163, 289, 358, 366, 369

マリア・エレナ・デュラソ , デュラソ , Maria Elena Durazo 240, 242, 252, 272, 273, 306, 356

### る
ルース・ミルクマン , ミルクマン , Ruth Milkman 164, 311, 313, 316, 317

### れ
レーン・カークランド , カークランド , Lane Kirkland 30, 34, 48, 50, 52, 56, 171, 173, 180

# 事項索引

[アルファベット順]

**A**
AFL, アメリカ労働総同盟 33, 45, 72, 199
AFSCME, アメリカ州郡自治体従業員組合連合 50, 129, 136, 173, 181, 191, 192, 294, 315
APALA, アジア太平洋系アメリカ人労働者連合 139, 146, 158, 162, 169, 216, 269, 345, 365, 366,
APWSL, アジア太平洋労働者連帯会議 231, 259, 260, 272, 278, 284, 290, 362, 366, 368, 369
AUD, 組合民主主義協会 162, 163, 166, 191, 193, 287, 289, 366,

**C**
CIO, 産業別労働組合会議 45, 72, 166, 199, 312
CLC, 地方労働組合評議会 51, 65, 120, 129, 130, 135, 186, 213, 293, 295, 332
CLUW, 労働組合女性連合 313, 315, 317, 326
CWA, 全米通信労働組合 53, 89, 173, 175, 206
CWC, 勝利のための変革連合 358

**G**
GM, ゼネラル・モーターズ 18, 31, 39, 40, 43, 60, 79, 143, 220, 221, 222, 223, 225

**H**
HERE, 全米ホテル・レストラン労働組合 8, 53, 58, 154, 163, 190, 233, 240, 249, 251, 252, 254, 255, 258, 259, 267, 268, 270, 272, 273, 276, 277, 280, 281, 283, 288, 329, 333, 334, 335, 338, 347, 349, 353, 356, 369

**I**
IAM, 国際機械工労組 169, 173, 192, 202
ICFTU, 国際自由労連 72, 73, 85, 93, 95
ILO, 国際労働機関 93, 95, 118, 255, 299, 361, 365
ILWU, 全米港湾倉庫労働者組合 65, 180

ITS，国際産別組織 59, 72, 73, 78, 85, 251, 256, 275, 288, 361

IUD，産業別労働組合部門 49, 65, 257, 258, 260, 261, 262, 263, 264, 274, 277, 278, 279

IUF，国際食品労連 240, 251, 253, 267, 268, 270, 271, 272, 274, 275, 276, 281, 282, 283, 288

K
KIWA，コリアン移民労働者擁護団体 156, 166, 339, 340, 357

L
LAANE，新しい経済を求めるロサンゼルス連合 130, 294, 333, 334, 335, 336, 345, 351, 356

N
NAFTA，北米自由貿易協定 5, 19, 65, 75, 76, 77, 78, 82, 83, 88, 89, 91, 94, 97, 360, 368

NLRB，全米労働関係局 43, 46, 47, 64, 176, 234, 235, 236, 237, 238, 239, 240, 250, 251, 255, 268, 269, 270, 273, 287, 303,

NOW，全米女性機構 269, 313, 315, 325

NUP，新しい統一に向けた連携 168, 169, 174, 180, 186, 187, 190, 191

O
OI，組織化研修所 51, 64, 66, 202, 215

S
SEIU，全米サービス従業員労働組合 21, 51, 52, 53, 64, 148, 154, 163, 165, 168, 169, 173, 174, 175, 176, 179, 180, 181, 182, 186, 189, 190, 191, 192, 208, 315, 329, 333, 334, 335, 338, 347, 350, 353, 356, 358

U
UALE，全米労働教育協会 203, 206, 345, 364

UAW，全米自動車労組 31, 34, 40, 43, 48, 60, 191, 202, 220, 224, 237, 276, 278, 312, 313

UCLA，カルフォルニア大学ロサンゼルス校 156, 208, 212, 213, 215, 328, 333, 343, 344, 345, 355

UCLEA，全米大学労働教育協会 201, 202, 203, 206, 357

UE，全米電機ラジオ機械工労組 5, 19, 55, 86, 89, 90, 91

UFCW，全米食品商業労働者組合 173, 276, 340, 356

UFWA，全米農業労働者組合 138, 198, 204, 207, 329, 332

UMWA，全米鉱山労働組合 50, 55, 65

UNITE，全米縫製繊維産業労働組合 89, 97, 100, 190, 204, 276, 338

UNITE HERE，縫製・繊維労組・ホテル・レストラン従業員労組 173, 174, 175, 176, 306

UPS，ユナイテッド・パーセル・サービス社 6, 18, 20, 25, 30, 31, 39, 57, 58, 60, 61, 105, 106, 107, 108, 109, 110, 111, 112, 113, 114, 115, 197

W
WTO，世界貿易機関 73, 82, 83, 95, 96, 145, 156, 158, 213

[あいうえお順]

あ
新しい労働運動，ニューユニオニズム 10, 16, 143, 169, 171, 295, 319,

320, 323, 328, 329, 330, 331, 332, 337, 342, 343, 346, 348, 350, 351, 357

**う**

ウォルマート 161, 333, 335, 336, 345, 356

**か**

カード・チェック 48, 129, 237, 238, 239, 244, 246, 250, 254, 268, 270, 272, 273

カーペンターズ 2, 174, 180, 186, 187, 190, 192

**く**

組合認証選挙 136, 233, 237, 238, 239, 240, 245, 303, 335, 340

組合民主主義 7, 17, 21, 162, 163, 166, 183, 184, 185, 187, 193, 304, 305, 321, 323, 325, 327, 363, 366

**こ**

行動規範 19, 59, 79, 80, 81, 83, 84, 93, 96, 97, 98, 99, 100, 124, 160, 274, 339, 341

公民権 35, 36, 37, 38, 47, 56, 67, 156, 157, 164, 166, 204, 209, 248, 306, 308, 312, 313, 315, 325, 326, 330, 343, 350

コーカス 24, 305, 325

コーポレート・キャンペーン,対企業戦略 105, 111, 158, 197, 235, 239, 240

国際労働研究センター 4, 10, 15, 17, 21, 22, 23, 25, 145, 165, 216, 231, 251, 259, 279, 281, 284, 287, 300, 319, 358, 359, 360, 368, 369

コミュニティ・ユニオン 146, 154, 161, 297, 337, 338, 339, 342, 357, 365

**さ**

在宅介護,homecare worker 7, 52, 53, 65, 143, 144, 146, 147, 148, 149, 150, 165, 347, 367

左翼 4, 5, 18, 29, 30, 31, 32, 34, 37, 39, 45, 46, 58, 62, 63, 66, 157, 183, 332

**し**

市民的不服従 184, 235, 239, 270, 306, 330, 348, 352, 355

社会運動ユニオニズム 7, 9, 16, 168, 169, 170, 172, 180, 182, 183, 184, 185, 188, 190, 192, 193, 210, 211, 214, 305, 306, 308, 320, 324, 325, 329, 359, 366, 369, 370

社会条項 6, 15, 19, 80, 93, 95, 96, 98, 101, 360, 361

ジャニター 118, 122, 135, 141, 142, 143, 156, 162, 164, 212, 213

ジャニターに正義を！ 7, 53, 140, 141, 142, 146, 150, 151, 152, 156, 165, 175, 192, 208, 214, 329

信託管理 53, 186, 192, 353, 356

**す**

スウェットショップ,ノー・スウェットショップ,劣悪作業所,劣悪作業所反対キャンペーン 19, 42, 80, 97, 98, 99, 100, 101, 124, 125, 129, 136, 152, 160, 187, 323, 331, 342

**せ**

生活賃金,リビング・ウェイジ 6, 122, 150, 152, 153, 154, 165, 171, 214, 294, 296, 317, 364

生活賃金条例 6, 117, 118, 119, 120, 122, 123, 124, 125, 126, 127, 128, 129,

130, 131, 132, 136, 295, 330, 332, 334, 335, 351

### た
タフト・ハートレー法 4, 46, 47, 64, 67, 208

### ち
チームスターズ，全米チームスターズ労組 2, 30, 31, 39, 48, 53, 57, 60, 61, 66, 89, 90, 105, 106, 107, 108, 109, 111, 112, 113, 115, 173, 174, 180, 184, 190, 280, 283, 284, 285, 286, 287, 288, 289, 290, 358

### な
9トゥ5, 9 to 5 51, 64, 313, 314, 326

### に
日本的経営 8, 13, 15, 219, 220, 221, 222, 224, 227, 360, 369

ニューボイス 4, 7, 16, 17, 18, 30, 38, 50, 55, 56, 57, 61, 63, 170, 171, 172, 173, 279, 301, 303, 304, 305, 307, 323, 359, 365

### ひ
ビジネス・ユニオニズム 7, 10, 16, 168, 169, 170, 172, 176, 177, 178, 179, 180, 182, 183, 184, 185, 188, 191, 192, 210, 211, 303, 304, 305, 307, 308, 320, 321, 322, 323, 324, 325, 326, 327, 338, 355, 369

非正規雇用，非典型労働者 6, 110, 112, 153, 165, 326, 327, 363, 366, 368, 369

### ふ
フェミニズム 41, 128, 311, 312, 313, 314, 315, 320, 325, 326

ブリヂストン・ファイヤストン 58, 78, 79, 254, 278, 286, 288

### へ
ペイ・エクィティ 9, 128, 310, 311, 319, 370

ベトナム戦争 47, 159

ベトナム反戦運動 157, 209, 306, 312

### ほ
ホテル・ニュー・オータニ 58, 78, 79, 233, 241, 254, 258, 286, 288

### み
民衆教育 151, 156, 339, 341, 344, 352, 356, 366

民主党 30, 32, 35, 40, 47, 49, 54, 55, 61, 65, 121, 124, 125, 136, 180, 181, 332, 333, 344

### ゆ
ユニオン・サマー 51, 52, 56, 65, 66, 159, 160

ユニオン・シティー 52, 65, 213, 295, 332

### れ
レイバー・センター 328, 330, 332, 333, 338, 342, 343, 344, 345, 346, 348, 351, 352, 355, 356

レイバー・ノーツ 13, 89, 170, 191, 193, 220, 224

レイバラーズ 2, 173, 174, 190

### ろ
労働者教育 7, 22, 56, 62, 156, 163, 166, 197, 198, 199, 200, 201, 203, 204, 205, 206, 207, 363, 364, 366, 367

労働者センター 78, 90, 146, 154, 155, 156, 166, 172, 214, 328, 331, 332, 337, 338, 339, 340, 341, 342, 344, 345, 351, 356, 357

### わ

ワグナー法 32, 33, 34, 37, 43, 45, 46, 49, 54, 64, 303, 304, 308, 321, 324

［執筆者略歴（論文順）］

戸塚　秀夫（とつか　ひでお）
　1930年生。大学では社会政策、労使関係を担当。国際労働研究センター創設所長、現顧問。著書は『イギリス工場法成立史論』（未来社）『労働運動の針路』（東大出版会）『現代イギリスの労使関係』（共著、東大出版会）『現代日本の労働問題』（共編著、ミネルヴァ書房）その他。

ネルソン・リヒテンシュタイン（Nelson Lichtenstein）
　カルフォルニア大学サンタバーバラ校歴史学教授。著書 State of the Union: A Century of American Labor (Princeton, 2002), Who Built America? Working People and the Nation's Economy, Politics, Culture and Society (with Roy Rosenzweig and Susan Strasser), vol. 2 (Worth, 2000) など多数。

マーチン・ハルペルン（Martin Halpern）
　1945年生まれ。米国ヘンダーソン州立大学歴史学教授。1998～1999年にフルブライト研究員として来日し、東北大学に滞在。著書は Unions, Radicals, and Democratic Presidents: Seeking Social Change in the Twentieth Century" (Greenwood Press, 2003) 他。

ジェレミー・ブレッカー（Jeremy Brecher）
　歴史家。Strike! South End Press, 1997 をはじめ労働社会運動に関する多数の著作がある。またドキュメンタリー映画の脚本家でもあり、3回のエミー賞、The Roots of Roe でエドガー・ドール脚本賞を受賞している。

ロビン・アレキザンダー（Robin Alexander）
　UE（全米電気ラジオ機械労働組合）国際部長。UE がすすめるメキシコの労働組合、労働者との国際連帯活動を担当。

アンディ・バンクス（Andy Banks）
　International Federation of Professional and Technical Engineers (IFPTE) 組織部長。前 AFL-CIO ジョージ・ミーニー・センター主任研究員。米国内外の労働組合運動で25年以上にわたり、オルガナイザー、戦略家、教育者、著述家として幅広く活躍中。国際公務労連（PSI）、フロリダ国際大学での勤務経験を含め、UPS 争議では IBT の国際担当として国際的キャンペーンを担当し、勝利に大きく貢献した。Job with Justice 運動の創始者であり、コーディネーター。

ステファニー・ルース（Stephanie Luce）
　マサチューセッツ大学アーマスト校労働センター助教授。労働史、労使関係論、調

査方法論を担当。米国各地で広がっている「生活賃金キャンペーン」研究の第 1 人者であり、著書に Fighting for a Living Wage (Cornell University Press), 共著に The Living Wage: Building a Fair Economy (New Press) がある。

ケント・ウォン（Kent Wong）

カリフォルニア大学ロサンゼルス校労働研究教育センター所長。それ以前はＳＥＩＵローカル 660 のスタッフ弁護士。またアジア太平洋アメリカ人労働者連合（ＡＰＡＬＡ）の創始者であり、1992 ～ 1997 年まで会長をつとめた。編著書 Voices for Justice---Asian Pacific American Organizers and the New Labor Movement, 2001、Ruth Milkman & Kent Wong, Voices from the Front Lines ---Organizing Immigrant Workers in Los Angeles, 2000 他。

マット・ノイズ（Matt Noyes）

アメリカで数多くの組合の労働者教育にかかわり、ニューヨーク市立大学クィーンズ・カレッジで労働者教育のプログラムを担当する。また「組合民主主義協会」（Association for Union Democracy）のコーディネーターとしても活躍。現在は、東京に在住。

マイク・パーカー（Mike Parker）

1940 年生まれ。工業電子・コンピューター管理の専門家。レイバー・ノーツの創設者の一人であり、労働教育家としても 20 年以上活動する。Democracy is Power: Rebuilding Unions from the Bottom Up. を含め多数のレイバー・ノーツの著作がある。

荒谷　幸江（あらや　ゆきえ）

国際労働研究センター運営委員。社会政策、労働問題専攻。1995 年埼玉大学大学院修了と同時に創設準備段階から国際労働研究センターの運営に携わり、2000 ～ 2004 年同センター共同代表を経て現在にいたる。

渡辺　勉（わたなべ　べん）

1939 年生まれ、1962 年、総評全国一般労組東京地本南部支部に入る。1992 年 5 月退職。その間、書記長、支部長を歴任。国際労働研究センターの設立にかかわる。

山崎　精一（やまさき　せいいち）

東京清掃労組本庁支部書記長。国際労働研究センター運営委員。アジア太平洋労働者連帯会議（ＡＰＷＳＬ）東アジア地域調整委員。監訳『アメリカ労働運動のニューボイス』彩流社。共訳『新世紀の労働運動』緑風出版

飯田　勝泰（いいだ　かつやす）

1987 年より東京東部労災職業病センターに勤務し、労災職業病に関する相談活動

に携わる。現在、東京労働安全衛生センターの事務局長として、中小企業での参加型安全衛生教育、職場改善活動に取り組んでいる。

小畑　精武（おばた　よしたけ）
1945年生まれ。江戸川地区労オルグ、江戸川ユニオン書記長、コミュニティ・ユニオン全国ネットワーク事務局長を経て、92年から自治労オルガナイザーとして自治体委託、パートの組織化、公正労働基準確立に取り組む。

居城　舜子（いしろ　しゅんこ）
常葉学園大学。国際的に展開されている賃金の平等問題や労働運動フェミニズムに関心がある。共著『消費生活経済学』（光生館）、『女性労働20世紀から21世紀へ』（青木書店）、翻訳（共訳）モーリィ・グンダーソン著『コンパラブル・ワースとジェンダー差別－国際的視角から』（産業統計社）、リンダ・ブルム著『フェミニズムと労働の間－コンパラブル・ワース運動の意義』（御茶の水書房）、論文　女性労働問題研究会『女性労働研究』No.47、（「新たな平等戦略にむけて－アメリカ合衆国の経験が提起すること－」）

田端　博邦（たばた　ひろくに）
東京大学社会科学研究所教授　専門は労働法。労働法・労使関係の国際比較や社会保障・福祉国家の国際比較を中心に研究。国際労働研究センターの共同代表。

高須　裕彦（たかす　ひろひこ）
総合労働研究所勤務後、全国一般労働組合東京南部でオルグや書記長として、14年間、労働相談や組織化にかかわる。その間、有期雇用労働者権利ネットワーク事務局長を務める。2004年、UCLAレイバーセンター客員研究員へて、国際労働研究センター共同代表。

青野　恵美子（あおの　えみこ）
雑誌の編集記者をへて1999年、映像制作集団「ビデオ塾」に参加。作品に『PEACE NOT WAR～9.11直後のニューヨーク』や『立ち上がるマイノリティーと女性たち～アメリカの新しい労働運動』など。

[編著者紹介]

国際労働研究センター（こくさいろうどうけんきゅうせんたー）

1995年6月、戸塚秀夫を創設所長として、労働者間、研究者間の国際的コミュニケーションを深め、一国の枠をこえた国際労働研究（transnational labor studies）の領域を開拓することを目的に設立された。主に、国内外の研究者・実践家を招いた研究会の開催や出版、調査研究、国際交流活動を行なっている。

現在の運営は共同代表と運営委員からなる運営委員会があたり、会員総数は約150名。

連絡先は、〒335-0016 埼玉県戸田市下前1-14-15-506、Tel & Fax：048-441-4786、e-mail: ctls@msh.biglobe.ne.jp、http://www2u.biglobe.ne.jp/~ctls/index.html

国際労働問題叢書3

# 社会運動ユニオニズム──アメリカの新しい労働運動
（しゃかいうんどう）

2005年11月20日　初版第1刷発行　　　　　定価3200円＋税

編著者　国際労働研究センター
発行者　高須次郎
発行所　緑風出版 ©

〒113-0033　東京都文京区本郷2-17-5　ツイン壱岐坂
〔電話〕03-3812-9420　〔FAX〕03-3812-7262
〔E-mail〕info@ryokufu.com
〔URL〕http://www.ryokufu.com
〔郵便振替〕00100-9-30776

装　幀　堀内朝彦
写　植　R企画　　　　印　刷　モリモト印刷・巣鴨美術印刷
製　本　トキワ製本所　用　紙　大宝紙業
〈検印・廃止〉落丁・乱丁はお取り替えいたします。　　　　　　　　　　　E1500

本書の無断複写（コピー）は著作権法上の例外を除き禁じられています。なお、複写など著作物の利用などのお問い合わせは日本出版著作権協会（03-3812--9424）までお願いいたします。
ISBN4-8461-0518-0　C0336　　　　　　　Printed in Japan

**JPCA** 日本出版著作権協会
http://www.e-jpca.com/

＊本書は日本出版著作権協会（JPCA）が委託管理する著作物です。
　本書の無断複写などは著作権法上での例外を除き禁じられています。複写（コピー）・複製、その他著作物の利用については事前に日本出版著作権協会（電話03-3812-9424, e-mail:info@e-jpca.com）の許諾を得てください。

◎緑風出版の本

■全国のどの書店でもご購入いただけます。
■店頭にない場合は、なるべく書店を通じてご注文ください。
■表示価格には消費税が加算されます。

## 日本の労働組合
### 国際化時代の国際連帯活動
ヒュー・ウイリアムソン著／戸塚秀夫監訳

A5判並製
四四五頁
4500円

日本の企業の海外進出、多国籍化が進む中で、日本の企業別労働組合、そして「連合」などのナショナル・センターは、国際的にどのような影響力を及ぼしつつあるのか？英国の労働運動研究者がその動向と実態を分析する。

## 新世紀の労働運動
### アメリカの実験
グレゴリー・マンツィオス編／戸塚秀夫監訳

A5判並製
三六四頁
4000円

低迷する労働運動の新たな目覚めを求めて米国労働運動を主導し始めた、「ニュー・ボイス」の運動。女性やマイノリティ、グローバル化を視野に入れた新しい思想、運動論、組織論をめぐる最新の考え方を紹介する。

## 転形期の日本労働運動
### ネオ階級社会と勤勉革命
東京管理職ユニオン編

四六判上製
二三三頁
2200円

慢性的な不況下、失業者は増え続けている。社会は富める者と貧しい者に二極分解し、労働運動は転換期を迎えた。本書は、一人一人が自立した連合をめざす管理職ユニオン結成十年に当たり、今後の展望と運動のありかたを提議する。

## 恐竜の道を辿る労働組合
早房長治著

四六判並製
二一六頁
1800円

勤労者受難の時代にその信頼を失い、組織率も低下した連合などの労働組合。ナショナルセンターの機能不全にメスをいれた中坊公平氏らの外部からの「連合評価委員会」による労働組合批判と、再生のための改革案を提言。平成大不況のもと、増えつづける労使間トラブルのすべてを網羅。

## 「解雇・退職」対策ガイド【増補改訂版】
### プロブレムQ&A［辞めさせられたとき辞めたいとき］
金子雅臣／龍井葉二著

A5判変並製
二六四頁
1900円

会社が倒産した時、解雇された時、配置転換・レイオフ・肩たたきにどう対処したらベストなのか？倒産法制や改正労働基準法に対応し、全面増補改訂！